《民族法学评论》学术委员会

毛公宁　孙青友　敖俊德　吴大华　吴宗金　张晓辉
王允武　徐晓光　张冠梓　王　平　梁　庆　彭高建
戴小明　陈　理　雷振扬　马玉祥　张彦博　曾代伟
潘红祥　张文山　李丕祺　徐中起　周相卿　宋才发
陈立鹏　方　慧　王启梁　吉　雅　陈其斌　黄元姗

本卷编辑：戴小明　汪　燕　董　武　熊芳亮

民族法学评论

ETHNIC LAW REVIEW

第八卷

主　编　毛公宁
　　　　戴小明
副主编　王　平

中央民族大学出版社
China Minzu University Press

图书在版编目（CIP）数据

民族法学评论·第八卷/毛公宁，戴小明主编．—北京：中央民族大学出版社，2012.6
ISBN 978-7-5660-0177-1

Ⅰ．①民… Ⅱ．①毛… Ⅲ．①民族事务—法学—中国—丛刊 Ⅳ．①D922.154-55

中国版本图书馆 CIP 数据核字（2012）第 056840 号

民族法学评论·第八卷

主　　编	毛公宁　戴小明
责任编辑	李苏幸
封面设计	布拉格
出 版 者	中央民族大学出版社
	北京市海淀区中关村南大街27号　邮编：100081
	电话：68472815（发行部）　传真：68932751（发行部）
	68932218（总编室）　　　68932447（办公室）
发 行 者	全国各地新华书店
印 刷 厂	北京宏伟双华印刷有限公司
开　　本	787×1092（毫米）　1/16　印张：25.5
字　　数	500千字
版　　次	2012年6月第1版　2012年6月第1次印刷
书　　号	ISBN 978-7-5660-0177-1
定　　价	68.00元

版权所有　翻印必究

目 录

加强学会建设　推进学术研究(代序)
　　——在中国法学会民族法学研究会2011年年会
　　暨学术研讨会开幕式上的讲话 …………………………… 毛公宁(1)

民族法基本理论研究

中国特色社会主义法律体系中的民族法 …………………………… 敖俊德(3)
论我国民族法的基本原则 ………………………… 雷振扬　彭建军(11)
近年来中国民族政策研究检视及其创新思考
　　——基于法律政策学的研究 ………………… 王允武　李　剑(22)
民族平等的实质内涵与政策限度 …………………………………… 田钒平(34)

民族法制建设理论与实践研究

董必武：中国民族法制的奠基者 …………………………………… 李　鸣(43)
周恩来同志的民族法制思想初探 …………………………………… 潘志成(58)
论邓小平同志的民族法制思想 ……………………………………… 吴大华(70)
抗战时期陕甘宁边区民族法制建设研究 …………………………… 刘　玲(80)
关于民族法制建设有关问题的思考与建议 ………………………… 田代武(91)
中国共产党民族法制理论与福建的成功实践 ……………………… 刘培芝(95)
加强民族法制建设　促进民族团结进步
　　——黑龙江省民族法制建设辉煌的30年 …………………… 缪文辉(114)

少数民族权利保护研究

人权的国内保护与散杂居少数民族权益的法律保障......... 彭　谦　商万里(123)
中国少数民族权利保障制度的完善................................ 潘红祥(129)
中国人口较少民族的法律保护探讨................................ 朱玉福(142)
城市少数民族农民工经济权益保护研究............................ 姚上海(152)
辽宁省城市少数民族流动人口权益保障研究........................ 金海燕(183)
少数民族权益保障视野下的"村民自治"制度
　　——基于广西宜州市屏南乡合寨村的实证研究................ 朱智毅(188)

民族区域自治研究

论城市化与自治州的未来发展..................................... 戴小明(215)
中国民族区域自治制度形成的历史考察................... 曾代伟　袁翔珠(226)
论中央与民族自治地方关系研究的几个问题......................... 张文山(238)
民族地区司法规律及司法权配置若干特殊问题研究......... 马岩茹　马天山(245)
边疆民族地区财政自治法律机制研究
　　——以群体性事件的解决为视角............................. 佴　澎(268)
概念·效力·权限
　　——自治州自治条例之基本问题............................. 黄元姗(278)

民族立法研究

民族自治地方变通立法之考量..................................... 徐合平(295)
民族区域自治地方立法变通途径探讨...................... 徐晓光　黄逢贵(303)
试论编制清真食品国家标准的必要性............................... 李自然(325)
论清真食品立法与清真食品规范管理...................... 马玉祥　马志鹏(331)
民族自治地方保护非物质文化遗产的立法成就与展望................. 王鹤云(342)
民族自治地方地理标志战略的制定与实施........................... 杨　信(349)

目 录

民族地区法律实施状况研究

对民族区域自治政策法规贯彻的思考 …………… 曲木车和　荣跃泽仁(361)

贵州少数民族地区乡村治理相关法律问题及其分析
　　——基于国家法与民族习惯法的关系分析 …………… 文新宇(365)

《信访条例》在民族地区实施情况调查报告
　　——以某自治州为例 ………………………………… 汪　燕(376)

中国法学会民族法学研究会2011年年会
　　暨学术研讨会闭幕式总结 …………………………… 吴大华(391)

加强学会建设　推进学术研究（代序）

——在中国法学会民族法学研究会 2011 年年会暨学术研讨会开幕式上的讲话

毛公宁[①]

尊敬的周会长、各位领导、各位专家、教授、同志们：

在这热情似火的七月，我们来到了山水如画的恩施，在这里召开"中国法学会民族法学研究会 2011 年年会暨学术研讨会"。出席本次年会的有民族法学研究会的各位理事和常务理事，全国各高校从事民族法学研究的专家学者和从事民族工作的实践工作者。首先，我代表中国法学会民族法学研究会，对各位的光临表示热烈的欢迎！对承担大量具体筹备任务的湖北民族学院的师生员工和给予本次会议大力支持的戴小明院长表示衷心的感谢！本次年会，得到了中国法学会的重视和支持，周成奎副会长亲自到会指导，湖北省民族事务委员会纪检组组长吴国璋同志、恩施土家族苗族自治州副州长沙玉山同志分别代表省民委和州政府出席会议。对此，我们以热烈的掌声，向他们表示衷心的感谢！

刚才，戴小明院长和沙玉山副州长作了热情洋溢的致辞，吴国璋同志介绍了湖北省民族工作的基本情况，周会长站在全局的高度，从宏观上给我们介绍了中国特色社会主义法律体系形成的情况，对我们民族法学研究提出了殷切的希望，对我们做好研究会的工作具有重要的指导意义。对此，我们表示衷心的感谢！

下面，我代表民族法学研究会作年度工作报告。

一、民族法学研究会一年来的工作情况

在这里，我向大家简要报告一下去年青海年会以来，我们研究会开展的一些工作情况，主要是：（1）由吴大华教授领衔编写的民族法制教材已基本完稿，最近将组织专家进行审定；（2）研究会相关会长、副会长作为专家组成员，参与了国家民族事务委员会政法司编制的民族法制建设"十二五"规划；（3）向

[①] 毛公宁，中国法学会民族法学研究会会长。

中国法学会推荐吴大华、熊文钊两位教授的专著参加中国法学会第二届法学研究优秀成果评选活动；（4）研究会有关常务理事、理事，在自己的研究领域和工作部门积极开展有关课题研究，形成了一批成果，单是为这次会议提交的论文就达33篇之多；（5）按照研究会章程，吸收了若干名常务理事和理事。

当然，也要看到，一年来我们研究会所做的工作还很有限，与形势发展的要求仍有距离。大家知道，研究会的生命力在于它的影响力，在于它能否不断拿出一些有价值的研究成果，显示出它存在的价值。我们研究会将认真总结经验，在原有的基础上继续办好每年的年会，办好我们的会刊和网站，增强研究会学术研究的氛围，提升研究会的研究水平，进一步提高研究会的知名度和影响力。在这些方面，还需要我们研究会的全体常务理事、理事共同努力。

二、新形势下完善民族法律法规体系的几点思考

（一）要站在全局的、战略的高度充分认识加强民族法制建设的重要性

今年3月，全国人大常委会委员长吴邦国同志在十一届全国人大四次会议上宣布中国特色社会主义法律体系已经形成。中国特色社会主义法律体系的形成，从总体上解决了"有法可依"的问题，夯实了立国兴邦、长治久安的法治根基，从制度上、法律上解决了国家发展中带有根本性、全局性、稳定性和长期性的问题，标志着我国社会主义民主法制建设进入了新阶段。

能否正确地运用法律和制度解决民族问题，是衡量一个多民族国家文明程度的重要标志。新中国成立后，我们党和国家十分重视制定和运用法律与制度来解决国内的民族问题。我国在1954年颁布实施的第一部宪法，就把民族区域自治制度和有关民族政策用国家根本大法的形式确定下来，使之更具有根本性、长期性和强制性。1984年，《中华人民共和国民族区域自治法》颁布实施。这部法律作为解决我国民族问题的基本法律，在我国民族法制建设史上具有重要的里程碑式的意义，它的颁布实施标志着民族区域自治制度走上了法制化的轨道。

新中国成立以来特别是改革开放以来，我国的社会主义民族法制建设取得了辉煌的成就。到目前，已基本形成具有中国特色的民族法律法规体系。这个体系是以宪法关于民族问题的条款为根本，以民族区域自治法为主干，包括其他法律关于民族问题的规定，有关民族问题的行政法规、部门规章、地方性法规和规章，以及民族自治地方自治条例和单行条例等在内的法律法规体系。从内容上

讲，它涉及少数民族和民族地区政治、经济、文化等社会生活系统的各个方面；从形式上看，它既有中央制定的法律法规，又有各级地方制定的地方法规。应当讲，民族法律法规体系是从中国的实际出发，具有中国特色且行之有效的民族法治建设之路，是中国特色社会主义法律体系的重要组成部分，是我国依法治国进程中形成的突出的法制成果。

我们这样一个统一的多民族国家，能够长期保持民族团结、社会稳定和国家统一，与我们有一套具有中国特色的民族法律法规体系的保障是分不开的。我们要站在全局的、战略的高度，充分认识加强民族法制建设的重要性，紧紧地把握民族工作的大局，与时俱进，不断创新，大力加强民族法制建设，为处理新形势下的民族问题提供更加有力的法制保障。

（二）要充分认识完善民族法律法规体系的任务还很艰巨

应当看到，虽然我国已基本形成中国特色社会主义民族法律法规体系，但这个体系还不够完善，它与依法治国、依法做好民族工作的新形势要求还有相当的距离。主要表现在以下几个方面：

一是民族法律法规体系还不够健全，一些实践急需的法律法规尚待制定。如五大自治区至今尚未有一个自治区的自治条例能够出台，散居少数民族权益保障法或条例、清真食品方面的管理办法等仍未出台；二是因体制及利益等方面的原因，使民族区域自治法和有关法律的贯彻落实面临诸多体制性障碍；三是一些民族方面的法规立法质量不高，有的内容缺乏特点，有的内容缺乏执法主体和法律责任，缺乏可操作性；四是对民族法律法规贯彻落实情况的监督检查机制不够健全，有法不依、执法不严、违法不究的现象仍然存在，影响了这些法律法规的执行力，等等。

上述问题的存在，决定了完善社会主义民族法律法规体系是一项长期和艰巨的任务。吴邦国委员长在今年3月十一届全国人大四次会议的报告中指出，我们的法律体系形成后，应当把更多的精力放到法律的修改完善和配套法规的制定修改上来，当然，还要制定一些新的法律，以适应形势发展的需要，推动中国特色社会主义法律体系的与时俱进和发展、完善。上述指示精神对我们完善社会主义民族法律法规体系，具有十分重要的指导意义。根据当前我国民族法制建设的具体情况，要切实抓好以下几项工作：

一是要进一步推动民族区域自治法的全面贯彻落实。要积极推动国务院有关部门和辖有民族自治地方的省、自治区、直辖市尽快制定与《民族区域自治法》和《国务院实施民族区域自治法若干规定》相配套的部门规章和地方性法规。

二是在深入调研的基础上，积极推动五大自治区研究制定和出台自治区自治条例，保障自治区依法行使自治权。

三是根据实践需要，积极推动有关散杂居少数民族权益保障的立法，抓紧修订《城市民族工作条例》和《民族乡行政工作条例》，以便依法保障少数民族的合法权益。

四是要建立、健全对民族法律法规体系贯彻落实情况的监督检查机制，进一步提高对民族法律法规的执行力，真正做到有法可依，执法必严，违法必究。

（三）民族法学研究要为完善民族法律法规体系作出新的贡献

民族法学研究担负着为民族法制建设提供理论支持的任务。长期以来，从事民族法学研究的专家、学者和各地民族工作部门的同志，在各自的研究领域取得了一批有价值的研究成果，为我国民族法制建设做出了宝贵的贡献。在这里，我向各位在座的专家、学者和各地民族工作部门的同志表示由衷的敬意。

在新的形势下，民族法制建设依然任重道远。总的来看，民族法学研究还是一个新兴的学科，与其他学科研究相比，民族法学的学科建设和研究水平仍相对滞后，与民族法制建设的要求仍有不小差距。因此，加强民族法学学科建设，提高民族法学学科研究水平，为完善我国民族法律法规体系提供强有力的理论支持，是摆在我们民族法学研究工作者面前的一项重要任务。我们要进一步加强对民族法制基本理论、基本制度、基本问题的研究，针对民族法制实践中的新情况、新问题，开展民族立法研究、应用研究，不断丰富民族法学理论研究体系；要不断拓展民族法学研究视野，通过关注民族区域自治制度法律法规完善、民族地区资源开发中利益补偿机制、少数民族传统法律文化的传承和转型、民族地区多元化纠纷解决机制、国际人权公约与少数民族权利保障研究、国家制定法与民族习惯法关系、少数民族民生问题的法律解决等前沿问题，开展富有前瞻性的研究，引导民族法制的发展、创新，促进民族法学研究事业的繁荣与发展。

三、以研究会筹备登记工作为契机，进一步加强民族法学研究会的管理和建设

今年6月21日，中国法学会召开"中国法学会研究会筹备登记工作会议"，决定中国法学会各研究会在一年内要到民政部进行注册登记，由中国法学会的二级学会变成在中国法学会领导、监督、管理下的、具有独立法人资格的全国学术性团体。登记后，原中国法学会民族法学研究会将冠名为"中国民族法学研究会"。中国法学会要求各研究会要把做好研究会的登记工作作为今年年会的一项重要内容。刚才，周会长在讲话中已经强调了做好登记工作的重要意义，并提出

加强学会建设　推进学术研究（代序）

了明确的要求，我们一定要很好地领会和贯彻落实。回去以后，我们还会给研究会的理事、常务理事专门提出要求，希望各有关单位、部门和有关同志共同把这件事情做好。我们要以此为契机，进一步加强对民族法学研究会的管理及制度化、规范化建设，使之在联合全国民族法学研究工作者和实际工作者，深入开展民族法学研究，推进民族法制建设和民族团结进步事业中发挥更大的作用。

中国法学会对我们民族法学研究会的工作十分关心和重视。近几年来，每年都派代表参加我们的年会，这次周会长又从百忙之中抽出时间到会指导。刚才，周会长在讲话中对民族法学研究会提出的"出好主意、带好队伍、带好风气"的要求，很有现实针对性和指导意义。昨天在武汉机场时，我向周会长简要汇报了民族法学研究会的一些基本情况，周会长十分关心我们研究会的建设，鼓励我们民族法学研究会应当多吸收一些成员，进一步扩大研究会的影响力。今年年初，周会长还亲自为我们研究会推荐了一名年轻的研究人员，经研究会会长扩大会议研究后，已吸收为我们研究会的常务理事。在这里，我们对周会长再次表示衷心的感谢。我们将按照周会长的指示精神，进一步搞好研究会的队伍建设，特别是要大力培养一批年轻的、素质较高的研究人员，整合各方面的研究资源，不断提高民族法学的整体研究水平。

各位专家、各位同志，几年来，我们已经形成了一个惯例，即在召开当年年会的同时，一并考虑来年的年会地点及议题，以保持研究会活动的连续性，做到早谋划、早安排、早落实。到会的各个院校、研究机构和民族工作部门如有承担明年年会的考虑，可与我们研究会办公室国家民委政法司政法处联系。

同志们，朋友们，今年是中国共产党成立90周年，是"十二五规划"的开局之年，也是中国特色社会主义法律体系宣告形成、中国以崭新姿态向建设社会主义法治国家更高目标迈进的一年。让我们在贯彻落实科学发展观、构建和谐社会的宏伟大局中，在"各民族共同团结奋斗，共同繁荣发展"的伟大实践中，团结拼搏，扎实工作，锐意进取，为进一步建设、完善具有中国特色的民族法律法规体系，为努力开创民族法学研究的新局面，为推进我国民族团结进步事业做出新的更大贡献！

最后，预祝这次大会取得圆满成功。

谢谢大家！

民族法基本理论研究

中国特色社会主义法律体系中的民族法

敖俊德[①]

2011年1月24日，吴邦国委员长在形成有中国特色社会主义法律体系座谈会上的讲话中郑重宣布，中国特色社会主义法律体系已经形成。随着中国特色社会主义法律体系的形成，中国特色社会主义民族法体系也已经基本形成。民族法体系是我国法律体系的一个重要组成部分，是子体系。民族法体系是以宪法为统帅，以民族区域自治法为主干，由专门调整民族关系和含有调整民族关系内容的法律、行政法规、地方性法规和自治条例、单行条例等多个法律部门和多个层次的法律规范构成的体系。它使我国民族工作的主要方面实现了有法可依，在保障少数民族权利，巩固和发展平等、团结、互助、和谐的社会主义民族关系方面发挥着重要作用。

一、民族法体系基本形成

（一）民族立法和民族法体系的提出

民族立法和民族法体系的提出：一是以往已经有了民族立法的丰富实践。自新中国成立至十年"文化大革命"前，全国人民代表大会及其常务委员会和国务院以及民族自治地方，已经从事多年民族立法实践，积累了相当丰富的民族法相关资料。当时虽然没冠以"民族立法"和"民族法"之名，但已呼之欲出。二是现实有迫切的需要。自新中国成立至十年"文化大革命"前，随着地方人民民主政权的普遍建立，社会主义改造的全面完成和剥削阶级作为一个阶级的消亡，各民族之间平等、团结、互助的社会主义民族关系已经初步建立，并且得到巩固和发展。但是，十年"文化大革命"，使平等、团结、互助的社会主义民族

[①] 作者简介：敖俊德，蒙古族，教授，中国法学会民族法学研究会副会长，原全国人大民族委员会法案室主任。

关系遭到严重破坏，使少数民族人民和汉族人民都经历了一场浩劫，少数民族的平等权利和自治权利根本没有保障。要保障少数民族的平等权利和自治权利，恢复平等、团结、互助的社会主义民族关系，不仅需要落实一系列的民族政策，还急需相关的立法。三是党和国家的高度重视。我们党历来重视民族问题和民族工作，把民族工作视为党和国家革命、建设和改革的一个重要组成部分。1978年12月，党的十一届三中全会提出发展社会主义民主，健全社会主义法制的方针后，党和国家适时提出了加强民族法制建设的任务。

党的十一届三中全会召开前夕，邓小平总结十年"文化大革命"的沉痛教训，特别强调指出："为了保障人民民主，必须加强法制。必须使民主制度化、法制化。使这种制度和法律不因领导人的改变而改变，不因领导人的看法和注意力的改变而改变。""做到有法可依，有法必依，执法必严，违法必究。"1980年9月，华国锋在五届全国人大三次会议上的讲话中指出，要真正做到依法治国首先是制定法律。他明确建议要制定"民族区域自治法"。五届全国人大三次会议《关于全国人民代表大会常务委员会工作报告的决议》指出："为了进一步发展社会主义民主，健全社会主义法制，保障和促进社会主义现代化建设，必须继续加强立法工作，特别是经济立法和民族立法工作。"这不仅在中国法制史上第一次提出了"民族立法"的概念，而且还把"民族立法"作为当时两个重大立法项目之一。根据五届全国人大三次会议的决议，乌兰夫在五届全国人大民族委员会第二次会议上的讲话中强调"认真做好民族立法工作"的同时，明确提出了"民族立法工作的内容：主要有三个方面：第一，关于聚居的少数民族享有充足的自治权利的立法；第二，关于保障聚居的少数民族成分享有平等的民主权利的立法；第三，关于保障少数民族享有平等地参与管理国家事务权利的立法。"1982年宪法还把制定"民族区域自治法"郑重地写入宪法条文。1986年12月，彭真为全国人大民族委员会创办的刊物亲手题写了刊名《民族法制通讯》。1991年6月，经批准中国法学会民族法学研究会宣告成立，这意味着"民族法"作为独立的法律部门在最高有关学术团体得到承认。1992年1月，江泽民在中央民族工作会议上的讲话中指出："到本世纪末，要形成比较完备的社会主义民族法规体系和监督机制。"虽然这两项任务都没有如期实现，但提出了建立比较完备的"民族法（规）体系"和"监督机制"的奋斗目标，这既有理论意义，又有实践意义。

（二）民族法体系基本形成

民族法体系基本形成的标志之一，是民族法律法规的数量众多。截止2011年2月，除宪法和民族区域自治法外，我国已制定现行有效的法律237件，其中含有调整民族关系条款的70多件；行政法规700件，含有调整民族关系内容的也有70多件，其中包括专门调整民族关系的国务院行政法规贯彻实施民族区域自治法的若干规定。截止2010年底，15个辖有自治州、自治县的省区市制定了贯彻实施民族区域自治法的地方性法规或者政府规章，经省、自治区、直辖市批准生效的民族自治地方自治条例139件，单行条例777件，变通规定和补充规定76件。民族法体系基本形成的标志之二，是民族法律法规覆盖各个法律部门和各个层次的法律法规。一是覆盖各个法律部门。国家法（宪法相关法）、民商法、行政法、社会法、刑法、程序法（诉讼法和非诉讼法）、军事法、环境法等各个法律部门都有民族法律法规分布。二是覆盖各个层次的法律法规。包括：（1）宪法；（2）全国人大制定的基本法律；（3）全国人大常委会制定的法律；（4）国务院制定的行政法规；（5）国务院各部门制定的部门规章；（6）省、自治区、直辖市的人大及其常委会制定的地方性法规；（7）省、自治区、直辖市的人民政府制定的政府规章；（8）较大的市人大及其常委会制定的地方性法规；（9）较大的市人民政府制定的政府规章；（10）民族自治地方人大制定的自治条例和单行条例。这里需要指出的是，自治条例和单行条例由于依法可以变通法律和行政法规，所以它们属于宪法之下的特殊层次。民族法体系基本形成的标志之三，是其覆盖政治、经济、文化、社会、环境等各个领域和各个方面。仅以国务院各部门制定的贯彻实施民族区域自治法的部门规章为例，内容包括：（1）关于少数民族干部和专业人才培训；（2）关于财政转移支付；（3）关于基础设施建设；（4）关于扶贫攻坚；（5）关于对口支援；（6）关于民族教育事业；（7）关于民族医疗卫生事业；（8）关于民族文化事业；（9）关于就业和社会保障工作；（10）关于资源开发补偿；（11）关于生态建设和环境保护补偿。由此可见，我国民族工作的主要方面是有法可依的。

我国民族法体系有五个显著特点：一是起步早。早在新中国第一部宪法"五四宪法"颁布之前，就诞生了两个民族法律法规：一个是具有法律性质的1952年颁布的《中华人民共和国民族区域自治实施纲要》；一个是具有行政法规性质的1952年颁布的《政务院关于保障一切散居少数民族成分享有民族平等权利的决定》。这两个民族法律法规从"聚居"到"散居"，从空间到人，在保障少数民族的自治权利和平等权利方面实现了全覆盖。除了1950年颁布的婚姻法外，民族法比其他任何法律部门起步都早。二是地位高。作为民族区域自治实施纲要的继承和发展、民族法体系主干的民族区域自治法，是仅次于宪法的基本法律，而且，依据宪法和民族区域自治法制定的民族自治地方的自治条例和单行条例，依照法定程序可以变通法律和行政法规，由此可见地位之高。三是层次多。从宪法一直到自治县制定的自治条例和单行条例，各个层次的法律法规都有调整民族关系的规定。四是范围广。调整民族关系的规定不仅遍布各个法律部门，而且遍布政治、经济、文化、社会和环境各个领域和各个方面。五是最具中国特色。其他法律虽然也都有中国特色，但从形式到内容、从体例到条文都或多或少地参考、借鉴了外国法律。而民族法从形式到内容、从体例到条文都是中国独创的，因此最具中国特色。

（三）民族法体系亟待完善

民族法体系目前只是基本形成还不是完全形成，因此民族法体系还亟待完善。一是民族法体系还有重大的法律空白。例如曾经列入全国人大常委会立法规划的散居少数民族权利保障法、少数民族语言文字法和少数民族教育法还没有制定出来。又如5个自治区的自治条例至今还没有进入法定的立法程序。这是目前我国民族法体系不健全的突出表现，也是我国民族区域自治制度不完善的突出表现。二是现行有效的法律法规有关民族关系的原则规定亟待具体化、精细化。例如民族区域自治法关于资源补偿和关于环境补偿的原则规定，国务院有关部门和有关省、自治区、直辖市都应当加以细化。三是不适合民族自治地方的法律、行政法规、地方性法规以及政策措施，有待民族自治地方通过法定的报批程序变通执行或者停止执行。四是实行多年的专门调整民族关系和含有调整民族关系内容的法律、行政法规、地方性法规以及政策措施还有待加以清理，完全失效的应当加以废除，部分失效的应当修改和完善。五是现行有效的民族法律法规需要加以编纂，使之系统化、条理化。这也是亟待做好的一项重要工作。

二、民族法体系以宪法为统帅

民族法体系以宪法为统帅：一是由宪法的性质和地位决定的。宪法序言明确指出：宪法"是国家根本大法，具有最高的法律效力。"作为国家根本大法的宪法，集中体现了党的主张和人民意志的统一。它既集中反映了党的纲领、路线、方针和政策，又集中反映了全国各族人民的共同意志和根本利益。这决定了宪法是母法，其他法是子法，包括民族法律法规在内的一切法律法规都不得同宪法相抵触。二是由宪法规定的内容决定的。宪法是根本大法，但不是法律大全，不能把全部法律法规包括在内，更不能代替民族立法。例如宪法第4条规定："国家保障各少数民族的合法的权利和利益，"至于什么是"合法"，什么是不"合法"，宪法并没有作具体规定，而是需要通过相关的民族立法划出界线。又如：宪法第95条规定："自治区、自治州、自治县设立自治机关。自治机关的组织和工作根据宪法第三章第五节、第六节规定的原则由法律规定。"宪法第99条规定："民族乡的人民代表大会可以依照法律规定的权限采取适合民族特点的具体措施。"这两条中所说的"法律"在当时还处于空白，要求有相应的民族立法，才能使宪法的原则规定落到实处。三是有维护社会主义法制统一的需要。宪法第五条规定:"国家维护社会主义法制的统一和尊严。"维护社会主义法制的统一和尊严,必须以宪法为统帅。这就要求"一切法律、行政法规和地方性法规都不得同宪法相抵触,"也要求一切民族法律法规,包括专门调整民族关系和含有调整民族关系内容的法律、行政法规、地方性法规和自治条例、单行条例都不得同宪法相抵触。

民族法体系以宪法为统帅,就是要以宪法为依据制定民族法律法规。这是宪法的性质、地位、内容和法制统一的内在要求。以民族区域自治法为例,它是严格依据宪法制定的。一是民族区域自治法的序言和条文依据宪法序言和条文,确立了8条原则:(1)坚持中国共产党的领导;(2)坚持中国特色社会主义道路;(3)坚持人民民主专政;(4)坚持改革开放;(5)坚持民主集中制;(6)坚持民族平等、民族团结和各民族共同繁荣原则;(7)保障少数民族权利;(8)维护国家统一和社会主义法制统一。这些原则与宪法的原则完全相同。二是民族区域自治法整体框架是依据宪法的规定设计的。民族区域自治法有四个支柱:(1)民族自治地方;(2)民族自治地方的自治机关;(3)自治机关的自治权;(4)上级国家机关的职责。而这四个支柱,是宪法规定的。例如:关于民族自治地方,宪法规定各少数民族聚居的地方实行区域自治,民族自治地方分为自治区、自治州、自治县。关于自治机关,宪法规定民族自治地方的自治机关是自治区、自治州、自治县的人民代表大会和人民政府,还对自治机关的组成作了规定。既有原则的规定,也有具体的规定。关于自治权,宪法规定了包括制定自治条例和单行条例在内的6项自治权。关于上级国家机关的职责,宪法规定了帮助民族自治地方加速发展和培养民族干部和其他人才的两项职责。三是民族区域自治法条文更是依据宪法有关规定写的。这里所说的"依据"包含两层意思:一层是完全依照和基本依照宪法规定写的,或者说完全照抄或者基本照抄了宪法的条文。这是为了保证民族区域自治法作为仅次于宪法的基本法律的权威性和完整性。这样的条文有17条(款)之多。如果没有宪法的这些条款作支撑,民族区域自治法就会七零八落,不成体系,因而根本不成其为法。另一层是重申宪法规定的同时又加以具体化。

在以上几个方面,既有重申宪法规定的条文,又有具体化的条文。在这里,还以民族区域自治法第三章《自治机关的自治权》为例。这一章共27条,其中6条重申了宪法规定的6项自治权,其他21条是这6项自治权的延伸和具体化。下面举两个具体例子说明民族区域自治法是依据宪法制定的:例1,草案第37条只规定"招收少数民族为主的学校,有条件的应当采用少数民族文字,并用少数民族语言讲课。"没有规定"根据情况从小学低年级或者高年级开设汉语文课程,推广全国通用的普通话和规范汉字。"例2,草案第53条关于教育的内容只规定了民族自治地方的自治机关"对本地方内各民族公民进行爱国主义、共产主义和民族政策的教育"等内容，没有"提倡爱祖国、爱人民、爱劳动、爱科学、爱社会主义的公德。"这两项内容都是全国人大法律委员会审议《民族区域自治法（草案）》时，按照宪法的有关规定建议增加的。

三、民族法体系以民族区域自治法为主干

民族法体系以民族区域自治法为主干：一是由民族区域自治法的地位决定的。民族区域自治法是仅次于宪法的基本法律，是我国法律体系的主干之一。序言指出："民族区域自治是中国共产党运用马克思列宁主义解决我国民族问题的基本政策，是国家的一项基本政治制度。""《中华人民共和国民族区域自治法》是实施宪法规定的民族区域自治制度的基本法律。"以国家基本法律的形式确认自身在法律体系中基本法律的地位在中国法制史上还是第一次。而它的这个地位则是由前"两个基本"即"基本政策"和"基本政治制度"决定的。基本法律的地位决定了除宪法外，民族区域自治法是全国155个民族自治地方制定自治条例和单行条例最主要的法律依据。二是由民族区域自治法所体现的基本原则决定的。序言指出："实行民族区域自治，体现了国家充分尊重和保障各少数民族管理本民族内部事务权利的精神，体现了国家坚持实行各民族平等、团结和共同繁荣的原则。"民族区域自治法的条文全面体现了民族平等、民族团结和各民族共同繁荣的根本原则，是这三条原则的具体化。而这三条根本原则也是其他各项民族立法也应当遵循和体现的原则。三是由民族区域自治法规定的内容决定的。从空间来说，它覆盖了5个自治区、30个自治州、120个自治县共155个民族自治地方，占我国国土总面积的64%。从民族和民族人口来说，它覆盖了我国55个少数民族中的44个民族，占我国少数民族总数的80%，占我国少数民族人口总数的71%。四是民族区域自治法对其他民族立法也有示范作用。例如，不论是国务院还是省、直辖市以及较大的市保障散居少数民族权利的立法，无不从民族区域自治法中得到启示，并且立法时把它作为参照文件。

民族法体系以民族区域自治法为主干，在立法上要求一切民族立法把民族区域自治法作为仅次于宪法的重要法律依据。这是由民族区域自治法的地位、原则和内容决定的。一是依照民族区域自治法民族自治地方制定自治条例和单行条例。这是因为各民族自治地方都有自己的地方特点和民族特点，而民族区域自治法所提供的是适用于所有的民族自治地方的一般性、原则性规定，要使这些一般性、原则性规定落到实处，就要制定自治条例和单行条例，使其具体化、精细化，以便于具体实施。依照民族区域自治法民族自治地方制定自治条例和单行条例，不仅包括内容还包括制定机关和制定程序。二是辖有自治州、自治县的省、自治区、直辖市制定实

施民族区域自治法的地方性法规和政府规章必须依据民族区域自治法。三是国务院制定实施民族区域自治法的行政法规必须依据民族区域自治法。四是国务院各个部门制定实施民族区域自治法的行政规章必须依据民族区域自治法。五是辖有自治县的较大的市制定实施民族区域自治法的地方性法规和政府规章，必须依据民族区域自治法。上述法规和规章都应当在职权范围内制定，并且均不得与民族区域自治法的规定相抵触，这是维护法制的统一和尊严所要求的。

鉴于民族区域自治法是我国法律体系的主干之一，而且是仅次于宪法的基本法律，因此大量的一般性立法应主动与民族区域自治法相协调。这在立法上已有先例可循。例如预算法第77条规定："民族自治地方的预算管理，依照民族区域自治法的有关规定执行；民族区域自治法没有规定的，依照本法和国务院的有关规定执行。"这一规定不仅实现了预算法与民族区域自治法相协调，而且还实现了民族区域自治法在民族自治地方优先适用的地位。这正是民族区域自治法是实施宪法规定的民族区域自治制度的基本法律的主旨所在。遗憾的是，类似预算法的规定少之又少，而且预算法的这一规定也没有得到认真执行。与立法相关的还有一个问题是，所有报全国人大常委会和国务院备案的行政法规、地方性法规、政府规章、行政规章和自治条例、单行条例以及其他规范文件，都要将民族区域自治法作为审查标准之一。

四、与民族法体系有关的几个理论问题

（一）民族法是一个独立的法律部门

以中国法学会批准成立民族法学研究会为标志，最高学术机构承认民族法是一个独立的法律部门，但是权力机关以及不少法律和法学专家、学者并不认为它是一个独立的法律部门，主要理由是，它没有独特的调整方法，而独特的调整方法是成为独立的法律部门的两个必备条件（即独立的调整对象和独立的调整方法）之一。笔者认为，这两个条件对大多数法律是适用的，但对个别或者特殊的法律并不适用。例如刑法虽然有自己独特的调整方法（即刑事处罚），但它却没有独特的调整对象，它所调整的社会关系非常广泛，涉及社会关系的方方面面，但谁都不否认刑法是一个独立的法律部门。而民族法与刑法正好相反，它有独特的调整对象即民族关系，却没有自己独特的调整方法，它以所有法律部门的调整方法为自己的调整方法（即各种调整方法的综合）。民族法与刑法情况相似，都缺少一个成为独立法律部门的条件。既然刑法成为一个独立的法律部门，那么，也应当承认民族法是一个独立的法律部门。这也符合当今世界学科不断分化、细

化的总趋势。而且，从科学史来看，学科分类先有研究领域和范围，后有研究方法，因此学科的调整对象和调整方法在学科分类的作用并不是平起平坐的，调整对象是主要的。

（二）自治区地方性法规不能代替自治条例

到目前为止，5个自治区的自治条例不仅还没有一个被批准实施，而且还没有一个进入法定的立法程序。其中具体原因很多，自治区地方性法规可以代替自治条例的观点不能不说是原因之一。而且现在确有这样的苗头。宪法、民族区域自治和立法法关于自治条例规定的主旨之一，就是自治区地方性法规不能代替自治区自治条例，因此宪法、民族区域自治法和立法法给自治区赋予了制定地方性法规和自治条例两个职权。而自治区地方性法规不能代替自治区自治条例的根本原因，是地方性法规不能变通法律和行政法规，而自治条例有权依照当地民族的特点，经过法定报批的程序，可以变通法律和行政法规。

（三）5个自治区不能制定一个自治条例

为了打破5个自治区自治条例出台难的困境，有学者提出5个自治区能否制定一个自治条例。5个自治区不能制定一个自治条例，这也是宪法、民族区域自治法和立法法关于自治条例规定的主旨之一。宪法、民族区域自治法和立法法规定，民族自治地方人民代表大会有权依照当地民族的政治、经济、文化的特点制定自治条例和单行条例。5个自治区是5个少数民族为主体建立的自治区，而5个少数民族蒙古族、藏族、维吾尔族、回族、壮族在政治、经济、文化上各有自己的特点。如果5个自治区制定一个自治条例，就等于完全抹掉了5个民族的特点，也就完全否定了制定自治条例的根本目的。

（四）自治条例必须经过法定程序批准才能生效

民族区域自治法修改时征求意见以来，一直到今天，都有一些人主张自治条例不必经过批准。这是因为他们一是没有从国家结构上看到我国单一制国家与联邦制国家的根本区别；二是没有从立法体制上看到自治条例与地方性法规的根本区别。立法体制是国家结构决定的。这里需要说明的是，我国立法体制既不同于联邦制国家的立法体制，也不同于其他单一制国家的立法体制。我国立法体制兼有两类国家的特点，既不高度分散又不高度集中，而是既统一又多层次的立法体制。自治条例必须经过法定程序批准生效是我国国家结构和立法体制所决定的。根本原因如上述，自治条例能够变通法律和行政法规，而变通必须是有界限和范围的，这界限和范围又不是制定机关自行确定和掌握的，因此必须经过批准。这是国家统一和法制统一的必然要求。

论我国民族法的基本原则

雷振扬　彭建军[①]

在法理学对法律原则的分类中，按照法律原则产生的依据，可将法律原则分为公理性原则和政策性原则。其中，政策性原则是指国家必须达到的政治目标或所作出的政治决策。[②] 如我国宪法第 25 条规定："国家推行计划生育，使人口的增长同经济和社会发展计划相适应。"体现了我国的人口政策即计划生育原则。第 26 条规定："国家保护和改善生活环境与生态环境、防治污染和其他公害。"体现了环境与生态保护的原则。由此类政策性原则而确立起我国关于人口的法律制度和环境保护的法律制度。民族法基本原则的确立，很大程度上来源于国家关于少数民族的政策，并在进一步确立起与宪政制度、一般法律制度相互关联的基础上，逐渐形成了较为完备的民族法律制度。确定民族法的基本原则，对于指导民族法的制定、实施和完善具有重要意义，也成为检验我国民族关系是否良性发展的重要标准。

一、各民族一律平等

民族平等原则在人类历史上的确立，是各国人民尤其是遭受歧视和压迫的少数民族长期斗争的结果，也是人类理性认识的胜利。对于我国社会主义多民族国家，则成为民族关系的基本原则及国家法治建设的重要内容。

1. 民族平等原则在民族立法中的体现

我国的民族法是关于调整社会主义民族关系的系统性法律，在法律渊源上，既包括宪法、民族区域自治法等根本法和民族基本法，也包括其他基本性法律，

[①] 作者简介：雷振扬，中南民族大学副校长、教授、博士生导师，主要研究民族理论与民族政策。彭建军，中南民族大学法学院副教授。

[②] 张文显主编：《法理学》，高等教育出版社、北京大学出版社 2001 年版，第 75 页。高其才：《法理学》，清华大学出版社 2007 年版，第 47 页。

如民法、刑法、选举法等法律中关于民族因素的规定，同时还包括体现宪法和民族区域自治法精神的专门性民族立法，如自治条例、单行条例等。

民族平等原则在民族法中是一个综合、全面的体现。同时，在我国的各项、各层级的立法中，也应充分体现出各民族的平等原则。

根据国务院2005年发布的《中国的民族区域自治》（白皮书）所公布的数据，截至2003年底，我国155个民族自治地方中，已经制定了133个自治条例、384个单行条例，形成了较为完备的社会主义民族法律体系，充分体现了我国立法中对民族平等原则的一种立法诠释。当然，我国民族立法中对如何更为完整、具体的实施民族平等原则，还需要进一步探索和完善。

2. 民族平等原则在其他法律法规中的体现

民族平等原则除了在宪法、民族区域自治法、自治条例、单行条例等根本性、专门性法律中集中体现外，还在国家其他普通法律中进行体现。由此形成一种覆盖国家政治、经济、社会生活各个层面的民族关系法则。

按部门法进行划分，有不同类别。政治类法律，如立法法、选举法、地方各级人民代表大会和地方各级人民政府组织法等。民事类法律，如民法通则、民事诉讼法、婚姻法、合同法等。民事类法律中关于民族平等原则的专门规定并不多；一般在"附则"中规定变通的或者补充的单行条例或者规定。而民族平等原则，实践中亦无专门规定之必要。而在民事诉讼法中，则对诉讼中的少数民族语言文字的使用权进行了规定。刑事类法律，如刑法典、刑事诉讼法等。考虑到刑法所涵盖范围的广泛性以及社会发展的复杂性、地域和区域之间文化、观念等的差别，刑法对我国民族自治地方作出了一条规定，即刑法第90条、《刑事诉讼法》第9条等对于使用民族语言文字进行诉讼、文本文件的发布等进行了规定。经济类、行政类法律，如税法、各种资源管理法等，主要涉及税收返还、优惠税率、资源保护、资源补偿等规定。社会、文化等法律，主要涉及对少数民族地方社会发展、文化传统的保护与发展以及非物质文化遗产保护等方面的规定。

以上各类法律法规针对民族因素的规定，不仅体现了一种以国家法律调整民族关系的方式，而且蕴涵着一种价值选择。这种价值既体现了国家以民族平等原则处理民族事务的思想，更通过实质平等与形式平等的结合，实现着法律范围内的真正平等。

3. 民族平等原则在法律实践中的体现

通过形式平等和实质平等方式，我国追求在政治生活、社会生活和司法实践中的平等权。在对实质平等的追求中，重视消除少数民族和民族地区与国内其他地区的发展差距，为少数民族和民族地区的共同发展、共同繁荣创造条件，使其享有获得权利的机会。这也是在民族政策和法律实践中区别于资本主义国家的主要方面。

民族平等原则的国家保障方式与少数民族诉求方式，从实施效率考察，国家保障方式更为直接有效；从平等权利的普适性与权利和权力的矛盾关系考察，保障权利主体有主动的方式和途径追求和实现平等权，应更符合权利设定的本原意义。因此，在民族法和其他法律的发展和完善过程中，需要进行更为细致和科学的立法，注意法律实施的程序设计，使得民族法保障少数民族的平等权利和现实利益时具有可操作性。

二、保障各民族合法权益

我国宪法第4条可以视为"民族条款"。除了基本的"民族平等权"、对聚居少数民族规定实行民族区域自治制度的"自治权"外，还专门规定了帮助发展的国家义务性规定（2001年已经修订为一种"国家责任"的规定）、"语言文字权"、"风俗习惯自由"等规定。① 在法律实践尤其是司法实践中，调整公民个体权益关系的规范大量存在，对于以集体权利主体方式出现的民族权益仍然存在理论与实践结合的困惑。②

1. 民族法着重体现、保障、促进各民族合法权益

自中华人民共和国成立以来，民族法律的制定、实施与整个国家和社会发展历程相适应，受到社会政策、政治发展等因素的影响较大，经过了一个逐渐完善的过程。如中华人民共和国成立初期主要在于识别、界定各少数民族的族体地位，以体现各少数民族的政治地位、法律地位和权益为重心。

在具体体现少数民族的政治权益方面更为突出。如少数民族参与民族自治地方上级行政区域的事务直至全国事务的管理中，历届全国人民代表大会代表中的各少数民族代表，都超过了其在全国人口中所占的比例：第一届占14.43%，第八届占14.8%，第九届占14.4%，当时少数民族人口分别占全国人口总数的

---

① 关于少数民族作为一个独立的权利主体，根据我国宪法第四条和第六节的规定，主要的权利形式是指平等权、（区域）自治权、语言文字权、风俗习惯保持的自由等。在部分国家和地区，在土地私有的基础上包括了少数民族和原住民族的土地权利、资源权利等。这与我国所确认的权利形式有所不同。

② 有学者根据《联合国土著民族权利宣言》中的内容，界定了土著民族作为集体性主体的权利形式，包括土著民族自决权、土著民族土地和自然资源权、土著民族文化权和土著民族生态环境权等。这几类权利属于对土著民族生存和发展至关重要的权利。参见廖敏文：《为了一个和而不同的世界——〈联合国土著民族权利宣言〉研究》，中国政法大学出版社2009年版，第17页。台湾学者林柏年则依据台湾原住民族的特殊境况与历史发展脉络，将原住民族权利区分为个人权利与集体权利，其中集体权区分为自决权、环境权、文化权与认同权。参见林柏年：《台湾原住民族之权利与法制》，稻乡出版社2006年版，第23页。

5.3%、6%、8.04%。① 在人类文明史上开创了一个在民族众多的国家中各民族平等、团结、互助的新兴时代。其间也有过一些波折,如20世纪60、70年代受到十年"文革"的影响,少数民族的政策乃至法律制度被削弱,其合法权益受到极大的影响。

20世纪90年代以来,我国实行社会主义市场经济的体制,整个国家的体制机制等也相应发生了重大变化,尤其是依法治国、建设社会主义法治国家的治国方略得到确立,民族区域自治法得以修改和完善,强调了上级政府的法定责任,扩大了少数民族和民族地区的各种权利,使得新形势下民族法的内涵和外延亦相应得到发展和扩大。自治州、自治县等的自治条例和单行条例中,对本自治地方资源保护、规划及利益分配的规范;对自治地方少数民族文化的保护、发展的规范;对自治地方少数民族环境保护、生态保护的规范,等等。这些规范所调整的对象,既可视为一般法律关系,但更多的则是一种对我国民族关系的维护,是对少数民族地区和自治地方少数民族权益的保护。

2. 全面保障各民族合法权益:普通法律与民族法的协调

法律的一个基本功能,在于以普遍、平等、无差别、无歧视的原则,对所有公民、法人、各种组织等进行统一的调整,实行一体化的保护或规范,从而建立一个公正、公平的社会秩序。但普通法律对于调整存在较大差异的各种特殊群体、各区域关系、各民族的关系,仍然存在诸多局限。而类似于民族法等特殊法律则发挥着重要的补充和完善的功能。

在我国,以专门立法及变通规定、补充规定的形式将普通法中的内容进行补充和局部调整,是全面保护少数民族合法权益的重要形式。如对《婚姻法》中结婚年龄的变通规定,考虑到少数民族地区的婚姻习俗,结婚年龄要低于汉族地区。《人口与计划生育法》中对人口出生的规定,规定了少数民族也要实行计划生育,但规定了省、自治区、直辖市的自主立法权限。如《内蒙古自治区人口与计划生育条例》第21条规定:"夫妻双方是两个民族的,可以自主选择适用一方民族的生育规定。"《新疆维吾尔自治区人口与计划生育条例》规定了制度性与灵活性相结合的方式,保护少数民族的人口生育权,第15条规定:"城镇汉族居民一对夫妻可生育一个子女,少数民族居民一对夫妻可生育两个子女。汉族农牧民一对夫妻可生育两个子女,少数民族农牧民一对夫妻可生育三个子女。""本条例施行前,按当时生育政策达到生育子女数的夫妻,不适用前款规定。""夫妻一方是少数民族的,按少数民族计划生育规定生育;夫妻一方为城镇居民的,按城镇计划生育规定生育。"《宁夏回族自治区人口与计划生育条例》第17条规定:"夫妻双方是城镇居民或者一方为城镇居民,另一方为农村居民的,只能生

---

① 吴仕民:《新时期民族区域自治制度与法制建设》,民族出版社2002年版,第11页。

育一个子女,但夫妻符合下列条件之一的,可以申请再生育一个子女:(一)夫妻双方或者一方为少数民族的……"第18条第三项规定:"原州区、海原县、西吉县、隆德县、泾源县、彭阳县、盐池县、同心县(以下统称山区八县)的少数民族农村居民,一对夫妻可以生育两个子女,最多不超过三个。"①

3. 特殊保护制度在国际法中长期存在并不断发展

在国际法上,以民族、种族、语言、宗教、肤色等为特征的少数人群体的权益,自二战以来一直受到国际社会的关注和重视,并通过颁布和签署国际人权文件、国家间的合作和成立专门的国家组织、专门的行动小组等方式,对少数人权利进行官方和民间的、国际和国内的政治、法律保护。民族与种族、民族与语言、民族与宗教、民族与区域等往往相互交织,构成国际法和国内法上关于少数人、少数民族、少数民族地区权利保护的主要对象和重要存在形式。如1948年《世界人权宣言》、1960年的《取缔教育歧视公约》、1965年的《消除一切形式种族歧视公约》、1966年的《公民权利和政治权利国际公约》、1978年的《种族和种族偏见问题宣言》、1992年的联合国《在民族或族裔、宗教和语言上属于少数群体的人的权利宣言》及2007年联合国《联合国土著民族权利宣言》。在一些论著中,还展开了关于原住居民的研究,如台湾学者林柏年的论著《台湾原住民族之权利与法制》。因台湾地区在1997年修改"宪法"时确定了"原住民族"之宪法地位,② 由此,原住民族的宪法和法律地位及权益保护问题进入到学界的视野。

关于少数群体权益保护的表达,由于交织着复杂的历史背景和种族民族等群体的共同特性,尽管有语言和表述上的一些差异,但尊重人权、否定歧视、拒绝排斥的原则,在国际社会获得了普遍的认可。在我国,将少数民族群体作为一个在语言、宗教乃至经济、社会发展等欠发达的弱势群体进行特殊的法律保护,符合各民族的共同利益,也是符合国际人权发展趋势的。

三、促进各民族共同发展、共同繁荣

1. 促进各民族共同发展、共同繁荣是民族法的重要功能

法律对社会关系的改善和促进是一个涉及法社会学领域的重要问题。而以分

---

① 本处所引内容参见国家民委网站资料。
② 台湾地区在赋予原住民族以宪法地位后,陆续制定或修正了许多以原住民族为适用主体的专门法律与条文,如原住民族基本法、原住民族工作权保障法、原住民族教育法、行政院原住民族教育委员会组织条例、原住民族敬老福利生活津贴暂行条例、法律服务法与姓名条例等。参见林柏年:《台湾原住民族之权利与法制》,稻乡出版社2006年版,第1页。

析实证主义法学的观点考察，法律的重要功能应体现为一种中性的规则，即"主权者的命令"，将法律及其规则系统视为一门可以进行逻辑推理、严谨计算的科学，排除法律的道德追求和价值选择，这一思想客观上促进了法理学的发展和法学的独立，但也存在争议和分歧；社会法学派则强调社会秩序构建和维持对法律等规范系统的依赖，以及法律对社会的意义，即法律不仅具有将规则系统运用于调解社会矛盾、平衡利益纠纷的实体功能，还具有维护社会秩序，体现和促进经济、社会发展的社会功能。

马克思对法律本质的揭示体现在对法律与经济关系基础的揭示："权利永远不能超出社会的经济结构以及由经济结构所制约的社会的文化发展。"[①] 法律的制定和适用无法超越特定的社会环境。从现代社会的复杂性与法律所具有的复杂功能考察，法律的价值和功能的确定，取决于法律、具体的法律规范所适用的不同场景。从法律学科本身的科学发展考察，与从社会治理、社会关系调整的角度考察，其侧重点及得出的结论是有区别的。因此，无论从应然还是实然角度，法律的社会功能，包括政治、经济功能等是确定存在的。

民族法不仅属于一般规范意义上的法律规范系统，而且还具有更多的社会关系调整、社会秩序治理和社会发展促进等功能。在不同国家、不同民族，针对特定主体所形成的法律制度，则不仅包含着一般的规范意义，而且体现出更多的法律哲学意义和实用价值，其对社会的意义是多元的。我国民族法律规范系统，除体现各民族族体的法律平等地位外，还针对了国内少数民族和民族地区发展不足、边疆社会稳定等实际问题，体现和维护着各民族共同发展、共同繁荣的社会价值，同时构成了民族法制定和实施过程中的基本原则。

2. 民族法实现"两个共同"还需多种方式

从现实政策和法律实施角度考察，两个共同的思想在我国民族政策和法律实践领域一直存在并不断发展。20世纪90年代以来，随着国家法制化程度的提高，民族立法范围扩大，种类增多，政策性调整方式逐渐被法制化调整方式代替。以保障少数民族权益为目标的"两个共同"，不仅被融入新时期民族立法的价值选择和立法宗旨中，而且更多地被外化为少数民族和民族地区的具体利益。

法律在社会的充分实现往往需要一定的标准加以检验，并由此形成法律的完善机制和改进标准。实现各民族共同发展，是指通过民族法确定一种理性、正确的、符合国家现实国情的民族关系，各民族之间在政治、经济、文化和社会的发展，体现出互为条件、大体均衡的发展态势。在实践中，对处于欠缺发展条件的少数民族和民族地区，通过扶持、援助、专项扶贫、财政转移支付等专门性的政策、法律制度，推进这种发展目标的逐步实现。

---

① 《马克思恩格斯选集》，第3卷，人民出版社1972年版，第12页。

3. 民族法实现"两个共同"目标的法律意义

在我国的民族法律体系中，从宪法、民族区域自治法及其他国家基本法律中，都不同程度涉及少数民族和民族地区的内容。国家层级的立法，应该在法律地位、资源配置、利益分配、程序公正等方面，充分体现全国范围内平等对待、不实行歧视、不忽视民族地区利益的内容。地方层级的立法，则需要考虑到本区域内各个民族的利益要求，民族自治地方除落实自治民族的各种权益外，还应该照顾到非自治民族的利益。

在执法领域，要求执法主体及其执法行为遵循现有的民族关系，严格执法，树立大局观，充分体现各个民族共同发展、共同繁荣的指导思想。如资源分配、项目安排等涉及各民族的权利和义务关系中，不能有选择性偏向某一个民族，以避免地方民族主义思想及对人口较少民族权益的侵犯。

在司法领域，司法机关在诉讼、裁决及调解等司法行为中，既应做到公正司法，又要实现维护民族关系、稳定社会秩序的目标。与维护民族关系有关的司法行为，不仅对司法人员有法律业务能力上的要求，而且对其驾驭政治和社会关系的能力提出了更高的要求。

在法律监督领域，要求对影响民族关系的法律行为进行专门的监督和检查，以保证民族法在国家各个层面得到实现。我国宪法确定了人民代表大会、检察机关等监督法律实施的职权和实施机制，对于保证国家法制的统一，维护法律的严肃性，一直发挥着重要作用。当前应该进一步完善对法律的监督检查制度，使得违反各项民族法律，尤其忽视少数民族合法权益的行为真正得到法律的制裁。

四、构建和谐的民族关系

民族关系属于广义社会关系的内容。在一个法治的社会环境中，各种社会关系主体的确定及其关系的调整及利益的分配，应该遵循一定的社会法则，在一种理性的原则基础上有效运转。构建平等、团结、互助、和谐的民族关系，正是民族法这一特定法律规范系统所遵循的指导原则。

1. 我国民族关系形成的社会制度基础

我国通过宪法首先明确了民族作为法律关系主体的地位，并通过普通法律及民族法等具体规定了民族群体在法律意义上的权利义务关系。因此，法律意义上的民族关系，通常是指一国范围内各民族在一定法律规则系统调整中所形成的权利义务关系。

在我国社会主义民族关系的构建过程中，其基本的制度基础在于社会主义制度。社会主义制度的核心价值则在于消灭贫困，消除两极分化，最终实现共同富裕。这一价值追求为建立理性的社会关系包括和谐的民族关系指明了方向。此外，以社会主义政治制度、经济制度、文化制度等为类别的各项制度构成了我国民族关系得以形成的社会制度基础，并在社会实践、法律关系调整、资源和利益分配中起着主导的作用。其中，国家的社会主义法律体系，成为直接调整民族关系的准则和规范，也是法治社会对社会发展趋势的必然要求；而法律体系的完善也受到民族关系及其发展的影响，对法律体系的完善具有促进作用。

2. 和谐民族关系对于法治社会的意义

和谐民族关系的提出和实践，是国家在新的发展阶段对民族关系的总结，具有政治导向和道德导向的意义。法律与政治、法律与道德的紧密关系，使得这种正面的导向既形成了民族法的指导思想和基本原则，成为民族关系的核心内容，同时也对未来民族法的发展形成价值引导，使得我国民族法的完善建立在价值可期待的基础上。

建设社会主义法治社会，是我国各族人民普遍追求的目标和理想。除了从法治与人治、法治与德治等角度进行认识和研究外，对于法治所代表的法律秩序、社会生活方式、社会关系模式的确立，逐渐得到社会的广泛认可。"不是任何一种法律秩序都称得上法治状态，法治是有特定价值和价值目标的法律秩序，即是有价值规定性的社会生活方式。"[①] 理论上对法治概念及内涵的界定，塑造了法治社会的核心思想，即体现着依法治国、民主政治、人权保障、权力制约、平等共享的理想和制度。

和谐民族关系不仅是法治社会中社会关系的重要内容，而且是法治社会中社会关系建立的前提和基础。一个充满了民族冲突、民族压迫、民族分裂的社会，是无法建设法治社会的；由于现代社会的复杂性，利益多元成为社会发展的常态，因此，民族间的利益纷争亦是法治社会的正常现象。如果处在一个利益纷争与成果分享长期无法解决的社会，则无法建设和谐的民族关系。因此，以法律等手段调整各民族之间的关系，形成利益表达、利益调整、利益共享的多元渠道，对于法治社会的建立具有重要意义。

3. 构建和谐民族关系与民族法的功能

构建和谐的民族关系不是一项权宜之计，而是一项长远的社会目标和重大的国家政策，需要国家的主导、社会和公民的全面参与和介入，也需要有系统而完善的政策和制度保障。法律关系的实质在于对资源和利益的调整，和谐民族关系的建立，其实质在于更多地体现和维护少数民族和民族地区的利益，以实现各民族对社会资源的共享和社会财富更公平的分配。因此，以民族法律关系主体身份考察，如果缺少权利和利益主体的充分参与，则难以建设真正的和谐民族关系。

---

① 张文显：《法理学》，高等教育出版社、北京大学出版社1999年版，第184页。

我国民族法的体系和内容，一直随着社会的发展处于不断的完善和系统化构建中。其具体内容，包括民族区域自治法律制度、散居少数民族权益保障法律制度、民族经济法律制度、民族教育法律制度、民族文化法律制度、民族语言文化法律制度、民族风俗习惯法律制度等，既有民族类的全国性法律制度，也包括地方性法律制度，形成完整的系统，各有侧重。这些法律制度为维护各少数民族的合法权益，推动民族地区的发展，发挥了重要作用。

和谐社会关系理念的确定更多体现出了观念和价值导向的意义，但将社会观念和新价值融入法律制度中，是世界各法治国家的一个普遍现象，也推动着法律向更高层次的发展。因此，将新价值观念导入到民族法律制度中，将提升民族法的质量，改变传统法律观念中不合理的内容。

五、维护民族团结、国家统一、社会稳定

法律价值的多元性已经得到了普遍的认可，如公正与公平、公平与效率的价值选择，个人利益与社会利益和国家利益等不同主体的价值选择，实体正义与程序正义的价值选择等。不同法律形态在不同场景中所追求的价值具有不同的标准。我国法律传统则在公民个体利益与集体利益的价值选择中，一般强调两种利益形态兼顾，这与西方法律传统中强调个体利益优于集体利益的价值观存在区别。维护民族团结、国家统一和社会稳定，既是民族法的重要调整对象，也构成民族法的重要社会功能，属于现代社会中社会秩序和社会公共利益的主要内容。

1. 民族团结、国家统一、社会稳定等仍然属于我国社会需要重视的问题

在我国社会发展进程中，民族关系问题一直受到历史上各个朝代的统治阶级的重视。其所运用的调整手段，有的显示出积极进步的一面，有的则暴露出阶级统治和皇权至上的极大局限性。民族压迫、民族歧视乃至民族仇恨，在历代封建王朝都不同程度地存在。不仅如此，因历史上长期延续下来的影响民族团结和国家稳定的各种因素，还形成了历史惯性和观念因素，导致部分民族间的猜疑和矛盾一直存在。这些对当前我国的民族关系、国家统一问题和社会秩序的构建都是一种挑战。

我国宪法（序言部分）所阐释的我国统一多民族国家的构建过程和结果，以及社会主义民族关系的特点，从正面肯定了我国民族关系所取得的重大成绩。而宪法所回顾的历史上存在的大民族主义问题和地方民族主义问题，不仅是我国历史长期存在过的不正常民族关系的反映，而且也形成我国长期以来所极为重视和解决的现实问题。这些重要的民族现实问题，还难以说已经完全解决。需要以

政策、法律等形式进行规范和引导，需要以法治的方式进行调整和保护。

当前我国仍处在较为复杂的国际环境中。境外、国外的敌对势力、分裂势力乃至恐怖势力，不断对我国政治上施加影响，经济上形成干扰，社会上制造混乱，文化舆论上混淆视听。"西化"、"分化"中国的图谋一直存在。国内也一直存在借少数民族和民族地区名义制造事端的破坏民族团结和社会正常秩序的小股势力，并与境外、国外的反华势力遥相呼应。这些都客观上形成对我国民族团结、国家统一和社会稳定的重要影响因素，既需要从政治的高度观察事物的本质，也需要以法治的方式进行应对。

因此，以宪法和法律的形式确定我国基本的民族关系，推进我国民族关系的良性发展，既回顾了历史上曾经存在的民族不平等问题，也考虑了社会发展中亟待解决的各种民族现实问题。民族法负有多方面的功能和任务，其中的一项重要法律和社会功能，就在于与其他法律制度一道，负有维护民族团结、国家统一和社会稳定的任务。

2. 民族法在维护民族团结、国家统一和社会稳定中的表现形式

通过宣告、肯定的方式进行引导和规范。如宪法序言的第11自然段的规定；宪法第4条还规定："中华人民共和国各民族一律平等。国家保障各少数民族的合法的权利和利益，维护和发展各民族的平等、团结、互助关系。"再如《民族区域自治法》序言中的规定，通过宣告、肯定的方式对民族关系进行引导和规范，发挥着法律的引导功能。

通过禁止性规定和惩罚措施进行限制和制裁。宪法第4条规定："禁止对任何民族的歧视和压迫，禁止破坏民族团结和制造民族分裂的行为。""各少数民族聚居的地方实行区域自治，设立自治机关，行使自治权。各民族自治地方都是中华人民共和国不可分离的部分。"刑法第102条规定："勾结外国，危害中华人民共和国的主权、领土完整和安全的，处无期徒刑或者十年以上有期徒刑。"刑法第249条规定："煽动民族仇恨、民族歧视，情节严重的，处三年以下有期徒刑、拘役、管制或者剥夺政治权利；情节特别严重的，处三年以上十年以下有期徒刑。"第250条："在出版物中刊载歧视、侮辱少数民族的内容，情节恶劣，造成严重后果的，对直接责任人员，处三年以下有期徒刑、拘役或者管制。"而在解决台湾问题、维护国家统一的《反分裂国家法》中，第2条规定："世界上只有一个中国，大陆和台湾同属一个中国，中国的主权和领土完整不容分割。维护国家主权和领土完整是包括台湾同胞在内的全中国人民的共同义务。""台湾是中国的一部分。国家绝不允许'台独'分裂势力以任何名义、任何方式把台湾从中国分裂出去。"

通过利益维护的方式进行调整和保护。国家法律的本质在于通过调整权利义务关系，维护法律主体的合法权利和利益。因此，民族法通过保护各少数民族合法权利和利益的方式，维护民族团结、国家统一和社会稳定，体现法律的价值。

在涉及一般利益与特殊利益的调整方面，突出了特殊利益的实现。我国少数民族和民族地区由于经济、社会和文化等欠发达，各方面的发展与东部地区存在较大的区域差异，需要在各个层面对其进行特殊保护和扶持，以实现区域均衡发展与各民族共同发展。如经济发展方面，国家通过专门的财政转移支付制度、税收返还制度、优惠税率制度、专项的财政资金安排、重大项目安排，对少数民族地区进行保护、倾斜和扶持。教育发展方面，通过开展双语教育，提高其受教育和继续教育的能力和机会；通过推行少数民族地区子女升学加分制度、开展专门针对民族地区和少数民族公民的高层次骨干人才培养计划，增加其接受高层次教育的机会。在人口发展方面，实行不同于汉族地区的人口和计划生育制度，保障少数民族人口的合理发展。在民族自治地方，通过实行民族区域自治制度，建立自治机关，让自治的少数民族担任各级职务，扩大少数民族干部培训和培养的范围，使得民族自治地方的少数民族享有足够的自治权。在涉及全国与民族地区的资源分享方面，建立和实行资源补偿制度，保证少数民族和民族地区的经济发展与资源利用与环境保护相一致。

保护少数民族和民族地区的合法权益，往往以国家和地方政策、国家法律与各种专门制度的方式予以实现。这既是民族法和国家各项民族政策的应有之意，也体现了民族法和民族政策的一项基本原则，即通过保护少数民族和民族地区合法权利和利益的方式，实现各民族的团结、国家统一和社会稳定。

结　语

民族法作为一项专门的法律体系，既提供了对特殊人群和特殊地域进行专门关注和保护的法律基础，又充实了我国宪法和普通法律的一般性规定。宪法和普通法律所确立的法之一般性规则，是适用于整个国家和所有公民的，但普通法律并不涉及太多特殊人群、特定地域或特定情形；法律本身也会明确，对于特定情形，可以通过专门规定、具体规定乃至法律解释等方式，以弥补法律规定本身之不足。因此，民族法在一国法律体系中具有重要的地位。而确立民族法之基本原则，则能推动该法律领域中价值、制度和实践的完善和统一。

近年来中国民族政策研究检视及其创新思考[①]

——基于法律政策学的研究

王允武 李 剑[②]

中国的民族政策是中国社会主义政策与法制极具特色的组成部分，是贯彻和实现党和国家有关民族工作的大政方针的重要保障，也是国家民族工作的制度依据。新中国成立后，党和国家立足于中国的国情以及民族问题的实际情况，以马克思主义的民族理论为依据，逐步建立了以民族平等、民族团结、各民族共同繁荣为原则，以民族区域自治制度为核心的民族政策（法制）体系，确立了解决国内民族问题的制度基石。改革开放以来，随着《中华人民共和国民族区域自治法》（以下称《民族区域自治法》）的颁布实施，中国特色的民族政策在实践的检验中不断巩固和完善，具有中国特色的民族法制体系也基本形成，并成为中国社会主义法制体系的重要组成部分。

60多年来，中国的民族政策及法制为巩固和发展平等、团结、互助、和谐的社会主义民族关系，维护少数民族的合法权益，加快少数民族和民族地区经济社会发展，提供了重要的制度保障。60多年的反复探索和艰辛发展，中国已经初步形成和建立了一套富有特色的民族政策与法制体系。坚定不移地坚持中国特色的民族法制与政策，是维护国家统一、维系民族团结、促进各民族共同繁荣的根本前提。与此同时，近年来，国际、国内的民族关系呈现出的新态势，产生的新问题在提醒我们：应反思我国民族政策的研究，促进中国民族政策与法制顺应时代潮流，不断革新、不断完善，以适应市场经济发展的需求，适应少数民族人权保障的需求，并与中国加入的相关国际公约相适应。

[①] 本文系课题《中国特色民族政策完善与创新研究——基于法律政策学视角下的综合研究》的阶段性成果。这里所指"民族政策"乃就广义而言，包括一般意义上所说的民族政策与民族法制。

[②] 作者简介：王允武，西南民族大学法学院教授，博士生导师；李剑，西南民族大学法学院讲师，法学博士。

一、近年来中国民族政策研究概述

近年来有关民族政策问题的研究已有相对深厚的积累。改革开放以来，随着民族理论与民族政策、政治学、法学等学科的发展和繁荣，学者们从不同的角度和路径对中国特色的民族政策进行了描述和分析。

（一）对中国民族政策的宏观研究

学者们针对中国民族政策及法制的理论基础、总体内容、历史脉络进行的具有宏观性、概述性的研究。其代表作品如布赫主编的《马克思主义民族理论和党的民族政策》[1]，该书对马克思主义的民族理论以及党的民族政策的基本内容、创立和发展、研究的意义和方法等问题进行了讨论；国家民委政策法规司编写的《坚持和完善民族区域自治制度》[2]则从宏观上分析了加强民族立法、完善民族关系协调机制、树立科学发展观、推进西部大开发等问题；沈桂萍主编的《马克思主义民族观与党的民族政策》[3]围绕2005年中央民族工作会议后形成的中国共产党关于民族理论和民族政策的12个方面，阐释了党和国家在民族理论政策上的最新发展；金炳镐主编的《新中国民族政策60年》[4]以5个历史分期，对中国民族政策的发展轨迹进行了梳理；毛公宁的《民族问题新论》[5]涵盖民族理论与民族政策研究，民族工作的开展和民族关系的构建，民族区域自治法制的发展与完善等内容。

《民族区域自治法》颁布以来，从法学的角度对中国的民族法制与政策展开讨论的宏观性著作也很多，较有代表性的如陈云生、于宪等人的《民族区域自治法简说》[6]、史筠的《民族法制研究》[7]、杨侯第主编的《民族区域自治法教程》[8]、吴宗金等主编的《中国民族立法理论和实践》[9]、周健的《新时期中国民

---

[1] 布赫主编：《马克思主义民族理论和党的民族政策》，内蒙古人民出版社1986年版。
[2] 国家民委政策法规司：《坚持和完善民族区域自治制度》，民族出版社2007年版。
[3] 沈桂萍主编：《马克思主义民族观与党的民族政策》，中央编译出版社2007年版。
[4] 金炳镐主编：《新中国民族政策60年》，中央民族大学出版社2009年版。
[5] 毛公宁：《民族问题新论》，民族出版社2009年版。
[6] 陈云生、于宪等：《民族区域自治法简说》，辽宁大学出版社1985年版。
[7] 史筠：《民族法制研究》，北京大学出版社1986年版。
[8] 杨侯第主编：《民族区域自治法教程》，法律出版社1995年版。
[9] 吴宗金等主编：《中国民族立法理论和实践》，中国民主法制出版社1998年版。

族政策研究：新方法解读〈中华人民共和国民族区域自治法〉》[1] 等。

（二）针对特定民族地区的政策及其实施状况的研究

在不同的民族地区，由于政策主体和政策环境的特殊性，各地在政策的制定和执行方面均体现出地方性与特殊性。不少学者针对不同民族地区的政策和法制分别开展描述和分析，从而反映出在特殊的政策问题和政策目标下，各地如何因地制宜地制定和执行相关的方案、措施或法规，其实施的效果和政策评价如何。值得一提的是，许多学者的研究不仅基于制度文本或统计材料，他们结合在特定民族地区工作、生活或者开展田野调查的经验，继而对政策的实效进行了较有说服力的实证分析。具有代表性的著述如江平、李佐民、蒋坚永的《西藏的民族区域自治》[2]，张锡盛、朱国斌等的《民族区域自治在云南的实践》[3]，吴仕民的《西部大开发与民族问题》[4]，孙兆文、苏利娅的文章《民族区域自治与蒙古族的发展进步》[5]，阿地力·哈力克的文章《新疆和平解放 50 年——兼论民族区域自治在新疆的实践》[6] 等。较新的成果如杨忠国的博士论文《新时期完善发展民族区域自治制度研究》[7]，该文结合宁夏回族自治区实施民族区域自治的实践，从民族政治学的角度对民族区域自治制度的理论及完善进行了探讨。侯德泉的博士论文《湘西民族区域自治初探》[8] 则以政治体系为分析框架，探讨了民族区域自治在湘西的实践。格珍、帅海香分别撰文对民族区域自治制度在西藏、内蒙古的实践经验及启示进行了探讨[9]。古丽娜·乌斯曼江、赫永进的文章《〈民族区域自治法〉在新疆实施的回顾与展望》[10] 概述了民族区域自治法的实施对新疆经济社会发展和稳定的重要作用，同时分析了影响新疆《民族区域自治法》实施和少数民族权益保障的制约因素，并针对这些制约因素提出了对策建议。

---

[1] 周健：《新时期中国民族政策研究：新方法解读〈中华人民共和国民族区域自治法〉》，贵州民族出版社 2005 年版。
[2] 江平、李佐民、蒋坚永：《西藏的民族区域自治》，中国藏学出版社 1991 年版。
[3] 张锡盛、朱国斌等：《民族区域自治在云南的实践》，云南大学出版社 2001 年版。
[4] 吴仕民：《西部大开发与民族问题》，民族出版社 2001 年版。
[5] 孙兆文、苏利娅：《民族区域自治与蒙古族的发展进步》，载《中国民族》2005 年第 5 期。
[6] 阿地力·哈力克：《新疆和平解放 50 年——兼论民族区域自治在新疆的实践》，载《求是》1999 年第 5 期。
[7] 杨忠国：《新时期完善发展民族区域自治制度研究》，中央民族大学政治学博士论文，2010 年。
[8] 侯德泉：《湘西民族区域自治初探》，中央民族大学政治学博士论文，2007 年。
[9] 参阅格珍：《民族区域自治制度在西藏的实践及其经验启示》，载《西藏研究》2009 年第 3 期；帅海香：《坚持和发展民族区域自治制度——兼谈民族区域自治制度在内蒙古自治区的实践》，载《前沿》2010 年第 15 期。
[10] 古丽娜·乌斯曼江、赫永进：《〈民族区域自治法〉在新疆实施的回顾与展望》，载《西南民族大学学报（人文社科版）》2010 年第 2 期。

(三) 针对民族政策或法制的某个专门问题的研究

民族政策是国家政策体系的重要组成部分，是国家和政党为调节民族关系、处理民族问题而采取的相关措施和规范的总和。民族政策需调整民族关系的方方面面，其本身即包含着非常丰富的内涵，无论政治、经济、文化、教育、财税、资源与环境、卫生、人口、人权保障等各方面，都是民族政策研究者关注的对象。当一些学者对中国的民族政策进行高屋建瓴的宏观研究时，另一些学者则针对民族政策或法制的某个专门问题开展深入探讨。例如，针对民族地区的经济政策问题，宋才发等编著的《中国民族自治地方经济社会发展自主权研究》[①] 对民族自治地方经济社会发展自主权的权利建构、权利实施、存在问题、解决对策等进行了分析；王铁志则撰文讨论市场经济环境下民族政策的完善问题，他指出，民族政策运行环境从计划经济到市场经济的转变，对既往民族政策的合法性和实施带来了巨大的冲击，在明确现行民族政策体系的前提下，应对民族政策发展的方向进行必要调整[②]；温军撰文对中国少数民族经济政策的稳定程度进行了评估与分析，他认为，形成于计划经济时代的少数民族经济政策绝大多数已基本失去功能作用，这表明国家在民族地区社会经济发展过程中的宏观管理调控能力呈现弱化趋势，必须引起政府有关部门的高度重视[③]。再如，针对少数民族人权和权益保障问题，郎维伟等的《中国民族政策与少数民族人权保护》[④] 对民族政策相关问题进行了系统全面的讨论；徐中起主编的《中国少数民族文化权益保障研究》[⑤] 则以个案和实例为依据，分析了少数民族文化权益法律保护中的种种问题。此外，针对民族地区的宗教、教育、资源与环境、非物质文化遗产保护等方面的政策和法制研究，也越来越受到学界的关注[⑥]。

[①] 宋才发等：《中国民族自治地方经济社会发展自主权研究》，人民出版社2009年版。
[②] 参阅王铁志：《市场经济条件下的民族政策问题》，载《西北民族研究》2001年第2期。
[③] 参阅温军：《中国少数民族经济政策稳定性评估（1949~2002年）》，载《开发研究》2004年第3期。
[④] 郎维伟等：《中国民族政策与少数民族人权保护》，四川人民出版社2006年版。
[⑤] 徐中起主编：《中国少数民族文化权益保障研究》，中央民族大学出版社2009年版。
[⑥] 参阅郭娅：《西部民族地区宗教信仰现状及对策建议》，载《民族学刊》2010年第2期；陈立鹏：《改革开放30年来我国民族教育政策回顾与评析》，载《民族研究》2008年第5期；曾梦宇、胡艳丽：《论侗民族非物质文化遗产的保护》，载《前沿》2010年第11期；杨莉：《少数民族生态利益与民族生态政策创新》，载《云南社会科学》2006年第5期。

二、对近年来中国民族政策研究的检视

(一) 现有研究成果的类型

对当代中国民族政策与法制的相关研究，正处在不断发展的过程之中。综观近年来的研究成果，大致可分为以下几类：

第一，理论分析或文本分析类。这类研究偏重于理论探讨或对规范文本的分析，研究者运用马克思主义民族理论、政策学、法学、民族学等学科的理论、观点和方法，对中国民族政策的价值和内容加以探析；或对以民族区域自治法为核心的现行民族法制进行语义分析、逻辑分析，同时提出立法和法律修改建议。

第二，历史叙述类。历史叙述类的研究为中国民族政策和法制研究奠定了重要的学术基础，这类研究借鉴历史学的方法，对中国的民族政策或法制加以整理、考证、分类，同时对其制定和实施的相关历史事件加以描述，从而勾勒出这些政策形成和发展的历史脉络，以便观察政策的科学性、连贯性、发展趋势等问题。

第三，现实描述和实证分析类。这类研究以中国民族政策和法制的实效问题为主要关注点，与文本分析注重"纸面"上的政策不同，这类研究通常以实证调查为基础，描述当代民族政策和民族法制在各地的实施状况、取得的成就、遭遇的困境等问题，继而反思政策本身的合理性、适应性或者实施过程中的某些细节问题。

第四，批判反思类。在遵循中国民族政策的基本原则和精神的前提下，这类研究针对当前民族政策和法制在实施过程中暴露出来的问题，在理性反思的基础上开展批判式的研究，同时提出学者自身的政策建议。

(二) 现有研究的不足

当然，上述总结仅是"理想型"的划分，前人的诸多成果均可能是在综合多种范式的基础上进行的。现有研究在取得巨大成就的同时，我们认为，相关研究依然存在许多亟待补充和完善的不足之处：

第一，政策研究与法制研究存在明显的话语断裂。中国的民族政策和民族法制在价值、内容、目标等方面均存在交叉融合之处，民族政策是民族法制的基础，它指明了民族立法的根本方向和基本原则；而为政策立法，逐步实现民族政策的法制化，则是依法开展民族工作，建设社会主义法治国家的需求。从目前的研究状况来看，由于政策学、法学及政治学之间的学科壁垒，或者研究者的理论

背景等复杂因素所限，民族政策与民族法制的相互关系并未缕清，研究者常顾此失彼，过分关注或强调一者，而忽略另一者，造成学术话语的断裂，并可能影响到民族政策及法制的制定和实施工作。在国际国内民族问题与民族关系的新形势下，脱离了民族法制的民族政策，或者脱离民族政策的民族法制，都不足以担当调整民族关系、化解民族问题、促进民族发展的重任。只有将两者视为既相互区别，又相互补充、相互联系的有机整体，进行综合性的分析，才可能获得相关问题研究的重大突破。

第二，重现实问题，轻经验总结；重制度文本，轻实效研究。前人对于相关问题的研究，总体而言重视对现实问题的关注、描述和分析，而疏于对民族政策和法制的历史脉络进行梳理、对相关的历史经验加以总结，尤其疏于从理论上提炼中国民族政策的得与失，探讨其制定、形成、发展和完善的一般规律。不少著述依然停留在展示政策、解释政策的"政策汇编"水平上，这些成果不符合构建学科理论体系的需求，也不符合作为独立学科的"政策学"开展科学研究的要求。与此同时，围绕政策和法制的规范文本开展理论探讨、提出政策/法规制定及修改建议、进行语义分析或逻辑分析的相关著述极为繁多，相比之下，对民族政策及法制的实施情况开展实地调查、加以实证研究的著述则相对较少，并显得不够深入。

第三，理论工具落后，缺乏多学科综合研究。对于相关问题的研究虽有丰硕的成果和相当的积累，但在理论工具上仍显得落后，并且缺乏多学科的综合研究。民族政策和民族法制是协调民族关系、处理民族问题的行动准则，其内容涉及政治、经济、法律、文化从宏观到微观的广阔领域。对中国的民族和民族问题要做深层次的研究，必须进行多学科的综合考察，否则便如瞎子摸象，只知局部不知全局。近年的研究虽在理论和方法的新颖性上取得了发展，但总体而言，对于政策学、法学、民族学/文化人类学、政治学、社会学等学科的理论和方法的研究和运用依然不够娴熟，不同学科间的开放、交流以及跨学科的交叉、边缘及综合问题研究显得不够深入，这大大限制了民族政策和法制的研究视野，也不利于相关学科自身的发展和建设。

第四，前瞻性不足，缺乏创新。事物是发展的，中国的民族关系和民族问题也总是随着国际、国内形势的变化而变化。对于民族政策的研究不仅需要总结经验、解释政策，同时还需具有预测性和先导性。这就要求政策研究者探析中国民族问题发展的规律，对相关政策和法制进行超前研究，对其时效性和适应性加以评估，并提出完善和调适民族政策的对策和建议。就前人的成果来看，前瞻性的研究并不多见，尤其缺乏既把握时势发展的趋势，又立足于实际情况，同时能够通观全局的创新性分析和探讨。

鉴于此，我们应在充分借鉴前人研究成果的基础上，运用一些新的理论和方法，开展跨学科的综合研究，力求做到有所突破和创新。

三、创新中国民族政策研究——基于法律政策学的思考

（一）更新视角，注重综合研究

民族政策是国家政策体系的重要组成部分，是国家和执政党为调节民族关系、处理民族问题而采取的相关措施和规定的总和。当代中国民族政策主要指国家的少数民族政策，它是执政党和政府根据马克思主义民族理论，结合我国多民族的基本国情及民族问题长期存在的客观实际制定的，是我们正确认识和处理民族问题的重要行为准则。新中国成立以来，在各种历史因素的作用下，党和国家调整民族关系、处理民族问题主要以民族政策为依据。相对民族政策而言，中国民族法制建设的步伐则略显滞后，无论数量、内容、受重视程度等各方面，都不能与民族政策相比。改革开放以来，随着国际、国内民族关系和民族问题的不断变迁，在"建设社会主义法治国家"的总体目标和"依法治国"的方略下，需要更加重视发挥民族法制的作用，逐步实现调整民族关系、处理民族问题的法治化。"法治化"并非指忽略民族政策的作用，而是指应当逐渐改变过去过度依赖民族政策的做法，在解决民族问题时，既发挥民族政策的原则性、针对性、灵活性，又发挥民族法制稳定恒久、程序完备、具有强制力保障的特征和功效，从而使两者之间构筑相互弥补、相得益彰的关系。

我们认为，开展民族政策和法制研究，首先应打破存在于政策研究和法律研究之间的学科壁垒，并转变过去重政策、轻法制或者"各自为战"的研究状况。我们注重研究视角的更新，并基于法律政策学的角度，将中国的民族政策与法制视为一个相互区别、相互联系、相互补充、有机统一的整体进行研究。法律政策学具有跨学科、综合研究的特点，它涉及对法律政策的研究、对法律的政策学研究以及对政策的法学研究等几个方面。与此同时，法律政策学还强调对于"事实、价值与行动"的同等关注，即并重价值、制度与实效三个层面。[1] 基于法律政策学的启示，我们不仅关心政策或规范的制度文本，更关心隐藏在制度背后的"价值"以及政策被付诸实践的"行动"。我们的研究既是描述性的，也是规范性的，既分析规范和制度，也探讨政策和法律的价值基础及社会效果。通过对中国的民族政策与法制开展立体化、综合性的研究，继而从理论上总结政策发展的一般规律。相关研究还应分析影响政策制定和执行的社会条件和外部因素，同时

---

[1] 参阅胡平仁：《法律政策学的学科定位与理论基础》，载《湖湘论坛》2010年第2期。

结合政策文本及政策实施的现实状况,提出富有建设性的对策建议,并对政策发展的趋势进行前瞻。

(二) 构建合理、完备的研究框架

民族政策及民族法制的宏观研究,应以合理、完备的研究框架为基础,从而避免"只见树木,不见森林"的偏颇。民族政策及法制的宏观研究,应针对其价值基础、制度文本、历史脉络、相互关系、运行实效等问题加以系统性的描述、总结和分析,揭示调整中国民族关系、维护少数民族权利、解决中国民族问题的一般原理和内在规律,同时结合中国民族政策的制度文本及实际效果的现状,提出行之有效的对策和建议。

我们认为,开展宏观研究的总体框架和各部分间的关系可涵盖以下内容:

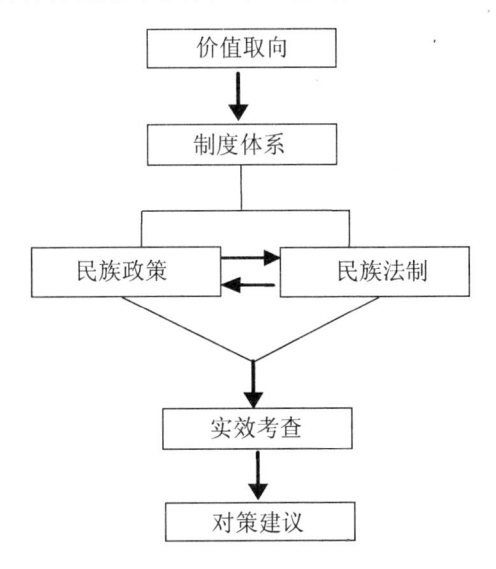

```
       价值取向
          ↓
       制度体系
       ┌──┴──┐
     民族政策 ⇄ 民族法制
       └──┬──┘
          ↓
       实效考查
          ↓
       对策建议
```

具体而言,包括:

第一,中国民族政策和法制的价值基础。如图所示,价值取向对于一国的民族政策而言具有十分重要甚至是根本性的地位。美国社会学家帕森斯把价值取向作为"分析社会系统本身的结构与过程的主要参照基点"① 来看待,对于民族政策的研究首先应该重视价值问题,民族政策所蕴含的价值取向,直接决定着这些政策的出发点、实施目标和根本原则。②

---

① 【美】塔尔科特·帕森斯:《现代社会的结构与过程》,梁向阳译,光明日报出版社1988年版,第140—141页。
② 参阅李大健:《我国民族政策的价值取向探析》,载《中央民族大学学报(哲学社会科学版)》2005年第2期。

中国的民族政策与民族法制具有共同的价值基础，它以维护国家统一，维系民族平等和民族团结，促进各民族共同繁荣为基本价值目标。法律政策学的价值论不仅关注政策的宏观面，它更关注于讨论多元文化观念所必然带来的价值冲突，以及由此引发的价值选择与价值平衡等具体问题。在多重的利益格局和多元文化的冲击之下，民族政策的制定和实施不是一个整齐划一的简单过程，而是时常面临着集中与分权、现代化发展与传统文化保护、同一化与多元化、国民性与民族性等多重价值的冲突、选择与平衡问题。面对千差万别的个案，政策定向与自由裁量尤为重要；而在不断变迁的社会现实面前，对于民族政策的整体价值取向进行评估和调整则必不可少。同时，法律政策学的价值论意味着对于法律的政策考量，也就是用政策的观点和方法来研究和处理法律问题。基于社会及文化的特殊性，中国少数民族地区的立法、执法和司法活动均体现出特殊性，运用政策学的方法和视角，有助于化解民族法制在制定尤其是实施过程中遭遇的种种难题。

第二，中国民族政策和法制的制度体系。如果说价值取向象征一国政策体系的"大脑"，那么制度就是这套体系的骨骼和肌肉。政策和法律总是显现出文本化的制度外观，它是一系列原则、规则、措施和命令的总和。研究民族政策，系统分析其制度文本是不可或缺的内容。中国业已形成由中央、地方及各级政府部门制定的民族政策和民族法制组成的完备体系，这套体系以《宪法》中关于民族问题的条款为根本原则，以《民族区域自治法》为基本内容，并包括其他法律关于民族问题的规定，国务院关于民族问题的政令、措施及法规，国务院各部委关于民族问题的政令和规章，省级人大和政府关于民族问题的法规、规章、政令和措施，民族自治地方的政令、自治条例、单行条例等。这套体系从中国的实际出发，它产生、发展并形成于中国政府长期以来调整民族关系、处理民族问题的实践经验，在内容上广泛涉及政治、经济、社会、文化、教育、体育、卫生、资源与环境保护等各方面。

对制度文本的分析，应包括以下内容：一是对政策（法律）的文本开展解释性质的研究；二是探究民族政策与民族法制的关系，辨明两者在价值内涵、具体内容、功能、特点等方面的区别与联系。三是依照一定的历史分期，梳理政策产生和演化的脉络，探寻其发展规律，并对取得的成就、存在的不足加以经验总结。四是运用比较的方法，以国外民族政策为参照系，发掘我国民族政策的特点和优越性，同时寻求他国民族政策可资借鉴之处。

第三，中国民族政策和法制的实效考察。完善中国特色的民族政策，不仅需要对其文本上的内容进行梳理和分析，通过实地调查，考察不同民族政策和法制在民族地区的实施效果，对于研究者而言同样十分重要。任何政策或立法的目的都不在于文本本身，而在于得到实施并产生实效，政令和法律一旦被扭曲或束之高阁，那么无论它在纸面上有多完美，都难免成为一纸空文。政策和法律的实施可以理解为两者在公共生活中的运用及其目标的实现，也即国家机关及其工作人员、社会组织和公民实现规范要求的活动。政策和法律要产生实效，必须经过两个过程：一是适用，即有权机关依照政令和法规的内容，将之运用到具体的关系、事件、行为等社会生活领域之中；二是遵守，即所有政令或法律指向的社会组织和公民，需以规范为准则，据以指导自己的行为。

经过 60 多年的历史积淀，中国民族政策和法制的实施取得了辉煌的成就，各少数民族在政治、经济、社会、文化各领域的发展和巨变有目共睹。但与此同时，中国的民族政策和法制还远未达到理想的实效，还远未实现制定者的预期。尤其是世纪之交以来，随着各种外部条件的变迁，其实施过程日益凸显出政策滞后、脱离民族地区的实际情况、缺乏实施细则、缺乏监督和保障程序等问题，这些问题将随着时间的推移变得越来越突出和不容回避。

2006 年 7 月至 9 月，全国人大常委会组织检查组对《民族区域自治法》的实施情况进行了检查。检查组听取了各部门、各地的工作汇报，同时分赴内蒙古、宁夏、新疆等 11 个省区开展实地调查，在此基础上形成了《关于检查〈中华人民共和国民族区域自治法〉实施情况的报告》。该报告对民族法制实施取得的主要成就进行了总结，同时也对实施中面临的困难及存在的问题进行了全面、权威的陈述。[①] 结合《报告》的内容，我们认为，在政策的实施及实效方面，目前亟待深入调查和分析的热点问题包括以下方面：

1. 配套资金减免的落实情况以及财政转移支付的力度；
2. 资源开发补偿规定的落实情况；
3. 生态建设和环境保护的相关措施的落实情况；
4. 各级国家机关履行职责的情况；
5. 少数民族人权保障的实际状况；
6. 少数民族语言、文字、宗教、习俗等文化权利的实现情况；
7. 少数民族妇女儿童发展及受教育权利的实现情况；
8. 民族地区的纠纷解决及国家法律的实施状况。

第四，对策与建议——在创新实践中完善中国特色的民族政策。新中国成立以来，中国社会经历了巨大的政治、经济与文化变迁；而 20 世纪 90 年代以来，国际民族主义浪潮骤起，种族、宗教和文化差异所导致的冲突此起彼伏，世界并不太平。在新的国际与国内环境下，中国的民族问题也在不断变化之中，这给民族政策的制定和实施带来了巨大的挑战。民族政策研究者应从理论上反思影响政

---

① 参阅全国人大常委会执法检查组：《关于检查〈中华人民共和国民族区域自治法〉实施情况的报告》，来源：中国人大网 www.npc.gov.cn.

策制定和执行的社会条件和外部因素，同时结合政策文本及政策实施的现实状况，提出富有建设性的对策和建议。

中国的民族政策应不断与时俱进，适应国内外民族问题发展态势的要求，适应市场经济体制的要求，适应建设社会主义法治国家的要求，适应民族地区的现实状况以及少数民族"主体"的合理诉求。同时，我们认为，中国民族政策的发展不应过分强调少数民族的族群性、特性和地方性，而应在尊重和保护各族民众的文化权利的同时，强调其公民意识和国民意识，从而逐步推进国家政策体系的统一。完善民族政策，首先应对民族政策的价值取向加以评估和分析，并在此基础上开展价值平衡与价值调适。其次应通过进一步立法或制定公共政策，健全协调民族政策及法律体系。同时，国家需要从整体上协调民族政策与民族法制的关系，既充分发挥民族政策的原则性、针对性与灵活性，又充分重视民族法制的功效，逐步实现调整民族关系、处理民族问题的"法治化"。第三，应借助实地调查和个案分析，深入了解少数民族群众在经济、社会、文化等各方面的实际情况和主体需求，继而对民族政策的内容及实施状况加以反思。

相关研究应以揭示调整民族关系、维护民族权益、解决民族问题的一般原理和内在规律为目标，力求促进中国特色的民族政策及法律体系不断完善和发展。

（三）打破学科壁垒，运用多种方法开展研究

创新民族政策研究，应转换视角，拓宽思路，打破"画地为牢"式的学科壁垒，运用多种方法开展研究。我们认为，可行的研究方法应包括以下几种：

第一，政策学及法学的方法。在借助多学科手段进行研究时，政策学及法学研究的方法依然居于核心地位。我国的政策研究具有自身的特色，即以马克思主义的历史唯物论为理论根基，强调社会分析和阶级分析相结合、理论与实践相结合。政策学方法包括系统分析法、定性分析和定量分析法、社会试验法、比较分析法等内涵。相关研究应在坚持历史唯物主义的基本观点和方法时，借鉴西方政策科学的理论和方法，对当代中国民族政策进行宏观、综合的分析和评估。

同时，"法学方法"本身即有多重的理解和界定，广义上的法学方法包含价值判断、语义和逻辑分析、实效分析等层面，还可以包括比较法研究、社会主义法学的阶级分析等研究手段；狭义上的法学方法则主要传承"分析法学"的研究进路，它强调对于法律自身规范体系的研究，其典型表现形式为法律解释、法律推理、法律论证、体系内法律漏洞的补充等。相关研究不应拘泥于分析法学的进路，而适宜采用广义的法学方法，即不仅关注其逻辑体系和规范条文，同时注重其价值取向和实施效果。

第二，法律政策学的视角和方法。法律政策学是以探讨法律与政策的关系为内容的交叉边缘学科，其跨学科、综合研究的思路有助于打破存在于政策研究与

法律研究之间的学科壁垒。法律政策学研究的领域十分广阔，它主要包括对法律政策的研究、对法律的政策学研究以及对政策的法学研究等几个方面。同时，法律政策学还强调对于"事实、价值与行动"的同等关注，它要求政策研究者不仅要关心政策或规范的制度现实，更需关心隐藏在制度背后的"价值"以及政策被付诸实践的"行动"。法律政策学的研究既是描述性的，也是规范性的；既分析规范和制度，也探讨法律价值论，其立体化、综合性研究的视角和方法，非常适宜于探讨中国的民族政策与民族法制。

第三，历史学的方法。相关研究应借鉴历史学的方法，广泛搜集、考证文件、报刊、大事记、史志资料等历史文献，继而从纵向的角度进行历史分期，勾勒出新中国民族政策初创、发展、挫折、形成的历史脉络，并在此基础上，揭示中国民族政策的连续性及发展规律。

第四，民族学和社会学的方法。民族政策研究者应十分重视实证调查和实效考察，而民族学和社会学的视角、理论和方法，对于相关研究具有重要的指导意义。一是民族学和社会学均强调"整体观"。整体观认为，政策、法律等制度要素与特定社会的其他要素为有机联系的整体。在"整体"的关照之下，应当注意政策和法制产生、生长、存在和变迁的外部环境，同时，政策和法律还应当置于特定语境下去考察和评价它的地位和功能。二是民族学和人类学倡导文化相对主义的价值观及"民间"的视角。这提醒政策研究者必须尊重、理解少数民族的文化和生活方式；同时，政策制定者和实施者还应注重少数民族群众的主体需求，学会站在"主位"视角，从他们的所思所感出发去观察和理解政策及法律的规范和现象。三是相关研究无疑涉及对民族政策的实效分析和评估，而民族学和社会学均强调实地调查。这种方法要求研究者深入到调查地点和调查对象当中，通过问卷、访谈、闲聊、"参与观察"等方式获取大量的第一手资料，形成系统的调查报告，并以此作为进一步分析和研究的基础。

民族平等的实质内涵与政策限度[①]

田钒平[②]

妥善协调和处理民族关系问题，构建平等、团结、互助、和谐的民族关系，始终是我国维护社会和谐和国家稳定，实现各民族共同繁荣发展的重大问题。在多元、开放的复杂社会，法治是最重要的社会调整机制。在法治化进程中，落实"各民族一律平等"的宪法原则以及相应的优惠政策和特别措施，是协调和处理民族关系问题的关键。但是，实践中由于对民族平等的政策目标、实质内涵及其实现路径的认识存在较大分歧，使得这一问题并没有得到很好地处理，在一定程度上制约着团结互助局面的形成与和谐宪政秩序的建构。为此，有必要深化对作为原则与目标的民族平等的基本内涵以及制度构造问题的认识。

一、公民权利、群体权利与特别保护政策的根本目标

基于马克思主义民族平等观的解读，一般认为，从主体角度分析，民族平等包括两个方面的内容：一是群体之间的平等，即各民族不论其人口多少、经济社会发展程度高低与风俗习惯和宗教信仰异同，在政治和法律上具有同等地位，在国家和社会生活的一切方面，依法享有相同的权利，承担相同的义务；二是个体之间的平等，即一个国家的公民，不论其出生于哪个民族，在权利和义务上完全平等。[③] 这也是我国宪法规定的协调与处理民族关系问题的两个基本原则。实践中，这两项原则构成了制定和实施具体的民族政策与制度的逻辑起点。以此为基础，我国政府针对各少数民族和民族地区经济、文化和社会发展水平落后的现状，以及各少数民族在语言文字、风俗习惯、宗教信仰等方面所具有的特殊性，

[①] 本文系作者主持的国家社科基金项目"民族自治地方构建平等、团结、互助、和谐的民族关系若干重大法律问题研究（10CFX012）"的阶段成果。

[②] 作者简介：田钒平，西南民族大学法学院副教授，西南民族研究院博士研究生。

[③] 王天玺：《民族法概论》，云南人民出版社1988年版，第116页。

制定了一系列促进和维护民族平等的政策和制度，取得了一定成效。

但是，由于实践中没有很好地处理群体平等与个体平等的关系，存在将二者混同或者作为平行的两个方面来认识和处理的倾向，忽视了二者之间的界限甄别和有机联系与相互影响分析，造成了群体平等的保障措施异化为个体特权的现实问题，在一定程度上制约了不同民族成员之间相互认同、团结互助局面的形成。因此，重视群体平等与个体平等之间有机联系与相互影响，明确特别保护措施的根本目标，是当下促进和维护民族平等的实践需要特别关注的问题。

从法理上讲，在宪政与法治社会，平等理念的现实化是社会和谐发展的必要条件。平等理念的落实，需要具备逻辑上呈现递进关系的两个基本要素：一是公民在法律上得到平等对待，享有相同的权利并承担相同的义务，没有特权和歧视存在；二是公民在社会生活中能够真正拥有平等享有的法律权利，而其承担的法律义务也得到切实履行，不存在任意免除法律义务的情形。也就是说，法律上的公民权利和义务平等是社会和谐的前提，而这些权利的充分实现和义务的切实履行则是社会和谐的根基。这是马克思主义平等观的基本立场，正如恩格斯所说，"平等应当不仅是表面的，不仅在国家的领域中实行；它还应当是实际的，还应当在社会的经济的领域中实行。"①

在现实生活中，公民平等享有的法律权利的实现，既受制于权利主体自身的利益期待、收入水平、综合素质等内在因素的影响，也要受其赖以存在的自然地理状况、区域经济、文化、社会发展水平等外部因素的制约。从民族构成、分布与发展状况来看，我国55个少数民族及其聚居区在经济、文化和社会发展程度上明显低于汉族同期发展水平，如果不采取有效的政策措施促进其经济、文化和社会发展，改变其落后面貌，必然会限制作为少数民族成员的公民实现其平等享有的法律权利。而且，特定的少数民族在其形成与发展过程中形成了不同于汉族和其他少数民族的显性的生产生活方式、风俗习惯和隐性的民族心理、精神特质。这些相互联系和影响的因子构成了整体性的独具特色的少数民族文化，赋予了少数民族成员个体权利的实质内容，是少数民族成员实现其平等享有的法律权利不可缺少的文化基础。在这种背景下，如果不加区分地对汉族和少数民族实施一般性、整体性的政策和制度，就可能导致统一性的政策和制度不能适应少数民族的实际状况，无法满足延续与发展少数民族成员实现其法律权利所必须的群体性文化基础的需要。

基于以上因素的权衡与考虑，我国宪法不仅赋予了少数民族自主管理本民族内部事务的自治权利，而且基于各民族"大杂居、小聚居"的分布特点和少数民族和民族地区经济、文化和社会发展水平不高的客观事实，实施了以少数民族

---

① 《马克思恩格斯选集》，第3卷，人民出版社1995年版，第146页。

聚居区为基础的民族区域自治制度和散居少数民族权利保障制度。这些制度试图通过赋予民族自治地方政府优于其他地方政府的自治权力，明确中央和有关地方政府为推动少数民族和民族地区发展应承担的职责以及为履行职责必须实施的优惠政策和特别措施，在保障聚居少数民族群体自治权利、生存与发展权利、经济、社会和文化权利等群体权利实现的基础上，推动少数民族和民族地区经济、文化和社会事业的全面发展，改变其发展水平不高的现状，维护其民族文化的传承与发展，为少数民族成员实现其平等享有的法律权利营造良好的基础条件和外部环境。由此可见，民族区域自治以及其他相关优惠政策和特别措施是一种区域性、整体性的制度，不是针对个人设定的特权制度，其根本目的不仅仅在于保障群体权利的实现，更重要的在于消除特定区域或特定群体的公民权利实现的现实制约因素，促进具有不同民族身份的公民真正拥有平等的法律权利。

二、法律平等、事实平等与特别保护政策的重心选择

马克思主义认为，在民族平等的维护上，不但要坚持各民族在法律上的平等，而且要努力创造条件以实现各民族在事实上的平等。这是我国实行特别保护政策，推动少数民族和民族地区经济社会发展，保障其群体权利实现，进而为少数民族成员实现其法律权利营造良好的基础条件和外部环境的理论基础。实践中如何理解"事实上的平等"，是落实马克思主义平等理念的核心问题。对此，主流的理论解释是，各民族在法律上的平等是指"机会平等"或"形式平等"，在事实上的平等是指"结果平等"，机会平等是结果平等的前提，而通过针对少数民族实施的各种优惠政策努力消除历史上遗留下来的或者竞争发展中形成的各民族间的差距，则是落实各民族"事实上的平等"或结果平等的必要措施。[①] 从法理上讲，这一解释没有真正抓住马克思主义平等观的精神实质，有必要作进一步的分析，否则会影响到保护民族平等的优惠政策和特别措施的重心选择和制度构造的合理性。

首先，法律上的平等包括两个方面的含义，一是依据法律规定，每一个社会成员都有相同的社会地位，享有相同的法律权利并承担相同的法律义务，即通常所理解的形式平等；二是文本意义上的法律规定在现实生活中得到平等适用，相同的案件等到相同处理，相似案件得到相似处理。从应有权利和义务的实现过程考察，法律对权利和义务的平等确认，为每一个社会成员提供了参与社会生活的

[①] 李文祥：《我国少数民族农村社区的社会保障统筹研究——以剌尔滨鄂伦春族为例》，载《社会科学战线》2010年第2期，《新华文摘》2010年第12期摘编。

相同起点和机会。在这个意义上讲,这种形式平等具有起点意义上的机会平等的含义。但是,文本意义上的法律规定在现实生活中的平等适用实质上是起点意义上的机会平等的现实化,属于实质意义上的平等而非机会平等本身。因此,不能将法律上的平等简单地等同为机会平等。

其次,机会平等包括丰富的内涵,除文本意义上的法律权利和义务平等外,还包括社会成员的自然禀赋、自然地理环境、交通、教育、文化等基础资源方面的起点平等,以及在社会生活中社会成员在求学、就业、升迁等方面得到平等对待、其功绩得到平等确认的过程平等。因此,不能将机会平等等同于形式平等。这种理解具有非常重要的政策意义。针对过程平等的保障而言,其关键在于消除求学、就业、升迁和功绩评价方面的歧视性做法,提供公正合理的评价标准,而对于因个人的自然禀赋、自然地理环境、交通、教育、文化等基础资源方面的差异而形成的不平等则需要采取相应的政策措施给予特别保护,以保障社会成员在起点上的机会平等。只有如此,才能使法律平等获得真正保障,正如哈贝马斯所说,事实上的不平等影响了对平等分配的行动自由的利用机会,与法律上平等对待的要求是相抵触的,只有当国家补偿确立了平等地利用法律保障的行动能力的机会平等时,才有助于实现法律平等。[①] 正是在这个意义上,我国民族政策与制度的主要设计者李维汉指出,由于历史上遗留下来的各少数民族在政治、经济和文化上的落后状态的影响,使其"在享受民族平等权利时,不能不在事实上受到很大的限制"。[②] 因此,通过实施相应的优惠政策,帮助各少数民族发展其政治、经济、文化和教育事业,使其逐步地改变其落后状态,消除可行能力的不平等,进而达到事实上的平等,是协调和处理民族关系问题的关键和实质所在。

但是,将这种通过消除可行能力的不平等逐步地达到事实平等的追求,直接解读为结果平等是不合理的。因为结果意义上的平等不仅取决于起点与过程平等的保障,还取决于个人在价值、工作意向方面的选择、个人的才能和努力程度等主体性因素的影响,而由后者所带来的不平等是社会成员主动选择的结果,是可以接受的差异。就收入分配而言,这也是按劳分配的应有之意。事实上,针对特定的群体在经济、文化、社会方面与其他群体存在的事实差异,根据理性、合理和正当的决定,采取某些适当的、合理的、必要的区别对待的政策措施,其根本意义在于为公民提供平等发展的条件,实现实质上的平等。

[①] 哈贝马斯:《在事实与规范之间:关于法律与民主法治国的商谈理论》,童世骏译,生活·读书·新知三联书店 2003 年版,第 169 页。

[②] 李维汉:《有关民族政策的若干问题》(1951 年 12 月 21 日在中央民族事务委员会第二次委员会扩大会议上的报告大纲),《李维汉选集》编写组:《李维汉选集》,人民出版社 1987 年版,第 256 页。

三、群体措施、个体平等与特别保护政策的合理限度

如前所述，为实现民族平等而实行的民族区域自治以及其他相关优惠政策是一种区域性、整体性的特别措施，不是针对个人设定的特权制度，其根本目的在于通过保障群体性的民族平等，为少数民族成员实现其平等享有的法律权利营造良好的基础条件和外部环境。但是，实践中一些群体性的特别措施需要与作为特定群体的个体的结合才能得以实施，因此，在制度设计与实施中尤其需要重视群体性政策措施的合理限度问题，否则就会导致群体性的特别措施异化为个体特权，引发此类政策措施的正当性困境。

在制度设计方面，在制定需要通过少数民族个体才能得以落实的群体性优惠政策时，不仅要明确规定个体从事特定行为或者获得特定利益的资格，更要明确规定其取得此资格应承担的相应责任及不履行该责任必须承受的不利性后果。同时，还应明确规定政策实施者的职责，以及不严格执行政策的责任追究机制，以保证政策的有效实施。如此，才能将群体性优惠政策限定在合理的限度以内，否则，必将引发此类政策异化为个体特权的现实问题，不利于民族之间平等、团结、互助、和谐关系的形成。这也是近年来社会上质疑民族优惠政策正当性的根本原因。针对少数民族的硕士研究生招生单独划线录取政策就是一个典型例子。实行这一政策的根本目的在于解决民族地区人才资源匮乏问题，因此其附加条件是被录取者毕业后必须到民族地区工作，否则就不能享受这一优惠政策。但是，实践中由于毕业生派遣的主管部门并没有严格执行制度规定，绝大多数的人毕业后并没有到民族地区工作，使得区域性政策演化成为个体的特权。很显然，长此以往，只能助长特权思想的形成和差别的扩大，不利于民族认同观念的培育。

由于各民族"大杂居、小聚居"的影响，在制定特别保护政策时，妥善处理区域性和民族性的关系，也是一个不能忽视的重要因素。这是民族区域自治能否充分发挥其制度功能的关键所在。但是，由于理论研究和制度实践对民族自治地方的多民族问题重视不够，使其关注的重心主要集中在该制度对保障聚居少数民族平等权利的功能与作用上，忽视了这一制度对于协调和处理民族自治地方内部的民族关系，保障主体少数民族以外的其他少数民族和汉族之权利实现的积极意义，导致民族自治地方在法制实践中，比较重视保障聚居的主体少数民族权益保障的具体政策和制度的建设，而对其他少数民族和汉族权益保障问题的关注程度与民众的现实需求存在较大差距，致使一些具体政策背离了平等的基本精神，

在一定程度上造成了群体与群体之间、个体与个体之间的不平等。①

此外,通过赋予少数民族群体权利以消解制约其成员实现个体权利的限制因素的政策措施,也存在侵犯其内部成员个体权利的可能性,② 在政策制定与实施中也必须明确其合理限度。这方面的问题主要表现在少数民族对其固有的风俗习惯、文化传统、语言文字的维护、改革与发展上,当下在一些少数民族聚居区存在的"抢婚"习俗对未成年女孩的危害就具有典型性。对此类有悖于当前人类社会已经广为接受的基本公理的习俗,应当通过立法明确禁止。而对于少数民族成员自愿放弃其传统习俗、接受其他文化,自愿放弃本民族的语言文字、接受其他语言文字等类型的权利行为也应当受到法律保护,本民族群体不能基于任何理由侵犯其成员的个体权利,阻碍或限制此类选择。

---

① 作为解决民族自治地方人才匮乏问题的少数民族高等教育招生优惠政策是基于民族自治地方政治、经济、文化和社会发展水平的落后性和少数民族的特殊性而制定的特别措施。针对区域发展的落后性问题,需要建立一个科学的评价指标体系,合理评价各民族自治地方的发展情况,并以此作为政策调整的依据,当特定的民族自治地方的发展水平与发达地区处于均衡状态时,就应当在这一地区停止执行相应的优惠政策。针对少数民族的特殊性问题,需要深入分析民族特殊性的具体表现,将优惠政策建立在真正的民族特性之上,不能将其简化为外在的"身份"符号。这是少数民族高等教育招生优惠政策的正当性维护更为复杂和难以处理的问题。一般认为,民族的特殊性主要表现在文化传统、语言文字和风俗习惯等方面,而对教育影响较大的主要是文化传统和语言文字的差异,这也是政府针对少数民族的特殊性实施专门的学校教育制度和考试制度,以及按民族人口比例分配招生指标与降分录取相结合的优惠政策的根本理由。但是,民族之间的文化传统和语言文字的差异并非一个普遍性问题。在一些民族自治地方,少数民族与汉族不仅使用同一种语言文字,文化传统也非常相似,而且从小学到高中都在同一所学校或者教育质量相近的学校就读,但在高考录取时,因为外在的"民族身份"却能够享受高等教育招生优惠政策的照顾,实质上背离了平等的基本精神。这是近年来,很多考生在高考和研究生入学考试之中更改"民族身份"的根本原因。对此,当下的应对策略主要集中在加强民族身份更改的管理上,忽视了优惠政策的内在合理性检视,难以真正杜绝此类行为。在民族之间的文化传统和语言文字不存在差异的背景下,缺乏同质化的教育资源供给是高考加分、研究生单独划线录取的根本依据。而教育资源供给的非同质化主要是由于区域之间的教育发展不均衡造成的。因此,这种政策的实施应当是区域性的,针对同一区域的不同民族成分的考生应当执行同样的政策。否则,必然导致民族自治地方内部的群体与群体之间、个体与个体之间在教育领域的不平等,进而影响到本地区的稳定、和谐和全面发展。参见田钒平:《少数民族高等教育招生优惠政策价值辩正与制度完善》,《中国法学(海外版)》2010年第1期。

② 参见周勇:《少数人权利的法理》,社会科学文献出版社2002年版,第36—37页。

民族法制建设理论
与实践研究

董必武：中国民族法制的奠基者

李 鸣[①]

在董必武的人生经历中，有这样几点值得我们关注。其一，他1911年参加了辛亥革命，同年加入中国同盟会，是辛亥革命的元老和功臣；其二，他是中国共产党"一大"12位正式代表之一，是中国共产党的创建者，参加过长征；其三，他1914年考入日本东京"私立日本大学"学习法律，1928年赴莫斯科中山大学列宁学院学习，有留学经历，最开始学的是法律，接受过马克思列宁主义的系统教育。其四，他1945年代表解放区参加旧金山联合国制宪会议，1949年参加中国人民政治协商会议的筹备工作，主持起草《中华人民共和国中央人民政府组织法（草案）》，参加议定《共同纲领》，为建立中华人民共和国积极进行立法方面的准备。中华人民共和国成立后，历任政务院副总理兼政务院政法委员会主任，最高人民法院院长，在政法领导岗位上担任要职，是有法律知识背景和法律实践的国家领导人。董必武的一生是与中国近百年几个重要历史时期的革命斗争紧密联系的，是与中国共产党的产生、发展和党的主要领导活动紧密联系的，是与革命政权的法制理论和法制建设紧密联系的，是与党的民族理论政策和民族法制的形成紧密联系的。因此，在庆祝辛亥革命100周年、庆祝中国共产党成立90周年之际，缅怀董必武在民族法制建设方面的突出贡献，既自然而然，又势在必然。

一、研究民族领域的重大问题

1937年6月14日，董必武在《解放周刊》第六期上发表《共产主义与三民主义》，开始研究民族问题，形成了对民族问题的基本看法。董必武认为，谈中国的民族问题，回避不了孙中山的三民主义中的民族主义。必须对孙中山的民族

[①] 作者简介：李鸣，中国政法大学法律史学研究院教授，博士生导师，主要研究方向：法律史学。

主义有一个基本的认识：民族主义是中国近代革命的立足点，孙中山的三民主义，分为旧三民主义和新三民主义两个阶段。

首先，孙中山的旧民族主义，既有革命性，又有局限性。孙中山的旧民族主义以"驱逐鞑虏，恢复中华"为首要任务，即推翻清朝政府，解除民族压迫，光复以汉族为主体的"民族国家"，创立民族平等的共和政府，其排满复汉的大汉族主义情绪异常浓郁。辛亥革命胜利后，孙中山曾一度误认为清朝政府已被推翻，民族压迫、民族歧视的政治体制已不复存在，民族主义、民权主义的任务已经完成，以后的任务就是努力实行民生主义，改善民众生活待遇，增强国力，从而提出建立"五族共和"的中华民国新的政体的主张。孙中山"五族共和"的第一要义是民族平等，第二要义是民族统一，即不分畛域，合汉、满、蒙古、回、藏为一个统一的中华民族。民族平等是民族统一的基础，民族统一是民族平等的最佳结果，二者密切相关，互相促进，不可割裂，融为一体。总而言之，"五族共和"就是主张国内不应有享有特权的民族，各民族一律平等，各族紧密联系，友好相处，一道构建统一的"中华民国"的共和政体。孙中山没有意识到帝国主义列强对中国的威胁和入侵，是民族主义的最大敌人，不反对帝国主义侵略，中国就不会有真正的民族解放和国家独立。不久，辛亥革命的成果很快被袁世凯窃取，随之而来的是各派军阀你争我夺，连年混战，国内政治更加腐败黑暗，民不聊生的境况愈加严重。"五族共和"不仅没有真正实现，反而成了北洋军阀政府笼络各地军阀的一种策略和借口。针对这种状况，1919年，孙中山将中华革命党改组成中国国民党，抛弃了民族主义已经实现了的幻想，指出目前中国民族主义的任务仅完成了一半，民权主义和民生主义并没有一点痕迹，从而对外主张国家民族的自决，对内主张以汉族为中心同化少数民族。孙中山指出，五族也好，多少族也好，总是存在民族差别，共和不是目标，目标应是所有民族实行同化，大家"熔为一炉"。从"五族共和"到"民族同化"，反映了孙中山在辛亥革命失败后其思想认识的变化。一方面，孙中山对南北议和达成的《关于满、蒙、回、藏各属待遇之条件》以"五族共和"为名而维护旧的世袭贵族势力和军阀统治十分痛恨；另一方面，孙中山对辛亥革命后，外国侵略者不断制造分裂中国的阴谋活动甚为担忧。因此，他主张以汉族同化其他民族的方法，组成一个中华民族，来振兴国家。"在国家政权结构形式上，孙中山主张"单一制"，建立"自由统一的（各民族自由联合的）中华民国"。孙中山的民族同化是维护国家统一的一种无奈的举措，它主张以大汉族主义为中心同化其他的小民族，以宗族为民族的基本组织，其幼稚与偏执十分明显，还或多或少带有大汉族主义的色彩。

其次，中国国民党第一次代表大会宣言中所讲的"民族主义"，是孙中山的新民族主义，值得信奉和遵循。1922年，第二次护法战争失败后，孙中山决定改组国民党,实行联俄、联共、扶助农工的三大政策,使其旧三民主义上升为新三民主义,民族主义也有了它新的内涵。1924年1月,孙中山在中国国民党第一次代表大会宣言中对三民主义作了新的解释:"国民党之民族主义,有两方面之意义:一则中国民族的自求解放;一则中国境内各民族一律平等。""国民党的民族主义其目的在使中国民族得自由独立于世界。"国民党郑重宣言:"承认中国以内各民族之自决权",并在反对帝国主义及军阀之革命获得胜利以后,组织自由统一的(各民族自由联合的)中华民国。[①]孙中山民族主义的精髓,是以新的资产阶级民族国家代替旧的封建专制主义国家,这样一来,作为国家民族,对外反对帝国主义的侵略,可以实现民族解放、国家独立;作为国内民族,对内反对民族压迫,可以实现民族平等,民族团结,国家统一。孙中山的民族主义体现了反帝反封建的革命民主精神,在调整、处理国内民族关系和反对帝国主义外来干涉方面,起到了积极的指导作用,也成为民国外交立法与民族立法的指导性原则。

最后,新三民主义与马克思主义者对民族问题的主张原则上是相同的。董必武认为,"共产党员在信奉三民主义还是共产主义,这个问题不弄清楚,将对国共合作没有信心,在抗日的艰难过程中要发生某些不应有的纠葛,甚至妨害神圣的民族革命事业。"承认新三民主义是抗日战争时期国共重新合作的基础。共产主义社会是人类最合理的社会,共产党员相信共产主义,是具有崇高理想和科学依据的。但目前要想把中国社会经济推向前进,首先要抵抗日本帝国主义,要动员广大的群众参加神圣的民族革命战争,才能保证这一战争的胜利。[②]于是得出结论:我们相信革命的三民主义,自然,我们同时也相信共产主义。

董必武对中国民族问题的见解,告诉我们,对民族问题的认识,一是要结合中国的社会实情,充分承认和积极利用前人的民族理论的合理部分,实事求是地面对和分析解决民族问题;二是解决民族问题要坚持原则,突出重点,既要反对帝国主义侵略,维护国家独立和统一,又要主张国内各民族平等,团结一致,共同奋斗,实现民主政治。形成民族理论,只有立场坚定,态度鲜明,方法适当,观点才会正确。

二、确立和宣传党的民族政策

中国共产党的民族政策是在革命斗争中逐渐形成、逐渐清晰和明确起来的。

[①] 《中国国民党第一次全国代表大会宣言》,《孙中山全集》第9卷,第119页。
[②] 中共中央统战部:《民族问题文献汇编》,中共中央党校出版社1991年版,第538—541页。

在新民主主义革命阶段,董必武曾利用各种机会宣传党的民族政策。

1945年6月5日,董必武代表中国革命政权出席联合国制宪大会,在华侨举办的演讲大会上说,共产党的所有政策"都是为了一个总的目标,就是建立一个独立、民主、自由、团结、强大、繁荣的新中国。"并提出,"关于少数民族问题,中国共产党向来就主张国内各民族必须平等,而各少数民族都应该有民族自决权。"[①] 1946年1月16日,董必武与周恩来、王若飞、叶剑英等再同国民党谈判会上,中共代表团在《和平建国纲领草案》中明确强调:"在少数民族区域,应承认各民族的平等地位及其自治权。"这一意见最终在《政治协商会议通过的纲领和协议》中有所体现:"九、人民之权利义务:(四)聚居于一定地方的少数民族,也应该保障其自治权。"[②] 宣传了中国共产党关于民族区域自治的思想,为争取全国各族人民的支持,孤立国民党反动势力,赢得解放战争的胜利产生了重大影响。

新中国的建立,为制定好的民族政策创造了前提条件,"全国人民大革命的胜利和以工人阶级为领导的以工农联盟为基础的人民民主政权的建立,使我们能够以彻底的民主主义和民族平等精神解决民族问题,建立各民族的真正团结和合作。"[③] 董必武对此信心百倍,并为此辛勤工作。

新中国建立伊始,满目疮痍、百业待兴,而民族问题更是关乎国家统一和民族团结的重大问题。1949年9月29日,在中国共产党的倡议和领导下,中国人民政治协商会议第一届全体会议召开,共有代表、候补代表和特邀人士662名,其中少数民族代表33名。根据全国各族人民、各民主阶级、各民主党派、各人民团体的共同意志,通过了《中国人民政治协商会议共同纲领》(以下简称《共同纲领》)。《共同纲领》由序言和七章构成,共六十条,对新中国的国体、政体及其基本政策,作了重大决策。《共同纲领》第一章总纲明确宣示:"中华人民共和国为新民主主义即人民民主主义的国家,实行工人阶级领导的、以工农联盟为基础的、团结各民主阶级和国内各民族的人民民主专政,反对帝国主义、封建主义、官僚资本主义,为中国的独立、民主、和平、统一和富强而奋斗"(第一条)。"中华人民共和国境内各民族,均有平等的权利和义务"(第九条)。这就意味着,按照中国国情,建立单一制的统一的多民族国家,确认国内各民族平等、实行民族区域自治为解决国内民族问题的基本政策和法制。

《共同纲领》专设第六章"民族政策"从第五十条到第五十三条,用了四条的篇幅,以法条的形式对新中国的民族政策进行了原则性的规定:

---

① 《董必武选集》,人民出版社1985年版,第118页。
② 中共中央统战部:《民族问题文献汇编》,中共中央党校出版社1991年版,第991—993页。
③ 《董必武选集》,人民出版社1985年版,第391页。

第五十条　中华人民共和国境内各民族一律平等，实行团结互助，反对帝国主义和各民族内部的人民公敌，使中华人民共和国成为各民族友爱合作的大家庭。反对大民族主义和狭隘民族主义，禁止民族间的歧视、压迫和分裂各民族团结的行为。

第五十一条　各少数民族聚居的地区，应实行民族的区域自治，按照民族聚居的人口多少和区域大小，分别建立各种民族自治机关。凡各民族杂居的地方及民族自治区内，各民族在当地政权机关中均应有相当名额的代表。

第五十二条　中华人民共和国境内各少数民族，均有按照统一的国家军事制度，参加人民解放军及组织地方人民公安部队的权利。

第五十三条　各少数民族均有发展其语言文学、保持或改革其风俗习惯及宗教信仰的自由。人民政府应帮助少数民族的人民大众发展其政治、经济、文化、教育的建设事业。

由此可见，《共同纲领》"其基本精神是使中华人民共和国成为各民族友爱合作的大家庭，必须反对各民族的内部的公敌和外部的帝国主义。而在各民族的大家庭中，又必须经常反对大民族主义和狭隘民族主义的倾向。各少数民族的区域自治、武装权利及其宗教信仰之被尊重，均在条文中加以明确的规定"[①]。《共同纲领》是为中华人民共和国的成立预先作的法制准备，它具有临时宪法的性质。第一，新中国是单一制的统一的多民族国家，必须坚持国家统一、民族团结的基本方针。《共同纲领》把党的民族政策以法律的形式固定下来，确立了民族平等、民族团结、民族区域自治和各民族共同繁荣的基本原则和政策，这些关于处理民族问题的基本原则、基本政策、基本制度，成为后来制定和修订宪法有关民族方面内容的基本依据，成为民族立法的奎皋和灵魂。第二，实行民族区域自治，是我国调整民族关系、解决民族问题切实可行的途径，也是维护少数民族基本权利的有效办法，它适合中国的国情。《共同纲领》把民族区域自治作为一项重要的政治制度载入其中，对民族区域自治的规模，民族自治区及自治机关的性质、地位，自治权的具体内容（参加或组织武装的权利、发展本民族语言文字的权利、保有或改革风俗习惯的权利以及宗教信仰的自由），作了具体的规定，使民族区域自治法制初见端倪，开启了在新中国正式以中国特色解决民族问题的法制里程。第三，确保少数民族生存、发展的权利和自由，人民政府必须尊重少数民族的传统文化，并为少数民族全方位的发展承担国家责任。这些规定，是把中国共产党在新民主主义革命时期所一贯坚持的切合实际和行之有效的民族政策，用法律的形式固定了下来，更便于在实践中遵守和依循。

---

① 周恩来：《关于〈中国人民政治协商会议共同纲领〉草案的起草经过和特点》，1949年9月22日在中国人民政治协商会议第一届全体会议上的报告。

随后，董必武到中国人民大学作了《关于人民政协共同纲领的讲演》，董必武认为，《共同纲领》是中国人民百年来革命奋斗的结果，突出民族政策的要点。"我们的民族政策，是对于国内民族一律平等，尊重各民族的风俗习惯、信仰，不强调某一个民族的文化与形式。少数民族实行区域自治。我们反对狭隘民族主义和大汉族主义。我们提倡国内各民族团结互助，繁荣经济，昌明文化，共同建设富强的新中国。"①

新中国建立后的民族立法，正是在《共同纲领》的指引下逐步形成的，符合中国国情，体现全国各族人民的意志。

三、建立和落实民族法制

处理民族问题，协调民族关系，解决民族纠纷，都应该有法可依。有法可依，就得加强民族立法，贯彻实施民族立法，并不断完善民族法制。为此，必须把握如下要点：

其一，树立革命政权法律的权威性。

随着解放战争的顺利进行，蒋介石反动政府倒台指日可待，革命政权将取而代之。在对待现行法律的问题上，中国共产党人主张，不破不立，废除旧法，建立新法。1948年10月16日，董必武在华北人民政府召开的人民政权研究会上提出："建立新的政权，自然要创立法律、法令、规章、制度。我们把旧的打碎了，一定要建立新的。否则就是无政府主义。如果没有法律、法令、规章、制度，那新的秩序怎样为此呢？因此新的建立后，就要求按照新的法律规章制度办事。这样新的法律、法令、规章、制度，就要大家根据无产阶级和广大劳动人民的意志和利益来拟定。"② 1949年4月1日华北人民政府发布《废除国民党的六法全书及一切法律的训令》，明确指出："国民党的法律，是为了保护封建地主、买办、官僚资产阶级的统治与镇压广大人民的反抗……反动的法律与人民的法律，没有什么'蝉联交代'可言，而是要彻底地全部废除国民党反动的法律。"③ 这包含三层含义：其一，新政权的诞生，必然要创建法律法令、规章制度，靠法制来建立新秩序，规范社会，安抚民心，做到有法可依，依法办事；其二，新创立的法制是人民民主法制，即人民有发言权和选举权、表达人民意愿、维护人民根本利益的法制。人民民主政权的建立，使我们能按照人民的意愿，建立民族平等的法

---

① 《董必武法学文集》，法律出版社2001年版，第51—77页。
② 《董必武选集》，人民出版社1985年版，第218页。
③ 中共中央统战部：《民族问题文献汇编》，中共中央党校出版社1991年版，第887页。

律来解决民族问题，在民主法制的体系内，民族法制有自己的一席之地，从而迎来了民族立法的高潮，民族法制建设收获颇丰；其三，人民民主法制一旦建立，就有其权威性，人们应有法必依，严格遵守。对新制定的民族法律法规，既不容置疑，也不许动摇。

其二，代表民意，维护少数民族合法权益。

1941年董必武参加了《陕甘宁边区施政纲领》的制定，《陕甘宁边区施政纲领》第17条规定："依据民族平等原则，实现蒙回民族与汉族在政治经济文化上的平等权利，建立蒙回民族的自治区。尊重蒙回民族的宗教信仰与风俗习惯。""边区各少数民族在居住集中地区，须划成民族区，组织民族自治政权，在不与省宪法抵触的原则下，须订立自治法规。"[①] 此后，陕甘宁边区建立了5个民族自治政权，1个蒙民自治区。各民族自治政权建立后，坚决贯彻执行《陕甘宁边区施政纲领》的规定，少数民族与汉族团结抗日。

1949年，董必武担任中央人民政府政务院政治法律委员会主任，政法委员会的任务是负责指导内务部、公安部、司法部、法制委员会、民族事务委员会的工作。[②] 1949年10月1日中华人民共和国宣告成立，即在1949年9月中国人民政治协商会议通过的当时起临时宪法作用的《共同纲领》指导下，开始了新中国民族法制的创建。1950年11月政务院批准《培养少数民族干部方案》和《筹办中央民族学院施行方案》，随后还制定颁布了《关于伊斯兰教的人民在其三大节日屠宰自己食用的牛羊应免征屠宰税并放宽检验标准的通令》（1950年12月2日）、《关于处理带有歧视或侮辱少数民族性质的称谓、地名、碑碣、匾联的指示》（1951年5月16日）、《各级人民政府民族事务委员会试行组织通则》和《关于地方民族民主联合政府实施办法的规定》（1952年2月22日）、《关于更改相当于区的民族自治区的指示》、《关于改变地方民族民主联合政府的指示》、《关于建立民族乡若干问题的指示》（1955年12月29日），人民政府通过一系列行政立法，为彻底消除旧社会遗留下来的民族歧视、民族压迫，改变少数民族的社会状况和政治待遇提供了法律依据，使我国少数民族的各项权利得到了有力的法律保障。在这些民族法规、通令的制定过程中，董必武有的提出了自己的意见、有的进行了审核和批发，他为这些民族法规的制定和贯彻起了重要作用。

董必武还直接参加了《中华人民共和国民族区域自治实施纲要》、《关于保障一切散居的少数民族成分享有民族平等权利的决定》、《中华人民共和国全国人民代表大会及地方各级人民代表大会选举法》和涉及少数民族问题的《中华人民共和国宪法》的制定工作。1952年8月8日中央人民政府委员会批准颁布

---

① 中共中央统战部：《民族问题文献汇编》，中共中央党校出版社1991年版，第991—993页。
② 胡传章、哈经雄：《董必武传记》，湖北人民出版社1985年版，第262页。

《中华人民共和国民族区域自治实施纲要》共7章40条，规定了各民族自治区的设立、区域界限、行政地位，自治机关的组成和隶属关系，自治机关的自治权利，调整民族自治区内的民族关系的原则，上级人民政府对民族自治区的领导原则等，第一次完整地规定了新中国的民族区域自治制度，该法律也是新中国建立初期颁布的国家大法之一，是1984年颁布的《中华人民共和国民族区域自治法》的重要基础，它促使全国各地建立了许多不同行政级别的自治区。1952年2月政务院专门发布《关于保障一切散居的少数民族成分享有民族平等权利的决定》，首次提到一切成分的人民均与当地的汉族人民享有平等的权利，并享有加入当地各种人民团体及参加各种职业的权利等，弥补了民族区域自治在维护散居少数民族权利方面的遗漏，使维护少数民族权利的领域更加广阔。1953年2月中央人民政府委员会颁布的《中华人民共和国全国人民代表大会及地方各级人民代表大会选举法》，列出专章对少数民族的选举权和被选举权给予保障，根据这个选举法选出的第一届全国人大少数民族代表178人，占代表总数的14.52%，这一比例是当时少数民族总人口占全国总人口6%的两倍还多。1954年制定的中华人民共和国第一部宪法，根据新中国成立以来废除民族歧视、压迫制度，确立民族平等原则，建立新型的平等、友爱、互助的民族关系，对有关民族问题作了明确的法律规定，并将民族区域自治制度进一步规范化，规定民族自治地方为自治区、自治州、自治县三级，以促进民族区域自治和民族地区政治、经济、文化的建设。"五四宪法"上承《共同纲领》，下启"八二宪法"，创立了新中国解决民族问题的宪法模式。这四项民族立法的成果一是维护少数民族权利的面广阔，包括了聚居和散居两种居住状态的少数民族，二是法的位阶较高，有国家大法——宪法层面的规定，三是侧重落实少数民族的政治权利，特别是自治权利。

1956年9月，董必武在中国共产党第八次全国代表大会上作《进一步加强人民民主法制，保障社会主义建设事业》的发言中，总结了我国民族法制建设的经验："我们的人民民主法制，还有因时制宜和因地制宜的特点，它照顾了各兄弟民族地区的特殊情况，在不抵触宪法的原则下，各自治区完全可以制定符合于他们意志的自治条例和单行条例。"① 民族立法，是新中国立法史上的一个崭新课题，必须从实际出发，服从国家根本利益，照顾少数民族特殊情况，大胆开拓，勇于创新，稳妥制定。

其三，贯彻落实，强调法律适用。

董必武为推行民族法制做了大量工作，有目共睹。董必武认为，民族问题比较复杂，又至关重要，因此，对民族问题，一是要高度重视；二是要群策群力，协调一致予以积极解决；三是国家民委应认真应对，作出突出的贡献。董必武举

---

① 《董必武选集》，人民出版社1985年版，第411—412页。

例说：1951年9月11日，"和平解放西藏协定的订立，是党政军合力完成的业绩，当然民族事务委员会对这个协定是出力很多的，他们也应该分享这个光荣，包括李维汉同志在内，但不能说这件事是他一个人的功劳。"①

民族法制的运行，要从基层抓起，搞好民族自治地方的政权建设。董必武说："我们已有不少的民族区建立起来了民族自治政府或民族民主联合政府，而且都是由当地少数民族或各族人民的代表选举的。他们一经选举了他们自己的政府委员，他们就感觉到自己真正当家做主，政权是自己的了。"② 要充分发挥少数民族的积极性，让他们当家做主，把当地、把本民族的内部事务处理好。

1955年9月20日，董必武代表中共中央和中央人民政府出席新疆维吾尔自治区成立大会并作重要讲话，他说："中国共产党成立以来，即以实现中国境内各民族一律平等和彻底解放作为自己的主要任务之一，并从各方面帮助少数民族的解放和发展。""中国共产党和毛泽东主席把民族的区域自治作为我国民族问题的基本政策，这一政策已载入我国宪法。《中华人民共和国宪法》保证了我国各少数民族在聚居的地方都行使自治权，当家做主，管理本民族内部事务。我们必须坚定不移地贯彻这个政策，这不仅是因为我们必须尊重各民族应该享有的平等地位和权利，而且只有这个政策，才能消除历史上残留下来的各民族间的隔阂和歧视，才能不断地增进各民族间的互相信任和团结。毫无疑问，新疆维吾尔自治区的建立，是中国共产党推行民族区域自治政策的又一重大胜利，是祖国各民族更加团结的又一标志。"③ 他希望"新疆各民族在发展自己的政治、经济、文化的工作中，还须继续欢迎祖国各民族特别是少数民族的志愿和汉族干部的帮助，特别是汉族对其他民族的帮助，也都应该认为这是自己应尽的责任和义务，不这样做是不对的。驻新疆部队和汉族干部必须以忘我的态度全心全意地为新疆各民族人民服务，为建设新疆维吾尔自治区和巩固国防，应该努力工作，安心工作，并且作出更大更多的成绩来。"④ 依照国家法律，促进民族自治地方各项事业的发展，造福于各族人民，使民族区域自治制度尽快见到成效。

四、启　示

民族法制建设是我国社会主义法制建设的一个极具特色的部分，是民族工作的重要内容，是贯彻落实党和国家有关民族工作大政方针的重要保障。新中国成

---

① 《董必武法学文集》，法律出版社2001年版，第51—77页。
② 《董必武选集》，人民出版社1985年版，第300页。
③ 《董必武选集》，人民出版社1985年版，第391—392页。
④ 《董必武选集》，人民出版社1985年版，第392—393页。

立之时，董必武等党和国家领导人立足我国基本国情和民族问题的实际，把民族区域自治制度确立为解决国内民族问题的基本政策，由此扬起了我国民族法制建设的风帆。具有中国特色的民族法律法规体系基本形成，并成为中国社会主义法律体系的重要组成部分，在我国社会主义法制建设中具有重要的地位和作用。学习董必武关于民族法制的思想，有如下启示：

1. 坚持党的领导是民族法制建设的根本保证。中国共产党历来重视民族问题，党的领袖人物在革命、建设的长期实践中，将马克思主义基本原理与中国民族问题实际相结合，颁布实施了民族区域自治法等一系列民族法律法规，保障了少数民族的合法权益，促进了少数民族和民族地区经济社会发展，促进了我国民族团结进步事业不断开创新局面。多年的实践证明，没有中国共产党，就没有新中国的民族法制建设。坚持党的领导，这是民族法制建设不断向前发展、取得成功的根本保证。在新时期，民族法制建设坚持党的领导，就是要始终坚持以中国特色社会主义理论为指导，坚定不移地落实党的路线、方针和政策，使民族立法与党的任务要求紧密结合起来，更好地为中国特色社会主义事业服务，为促进各民族共同团结奋斗、共同繁荣发展服务。

2. 维护国家法制统一是民族法制建设的首要原则。国家法制的统一，是国家统一的重要标志，只有维护法制统一，才能保证国家对各项社会主义事业的集中统一领导，保证党和国家的路线、方针、政策的全面贯彻执行，保障改革开放和现代化建设的顺利推进。民族法制建设是社会主义法制建设不可分割的重要组成部分。国家法制进程决定着民族法制的发展进程和方向，民族法制建设必须融入国家整个法律体系之中，服从宪法原则，维护国家法制的统一，维护国家的总体利益。任何民族立法不得与宪法和国家制定的其他法律相抵触，必须保证宪法和法律在民族自治地方的遵守和执行，保证国家的政令畅通。民族法制也只有随着国家法制进程的发展而不断得到发展，随着国家法制的进步而不断取得进步。民族法制建设必须融入国家整个法制体系之中，是依法治国安民不可缺少的重要一环；民族法律法规是解决民族问题的法律依据，只有通过完善民族法制妥善解决民族问题，强化对法律保护少数民族权利地位和作用的理解。就目前而言，我国民族法制体系还只是初步的、基础的框架，还存在许多缺陷。从内容上看，现有民族法律法规大都比较原则、抽象，只定性，不定量，可操作性不强；调整的手段和方法比较单一，多为指导性、示范性的规范，约束性、惩罚性的内容薄弱。从调整对象上看，范围比较狭窄，较多注重少数民族政治上的平等权利，注重政治上的民主、自治，涉及经济、教育、文化、科技等领域的规范还比较少。从数量和结构上看，缺乏系统性，许多实践急需的法律、法规及其配套的法规规章还没有制定出来。从保障机制上看，现有的民族法律、法规没有明确的罚则，致使监督机构有法难依，实际执行起来难以达到预期效果。

3. 民族法基本理论应更加成熟和理性。坚持以马克思主义民族法律观为指导，总结中国历代民族法制的经验教训，总结其规律性，以帮助理解和把握当今中国的民族实际；坚持改革开放，对西方民族法理论进行深入细致的科学分析和研究，吸收其合理、有益的因素成为我国民族法基本理论的建构材料；要在认真研究中国传统法律文化的基础上，分析和认识法律文化的历史演绎过程，传统民族法律文化与现代中国民族法制有其历史过程的贯通性，对于那些有利于促进民族平等、团结和进步，有利于繁荣和发展民族地区经济文化事业或无害的规范，予以吸收和保留，成为民族法制的有机组成部分；针对少数民族和民族地区在社会主义现代化和改革开放事业发展中，特别是在社会主义市场经济条件下出现的实际问题及由此产生的理论问题，进行深入研究，力求获得重大发展和突破，并上升为民族法的基本观点和理论；对我国民族法制建设和实践形成的经验，加以认真研究，总结出规律性的认识，进行新的理论概括，形成系统的理论，以构筑民族法的基础理论，指导和推动我国民族法的制定、执行、遵守、监督。加强民族法制建设，必须从民族地区的实际出发，将原则性和灵活性结合起来。原则性与灵活性相结合，是我国民族法制建设的一条重要经验。灵活性的依据是民族地区的实际情况。我国是一个地域广阔、民族众多的国家，各少数民族在经济、政治、文化等方面都各具特点，情况千差万别，民族法制建设必须适应我国民族地区实际，坚持从各民族的经济、政治、文化特点出发。正是原则性和灵活性的有机结合，形成了中国特色的民族法律法规体系。今后，加强民族法制建设，要在坚持维护国家法制统一、维护国家整体利益的原则下，充分体现民族问题的特殊性和民族自治地方的特点，充分照顾各族人民的利益，将原则性和灵活性有机地结合起来，切实适应各民族、各地区进行社会主义现代化建设的需要。

4. 党和国家行之有效的民族政策是民族立法的基础。政策和法制是处理中国民族问题的两个重要手段。政策是党的主张，国家法律就是把党的主张和人民的意志相统一，并通过严格的程序，上升为国家意志而成为法律。我们党制定的民族政策和民族法规，两者内涵有许多是共同和交叉的地方，都是为解决民族问题而制定的行为规范，几乎所有的民族法规都表达了一定的民族政策要求，民族政策有时也以民族法规的形式表现出来。两者相互补充、相得益彰，都有能够有效地发挥政策和法规在国家政治生活中的优势和作用。此外，在我国，作为执政党的中国共产党领导人民制定和实施法律，在法治建设过程中，以政策依据作为立法基础是我们党多年来的一个重要手段和实践经验。因此，加强民族法制建设，必须妥善处理好政策和法制的关系，善于将执政党的政策、关于民族工作的大政方针纳入法制化的轨道，将政策转化为国家的意志，转化为各民族共同团结奋斗、共同繁荣发展的动力。民族法制与民族政策密切相关，处理民族问题、协调民族关系需要制定相应的政策和法律。民族政策是指国家机关或政党机关解决民族问题而制定并要求有关组织和个人遵循的行为规范。民族法制则是指国家制定的、依靠国家强制力保证执行的关于民族问题的法律法规和规章的总和。民族政策和民族法律，既有一致性，又有明显区别。协调国内民族关系，不仅需要正确的民族政策，而且必须要有健全的民族法制，才能保障少数民族的平等权利不受侵犯，获得自由平等的发展机会，以实现各民族的繁荣与发展，达到事实上的平等。

民族政策与民族法制具有本质上的一致性，但在其制定机关、表现形式、实施手段、调整社会关系的范围及稳定性上都有所不同：其一，民族政策的内容范围更加宽泛，表现形式更加灵活多样；而民族法制内容更为集中，更有针对性，形式也相对单一。其二，有些民族政策是暂时的，可以根据不断变化的客观情况随时调整，民族法制更有长期性和稳定性，任何变化都得通过严格的法律程序。其三，民族政策更侧重于总体规划和宏观调控，民族法制则侧重于在维护权利方面的具体操作和实现法律救济。由此可见，政策与法律，各有所长，各有侧重，不能把二者对立或等同起来，既不可以用政策拒绝法律，也不可以用法律代替政策。民族政策对民族法律具有指导作用，民族政策是国家制定民族法律的依据之一，只有根据相应的民族政策来理解，才能反映民族法规的本意。因此，为了保护少数民族的权利，必须依靠国家制定合理的政策和法制。

民族政策与民族法制互相影响，相得益彰，民族政策向民族法制转化是一个发展趋势，一方面，转化也要看时机是否成熟、条件是否具备，民族问题纷繁复杂、瞬息万变、形式多样，制定相关的政策更为适宜，在此基础上，不能轻易否定民族政策的作用。另一方面，人类政治文明的实践表明：法治，即依靠法律手段来解决民族问题是人类的最佳选择。恃强凌弱、暴力征服、专制统治与现代法治精神背道而驰，并为现代社会所不容。法治是人类社会的美好追求，也是维护人权的最佳路径。对人权的尊重与保护，必须在法治的各个环节中得以体现，并切实贯彻执行，才能真正促进和保障人权，同时也实现真正的法治。

就目前我国民族法制建设而言，应进一步建立和完善与《民族区域自治法》相配套的法律法规体系，提高立法技术，加强立法程序，增强配套立法的科学性和可操作性。民族自治地方制定的自治条例、单行条例、变通规定，既要与国家制定法协调统一，在维护国家法律权威性的前提下，充分发挥其处理特殊关系的灵活性，把少数民族自治权用活用好，也要注意保留和弘扬民族习惯法的合理因素，让它在维护国家利益和少数民族权利上发挥重要的作用。

5. 民族平等、民族团结、民族共同繁荣和民族区域自治原则是民族法制的生命和灵魂。

（1）民族平等原则。其基本含义是：第一，各民族一律平等。各民族不论人口多少，经济社会发达程度高低，风俗习惯和宗教信仰异同，都是祖国大家庭中的平等一员，拥有同等的地位。第二，各民族在国家和社会生活的各个方面一律平等。无论是政治、经济、文化，还是语言文字都是平等的。在国家和社会生活的一切领域，各个民族依法享有相同的权利，履行相同的义务，不承认任何民族在任何方面拥有特权，也不允许一切形式的民族压迫和民族歧视。第三，努力实现各民族事实上的平等，民族平等应该是实实在在的平等，而不是只写在纸上的平等，只是形式上的平等。国家要根据少数民族由于历史原因造成的经济文化落后状况使享受某些权利受到客观上的某些制约，对少数民族采取一些专门措施，实行特殊照顾和扶持帮助，让法律的规定，变成社会生活中的现实。中华人民共和国是全国各族人民共同缔造的统一的多民族国家。民族平等原则是新中国民族立法的前提和基础，少数民族无论是政治上的民主改革、文化上的保护传承、宗教信仰上的尊重维护，还是经济上的改革发展，都与民族平等有关。离开了民族平等，一切皆无从谈起。只有首先确立各民族间的平等地位，民族关系的法律调整才有立足之地。民族平等一是针对新中国建立之前在封建社会和官僚买办资本主义社会下普遍存在的对少数民族的歧视和压迫，对少数民族的政治、经济、文化、宗教信仰上的不公正待遇而言的。二是对中华民族这一名词的认定，承认各个少数民族是中华民族的当然的组成部分，少数民族的文化习俗、宗教信仰也是中华民族文化的一部分，构成中华民族的各国内民族法律地位没有高低贵贱之分，是平等的。任何民族都有生存的权利、发展的权利，都可以以社会平等一员的身份参与社会义务，以不同的方式为祖国和地方的发展进步作出自己的贡献。因此，每个民族都应当拥有自己与其他民族一样的平等地位。

（2）民族区域自治原则。民族区域自治是我国解决民族问题的基本原则，也是有中国特色的社会主义法制的重要组成部分。民族区域自治是指：在少数民族聚居的地区，在国家的统一领导下，设立自治机关，由少数民族人民行使当家做主、管理自己内部事务的权利。民族区域自治，不只是民族自治，也不只是地方自治，而是民族因素和区域因素的结合，是政治因素和经济因素的结合。《民族区域的各项自治权利就是民族自治地方的自治机关管理本民族内部事务的"当家做主"的权利，各民族自治区都享有与其行使地位相适应的关于政治、经济、财政、文化、教育及人民地方武装等项自治权利。这些自治权利的正确行使，能够发挥处于不同发展阶段的少数民族在处理民族内部事务上极大的主动性，从而也就极大地有利于自治区内少数民族政治、经济、文化的发展。自治权的行使不仅需要有关各级人民政府的尊重，尤其需要其给予引导、帮助和正确评价。

自治机关民族化是自治权正常行使的先决条件，一是自治机关要有一大批少数民族干部从事领导和管理工作，二是自治机关采取一种在其自治区内通用的民族语言文字为行使地方主权的主要工具，对其他不适用此种语言文字的民族，同时采用该民族语言文字。三是各民族对其风俗习惯和各种民族形式，有保持或改革的自由，但又必须依据各民族大多数人民及其领袖人物的志愿，任何人的强迫都是错误的和不许可的。

中华人民共和国成立之前，就明确提出要在各个少数民族聚居区施行民族区域自治，让少数民族自己管理自己的事务。这不仅是对各个少数民族干部的信任，更是对少数民族的尊重，对他们参政议政的尊重，对他们管理自己的经济、文化事务的当然权利的尊重。这一原则同样也是在1949年《中国人民政治协商会议共同纲领》和1954年《中华人民共和国宪法》中进行了规定。并且在《中华人民共和国民族区域自治实施纲要》中有了完整的体现。

在民族聚居区建立自治机关使各少数民族广大人民群众广泛行使自治权是新中国的一大创举，也是中共中央在民族法制建设和民族立法上展开工作的原则，一切事关民族聚居区的政治、经济、文化事业都要遵循此原则。要做到真正让少数民族聚居区广大少数民族行使自治权。这是我党建设新中国的一个主要内容。并且，从这个在民族聚居区建立自治机关让各少数民族行使自治权的原则我们可以看出来中共中央对主张"各民族一律平等"的指导思想的贯彻力度。只有在政治上平等了才能叫真正的平等。而在各少数民族聚居区设立自治机关行使自治权就是在政治上平等所迈出的一大步。

(3) 民族团结原则。民族团结原则的基本含义是：各民族在社会生活中平等相待，友好相处，密切交往，互相尊重，互相学习，互相帮助，团结合作，齐心协力为祖国的繁荣富强共同奋斗。民族团结是实现民族平等的必要条件，没有民族团结，就不能实现真正的民族平等；只有各民族团结起来，才能够消除长期以来形成的隔阂和歧视，真正实现各族人民当家做主。只有各族人民团结一致，才能巩固社会秩序，实现社会政治稳定，保障国家安全。因此，必须加强和巩固民族间及民族内部的团结，这是建立和推行民族法制所必须具备的基本条件，同时又是民族法制所要实现的奋斗目标。中华人民共和国成立初期，就是从国家整体利益出发，顾全大局，从搞好民族团结入手，充分尊重各民族的平等权利，维护各族人民的切身利益。特别是有关建立民族自治地方的各项重要问题应在少数民族各界人士积极参与和与各民族代表人物充分协商，取得他们的同意和支持后再去实行。要建立一种新型的民族关系，严厉打击破坏民族团结的犯罪行为，及时调解民族纠纷，妥善处理民族问题。

(4) 各民族共同繁荣原则。各民族共同繁荣的基本含义是：其一，各民族的政治、经济、教育、科技、文化等各项事业都不断得到发展，特别是经济建设得到较快发展，迅速改变贫穷落后的面貌；其二，各民族在自身条件下，各方面都有所发展进步，素质得到全面提高；其三，各民族自身固有的优点和特点得到充分的展现，为其他民族的发展提供资源和借鉴的经验。实际上，各民族由于起点不同、自然和社会条件不同，其经济文化的发展在一定时期内会有差距，但可以在发展过程中，逐渐消除这种差距，最终达到共同繁荣。为此，民族立法应着眼于民族地区的实际情况，在可能的条件下，充分利用社会主义制度的优越性，通过国家的宏观调控和一系列特殊的政策和措施，有计划、有目标地帮助、扶持民族地区发展经济文化事业，并动员和组织汉族发达地区支援民族地区，使各民族共同发展与进步，最终实现各民族的共同繁荣。

2011年是"十二五规划"的开篇年，按照国家部署，在2011—2015这五年中，少数民族事业还将进一步发展，民族法制建设也将进一步完善。实践证明，党的民族政策和社会主义民族法制切合实际，无不优越。因此，中国会在解决民族问题、调节民族关系方面继续作出自己的贡献，我们对此充满信心！

周恩来同志的民族法制思想初探

潘志成[①]

周恩来同志是中国共产党和中华人民共和国的主要领导人，是以毛泽东同志为核心的党的第一代领导集体的主要成员。在新民主主义革命时期和社会主义建设时期，周恩来同志就中国民族问题的解决提出了一系列重要的民族法制思想，为我国各民族的平等、团结和共同繁荣作出了不可磨灭的贡献。他的民族法制思想主要体现在他有关民族法制问题的文章、讲稿等一系列重要文件中，特别是中华人民共和国成立后，作为新中国的第一任总理，他亲自领导了中华人民共和国成立后的民族工作，可以说是新中国民族政策、民族法制的主要制定者，在民族平等、民族团结、民族区域自治制度等问题上有十分成熟的理论阐述。

一、关于民族平等、团结、共同繁荣的法制思想

无论是在新民主主义革命时期，还是在社会主义建设时期，周恩来同志都始终坚持马克思主义民族平等和民族团结思想。他指出，"我们的国家在历史上就是一个多民族的国家，但在古代又是不完全统一的，甚至各民族彼此作战，不是你侵犯我，就是我侵犯你。民族间的互相侵犯，在我国的历史记载上是很多的。"[②] 我国历史上的民族关系是不平等的，是民族之间的相互侵犯。蒋介石统治时期，虽然他标榜奉行的是孙中山先生的三民主义，但在周恩来同志看来，"他对国内各小民族，还不是充满了大汉族主义的民族优越感和传统的理藩政策的思想么"，"蒋介石的民族观，是彻头彻尾的大汉族主义，他简直将蒙、回、藏、苗等称为边民，而不承认其为民族。在行动上，也实行民族的歧视和压

[①] 作者简介：潘志成（1981—），江苏盐城人，贵州民族大学法学院副教授、法学博士。
[②] 《周恩来统一战线文选》，人民出版社 1984 年版，第 366 页。

迫"①。周恩来同志主张实行平等、团结的民族关系，早在1931年，他在亲自起草的《中华苏维埃共和国宪法大纲》中就指出：汉、满、回、藏、苗、黎和中国的台湾、高丽、安南人等少数民族在苏维埃法律前一律平等，皆为苏维埃共和国的公民。红军长征时期，他教育干部战士，一定要以平等友好的态度对待少数民族。

新中国成立后，他在民族工作的实践中继续丰富了关于民族平等、民族团结的思想，并通过一系列法律法规的颁布，使这一思想法制化。

（一）坚持民族平等

新中国成立后，周恩来同志关于民族平等的论述主张集中在1950年政务院讨论西北地区民族工作的会议总结发言、1957年在青岛民族工作座谈会上的讲话。

其一，民族并无优劣之分。1957年8月4日，周恩来同志在青岛民族工作座谈会上指出："我们认为，所有的民族都是优秀的、勤劳的、有智慧的，只要给他们发展的机会；所有的民族都是勇敢的、有力量的，只要给他们锻炼的机会"，"绝不能说这个民族是优越的，那个民族是劣等的，这种想法是完全错误的种族主义的想法。"②

其二，要消除各民族之间事实上存在的不平等状态，汉族要承担起帮助少数民族发展的责任。1950年，周恩来总理在政务院会议上讨论西北地区民族工作时指出中国共产党实行的是民族平等的政策，与国民党那种压迫少数民族的政策有本质的不同。这种不同即在于共产党人实行的并非是口头上的民族平等，他在讲话中指出我国历史上的民族关系是汉族对不起少数民族，提出："今后我们汉族同志要代为受过，向他们赔不是"；"对少数民族地区的贸易，不能剥削人家，也不能只做到平等互利。由于过去对不起人家，今后就应该多补贴、多支出一些，让少数民族同胞多得一些利益"③。这里说的"赔不是"，就是指汉族要承担起帮助少数民族发展各项事业、以消除民族之间事实上不平等状态的责任。1957年，他进一步详细阐明了这个问题："今天，汉族应该多多地替少数民族设身处地地想一想，不要让他们再受委屈，应该使他们也能得到较好的发展条件。只有汉族主动地替少数民族着想，才能团结好少数民族"；"我们主张把全国各民族都联合起来组成一个民族大家庭。在各民族相处中，第一，汉族一定要自觉，遇

---

① 国家民族事务委员会政策研究室：《中国共产党主要领导人论民族问题》，民族出版社1994年版，第27页。

② 《周恩来统一战线文选》，人民出版社1984年版，第379页。

③ 国家民族事务委员会政策研究室：《中国共产党主要领导人论民族问题》，民族出版社1994年版，第48—49页。

事应多责备自己,要严于责己,宽以待人。这样少数民族也就跟着汉族的样子做,各个民族就会真正自愿地联合起来。第二,要在民族大家庭中搞好团结,不能怕麻烦";"历史上汉族长期处于优势地位,汉族统治阶级要么把少数民族同化,要么就把少数民族挤到边疆和生产条件差的地区。处于劣势地位的少数民族得不到发展,因而落后了……汉族如果承认这个历史事实,就应该向少数民族赔不是。这样说是不是会引起少数民族骄傲,引起少数民族来登门讨债呢？不会的。对人民的觉悟不能低估。我们不仅这样说,还要在实际上这样做,帮助少数民族和汉族一起发展……为了合得好,汉族应该帮助少数民族。"① 周恩来同志认为,各民族之间事实上存在的不平等状态在相当大程度上是因为历史上汉族统治阶级对少数民族的剥削和压迫造成的,因此汉族要"赔不是",要"还债",也就是要承担其帮助少数民族发展的责任。不过,周恩来总理同时还指出:"从汉族的角度来说,宁可说赔不是、还债,而不说帮助,这样,少数民族就会说是帮助。我深信越是劳动人民就越讲道理",他认为如果汉族不承担起这种责任,"少数民族受帝国主义挑拨,提出要分,那就很不利"。② 周恩来总理这一关于帮助少数民族发展、消除事实上不平等状态的思想,在新中国的一系列民族立法中都可以看到,例如在财税上实行补贴和优惠政策、对民族教育经费优先保障、民族学生生活待遇额外补偿照顾等。

(二) 民族团结符合各民族的共同利益

1950年10月,周恩来同志在欢迎各民族代表大会上发表讲话,他指出:"几千年来,中国各民族是不团结,甚至是互相仇视的。这是由于历代反动统治阶级,特别是最近几十年来的帝国主义及其走狗中国反动统治者实行民族压迫政策的结果"。但在新中国成立后,这种民族之间压迫和被压迫的关系改变为平等、互助的关系,中国各民族不但亲密地团结起来了,而且在各民族人民心里日益滋长着对于自己祖国的热爱。他认为:"这样做,是完全符合我国各民族人民利益的"。③

近代中国在历史上曾经遭受帝国主义的侵略和压迫,新中国是在反帝反殖民主义的民族独立运动中建立起来的,因此,周恩来同志认为,中国各民族只有团结起来,组成一个民族大家庭,才能抵抗帝国主义的侵略和威胁。历史上,帝国主义和国际上的反动势力分裂我国,大多是从挑拨民族关系开始的。特别是在新中国成立前后,帝国主义曾经同少数民族反动上层和宗教上层相勾结,在民族地

---

① 国家民族事务委员会政策研究室:《中国共产党主要领导人论民族问题》,民族出版社1994年版,第149—153页。
② 同上,第153页。
③ 同上,第65—66页。

区或边境破坏民族团结,分裂我国统一。① 中国到任何时候都必须强调民族的团结和国家的统一,这是全国各民族的最高利益。

各民族的团结同时还关系到新中国的经济社会发展。周恩来同志在1957年就"合与分(即民族团结与民族分裂)"的问题指出:"不论是从全国来看,还是从一个省来看,都需要合",他认为汉族要多为少数民族着想,要想一想少数民族的好处,"汉族人口众多,经济文化比较发达,但地大、物博都在他们那里(笔者按:指少数民族)……需要把地大、物博和人口众多、经济文化发达结合起来","合则双利,分则两害"②。周恩来同志指出:"处于帝国主义现在还存在的世界……它一有机会还要用各种办法来捣乱。这就要求我们提高警惕,更要着重强调我们各民族间的团结,以利于共同努力建设强大的社会主义国家。不如此,我们这个多民族的国家站起来以后,还会栽跟头,还会是一个落后的、贫困的、受欺侮的国家。"③ 中国人民如何摆脱贫困落后的状态,周恩来同志认为,唯一的办法就是"我们五十多个民族,大家合作起来,共同发展,把我国建设成为一个强大的社会主义的现代化国家";"要建设这样的国家,不能单靠汉族。汉族人口多,经济、文化比较发展,但是可开垦的土地已经不多,地下资源也不如兄弟民族地区丰富。兄弟民族地区的资源开发是祖国工业化的有力后盾。但是,兄弟民族地区的资源还没有开发,劳动力少,技术不够,没有各民族特别是汉族的帮助,也不可能单独发展。因此,各个民族必须互相帮助,互相支持,在共同发展的目标下建设社会主义祖国"④。

(三) 反对两种民族主义

1957年,在全国人大民族委员会召开的民族工作座谈会上,周恩来同志特别指出,坚持民族平等、加强民族团结,就必须反对大汉族主义和地方民族主义:"我们反对两种民族主义,就是既反对大民族主义(在中国主要是反对大汉族主义),也反对地方民族主义,特别要注意反对大汉族主义。"他分析了这两种民族主义的危害:"一方面,如果在汉族中还有大汉族主义的错误态度的话,发展下去就会产生民族歧视的错误;另一方面,如果在兄弟民族中存在地方民族主义的错误态度的话,发展下去就会产生民族分裂的倾向。总之,这两种错误态度、两种倾向,如果任其发展下去,不仅不利于我们民族间的团结,而且会造成

---

① 详见金炳镐、青觉编著:《中国共产党三代领导集体的民族理论与实践》,黑龙江教育出版社2004年版,第126页。
② 国家民族事务委员会政策研究室:《中国共产党主要领导人论民族问题》,民族出版社1994年版,第152页。
③ 同上,第167页。
④ 同上,第167—168页。

我们各民族间的对立,甚至于分裂。"① 周恩来还进一步指出:"我们反对两种民族主义——大汉族主义和地方民族主义的共同目的,就是建设社会主义的足够大家庭,建设一个具有现代工业、现代农业的社会主义国家"②,"我们反对两种民族主义,必须从建设强大的社会主义祖国这个共同目标出发"③。

二、关于民族区域自治制度的法制思想与实践

周恩来同志是我国民族区域自治制度的主要决策者之一,而且也是推动这个制度付诸实践的组织者和领导者,他关于民族区域自治制度的法制思想对我国民族区域自治制度的实践及发展起着极为重要的作用。

(一)周恩来民族区域自治法制思想的形成

受前苏联民族理论和民族政策的影响,早期中国共产党人大多主张民族自决和联邦制。例如周恩来同志亲自起草的1931年《中华苏维埃共和国宪法大纲》第14条指出:"中国苏维埃政权承认中国境内少数民族的民族自决权,一直承认到各弱小民族有同中国脱离,自己成立独立的国家的权利。蒙古、回、藏、苗、黎、高丽人等,凡是居住在中国地域内,他们有完全自决权:加入或脱离中国苏维埃联邦,或建立自己的自治区域"。这其中虽然也提出了建立少数民族自己的自治区域,但总的来说,遵循的还是前苏联那种民族自决、建立民族联邦制的理论。此后在中国新民主主义革命的进程中,周恩来关于民族自决的思想逐渐改变,开始强调"民族自治"。例如在1946年,周恩来同志在旧政协会议上代表我党提出《和平建国纲领(草案)》时指出:"在少数民族区域,应承认各民族的平等地位及其自治权。"1949年9月7日,他在中国人民政治协商会议第一届全体会议召开前向全体政协代表作了《关于人民政协几个问题》的报告,其中就中国是否要建立一个多民族联邦的问题进行了深入阐发,他指出:"任何民族都是有自决权的,这是毫无疑问的事",但同时他又提出希望各民族不要听从帝国主义者的挑拨,指出:"我们虽然不是联邦,但却主张民族区域自治,行使民族自治的权力"④。

---

① 国家民族事务委员会政策研究室:《中国共产党主要领导人论民族问题》,民族出版社1994年版,第162—163页。
② 同上,第163页。
③ 同上,第164页。
④ 政协全国委员会、中共中央文献研究室编:《人民政协重要文献选编(上)》,中央文献出版社2009年版,第37—38页。

(二) 实行民族区域自治制度的原因

新中国成立以后，周恩来同志在各种场合指出了为什么中国没有遵循前苏联的民族自决、民族加盟共和国的形式，而是以民族区域自治制度作为解决中国民族问题的原因。

1957年8月4日，在全国人大民族委员会召开的民族工作座谈会上，周恩来同志集中阐明了这个问题，他首先指出了中国的自治区、自治州、自治县与苏联的自治共和国、自治省、民族州实质上是不同的，并认为这些不同，"是从两国的历史发展的不同而来的，部分地也是由于中国和当年十月革命时代的形势不同而来的"①。苏联建立前，沙俄这一多民族国家有两个特色：其一，"当时俄国的各民族多数都是一个一个地各自聚居在一块"；其二，"在俄罗斯周围的一些民族，都是被沙皇这个俄罗斯政权统治着。这是一种殖民统治"。②而中国的国情、民族分布状况与苏联有很大的不同。

首先，中国的民族众多，同时又互相杂居。他指出："中国民族发展在地区上是互相交叉的，内地更是如此。汉族曾经长时期统治中原，向兄弟民族地区扩张；可是，也有不少的兄弟民族进入过内地，统治过中原。这样就形成各民族杂居的现象，而一个民族完全聚居在一个地方的比较少，甚至极少。我们常说，新疆是少数民族比较集中的一个地方，但是新疆也不是一个民族，而是十三个民族。西藏比较单一一些，但这指的是现在的西藏自治区筹委会管辖地区，而在其他地区，藏族也是和其他民族杂居的。我国历史的发展，使我们的民族大家庭形成许多民族杂居的状态。由于我国各民族交叉的时代很多，互相影响就很多，甚至于互相同化也很多……现在回族散布到全国，没有一个省没有回族，几乎没有一个县没有，可靠的是三分之二以上的县都有。"③他指出，要构成苏联那样的一个民族共和国，就需要一个独立的经济单位，绝大多数的民族人口要聚居，而中国这种民族互相杂居的分布情况是不可能构成那种聚居民族的独立经济单位的。

其次，我国的国情、特别是革命的发展情况与苏联的不同，也使得中国没有必要采取苏联那种民族共和国的形式。周恩来同志认为，苏联之所以实行民族自决、民族共和国这种制度，与苏联的革命背景，特别是沙俄对其他民族实行殖民统治有关。他指出："苏联是第一个社会主义国家，是在一个帝国主义的国家里进行革命的，所以必须摧毁旧有的殖民地关系"。"为了把各民族反对沙皇帝国

---

①② 国家民族事务委员会政策研究室：《中国共产党主要领导人论民族问题》，民族出版社1994年版，第169页。

③ 同上，第170—171页。

主义压迫的斗争同无产阶级、农民反对资产阶级、地主的斗争联合起来，列宁当时强调民族自决权这个口号，并且承认各民族有分立的权利……当时要使第一个社会主义国家在政治上站住脚，就必须强调民族自决权这个口号，允许民族分立。这样才能把过去那种帝国主义政治关系摆脱，而使无产阶级专政的新社会主义国家站住脚。当时的具体情况要求俄国无产阶级这样做"。而就中国的革命来说，当时虽然中国也存在着北洋军阀、国民党压迫兄弟民族的情况，但是中国同时还是个被帝国主义侵略的国家。周恩来同志认为，"我国各民族的密切联系，在革命战争中就建立了起来"。他举例说："在内蒙也有革命根据地，在新疆也有过反对国民党的革命运动，在我党领导的西南游击区也有各兄弟民族参加，内地许多兄弟民族都参加了解放军，红军长征经过西南少数民族地区时，留下了革命的影响，并且在少数民族中吸收了干部"。周恩来同志指出，正是因为国内各民族人民在革命战争中结成的这种关系，使得我们不需要采取苏联的民族自决、民族分立的政策。①

此外，周恩来同志在1957年的这次民族工作座谈会上还阐述了实行民族区域自治制度的必要性。他指出，"现在若要强调民族可以分立，帝国主义就正好来利用。即使它不会成功，也会增加各民族合作中的麻烦"，因此我们有必要采用民族区域自治这种民族合作的形式。② 同时，在经济上，建设一个强大的社会主义现代化国家，要靠汉族、各少数民族的共同努力。正是因为上述因素的存在，周恩来同志认为："我们是根据中国民族历史的发展、经济的发展和革命的发展，采取了最适当的民族区域自治政策，而不采取民族共和国的制度。"③

对于民族区域自治这种制度，周恩来同志给予了很高的评价。他指出，"这种民族区域自治，是民族自治与区域自治的正确结合，是经济因素与政治因素的正确结合，不仅使聚居的民族能够享受到自治权利，而且使杂居的民族也能够享受到自治权利。从人口多的民族到人口少的民族，从大聚居的民族到小聚居的民族，几乎都成立了相当的自治单位，充分享受了民族自治权利"。他称民族区域自治制度是"史无前例的创举"④，"我们民族大家庭采取民族区域自治制度，有利于我们普遍地实行民族的自治，有利于我们发展民族合作、民族互助。我们不要想民族分立，更不应该想民族'单干'。这样，我们才能够真正在共同发展、

---

① 国家民族事务委员会政策研究室：《中国共产党主要领导人论民族问题》，民族出版社1994年版，第173—174页。
② 同上，第175页。
③ 同上，第172页。
④ 同上，第173页。

共同繁荣的基础上，建立起我们宪法上所要求的各民族真正平等友爱的大家庭"。①

(三) 关于民族自治地方自治权利的法制思想

民族自治地方的自治权利是我国民族区域自治制度的关键所在。切实保障宪法赋予自治地方的自治权利，这是周恩来同志的一贯思想。1956年7月，他在民族地区的社会改革会议上强调："民族自治地方应该享有宪法上规定的自治权利"②。1957年，周恩来同志在《关于我国民族政策的几个问题》讲话中重点谈到了民族自治权利及其民族化的问题。他指出："肯定地说，民族自治权利必须受到尊重。凡是宪法上规定的民族自治权利，以及根据宪法制定的有关民族自治权利的各种法规、法令，统统应该受到尊重"。在这方面周恩来提醒某些干部，"在这方面，从中央政府一直到地方政府，有的时候是注意不够的。我们应该多检查，多批评。同时，在这方面，因为汉族人数多，容易忽视少数民族的自治权利，大汉族主义的缺点也是比较容易发生的。"③ 1962年，周恩来同志接受李维汉同志的建议，在政府工作报告中提出，凡是有关少数民族的重大问题，应当经过少数民族人民和干部的充分讨论，按照他们的意愿作出决定。如果他们不同意，宁可慢一点作决定，再多作调查研究和协商酝酿。④

周恩来同志还特别强调了"民族化"的问题，他指出："既然承认各民族的存在，而我们又是多民族的国家，民族化问题就必须重视。因为经过民族化，民族自治权利才会被尊重。例如，民族的语言文字，就要尊重它。没有文字的，要按照本民族的意愿帮助他们创造文字。在民族自治地方，主要民族的文字应该成为第一种文字。既然是民族自治，就要培养民族干部。既然承认民族，各民族的风俗习惯就要受到尊重。这些就是民族化。"他还提出，行政机构，"各省之间都不应当完全一样，自治区与省，自治州与专区，自治县与县，就更不应当一样，应当因地制宜。"周恩来同志还强调指出"如果不重视这些民族化的问题，就不符合我们建立社会主义民族大家庭使各民族共同繁荣的政策。"⑤

(四) 周恩来同志民族区域自治的实践

周恩来同志不仅丰富和发展了我国的民族区域自治法制思想，同时他还是新

---

① 国家民族事务委员会政策研究室：《中国共产党主要领导人论民族问题》，民族出版社1994年版，第177页。
② 同上，第129页。
③ 同上，第184页。
④ 江平、黄铸：《周恩来对中国民族问题理论与实践的伟大贡献》，载《民族研究》1998年第2期。
⑤ 国家民族事务委员会政策研究室：《中国共产党主要领导人论民族问题》，民族出版社1994年版，第183—184页。

中国民族区域自治法制建设的实践者。

我国各民族自治地方的建立，与周恩来同志的民族法制实践有着极其重要的关系。曾任总理办公室主任、中央统战部副部长的童小鹏同志对周恩来在民族区域自治问题上的重要贡献评价说："我国各民族自治地方的建立，都是同周恩来的操劳分不开的。在我国55个少数民族中，先后建立民族自治地方的计有内蒙古自治区、新疆维吾尔自治区、宁夏回族自治区、广西壮族自治区和西藏自治区等5个自治区，31个自治州，82个自治县（旗），在全国少数民族散居杂居地区建立了333个民族乡。这些民族自治区的建立，周恩来都予以了亲切的关怀和具体指导。"[1]

据乌兰夫回忆，在制定和实施民族区域自治政策中"周恩来同志是做出过重大贡献的。内蒙古自治区的建立，是党的这一基本政策的第一次实践，而1947年3月23日中央批准建立内蒙古自治区的电报指示，正是周恩来同志根据中央集体决定精神亲自起草的。历史已经证明，周恩来同志亲自起草的这一电报指示，为后来不断充实完善的党的民族区域自治政策奠定了基础。周恩来同志被誉为这一基本政策的奠基者之一是当之无愧的"[2]。

新疆维吾尔自治区筹备过程中，名称问题发生了争论，中央批示同意用"新疆维吾尔自治区"的名称。周恩来同志对此作了说明："例如新疆，在解放前，有些反动分子进行东土耳其斯坦之类的分裂活动，就是被帝国主义利用了的。有鉴于此，在成立新疆维吾尔自治区时，我们没有赞成采用维吾尔斯坦这个名称。新疆不仅有维吾尔一个民族，还有其他十二个民族，也不能把十三个民族搞成十三个斯坦。党和政府最后确定成立新疆维吾尔自治区，新疆的同志也同意。称为新疆维吾尔自治区，'帽子'还是戴的维吾尔民族，因为维吾尔族在新疆是主体民族，占百分之七十以上，其他民族也共同戴这个帽子。至于'新疆'二字，意思是新的土地，没有侵略的意思"[3]。

1956年10月，中共中央提出建立广西壮族自治区的倡议，随即在党内外、各有关民族和各界人士中展开酝酿讨论。在讨论中曾提出两个方案：一个是合的方案，即把广西全省改建为壮族自治区；另一个是分的方案，即保留广西省的建制，管辖原广西省东部地区，另把广西西部壮族聚居的地区划出来，建立桂西壮族自治区。采取哪个方案为好，党内、党外都有不同意见。周恩来同志在党内、党外都作了大量工作。1957年3月，全国政协举行座谈会，协商成立壮族自治区

---

[1] 童小鹏：《风雨四十年》（二），中央文献出版社1996年版，第158页。
[2] 乌兰夫：《为少数民族的解放和发展呕心沥血》，载《我们的周总理》，中央文献出版社1990年版，第559页。
[3] 国家民族事务委员会政策研究室：《中国共产党主要领导人论民族问题》，民族出版社1994年版，第175页。

问题。周恩来同志在会上作了《关于我国民族政策的几个问题》的发言，阐明了"宜合不宜分"，"合则两利，分则两害"的道理。1957年7月15日，第一届全国人大第四次会议批准了周恩来同志提出的议案，撤销广西省建制，成立广西壮族自治区。

三、关于发展少数民族各项事业的法制思想

各民族共同繁荣是新中国民族政策、民族法制思想的根本出发点，帮助各少数民族发展经济、科技、文化、教育事业，促进各民族的共同繁荣，这又是新中国民族政策、民族法制思想贯彻落实的基础。周恩来同志一再指出要帮助各少数民族发展各项事业，消除民族之间事实上的不平等状态。他在1954年的全国人大一届一次会议上作政府工作报告，明确指出："帮助少数民族经济和文化的发展，使各民族能够逐步达到实际上的平等，是我们历来所主张和执行的政策"。在1957年的全国人大民族委员会民族工作座谈会上，他再一次阐明："我们社会主义的民族政策，就是要使所有的民族得到发展，得到繁荣。所以，我们国家的民族政策，是繁荣各民族的政策。在这个问题上，各民族是完全平等的，不能有任何歧视。我们的根本政策是要达到各民族的繁荣。"[①]

（一）发展少数民族经济的法制思想

如何引导和帮助少数民族走上共同繁荣、经济发展的现代化道路，周恩来同志提出了三点主张：其一是各民族要相互帮助，共同发展，一起奔向现代化；其二是少数民族地区应根据本地实际情况发展特色经济，中央政府应尽量给予帮助；其三是为了实现各族人民共同繁荣的目标，少数民族地区要有步骤地进行民主改革和经济改革。[②]

周恩来同志领导制定了许多发展民族经济的特殊制度[③]：

财政管理方面，周恩来提出，各民族自治地方应有比一般地方国家机关较广泛的财政管理权。各民族自治地方可根据国家发展国民经济的方针和民族自治地区的经济、文化特点，提出发展民族自治地方的国民经济计划和财政预算，提交上级国家机关批准。上级国家机关在审批时，应当照顾民族自治地方经济和文化发展的特点和需要。对民族自治地方的年度预算，上级国家机关只审批其收支总

[①] 国家民族事务委员会政策研究室：《中国共产党主要领导人论民族问题》，民族出版社1994年版，第178页。
[②] 徐行：《周恩来与新中国的民族政策》，载《民族研究》2005年第2期。
[③] 详见王毅武、刘同德：《周恩来经济思想研究》，青海人民出版社1993年版，第250—252页。

额，基本建设投资总额，工资总额，行政管理费总额等几个项目。各民族自治地方的自治机关在上级国家机关批准的国民经济计划和总预算范围内，有权统一安排地方的财政收支，批准本地区的预算。国家对于各民族自治地方的财政收入不足和国民经济计划内不能包括而又必须解决的特殊开支，应该给予补助。

民族贸易方面，周恩来同志指出："对少数民族地区的贸易，不能剥削人家，也不能只做到平等互利。由于过去对不起人家，今后就应该多补贴、多支出一些，让少数民族同胞多得一些利益。汉族同志应该抱着这样的精神和少数民族通商。"[1]

物资供应方面，他指出：凡是内地市场与民族地区有矛盾的，要优先供应民族地区，凡是外贸同民贸有矛盾的，由于民贸需要的量不很大，也应尽量照顾民贸。要多给民贸地区供应一些物资，让少数民族人民多用一点。[2]

税收政策方面，周恩来同志在《关于改进税收管理体制的规定》中指出："对于自治区，在税收管理上应该给予更大的机动权限。自治区人民委员会如果认为全国统一的税收与本自治区的实际情况不相适应，可以制定本自治区的税收办法，并报国务院备案。"[3]

（二）发展少数民族文化的法制思想

发展少数民族文化是周恩来同志及我党民族法制思想的一贯内容。周恩来同志认为每一个民族都是勤劳、勇敢和优秀的，它们创造的文化都有自己民族的特色。发展少数民族的文化事业，这也是民族平等的体现，是民族团结的前提。

首先，要尊重和发展少数民族的语言文字，这也是我国民族区域自治制度的重要内容。周恩来同志指出，在民族自治地方，推广使用民族语言文字是自治权利民主化的标志："民族的语言文字，就要尊重它……在民族自治地方，主要民族的文字应该成为第一种文字"。并强调说如果不重视这些问题，"就不符合我们建立社会主义民族大家庭使各民族共同繁荣的政策。"[4]

其次，要尊重少数民族风俗习惯，他认为："既然承认民族，各民族的风俗习惯就要受到尊重"，并且认为这也就是"民族化"[5]。"如果不尊重，就很容易刺激感情"[6]。同时，他还提出："对于反映在文化方面的风俗习惯，不要随便加

---

[1] 国家民族事务委员会政策研究室：《中国共产党主要领导人论民族问题》，民族出版社1994年版，第48—49页。

[2]《周恩来统一战线文选》，人民出版社1984年版，第193页。

[3]《人民日报》，1958年6月10日。

[4][5] 国家民族事务委员会政策研究室：《中国共产党主要领导人论民族问题》，民族出版社1994年版，第185页。

[6] 同上，第187页。

以修改。现在有些文工团到兄弟民族地区学习音乐舞蹈，特别是舞蹈，常常拿汉族的想法来修改，兄弟民族对此很不高兴。这是强加于人，不尊重人家的风俗习惯。有些汉族人总觉得他自己的都是好的，人家的是落后的"。周恩来同志认为"这是资产阶级民族主义思想。"①

再次，要尊重少数民族的宗教信仰。1956年，在会见巴基斯坦伊斯兰教代表团和印度尼西亚伊斯兰教代表团时，周恩来同志提出："宗教在教义上有某些积极作用，对民族关系也可以起推动作用"，并阐明了中国共产党人对少数民族宗教信仰的态度："要互相帮助，就要互相尊重，汉族要尊重少数民族的宗教信仰和风俗习惯……我们要造成这样一种习惯：不信教的尊重信教的，信教的尊重不信教的，和睦相处，团结一致"②。民族地区的社会改革和经济改革开始后，针对一些宗教界朋友对民族地区经济改革可能会影响到宗教的担心，周恩来同志进行了耐心的解释，指出："只要不妨碍政治生活，不妨碍经济生产，我们就不要干涉"③。同时他还要求在改革中牵扯到藏区寺庙时，要慎重对待。④

最后，要大力发展少数民族教育。周恩来同志认为：发展民族教育，一定要根据民族特点，从少数民族的实际出发，而不能照搬汉族的做法，这是办好民族教育的根本原则。"我们的教育是民族的，要有民族的形式……具有民族形式的教育，才易于被人民所接受，为人民所热爱。教育如果不注意民族的特点和形式，就行不通。我国是个多民族的国家，要注意各兄弟民族的特点和形式，兄弟民族之间也要互相学习彼此的长处，这样才能将科学的内容输送到各族人民中去，把教育办好。"⑤

---

① 国家民族事务委员会政策研究室：《中国共产党主要领导人论民族问题》，民族出版社1994年版，第187页。
② 同上，第122—124页。
③ 同上，第183页。
④ 同上，第128—129页。
⑤ 《周恩来选集》（下），人民出版社1984年版，第17页。

论邓小平同志的民族法制思想

吴大华[①]

中国是一个统一的多民族国家，共有 56 个民族。中华各民族共同劳动、生息繁衍在中国这块土地上，共同创造了祖国的光辉的历史和灿烂的文化。近百年来，我国各民族人民又英勇地进行了反对帝国主义、封建主义和官僚资本主义的斗争，推翻了三座大山，共同缔造了中华人民共和国。新中国成立以后，"我国各兄弟民族经过民主改革和社会主义改造，早已陆续走上社会主义道路，结成社会主义团结友爱、互助合作的新型民族关系"。[②] 但是，民族问题在我国还将长期存在。解决民族问题，不仅要靠政治、文化和思想教育等措施和手段，还需要进行民族立法，依靠民族法制手段。解决民族矛盾，调整民族关系的法，就是民族法。而依照民族法办事的制度，就是民族法制。民族法制是我国整个社会主义法制的重要组成部分，在我国未来所处的地位和作用是极其重要的。

邓小平同志关于民族法制的论述虽然不多，而且散见于有关文章的几段文字，但言简意赅，高屋建瓴，从总体上阐发了我国民族法制建设的最基本的观点和主张，为我国民族法制建设工作提供了理论基础和指导方向。

一、邓小平中华人民共和国成立初期的民族法制思想

在中华人民共和国诞生的最初年月，邓小平担任中共中央西南局第一书记兼

[①] 作者简介：吴大华（1963—），侗族，湖南新晃县人，贵州省社会科学院院长、教授、法学博士、博士后、博士生导师，主要从事民族理论政策及民族法学研究。

[②] 《邓小平选集》（1975—1982），人民出版社 1983 年版，第 172 页。

西南军区政委，全面主持西南地区的党政军工作①。西南地区包括四川、贵州、西藏、广西、云南，是我国少数民族分布的主要区域。境内有少数民族四十多个，占全国少数民族的三分之二左右，其人口数量占少数民族总人口的一半以上。在旧中国，西南地区少数民族，同我国其他地区的少数民族一样，除深受"三座大山"的压迫以外，还受反动统治阶级推行的大汉族主义的压迫，致使民族矛盾尖锐，民族隔阂严重。"西南今后的工作，比普通军事斗争要复杂得多，不是打几个冲锋就能解决问题的。"②邓小平用马克思主义的阶级观点和历史观点，全面分析我国民族关系的历史成因、现实状况，特别是西南地区的复杂的民族关系，既看到少数民族与汉族之间的隔阂较深，短期内难以完全消除，又对消除民族隔阂，增强民族团结，实现民族平等，首先是政治上的平等充满信心。他坚定地说："在世界上，马列主义是能够解决这个问题的。在中国，马列主义与中国革命实践相结合，毛泽东思想也是能够解决这个问题的；只要我们真正按照共同纲领去做。只要我们从政治上、经济上、文化上诚心诚意地帮助他们，就会把事情办好。只要一抛弃大民族主义，就可以换得少数民族抛弃狭隘的民族主义……两个主义一取消，团结就出现了。"③

邓小平"真正按照共同纲领去做"，就如同他在西南局起草的一份报告上所表明的那样，"少数民族聚居地区必须坚决实行区域自治的方针"，把实行民族区域自治作为在少数民族地区实施的全部政策的核心。不仅如此，他还结合西南少数民族地区的实际情况，提出了在西南实行民族区域自治必须按地区、分步骤进行。他指出，少数民族对共同纲领提出的区域自治很拥护，我们必须要兑现，取信于民，同时还要视其条件分步进行。"首先要开步走的是康东，因为各种条件比较具备。第一，藏族同胞集中；第二，历史上有工作基础；第三，我们进军到那地方后，同藏族同胞建立了良好关系；第四，那里还有个进步组织叫东藏民主青年同盟，有一百多人。"④有些地方也可以先成立地方民族主义联合政府，比如大小凉山是彝族聚居地区，应当实行民族区域自治，但现在条件不够，这样的地区暂时只适宜于成立地方民主联合政府，这对他们更有好处。云南、贵州也是适合于成立地方民主联合政府的。这可以在联合政府下面，实行小区域自治，比如建立一个民族聚居乡。⑤

与在政治上实现民族区域自治相辅相成，邓小平总是十分注意在经济上诚心诚意为少数民族服务，帮助他们解决实际困难。他认为，只有这样，区域自治的

---

① 参见毛毛：《我的父亲邓小平》（上卷），中央文献出版社1993年版，第631页。
② 同上，第642页。
③ 《邓小平文选》第1卷，人民出版社1995年版，第163页。
④ 《邓小平文选》第1卷，人民出版社1995年版，第166页。
⑤ 《邓小平文选》第1卷，人民出版社1995年版，第169页。

政策才会对广大少数民族产生吸引力和凝聚力,进而接受这一政策。这是邓小平同志从西南少数民族经济文化极为落后这一历史特点出发,对马克思主义生产力决定生产关系原理的灵活应用。诚如他所指出:"实行少数民族区域自治,不把经济搞好,那个自治就是空的。少数民族是想在区域自治里面得到好处。一系列经济问题不解决,就会出乱子。"[①]邓小平同志当时具体提出:第一,"不吃地方",减轻少数民族的负担,让他们休养生息;第二,要帮助少数民族解决当地的突出问题。比如贵州少数民族,大多数住在山上,如果我们能够给他们解决吃盐的问题,那就一定能够得到他们的拥护,又如西康现在还不通汽车,怎样在经济上同内地沟通……这些都要妥善处理。整个经济工作,要以贸易为中心,帮助少数民族把自己的贸易组织起来,使他们从中获利,以此为突破口,带动农、工、牧、商整个经济的发展。

邓小平在大西南按地区、分步骤,结合发展经济,积极创造条件加速实现民族区域自治的做法,为党和国家依法实行民族区域自治积累了宝贵的思想财富和实践经验。[②]

二、新的历史时期邓小平的民族法制思想

新的历史时期,邓小平同志因其在党内历史地位的上升,对民族区域自治法制建设也做出了比中华人民共和国成立初期贯彻落实《共同纲领》更巨大的贡献。主要表现在:

(一)关于民族团结的法制思想

"我们要争取整个中华民族的大团结。凡是中华民族的子孙,都希望中国统一。分裂状况是违背民族意志的"。[③]这两句话虽然不是专门讲民族问题的,但是这个思想对当前民族工作,对加强我国各民族的大团结和维护祖国统一,是有重要的指导意义的。历史发展表明:国家统一,民族团结,则政通人和、百业兴旺;国家分裂,民族纷争,则丧权辱国、人民遭殃。中国是这样,外国也是这样。毛泽东同志早就指出:"国家的统一,人民的团结,国内各民族的团结,这是我们的事业必定要胜利的基本保证"。这是我国历史经验的总结。当前,在新的形势下,巩固国家的统一,加强民族团结,发展各民族平等、团结、互助的关

---

① 《邓小平文选》第 1 卷,人民出版社 1995 年版,第 166—167 页。
② 参见杜耀富:《邓小平法学思想论》,西南师范大学出版社 1994 年版。
③ 《邓小平文选》第 3 卷,人民出版社 1995 年版,第 161、170 页。

系，对于我们建设有中国特色的社会主义，实现社会主义现代化的宏伟目标，具有极为重要的意义。

(二) 关于民族平等的法制思想

邓小平同志1987年6月29日会见美国总统卡特谈到西藏问题时指出："中华人民共和国没有民族歧视，我们对西藏的政策是真正立足于民族平等。"[①] 1990年9月15日他在会见马来西亚郭氏兄弟集团董事长郭鹤年时谈到："大陆是中国的主体，有十一亿人口，其中汉族占百分之九十二，少数民族占百分之八。我们的民族政策是正确的，是真正的民族平等。我们十分注意照顾少数民族的利益。中国一个很重要的特点就是没有大的民族纠纷。"[②] 邓小平同志这两段论述，正确评价了我国的民族政策，完全符合我国的实际情况。我们党始终把马克思主义的基本原理同中国民族的具体实际结合，坚持各民族平等、团结、互助的原则，坚持实行民族区域自治制度，在建设社会主义事业中促进各民族的共同繁荣，走出了一条具有中国特色的解决民族问题的正确道路。几十年来的实践证明，我国的民族政策是正确的，我国的民族问题是解决得比较好的，这是举世公认的。近几年来，国际上一些国家的民族冲突那么严重，原苏联解体，东欧剧变，南斯拉夫战火不断，民不聊生，而我们这个多民族国家能保持稳定，各民族和睦相处，显示了中华民族强大的凝聚力。能做到这一点，是很不容易的，这里有深刻的历史原因和现实原因。江泽民总书记1992年初在中央民族工作会议的讲话中讲了三条把我国各民族维系于一个统一的大家庭中而又世代传承的纽带：一是国家的长期统一；二是各民族相依共存的经济文化联系；三是近代以来各民族在抵御外来侵略和长期革命斗争中结成的休戚与共的关系。这个概括是十分精确的。

从现实来看，我国实行了一条真正的民族平等的政策。主要标志是：

(1) 实行大小民族一律平等的原则。1953年，毛泽东同志指出："科学的分析是可以的，但政治上不要去区别哪个民族，那个部族或部落。"根据这一指示，党和国家决定：凡生活在中国大地上的稳定的人们共同体，不论人口多少、地域大小、社会发展阶段高低和主体是否在我国境内，只要是历史形成的在经济生活、语言、文字、服饰、习俗、民族意识等方面具有明显特点的，都称为"民族"。按照这个精神，我国在上世纪50年代进行了民族识别，这就使得历史上不被承认的几十个少数民族得到了承认，使他们在中华民族大家庭中有了自己的位置，当时政务院还发出通知，取消、更改了旧中国遗留下来的侮辱少数民族的地

---

① 《邓小平文选》第3卷，人民出版社1995年版，第246页。
② 同上，第362页。

名、族名、碑文、匾额等。

（2）实行各民族当家做主的平等权利。这有两方面的含义：一是在国家政治生活中，法律保障各民族都有参与国家管理的平等的民主权利，每个民族都有自己的全国人大代表，历届全国人大代表、人大常委中，少数民族成员占的比例都高于其人口比例。第八届全国政协一次会议，实现了55个少数民族都有自己的政协委员，这是政协历史上的一个突破。二是在少数民族聚居的地区建立自治地方，设立自治机关，行使自治权，各少数民族自主地管理本民族的内部事物。

（3）实行各民族共同繁荣的政策，注意照顾少数民族的利益，帮助少数民族发展经济文化，等等。正如邓小平同志所指出的：粉碎"四人帮"后，中央政府采取了很多措施发展少数民族地区。"我们帮助少数民族地区发展的政策是坚定不移的"。①

正由于上述历史方面、政策方面的原因，使我国在民族关系上形成了一个重要的特点，即邓小平同志所指出的我国"没有大的民族纠纷"，② 从而使我国各民族在国际风云变幻中经受了严峻的考验，确保了国家的统一和各民族的大团结。

（三）关于中国的民族政策和少数民族地区发展的法制思想

邓小平同志在《立足民族平等，加快西藏发展》一文中指出："如果以在西藏有多少汉人来判断中国的民族政策和西藏问题，不会得出正确的结论。关键是看怎样对西藏人民有利，怎样才能使西藏很快发展起来，在中国现代化建设中走进前列。""不仅西藏，其他少数民族地区也一样。我们的政策是着眼于把这些地区发展起来。如果在那里的汉人多一点，有利于当地民族经济的发展，这不是坏事。看待这样的问题着重于实质，而不在于形式。"③ 邓小平同志的这些重要论述，有两方面的意义：一是驳斥西方国家以在西藏有多少汉人来判断中国的民族政策和西藏问题的错误观点；二是从生产力的观点也就是从是否有利于少数民族地区的发展来观察和判断中国的民族政策，阐明了我们的政策是着眼于把这些地区发展起来。这是一个十分重要的马克思主义的观点。

（四）关于我国的民族区域自治制度的优越性

邓小平同志1987年10月13日会见匈牙利社会主义工人党总书记卡达尔时谈到：我们都根据自己的特点、自己国家的情况，走自己的路。我们既不能照搬

---

① 《邓小平文选》第3卷，人民出版社1995年版，第246页。
② 同上，第362页。
③ 同上，第246—247页。

西方资本主义国家的做法,也不能照搬其他社会主义国家的做法,更不能丢掉我们制度的优越性。邓小平同志在讲到解决民族问题时指出:"中国采取的不是民族共和国联邦的制度,而是民族区域自治的制度。我们认为这个制度比较好,适合中国的情况。我们有很多优越的东西,这是我们制度的优势,不能放弃。"[1]这就指出,我国在民族问题上采取民族区域自治制度,而没有照搬西方国家和其他社会主义国家的做法,采取民族共和国联邦制度,这是由我国的特点、我国的具体情况所决定的。我国的民族区域自治,既不是单纯的区域自治也不是单纯的民族自治,而是民族因素与区域因素、政治因素与经济因素正确地结合起来的国家的一项基本政治制度。实践证明,这个制度具有很大的优越性,它既能保证少数民族在自己的聚居区实行当家做主的权利,又能保证国家的统一和中华民族的团结,以共同建设社会主义。这是我们制度的优势。经过几十年的考验,证明这项制度是适合我国国情的,具有强大的生命力。

邓小平同志上述有关民族问题与民族法制的思想,是建设有中国特色社会主义理论的重要内容。认真学习和深刻理解这些思想,对我们做好新形势下的民族法制工作,具有十分重要的指导作用。

三、关于社会主义市场经济条件下的民族法制工作

(一) 进一步坚持和完善民族区域自治制度

民族区域自治制度是具有中国特色的、解决我国民族问题的一项重要的政治制度。"这是我们社会制度的优势,不能放弃。"[2] 在建立社会主义市场经济体制的条件下,如何完善这个制度,使它的优越性充分地发挥出来,这是新时期民族工作的重要任务之一。完成这个任务,需要经过长期的艰苦的努力。从当前来说,要认真抓好以下几个重要环节:

第一,要根据已变化了的新情况,对民族区域自治法进行必要的修改和补充。民族区域自治法是解决我国民族问题的一部很好的法律。但是也要看到,自治法颁布以来,各个方面的情况有很大变化,我国的经济体制已由原来的计划体制向社会主义市场经济体制转变,自治法原来的一些提法和规定,已经不适应变化了的新情况,需要根据八届人大一次会议通过的宪法修正案总的精神,根据新的情况,进行适当的修改和补充。改革开放以来,国家在民族地区实行了一些有利于这些地区发展的政策和措施,应当把他们吸收到自治法中来。修改后的自治

---

[1] 《邓小平文选》第3卷,人民出版社1995年版,第256—257页。
[2] 同上,第257页。

法的条文要与社会主义市场经济体制的要求相衔接。

第二，在经济体制的深化改革中，要逐步理顺和调整好中央和民族自治地方的利益关系。民族自治地方和民族工作部门对民族区域自治法的贯彻落实情况不大满意，对自治法规定的自治地方应当享有的经济权益未能得到很好的实现，对五大自治区的自治条例至今未能取得突破感到困惑。造成这种状况，有多方面的原因，但最重要的是中央和民族自治地方的利益关系没有理顺，实际上反映了两者之间在根本利益一致的基础上，在国家整体利益与民族区域利益之间、在某些利益上还存在着一些矛盾。这些矛盾反映了我们原有体制上的某些弊端。

第三，建立和健全同实施《民族区域自治法》相配套的法规体系和监督机制。民族区域自治法规定民族自治地方自治机关有立法权和变通权，对自治机关的自治权的规定达27条之多。但缺少配套性法规和监督机制，缺少可操作性，从而使自治法缺乏法律效力、缺乏约束力，落实起来很困难。解决这个问题必须建立健全同实施《民族区域自治法》相配套的法规体系和监督机制，制定自治法的实施细则，把自治法规定的民族自治地方应当享有的自治权和经济利益具体化；抓紧制定自治区条例和单行条例；形成比较完备的社会主义民族法规体系和监督机制。

第四，继续大力培养少数民族干部。培养少数民族干部是实行民族区域自治、解决我国民族问题的关键。1950年邓小平在欢迎赴西南地区的中央民族访问团大会上的讲话中指出："西南人才缺乏，我们要解决这个问题，就必须创办民族学院，吸收一些青年进民族学院深造"。[1] 1952年7月10日，他为西南民族学院题词："团结各民族于祖国大家庭的中心关键之一，是在于各民族都有一批热爱祖国并能联系群众的干部。"[2] 1992年初他在"南巡"讲话中指出："中国的事情能不能办好，社会主义和改革开放能不能坚持，经济能不能发展起来，国家能不能长治久安，从一定意义上说，关键在人。"[3] 邓小平这个重要思想，对我们认识现代化建设时期培养少数民族干部的重要性，同样具有重要的意义。在党和国家的重视和关怀下，培养少数民族干部的工作取得了巨大的成绩，一支宏大的少数民族干部队伍已经成长起来。根据当前民族干部队伍的实现情况，今后一个时期应把民族干部工作的重点放在培养选拔少数民族中高级干部和各种科技、管理人才的培养上，应把注意力放在提高少数民族干部的整体素质上。少数民族干部具有双重身份，他们既是党和国家的干部，有责任维护国家的利益；又是本民族的代表，应当反映本民族利益。对于民族干部来说，要处理好坚持国家

---

[1]《邓小平文选》第3卷，人民出版社1995年版，第167页。
[2] 参见《西南民族学院学报》，1986年第2期扉页。
[3]《邓小平文选》第3卷，人民出版社1995年版，第380页。

利益和民族利益的关系，努力成为两种利益正确的结合的模范。做到了这一点，才能使我们的民族干部队伍在国家政治生活、经济生活和民族区域自治等方面发挥更大的作用；也才能更好地团结和带领全国各族人民，为建设有中国特色的社会主义，实现各民族的共同繁荣而奋斗。

(二) 发展社会生产力，逐步实现各民族的共同繁荣

各民族共同繁荣，是马克思主义民族观的基本原则，也是我们党在民族政策上的根本立场，是社会主义的本质要求。周恩来同志早在1957年就明确指出："我们对各民族既要平等，又要使大家繁荣。各民族繁荣是我们社会主义民族政策上的根本立场。"[①] 周恩来同志把各民族的平等同繁荣联系起来，说明在社会主义国家里，各民族不仅要实现政治上的一律平等，更重要的是还要进一步实现各民族在经济、文化等方面的共同繁荣。我国宪法规定："国家尽一切努力，促进全国各民族的共同繁荣。"邓小平同志进一步指出："社会主义的目的就是要全国人民共同富裕，不是两极分化。如果我们的政策导致两极分化，我们就失败了。"[②] 1988年他在祝贺广西壮族自治区成立30周年时又题词强调："加速现代化建设，促进各民族共同繁荣。"[③] 根据这一思想，江泽民同志在党的"十四大"所作的政治报告中明确指出："社会主义本质是解放生产力，发展生产力，消灭剥削，消除两极分化，最终达到共同繁荣。"邓小平同志和江泽民同志谈的都是全国人民的共同繁荣，当然也是指各民族的共同繁荣。

(三) 处理好改革、发展和稳定的关系

1. 关于民族地区的改革问题

改革开放是推动发展的强大动力。民族地区同样要改革开放，不改革开放就没有出路。如果说过去民族地区落后是由于历史原因造成的话，那么今后这种落后能否缩短，则取决于改革开放的成效。这在民族地区已经形成共识。问题是如何解决民族地区在改革开放的进程。当前我国的经济体制改革进入了带有关键性的阶段，利益结构、利益关系的调整，将会带来许多新的矛盾和问题，民族地区在这种调整中可能会遇到更大的困难，甚至会牺牲某些利益，这种趋向已经在近几年的政策调整中显露出来。少数民族地区为此将会付出一定的代价，可能有一个"阵痛"的过程。这是后进民族走向现代文明必须的一个阶段。对这个问题应当有一个正确的认识，正确处理眼前利益和长远利益、局部利益和全局利益的

---

① 《关于我国民族政策的几个问题》，单行本第19页。
② 《建设有中国特色的社会主义》（增订本），第99页。
③ 《邓小平文选》第3卷，人民出版社1995年版，第47页。

关系。我们要通过改革,通过艰苦的探索,找到适合民族地区加快发展的新的体制。从国家来说,在少数民族地区经济体制改革中要注意两条:一是要从少数民族地区的实际出发,每项改革措施出台,应当考虑到少数民族地区的具体情况,要"有利于当地民族经济的发展"。① 允许少数民族地区在具体搞法上有所不同,不搞"一刀切";二是"我们的政策是着眼于把这些地区发展起来"。② 在少数民族地区推行的改革政策要与原有的一些行之有效的政策衔接,如果要改革原有的政策,应以相应的政策来代替,以保持政策的连续性、稳定性和有效性,保证这些地区的经济持续、稳定、健康地发展。

2. 关于民族地区的发展问题

发展经济是社会稳定和国家长治久安的基础。发展是硬道理。经济上不去,讲稳定、讲国家的长治久安、讲民族问题的解决只能是一句空话。现在我国边疆民族地区面临着不可多得的历史机遇。这些地区与周边国家的关系是历史上最好的时期,将获得一个较为稳定的和平环境,应抓住机遇,加快改革开放和经济发展的步伐。邓小平同志1992年初在"南巡"讲话时告诫我们:"抓住时机,发展自己,关键是发展经济。现在,一些周边国家和地区经济发展比中国快,如果我们不发展或发展得太慢,老百姓一比较就有问题了"。③

现阶段,我们的民族问题,比较集中地表现在少数民族和少数民族地区迫切要求加快经济文化发展的问题上。加快民族地区发展,从当前来说需要认真解决两大问题,一是正确认识和解决民族地区同全国发展水平的差距问题,加快民族地区发展,使之逐步与全国发展相适应。二是要帮助少数民族地区贫困群众尽快脱贫致富。现在全国有8000多人的温饱问题没有解决,这部分人80%集中在中西部地区,其中大多数又集中在西南西北少数民族地区。"贫穷不是社会主义。我们坚持社会主义,要建设对资本主义具有优越性的社会主义,首先必须摆脱贫困"。④ 帮助尚处在贫困落后状态的少数民族群众解决温饱问题,并逐步走上富裕的道路,对于体现社会主义制度的优越性,增强民族团结,具有重要的意义。

3. 关于保持民族地区的社会稳定问题

保持社会稳定是经济发展和顺利进行改革不可缺少的条件。正如邓小平同志所指出的"中国的问题,压倒一切的是需要稳定。没有稳定的环境,什么都搞不成,已经取得的成果也会失掉"。⑤ 从我国民族地区的现实情况看,总的来说是稳定的,但局部地区也存在一些不稳定的因素。根据邓小平同志的上述论述,我

---

① 《邓小平文选》第3卷,人民出版社1995年版,第247页。
② 同上,第375页。
③ 同上,第380页。
④ 《邓小平文选》第3卷,人民出版社1995年版,第225页。
⑤ 同上,第284页。

们要抓好以下几个大的问题：第一，要高举民族团结、爱国主义的旗帜，坚决反对民族分裂，维护国家的统一；第二，要坚决维护人民群众的利益，维护法律的尊严，坚决打击打着民族、宗教旗号进行违法犯罪的活动；第三，正确处理新时期民族地区出现的各种社会矛盾，善于缓解纠纷，疏导矛盾，化解消极因素，把各种影响社会安定的因素和有可能激化的矛盾解决在萌芽状态，防止酿成事端；第四，要加强对各族干部和群众进行民族团结、民族政策的宣传教育，进行马克思主义民族观、宗教观的宣传教育。

抗战时期陕甘宁边区民族法制建设研究

刘 玲[①]

抗战时期陕甘宁边区的民族法制建设,是中国共产党为巩固和发展抗日民族统一战线,正确解决民族问题,实现民族工作制度化和法律化而进行的成功实践。陕甘宁边区的民族法制建设是民主政治建设的重要组成部分,它处在承上启下的重要阶段,为以后新中国的民族法制建设提供了丰富的经验,同时也为中华人民共和国成立后实行民族区域自治的法律制度奠定了基础。在发扬社会主义民主,建立健全社会主义法制的今天,回顾陕甘宁边区的民族法制理论与实践,总结陕甘宁边区民族法制成就与经验,具有重要的指导和借鉴意义。

一、抗战时期陕甘宁边区民族法制建设的指导思想和现实依据

中国共产党人始终把马克思列宁主义统一战线理论同无产阶级在革命中的各个历史阶段上的纲领、路线、政策紧密联系在一起。在抗战时期,抗日民族统一战线作为中国共产党的基本政治路线,其形成过程中产生的民族纲领政策在边区民族法制建设中起到理论指导作用。陕甘宁边区的民族状况和民族问题为民族法制建设提供了现实基础。

(一) 抗战时期陕甘宁边区民族法制建设的指导思想

在抗日战争的特殊历史条件下,马克思主义与中国实际相结合产生的抗日民族统一战线理论成为陕甘宁边区民族法制建设的指导思想,统一战线形成和实施过程中提出的一系列党的纲领、路线、方针、政策成为民族法制建设的基本

[①] 作者简介:刘玲,女,中国社会科学院民族学与人类学研究所。

原则。

在陕甘宁根据地建立初期，中共中央先后制定发布《中华苏维埃中央政府对内蒙古人民宣言》（1935年12月20日）、《中华苏维埃中央政府对回族人民的宣言》（1936年5月25日）、《关于回民工作的基本原则和政策》（1936年6月8日）、《中共中央关于内蒙工作的指示信》（1936年8月24日）、《中央关于内蒙工作致少数民族委员会的信》（1937年2月7日）[1]。这些政策文件的核心是建立广泛的民族统一战线，号召各族人民共同对日作战，发动少数民族民众的抗日救亡和民族解放运动，同时对少数民族自己管理内部事务，尊重少数民族政治、经济、文化各项权利以及民族平等原则进行了阐释。

1937年7月7日"卢沟桥事变"爆发后，中国人民开始了全国范围内的抗日战争。事变第二天，中共中央即通电全国，号召全国人民团结起来，一致抗日。1937年8月15日，中国共产党公布抗日救国十大纲领，提出了"在国共两党彻底合作的基础上，建立全国各党派各界各军的抗日民族统一战线，领导抗日战争，精诚团结，共赴国难"[2]的抗日民族团结纲领。1937年9月23日，国民党中央通讯社发表《中共中央为公布国共合作宣言》，次日，蒋介石发表谈话，实际上承认了中国共产党的合法地位。至此，国共第二次合作宣告成立，抗日民族统一战线正式形成。抗日战争期间中国共产党对少数民族的统一战线是抗日民族统一战线的重要组成部分。正如毛泽东所指出的："国共合作，从政党上可以说是两个大拇指，但从全国四万万五千万人民这个数量上说却是两个小指头，单靠两个小指头是打不到日本的。"[3]

根据建立抗日民族统一战线的总方针，党中央重新确立了民族工作的方针、政策和任务，这成为中国共产党结合中国实际创造性运用马克思主义民族理论解决中国民族问题的转折点。这一转折以中国共产党六届六中全会为标志。毛泽东同志在题为《论新阶段》的工作报告中就党的民族工作任务和民族政策做了详细阐述。他指出："我们的抗日民族统一战线，不但是国内各个党派各个阶级的，而且是各个民族的。针对着敌人已经进行并还将加强进行分裂我国各少数民族的诡计，当前的任务，就在于团结各民族为一体，共同对付日寇。为此目的，必须注意下述各点：第一，允许蒙回藏苗瑶彝番各民族与汉族有平等权利，在共同的对日原则之下，有自己管理自己事务之权，同时与汉族联合建立统一的国家。第二，各少数民族与汉族杂居的地方，当地政府须设置由当地少数民族人员组成的委员会，当为省政府的一个部门，管理和他们有关的事务，调节各族间的关系，

---

[1] 参见中央统战部、中央档案馆编：《中共中央抗日民族统一战线文件选编（中）》，档案出版社1985年版，第41、150、160、216、381页。

[2] 中共中央统战部：《民族问题文献汇编》，中共中央党校出版社1991年版，第554页。

[3] 《毛泽东著作专题摘编》（上），中央文献出版社2003年版，第571页。

在省县政府委员中应有他们的位置。第三，尊重各少数民族的文化、宗教、习惯，不但不应强迫他们学习汉文汉语，而且应赞助他们发展用各族自己语言文字的文化教育。第四，纠正存在着的大汉族主义，提出汉人用平等态度和各族接触，使日益亲善密切起来，同时禁止任何对他们带侮辱性与轻视性的言语、文字和行动。上述政策，一方面，各少数民族应自己团结起来争取实现，一方面应由政府自动实施，才能彻底改善国内各族的相互关系，真正达到团结对外之目的，怀柔羁縻的老办法是行不通的。"① 1940年4月和7月中共中央西北工作委员会先后拟定《关于回回民族问题的提纲》和《关于抗战中蒙古民族问题的提纲》，具体规定了中国共产党对蒙回民族的基本政策：启发和提高蒙回民族坚决抗日的决心和信心；在政治上与汉族平等，在共同抗日的原则下，有管理自己事务之权，保障蒙、回人民有言论、出版、集会、结社等自由；尊重蒙回民族的风俗、习惯、宗教、语言和文字；帮助蒙回民族建立抗日武装部队，帮助其改善生活和实施抗战教育，扶助其开展农业手工业生产；改善民族关系，巩固各民族之间的抗日团结。② 这两个提纲经中央书记处批准，成为指导当时民族工作的纲领性文件。

（二）抗战时期陕甘宁边区的民族法制建设的现实依据

1. 陕甘宁边区的民族状况

1935年10月，中央红军主力长征到达陕北后，建立了中华苏维埃人民共和国中央政府西北办事处。1937年9月6日，中国共产党根据同国民党谈判达成的协议，按照团结抗日的原则，将中华苏维埃共和国临时中央政府西北办事处正式改称陕甘宁边区政府（其中1937年11月至1938年1月改称陕甘宁特区政府），首府延安。陕甘宁边区是中国共产党的根据地，是抗战时期国民政府行政院的直辖行政区。辖区范围东靠黄河，北起陕西北部的府谷、横山，西接甘肃固原、宁夏的豫旺堡，南达陕西中西部的淳化、旬邑，南北长近500公里，东西宽约400公里，包括了陕西北部，甘肃东部和宁夏的部分区域，辖有5个分区③，23个县。此外，宁夏的花马池、陕西的神府区、关中的部分地区，均归边区政府直接

---

① 毛泽东：《论新阶段》，载中共中央统战部：《民族问题文献汇编》，中共中央党校出版社1991年版，第595页。
② 参见中央统战部、中央档案馆编：《中共中央抗日民族统一战线文件选编（下）》，档案出版社1985年版，第409—418、436—449页。
③ 延安、绥德、三边、关中、陇东。

管辖。① 陕甘宁边区人口约 150 万人，面积近 13 万平方公里。

陕甘宁边区地处陕西、甘肃、宁夏三省交界区域，这里自古以来就是北方游牧民族与汉民族交流、融合的前沿地带，至抗日战争时期（1937—1945 年）形成了汉、回、蒙古、藏、满、苗、彝等多个民族共同生活的局面。边区境内的少数民族主要是回族，还有为数不多的蒙古族。回族主要聚居在陕甘宁边区新正县一区一、九乡，新宁县一区三乡，曲子县城关区、三岔区，环县的庙儿掌，镇原县的马渠镇，定边县城关区，盐池县城关区、回回庄、盐池堡等县区乡及延安市，据 1941 年统计，有回族 352 户，1393 人。② 蒙古族主要居住在定边地区。与边区接壤的广大地区是蒙古、回民族聚居区。抗战开始后，到延安求学、参加革命的回、蒙古、藏、苗、瑶、满等少数民族青年和进步人士百余人，与蒙古、回族人数相比几乎可以忽略不计（或认为都是"公家人"，不计较民族身份）。在这种民族状况下，边区民族政策主要针对蒙古族和回族，但基本反映了当时中国共产党民族政策的全貌。

2. 陕甘宁边区的民族问题

红军长征到达陕北后，形成了"广大的蒙民回民环绕在苏区的周围……因此把中国的民族问题更实际的提到我们的面前。"③ 在日本帝国主义发动全面侵华战争后，中国境内各少数民族面临三个基本矛盾。

第一，少数民族与日本帝国主义的矛盾。随着日本帝国主义在军事和政治上的进攻和渗透，大部分民族地区面临着日本的侵略威胁，一些少数民族出现了不同程度的分化和动摇。以蒙古族和回族地区为例，1931 年"九一八"事变后，整个东北及内蒙古东部沦为日本的殖民地，被占领区少数民族民众的生活状况急剧恶化。1939 年 1 月，在日本的操纵下，"察南自治政府"、"晋北自治政府"和"蒙古联盟自治政府"三个伪政权合并组成"蒙古联合自治政府"，蒙奸德王和汉奸于品卿、夏恭分别担任主席和副主席。1941 年，"蒙古联合政府"改称"蒙疆联合自治邦"，1943 年改称"蒙古自治邦"，一般通称"蒙疆政府"。④ 对于回族地区，由于当时日寇还没有力量向回族聚居的主要地区宁夏、青海、甘肃进攻，所以它对回族的政策主要是利用回汉民族的矛盾，挑拨民族关系，企图把回族从抗日的阵营中分裂出去，以达到各个击破、迫使中华各民族臣服的目的。

---

① 1937 年 10 月 12 日，根据国民政府行政院第 333 次会议，规划陕西省之延安（肤施）、安塞、保安（志丹）、安定（子长）、延长、延川、旬邑、淳化、定边、靖边、甘泉、富县、米脂、绥德、佳县、清涧、吴堡，甘肃省之庆阳、合水、环县、镇原、宁县、正宁等 23 县，以及宁夏省之花马池（盐池县）及神（木）府（谷）区、关中区部分地区，归陕甘宁边区政府直接管辖，并为八路军的募补区。

② 转引自郭林：《我国民族区域自治的雏形——陕甘宁边区的民族区域自治》，载《民族研究》1987 年第 5 期。

③ 中共中央统战部：《民族问题文献汇编》，中共中央党校出版社 1991 年版，第 505 页。

④ 陈延斌：《抗战时期党的民族纲领发展背景及主要内容》，载《满族研究》2005 年第 3 期。

第二，蒙回民族与汉族上层统治阶级的矛盾。由于国民党奉行大汉族主义和民族压迫政策，在其统治时期，少数民族不但承受着阶级压迫，而且承担着沉重的经济负担，造成了蒙、回民族对汉族上层统治阶级，尤其是国民党政府的深刻仇恨。以固原县为例，据县志记载，1938年该县捐税有牙税、磨税、煤税、骆驼税、牲畜税、盐税、土地税、百货统捐……等25项之多，还要不定期向国民党地方政权交纳"月儿款"（即行政办公费），此外，还以抗日为名，大抓兵夫，不出人就出钱。① 整个抗战期间，内蒙古、新疆、青海、宁夏、云南、甘肃、四川、贵州、广西、海南岛、湘西等地都爆发了少数民族反对国民党的斗争，同时滋长了某些狭隘民族主义的离心倾向。

第三，少数民族内部的矛盾。主要包括少数民族内部上下层间的矛盾和少数民族间的矛盾。在原有阶级压迫未得到根本性改变的情况下，部分少数民族上层卖身投敌，从而加深了民族内部矛盾。由于历史和社会原因，以及当政者恶意为之，中国长期以来一直存在着民族间的矛盾，"回族处在汉族压迫之下，但在它自己统治的区域内，它又是其他民族如汉人、番人、蒙古人、萨拉人的压迫者。为抵抗这种压迫，青海的番人经常举行武装的反抗。"②

在整个抗日战争中，中国共产党团结蒙古、回等少数民族，共同反对日本帝国主义的侵略，求得中华民族的独立解放，同时反对国内民族压迫，求得各民族平等团结。这是中国共产党制定民族政策和实施民族法制建设的现实依据。

二、抗战时期陕甘宁边区的民族法制建设实践

1937年9月6日，中国共产党将中华苏维埃共和国临时中央政府西北办事处正式更名改制为陕甘宁边区政府。陕甘宁边区的立法权力主要由边区政府和参议会掌握。中国共产党在陕甘宁边区积极推进民主政治建设，制定并颁布实施了大量的法律法规，进行了法制建设的伟大实践。这是中国新民主主义革命的法制实践，也是整个中国革命与建设事业的重要组成部分。这些早期的民族法规，为新中国建立后的民族区域自治法制建设奠定了良好基础。

（一）宪法性文件

从1937年到1941年，边区政府共颁布三个施政纲领，每个纲领中都有民族

---

① 马增浦：《抗日战争中的少数民族》，载全国中共党史研究会编：《抗日民族统一战线与第二次国共合作》，文史出版社1987年版，第220—221页。
② 《关于回回民族问题的提纲》，载《中共中央抗日民族统一战线文件选编（下）》，档案出版社1985年版，第411页。

政策的相关规定。

1937年11月,《陕甘宁特区政府施政纲领》规定:"帮助蒙回民实行民族自决,联合蒙民回民及其他一切少数民族,在民族自决和民族自治的原则下共同抗日。"① 此时边区民族政策的立足点是中华民族与日本帝国主义的矛盾,提出联合少数民族共同抗日的正确主张,但这个纲领性文件没有涉及边区各民族关系问题,具有一定的局限性。

1939年1月17日召开的陕甘宁边区第一届参议会通过了《陕甘宁边区抗战时期施政纲领》(1939年4月4日公布),作为抗战时期边区"一切工作之准绳"。该纲领在民族政策的表述上更为全面、具体:"实现蒙回民族在政治上、经济上与汉族的平等权利,依据民族平等的原则,联合蒙回民族共同抗日(第四条)。尊重蒙回民族之信仰、宗教、文化、风俗、习惯,并扶助其文化的发展(第五条)"。② 该纲领提出了民族平等原则,为指导边区民族工作、处理民族问题提供了依据,也奠定了日后新中国民族政策的基本原则;尊重少数民族宗教信仰与风俗习惯,扶助其文化发展等内容成为开展民族工作的基本政策依据。③ 这一纲领兼顾了民族解放和民族平等的双重要求,在表述方面去掉了"民族自决和民族自治"、"及其他一切少数民族"等词句。

1941年5月,中共边区中央局根据形势发展的实际需要,提出新的《陕甘宁边区施政纲领》,经中央政治局批准,于同年11月在边区第二届参议会上通过。1941年纲领在民族政策的表述上只有一条:"依据民族平等原则,实行蒙回民族与汉族在政治经济文化上的平等权利,建立蒙回民族的自治区,尊重蒙回民族的宗教信仰与风俗习惯(第十七条)"。④ 其行文虽然简单,但具有高度的概括性:在坚持民族平等原则的基础上,扩大了民族平等权利的范围(增加了文化权利),明确提出了建立民族自治区的可行方案。

从内容上来看,施政纲领是"在中共抗战团结进步的总方针下各方面政策的规定,反映了边区的实际生活与中共政策在边区的实践和愿望"⑤,是"团结边区和全国人民的旗帜,也是边区和全国人民共同奋斗的目标,是中国共产党抗日民族统一战线的更具体的运用。"⑥ 虽然施政纲领没有宪法之名,"但已是当时中国宪政运动中,人民民主政权制定的具有根本法性质的政纲,已经成为当时陕甘

---

① 《陕甘宁特区政府施政纲领》,载《新中华》,1937—11—24。
② 韩延龙、常兆儒编:《中国新民主主义革命时期根据地法制文献选编(第一卷)》,中国社会科学出版社1981年版,第31—33页。
③ 参见王东仓、石瑾:《极具特色的陕甘宁边区民族政策》,载《兰州学刊》2010年第3期。
④ 韩延龙、常兆儒编:《中国新民主主义革命时期根据地法制文献选编(第一卷)》,中国社会科学出版社1981年版,第34—37页。
⑤ 张志红:《抗战时期陕甘宁边区的法制建设》,四川大学中国近现代史方向2002年硕士学位论文。
⑥ 吴克坚:《论陕甘宁边区施政纲领》,载《新华日报》,1941—06—08。

宁边区政府的立法基础"①，是指导边区法制建设的根本大法。

（二）选举法规

选举制度是政治制度的重要组成部分，是民主政治的基础。民主选举是体现"主权在民原理"的重要环节。为提高少数民族的政治地位，在历次选举条例的制定和修订中，都给予少数民族充分的参政议政机会，保证他们的政治权利。

少数民族有自己的特殊利益，应该进行单独的民族选举，但因为人数少，如果按照一般民族选举，很难选出少数民族代表，为了充分保障其选举权益，陕甘宁边区各项选举法规在对法定选举人数作出一般规定后，针对少数民族人口较少情况作出特殊规定。同时，为了方便选举，对少数民族选举委员会和选举区域等做了专门规定。《陕甘宁边区选举条例》（1939年2月陕甘宁边区第一届参议会通过）第八条规定：在选举区域内，如有少数民族，其人数不足各级参议会选举法定人数五分之一者，参加区域选举；有法定人数五分之一以上者，单独进行该民族居民之选举，得选出正式议员一人。《陕甘宁边区各级选举委员会组织规程》（1941年1月1日修正公布）中对少数民族选举委员会作出专门规定：有少数民族进行单独选举的地区，选举委员会须有少数民族人员参加，并于必要时，得设立少数民族的选举委员会，从少数民族中提出委员人选……呈请政府聘任组织之。《陕甘宁边区各级参议会选举条例》（1941年11月边区第二届参议会修正通过，1942年4月边区政府公布）对少数民族选举做了更为详尽的规定：1. 已达各级参议会选举居民法定人数的，以法定比例单独进行民族选举；2. 不足法定人数，而已达乡市、县市选举五分之一，边区选举八分之一的居民，亦得单独进行民族选举，选出各该级参议会参议员一人；3. 不足第二款所述各级选举居民人数的，参加区域选举，与一般居民同；4. 少数民族选举，得以各级参议会的地区为选举单位，不受选举单位的限制。这就使得少数民族选举不受一般选区划分的限制，分散居住于各地的少数民族可以联合起来进行选举，更大程度上实现了少数民族的政治权利。该条例在1944年12月边区第二届参议会第二次大会修正通过，将第二款修正为"不足法定人数，而已达乡市、县市选举五分之一，边区选举十分之一的居民，亦得单独进行民族选举，选出各该级参议会参议员一人"，放宽了选举比例，最大限度满足少数民族民众的民主需求。《陕甘宁边区各级选举委员会组织规程》中对选举委员会中少数民族的人数进行了规定，增加了少数民族选举的可操作性：少数民族进行单独选举之地区，得设立少数民族选举委员会，由少数民族中提出委员人选五人至九人，呈请上级政府聘任组织之。

---

① 张佺仁、曾明浩：《试论陕甘宁边区抗日民主政权人民民主法制的特点和经验》，载《西北史地》1999年第3期。

(三) 组织法规

1941年8月10日，边区政府第73次常委会通过决定，成立陕甘宁边区政府少数民族事务委员会，以加强民族事务工作的领导，保护少数民族的特殊利益。随后任命赵通儒、谢觉哉、刘景范、拉素（蒙）、马生福（回）5人为边府民族事务委员会委员，赵通儒为主任委员。同年10月25日，民委首次例会上通过的该会暂行组织大纲草案中明确规定，民委首项工作任务就是管理"关于境内回蒙等各民族区域自治事宜"，"关于边区境内回蒙等各民族自治区之政治、自卫、经济、文化、教育、卫生等建设事项。"[①] 这样，民族区域自治就被作为边区政权建设的一项重要工作不仅以法律形式规定下来，而且从政治上、组织上得到了保证，并进入付诸实施的新阶段。

(四) 其他

为了保障边区人民的人权、（参）政权、财权和自由权，边区政府于1942年2月2日公布施行《陕甘宁边区保障人权财权条例》，规定："边区一切抗日人民，不分民族、阶级、党派、性别、职业与宗教，都有言论、出版、集会、结社、迁徙及思想、信仰之自由，并享有平等之民主权利"[②]，使边区人民的权利保障有了法律依据。边区政府还在《修正陕甘宁边区婚姻暂行条例》（1944年3月20日公布）中规定实行一夫一妻制的原则规定后，规定：少数民族婚姻，在遵照本条例原则下，得尊重其习惯法。

三、抗战时期陕甘宁边区民族法制建设的意义和影响

(一) 抗战时期陕甘宁民族法制建设产生了模范边区的示范效应

陕北革命根据地的建立，特别是党中央到达陕北，以及陕甘宁边区新民主主义政权的建立，改变了边区境内历史上长期存在的民族歧视、民族压迫的不平等的民族关系，"依据民族平等原则，联合蒙回民族共同抗日"[③]，"实行蒙回民族与汉族在政治、经济、文化上的平等权利"[④] 成为边区政府民族工作的施政纲

[①] 郭林：《我国民族区域自治的雏形——陕甘宁边区的民族区域自治》，载《民族研究》1987年第5期。
[②] 韩延龙、常兆儒编：《中国新民主主义革命时期根据地法制文献选编（第一卷）》，中国社会科学出版社1981年版，第91—92页。
[③] 《陕甘宁边区抗战时期施政纲领》（1939年4月4日公布）第四条。
[④] 《陕甘宁边区施政纲领》（1941年11月通过）第十七条。

领。在民族平等的基本原则下,中国共产党主张少数民族有管理自己内部地方性事务之权,即允许少数民族有民族自治的权利,这是实现民族平等的必要条件和有效途径。根据中国共产党的这些主张,作为抗日民主模范根据地的陕甘宁边区,早在1937年5月12日通过的陕甘宁边区议会及行政组织纲要中,就提出了"少数民族(蒙回)有自由政治自治政府及自由加入或退出边区政府之权。边区议会内设少数民族委员会保护少数民族的特殊利益。"① 1941年陕甘宁边区第二届参议会后,为确保边区内少数民族的平等地位,充分发挥他们参加边区建设的积极性,保证蒙回民族按照自己经济、文化特点发展经济和文化事业,根据边区内少数民族大杂居、小聚居的分布情况,边区政府决定将民族自治与区域自治结合起来,实行民族区域自治,"建立蒙回民族的自治区"。②

抗战时期的陕甘宁边区,在坚持抗战的同时,大力进行新民主主义建设,为争取中国的独立、自由和民主做出了巨大的贡献。中共中央六届六中全会提出:陕甘宁边区的任务是:进行切实的抗战动员、民主政治的建设、文化教育工作的普及,增进国防与民生的经济建设,肃清土匪汉奸,发扬艰苦奋斗的工作作风,在全国起模范的推动作用。③ 作为抗日民主的模范边区,中共中央的许多决策和重大方针政策都是首先在陕甘宁边区试行,以取得经验,然后向敌后根据地推广。④

陕甘宁边区"是一个民主的抗日根据地,它把抗日战争与民主制度结合起来,以民主制度的普遍实行去争取抗日战争的胜利","陕甘宁边区的方向就是全国新民主主义的方向"。⑤ 在边区,新民主主义的政治、经济、文化、教育和军事纲领得到了充分的贯彻和实施,使边区成为"民主中国的模型"。⑥ 在陕甘宁边区民族法制建设的引领下,其他各个抗日根据地制定并颁布实施了大量的法律法规,进行了法制建设的伟大实践,为争取抗战胜利和民主建国打下了坚实的基础。

---

① 转引自郭林:《我国民族区域自治的雏形——陕甘宁边区的民族区域自治》,载《民族研究》1987年第5期。
② 《陕甘宁边区施政纲领》(1941年11月通过)第十七条。
③ 参见张炜达:《陕甘宁边区法制创新研究》,西北大学2010年博士学位论文。
④ 毛泽东曾将延安比作英国的伦敦。对此,李维汉解释说,作为英国首都的伦敦,它的政策影响着英国的众多殖民地。中国当时也有很多根据地,根据地当然不是殖民地,但需要一个"首都"作为政策中心。毛主席所说的"延安好比英国的伦敦",是要求陕甘宁边区在执行党的政策中带个头,自觉承担试验、推广、完善政策的任务。参见李维汉:《回忆与研究》,中共党史资料出版社1986年版,第499页。
⑤ 《毛泽东年谱》中卷,人民出版社1993年版,第79、173页。
⑥ 《毛泽东选集》第三卷,人民出版社1991年版,第1045页。

（二）陕甘宁边区民族法制建设奠定了民族政策制度化与法律化的基础

列宁指出，"法律是一种政治措施，是一种政策……我们党的决议是不完全的法律。"① 在战争环境下，在法律制度不完备或缺乏相应的法律规定的某些时候，基于与边区法制性质及内容的相近性，党的纲领、路线、方针和政策也就具有法律效力。② 政策本身不是法律，但由于政策和法律之间的相近性，使得政策的制度化和法律化成为民族法制建设的基本路径。这与当今提倡的社会主义法治理念中提出的"党的领导、人民当家做主和依法治国的有机统一"的思想不谋而合。

抗战时期是中国共产党民族政策逐渐成形的时期，建立在民族政策基础上的民族区域自治法律制度也初步成形。一是党的理论政策化。中国共产党坚持马克思主义民族理论的基本原则，从中国的具体实际出发，经过长期的探索和实践，提出了民族区域自治的基本主张，其理论核心是民族平等，区域自治是民族平等的重要体现。1938年召开的六届六中全会，提出我国各少数民族"与汉族有平等权利，在共同对日原则之下，有自己管理自己事务之权，同时与汉族联合建立统一的国家。"这是党的民族理论政策化的开端。二是政策的制度化和法律化。1940年《关于回回民族问题的提纲》和《关于抗战中蒙古民族问题的提纲》，具体规定了中国共产党对蒙回民族的基本政策，实现了民族政策的制度化。《陕甘宁边区施政纲领》、《陕甘宁边区各级参议会选举条例》和《陕甘宁边区保障人权财权条例》等法规，对少数民族与汉族的平等权利和少数民族自治权利作了明确规定，实现了民族政策的法律化。

民族区域自治制度在新民主主义革命和建设历程中经历了党的理论政策化、政策的制度化和法律化的转换。③ 由此看出，抗战时期民族法制建设，即民族区域自治从理论构想到政策实施，从制度确立到法律保障的过程，是与我国新民主主义革命和建设事业的历史进程有机统一的。

（三）陕甘宁边区民族法制建设为健全社会主义民族法制体系积累了宝贵经验

抗战期间，以陕甘宁边区为代表的各根据地人民政权在中国共产党的统一领

---

① 参见中共中央编译局：《列宁全集》第28卷，人民出版社1990年版，第140页。
② 参见张晋藩：《中国法制史》，中国政法大学出版社1999年版，第515页。
③ 参见吴仕民：《新形势下贯彻实施〈民族区域自治法〉若干问题研究》，载《民族工作研究》2004年第4期。

导下，依据党的民主革命总路线和总政策，适应人民革命战争各个不同时期形势发展的需要，从实际出发，先后制定并颁布了大量的代表人民意志和符合革命利益的法律、法令、条例、训令。这些珍贵的法制文献，尽管形式比较简单，并且不可避免地带有地方性，然而在中国法律制度史上，它揭开了崭新的篇章，树起了划时代的界碑，占有极其重要的历史地位。根据地人民民主法制集中地反映了广大人民反帝反封建的革命意愿，体现了人民群众的切身利益。它不仅有力地促进了根据地各项建设事业的发展，保障了人民革命战争的顺利进行，而且为社会主义法制的建立提供了宝贵经验。

　　抗日战争时期是我国新民主主义革命法制的发展和完善阶段，新民主主义法律制度是我国社会主义类型法律制度的初级阶段也即具有中国特色的社会主义法律体系的雏形阶段。[①] 陕甘宁边区民族法制建设在宪法性文件、选举法规、组织法规、人权法规和婚姻法规等方面具体规定了少数民族特殊权益，经过八年时间的不断发展，初步形成了抗日民主政权的民族法律法规体系，为新中国民族法制建设积累了丰富经验。不论是在中国革命史上，还是中国法制史上都留下了辉煌的一页。

---

　　① 参见 2011 年 6 月 22 日，中国人民大学革命根据地法制研究所成立大会暨"革命根据地法制研究的当代价值"研讨会中，中国人民大学革命根据地法制研究所所长张希坡对革命根据地法制的定性。参见 http：//law.ruc.edu.cn/research/ShowArticle.asp? ArticleID = 32806，最后访问时间 2011 年 7 月 2 日。

关于民族法制建设有关问题的思考与建议

田代武[①]

民族法制建设是我国社会主义法制建设的重要组成部分。把民族工作纳入法制化、规范化轨道,是贯彻依法治国基本方略和实施依法行政的重要内容,也是民族工作长期实践的重要经验。在新的历史时期,民族工作面临着新的形势和任务,加快社会主义民族法制建设,对于保障少数民族合法权益,维护民族团结和祖国统一,促进民族工作上台阶具有重要的意义。

一、我国民族法制建设存在的问题与不足

新中国成立60多年来,特别是改革开放30多年来,我国民族法制建设从初步建立到基本完善,取得了重大成就。初步建立了一个以宪法为基础,以民族区域自治法为主干,包括国务院及其职能部门的行政法规、部门规章、民族自治地方的自治条例、单行条例以及地方性法规和规章等构成的民族法律法规体系。我国的社会主义民族法制建设,适应了我国民族关系发展的历史现状,符合我国民族地区经济和社会、文化事业发展的需要,对于维护民族团结和祖国的统一,充分尊重和保障少数民族的合法权益,促进少数民族和民族地区加快发展发挥了重要的作用。但同时我们也要看到,我国的社会主义法制建设还存在诸多的问题与不足,主要体现在以下几个方面:

(一)民族法律法规体系还不健全

尽管目前我国已经初步形成了具有社会主义中国特色的民族法规体系,但是,我们也应该清醒地认识到,我们的民族法律体系还很不健全,一些急需的、少数民族权益保护方面重要的法律法规尚待制定。如全国性的保障散居少数民族

[①] 作者简介:田代武,湖南省民族事务委员会党组副书记、副主任。

平等权益的法律到现在还没有出台；五个自治区的自治条例起草了十几年，数易其稿，至今也没有一个进入法定的批准程序；其他的一些如《民族区域自治法》实施细则、清真食品管理条例、少数民族公民殡葬管理条例、民族教育条例、民族语言文字条例、民族地区资源保护办法等法律法规都考虑、论证或起草了多年，但仍未出台。

（二）民族法律法规针对性和可操作性不强

在民族立法过程中，造成立法质量不高的一个重要原因是民族立法的针对性不够，与民族自治地方的实际结合不紧。现行的民族法规无论是中央制定的，还是地方制定的，都是参照《宪法》、《民族区域自治法》等法律法规中有关民族问题的规定，本着与这些法律法规基本精神相一致的原则制定出来的。一个共同的特点就是立法技术落后、脱离实际、照搬普通立法，因而没有很好地体现民族法规所应有的特殊性，在指导民族工作实践过程中针对性不强。

民族法律法规还存在可操作性不强的问题。宪法和民族区域自治法作为国家根本大法和实施民族区域自治制度的基本法律，对许多事项的规定不可能太细，只能是原则性的。这些原则性的规定有待于下位法，特别是自治条例和单行条例根据各民族自治地方的情况进行具体细化，以实现有关规定的具体可操作性。但现实的情况是，我国的民族法规下位立法还存在空白，有些民族自治地方至今仍没有出台自治条例；下位立法对自治权的规定原则性有余而具体性不足，特别是对自治权行使的方式、步骤、条件和程序等事项规定不足，造成民族自治地方行政机关适用法律的困难，影响具体规范的有效贯彻实施。具体法律规范常常欠缺法律责任条款或法律责任规定不明确，使得对违反民族立法的行为缺乏法律监督措施。在法规条文中，"照顾"、"帮助"、"尽量"、"自主"等模糊性语言较多，造成守法、司法和执法上的困难，影响到民族法律法规的贯彻实施效果等等。

（三）民族法律法规的监督机制不完善

民族法制的特征决定了法律监督在民族法制建设中显得尤为重要。但客观来讲，我国的民族法制监督机制还存在以下三个不足：一是民族法律法规建设中往往重立法而轻实施，必然影响法律实施和监督。同时在立法上存在"缺漏"。有些民族法如《民族区域自治法》很长时间内没有相关处罚的规定，立法监督也存在权限划分不清和程序设置不当的现象。二是监督执法上的主体不明确，存在"缺位"。从执法的角度讲，民族法长时间没有或没明确一个特定的执法机关（这和其他法规有很大的不同），而是由相应的国家机关根据自己的职责所涉及的范围分别负责执行，对责任追究重视不够。三是监督手段上合力不够。没有充分发挥权力机关监督、行政监督、社会监督、舆论监督等综合作用。

二、加强我国民族法制建设的思考与建议

进入新时期以来,国内国际政治环境和社会环境发生了深刻的变化,民族工作面临新的形势和任务。少数民族和民族地区加快发展的愿望更加迫切,城市少数民族流动人口不断增加,特别是新疆"7·5"事件和拉萨"3·14"事件的发生等因素,无不显现出新时期加快社会主义民族法制建设的重要性和紧迫性。必须高度关注和重视这些变化了的情况,有针对性地解决好几个问题:

(一)加快民族法律法规立法步伐

一是要根据经济社会发展的需要,加紧出台一些新的民族法律法规,以适应调整民族关系新形势、新变化的需要。如《散杂居少数民族权益保障法》草案已进行了多年的讨论,应进行重新审查、修改,力争早日出台,以改变我国民族法体系中只有一部基本法的历史;《城市民族工作条例》的制定也要加紧进度。五大自治区应根据修改后的《民族区域自治法》,对原各自草拟的《自治条例》进行再次修订和完善,争取尽快颁布实施。二是适时修改现有地方性民族法规,如《自治条例》、《单行条例》等,使之与修改后的《民族区域自治法》相配套。三是要起草和制定一些新的单行条例和规定,把国家赋予民族自治地方的各项权利具体化、地方化,使之更具可操作性。

(二)增强民族法律法规的针对性和可操作性

从各地近30年的立法实践来看,要增强民族立法的针对性,关键在于选准立法项目。要把直接为经济社会发展提供法律支持的项目优先制定法律,间接支持的后制定法律;经济社会发展迫切需要法律支持的优先制定,可以暂缓或需要不迫切的后制定;切实可行且条件成熟的优先制定,实施难度大或条件尚未成熟的后制定。要切实增强民族法规的可操作性。民族法律制定要改变过去那种过粗线条、原则性的制定方式,做到权责明确、职权清晰、程序合法,切实增强民族法律法规的可操作性。

(三)建立健全民族法律法规执法监督体系

建立严密有效的法律监督及保障机制,是民族立法得以实现的关键之一。按照现行体制和法律规定,立法机关和政府机关都有在职权范围内监督民族法律法规实施的职能,即立法机关监督和行政执法监督。但在实践操作过程中,往往容易出现监督执法主体不明确,存在"缺位"的现象,建议赋予民族工作部门民

族法律法规执法监督权,并设立相应的机构,负责组织、协调执法监督工作。此外,还要充分发挥党的监督、政协的监督、司法监督、舆论监督、群众监督等多种监督的作用,形成丰富完备的民族法律法规监督体系。在民族立法工作中,则要相应地在法规中增加责任规定和可操作性,为监督工作提供更为翔实准确的法律依据。

(四) 加强民族法制的学习和宣传教育

民族法规要发挥最大的效果,必须依靠全体公民的普遍遵守。要通过加强民族法规的宣传和教育,增强全民的民族法律意识,使其自觉遵守。学习宣传民族法规要根据不同对象,采取不同形式,与工作实际结合起来。要建立民族普法机制,把民族法规作为普法的一项重要内容,从部署安排到检查验收同普法教育工作紧密结合起来。要将民族理论、民族政策法规纳入各级党校、行政学院的教学计划,作为干部轮训的必修课,坚持将领导干部作为民族法制宣传教育的重点。要注意学习宣传的广泛性,不仅民族自治地方要组织学习,非民族自治地方也要进行学习。要注意学习宣传形式的多样性,充分利用广播、电视、报刊等新闻媒体及民族节日等大型活动展开丰富多彩的宣传,扩大民族政策法规的社会影响。通过广泛深入的学习和宣传教育,使广大干部群众了解民族法规的基本原则和精神,增强贯彻执行民族政策法规的自觉性,形成学习、遵守和贯彻落实民族法律法规的良好氛围。

中国共产党民族法制理论与福建的成功实践

刘培芝[①]

2011年是中国共产党建党90周年，在这个值得纪念的日子，对中国共产党民族法制理论的形成和发展以及在福建这个少数民族杂散居省份的成功实践进行回顾、总结、研究是一件很有意义的事，对于研究促进杂散居省份少数民族合法权利的法制保障、推动民族地区经济社会发展的制度创新和进一步做好新形势下的民族工作都具有重要的意义。本文从中国共产党民族法制理论的形成和发展过程、中国共产党民族法制理论的主要思想分析和福建实践中国共产党民族法制理论的主要成就三个部分进行阐述。

一、中国共产党民族法制理论的形成和发展过程

中国共产党民族法制理论是伴随着中国共产党的成立而逐步形成发展起来的。它伴随着中国经济社会的发展，经历过曲折的道路，随着中国特色社会主义法律体系的建成，中国共产党民族法制理论体系也已基本形成。我们认为，中国共产党民族法制理论体系的建构经历了探索时期、奠基时期、停滞时期、破坏时期、发展时期和形成时期等六个阶段。

（一）中国共产党民族法制理论体系建构的探索时期（1921年至1949年）

中国共产党在成立之初就非常重视民族问题，一是在建党初期就吸收各民族优秀分子加入中国共产党，二是把解决中国的民族问题列入党的纲领。1922年7月，中共"二大"的政治纲领提出："促成蒙古、西藏、回疆三部实行自治，为

[①] 作者简介：刘培芝，福建省民族与宗教事务厅政策法规处调研员。

民主自治邦；""在自由联邦制原则上，联合蒙古、西藏、回疆建立中华联邦共和国"。中共"三大"的政治纲领提出："西藏、蒙古、新疆、青海等地和中国本部的关系由各地民族自决。"1928年6月至7月党的"六大"通过的《关于民族问题的决议案》和1931年在江西瑞金召开的中华苏维埃第一次全国代表大会通过的《关于中国境内少数民族问题的决议案》，均强调民族自决权和联邦制，但同时也提出民族区域自治的主张。1941年5月1日，陕甘宁边区政府颁布了《陕甘宁边区纲领》，其中规定："依据民族平等原则，实行蒙回民族与汉族在政治经济文化上的平等权利，建立蒙回民族的自治区。"1946年2月18日明确指出："高举和平建国纲领要求民族平等自治，但不应提出独立自治口号。"

从上述可以看出，中国共产党观察和处理民族问题经历了从幼年时期到成熟时期的发展过程，早期的民族法制理论经历了自治、自决、建立联邦制到实行民族区域自治的过程。从一开始，我们党就始终坚持民族平等原则，主张在平等的基础上联合起来，共同反对帝国主义压迫。但是解决民族问题的方式上，则有过重大的发展和变化。在相当一段时间里，或是强调民族自决权，或是主张实行联邦制。直到1949年9月29日，中国人民政治协商会议第一届全体会议通过的《共同纲领》才明确规定，民族区域自治为解决中国民族问题的基本制度。

（二）中国共产党民族法制理论体系建构的奠基时期（1949年至1956年）

中华人民共和国成立初期，我国颁布了一系列法律法规，为新中国民族法制理论的形成奠定了重要基础。这一时期颁布的法律法规主要有：1950年11月24日政务院批准《培养少数民族干部试行方案》；1950年12月2日政务院《关于伊斯兰教的人民在其三大节日屠宰自己食用的牛羊应免征屠宰税并放宽检验标准的通令》；1951年5月16日政务院《关于处理带有歧视或侮辱少数民族性质的称谓、地名、碑碣、匾联的指示》；1952年2月22日政务院《关于保障一切散居的少数民族成分享有民族平等权利的决定》；1952年4月16日政务院《关于建立民族教育行政机构的决定》；1952年政务院《关于民族民主联合政府实施办法的决定》；1952年8月8日中央人民政府颁布的《民族区域自治实施纲要》；1953年《选举法》关于少数民族的规定；1954年《宪法》关于民族问题的规定；1955年《关于建立民族乡的若干问题的指示》；1956年2月18日，国务院《关于今后在行文中和书报杂志里一律不用"满清"的称谓的通知》等等。

从上述可以看出，这一时期出台的法律法规和法规性文件主要解决的是当时中国各民族的平等团结问题，消除历史上形成的民族压迫和民族隔阂、民族歧视问题。大家知道，中国共产党继承的民族问题遗产是，民族众多、发展不平衡、社会发育程度不一、社会发展形态不同，既有封建地主制度、封建农奴制度，也有奴隶制度，还有原始公社制度的残余。解决民族压迫和民族剥削已经是当务之急，这也是当时这些法律法规和法规性文件率先出台的主要原因。培养少数民族干部是实现民族平等团结的重要措施。毛泽东同志在中华人民共和国成立初期就强调指出："要彻底解决民族问题，完全孤立民族反动派，没有大批从少数民族出身的共产主义干部，是不可能的。"所以，这一时期党和国家希望通过大力培养少数民族干部和发展民族教育，提高少数民族的文化素质，不断帮助少数民族发展进步，解决民族区域自治需要的大量少数民族干部问题。

（三）中国共产党民族法制理论体系建构的停滞时期（1957年至1965年）

1957年至"文革"前，中国共产党民族法制理论建设处于停滞状态，这一时期几乎没有出台新的法律法规和规章以及规范性文件。1958年青海发生了撒拉族叛乱事件，平叛后提出了"在阶级社会里，民族问题的实质是阶级问题"的结论，此后删去"在阶级社会里"的限定语，"民族问题的实质是阶级问题"成为"马克思主义普遍原理"，导致民族工作领域的"左"倾错误思潮的影响，直接干扰了民族工作和民族法制建设。现在可以了解到的是，只有1962年教育部出台了《关于高等学校优先录取少数民族学生的通知》。

（四）中国共产党民族法制理论体系建构的破坏时期（1966年至1976年）

"文革"十年是我国民族法制理论和民族工作遭受严重破坏的一个时期。1981年6月，党的十一届六中全会通过的《关于建国以来党的若干历史问题的决议》对"文革"十年的民族工作包括民族法制理论作了总结，指出："在工作中，对少数民族的自治权尊重不够。这个教训一定要认真记取。"大家知道，1975年的宪法相比1954年的宪法，一是关于民族问题的规定明显减少；二是删改了有关民族区域自治的重要规定，仅保留了"民族区域自治"和"民族自治地方的自治机关"，删除了自治机关自治权的具体规定。在以"阶级斗争为纲"的极"左"思想影响下，民族工作的重要性、特殊性被忽视了，各级民族工作机构被撤销，民族自治地方的自治权被剥夺，杂散居地区的民族乡也被撤销了。

（五）中国共产党民族法制理论体系建构的发展时期（1977年至1992年）

粉碎"四人帮"，特别是党的十一届三中全会以后，我国民族法制理论经过拨乱反正，逐步走上了正确的发展轨道。《关于建国以来党的若干历史问题的决议》指出："必须坚持实行民族区域自治，加强民族区域自治的法制建设，保障各少数民族地区根据本地实际情况执行党和国家政策的自主权"。这一时期出台了大量的法律法规和法规性文件。如1979年2月10日，民政部、国家民委发出《关于不要强迫回族实行火葬问题的通知》；1979年10月20日，中共中央、国务院批转《国家民委党组关于做好杂居、散居少数民族工作的报告》；1980年8月20日，文化部、国家民委出台《关于做好当前民族文化工作的意见》；1980年10月9日，教育部、国家民委出台《关于加强民族教育工作的意见》；1981年3月14日，国务院批转国家民委、国家出版局《关于大力加强少数民族文字图书出版工作的报告》；1981年国务院人口普查领导小组、公安部、国家民委《关于恢复或改正民族成分的处理原则的通知》；1982年10月13日，中央办公厅、国务院办公厅转发劳动人事部等四部门《关于加强边远地区科技队伍建设的意见》；1982年12月4日通过的《宪法》有关民族问题的规定；1983年8月18日，卫生部、国家民委、劳动人事部印发《关于经济发达省市对口支援边远少数民族地区卫生事业建设的实施方案的通知》；1983年12月29日，国务院《关于建立民族乡问题的通知》；1984年4月19日，国务院办公厅《转发国家民委关于抢救、整理少数民族古籍的请示的通知》；1984年5月31日，全国人大出台《民族区域自治法》；1986年2月17日，国家民委《关于慎重对待少数民族风俗习惯问题的通知》；1987年4月17日，中共中央、国务院批转《关于民族工作几个重要问题的报告》；1989年8月28日，国务院批转国家民委、国务院贫困地区经济开发领导小组《关于少数民族地区扶贫工作有关政策问题的请示》；1990年5月10日，国家民委、国务院第四次人口普查领导小组、公安部《关于中国公民确定民族成分的规定》；1991年3月25日，国务院批转国家民委等部门《关于加强民族贸易和民族用品生产供应工作意见的通知》；1991年6月19日，国务院批转国家民委《关于进一步做好少数民族语言文字工作的报告》；1991年12月8日，国务院《关于贯彻实施民族区域自治法有关问题的通知》。

  这一时期除出台一系列重要的民族法律法规外，许多新出台的法律法规都对民族问题作了规定，如：《地方各级人民代表大会和地方各级人民政府组织法》、《全国人民代表大会地方各级人民代表大会选举法》、《刑法》、《刑事诉讼法》等法律法规都对少数民族和民族问题作了规定。从上述可以看出，这一时期出台的法律法规和法规性文件涵盖了民族工作的方方面面，既有民族自治地方的基本法律，也有杂散居民族工作和建立民族乡等方面的规定；既有各级人大少数民族代表配备和政府组成人员中少数民族干部的安排等政治方面的规定，也有少数民族地区扶贫开发和民族贸易、民族用品生产供应等具体经济方面的规定；既有涉及民族教育、少数民族风俗习惯、语言文字的规定，也有民族成分认定方面的规定等等。这一时期具有标志意义的是 1982 年宪法的有关民族问题的规定和出台了《民族区域自治法》。

(六) 中国共产党民族法制理论体系建构的形成时期 (1993 年至今)

1992 年 10 月召开的党的"十四大"确立了建立社会主义市场经济体制的目标。我国经济体制从计划经济逐步向社会主义市场经济转变,原有在计划经济条件下制定的一些法律法规和法规性文件面临清理和失去效力,如何在社会主义市场经济体制下制定更加有力的法律法规,推动民族地区的发展成为这一时期民族法制理论建设的重要内容。1993 年 8 月 29 日,经国务院批准,国家民委发布施行《民族乡行政工作条例》和《城市民族工作条例》。这两个条例虽然是我国提出建立社会主义市场经济体制后出台的行政法规,但明显带有计划经济体制的色彩。这一时期出台的主要法律法规和法规性文件有:1993 年 12 月 30 日,中央组织部、中央统战部、国家民委出台《关于培养选拔少数民族干部工作的意见》;2001 年 2 月 28 日,全国人大常委会颁布修订后的《民族区域自治法》;2002 年 7 月 7 日国务院出台《关于深化改革加快发展民族教育的决定》(国发〔2002〕14 号);2005 年 5 月 19 日,国务院出台《实施民族区域自治法若干规定》;2005 年 5 月 31 日,中共中央、国务院出台《关于进一步加强民族工作加快少数民族和民族地区经济社会发展的决定》;2005 年 5 月 18 日,国务院审议通过《扶持人口较少民族发展规划 (2005—2010 年)》;2007 年 2 月 27 日,国务院办公厅印发《少数民族事业"十一五"规划》(国办发〔2007〕14 号);2007 年 6 月 9 日,国务院制定《兴边富民行动"十一五"规划》(国办发〔2007〕43 号);2009 年 7 月 5 日,国务院制定《关于进一步繁荣发展少数民族文化事业的若干意见》(国发〔2009〕29 号)。

随着国家经济社会的发展和综合国力的增强,这一时期我国出台的法律法规和法规性文件普遍具有比较高的含金量。如《关于培养选拔少数民族干部工作的意见》的出台,规范了民族自治地方和杂散居地区少数民族干部的配备,推动了少数民族干部的培养选拔;《民族区域自治法》的修订和国务院《实施民族区域自治法若干规定》的出台以及各部委实施细则的制定,民族区域自治制度上升为国家的基本政治制度,使民族区域自治制度在市场经济条件下更多地惠及民族自治地方;《关于深化改革加快发展民族教育的决定》的出台,提出了加快发展民族教育的目标、措施和办法。《关于进一步加强民族工作加快少数民族和民族地区经济社会发展的决定》是党中央、国务院关于我国民族工作的第一个决定,是指导新世纪新阶段我国民族工作的重要纲领性文件。它的出台,填补了民族工作和民族地区发展没有权威红头文件规范的缺憾；三大《规划》的制订，使少数民族事业真正列入了国家发展规划，也有了具体的硬性的目标任务规定；《关于进一步繁荣发展少数民族文化事业的若干意见》的出台，使民族文化的保护、传承和发展摆上了政府工作的重要议事日程。

2011年是中国共产党建党90周年，中国共产党民族法制理论建设也走过了90年的历程。特别是经过中华人民共和国成立63年民族法制理论的不断完善和发展，我国初步形成了以《宪法》为根本准则、以《民族区域自治法》为主干、以国务院行政法规为重点、以部门规章、地方性法规、政府规章和法规性文件为补充的民族法律法规体系。比较遗憾的是，由于种种原因，《散杂居少数民族权益保障法》或《散杂居少数民族权益保障条例》至今还未能出台，《城市民族工作条例》和《民族乡行政工作条例》也未修订颁布，使散居杂居少数民族的合法权益还未能得到充分保障。

二、中国共产党民族法制理论的主要思想分析

中国共产党民族法制理论是正确认识和处理民族问题的行为原则，其实质是要促进各民族平等团结、发展进步和共同繁荣，是指导我国解决民族问题、做好民族工作的重要思想理论。中国共产党民族法制理论涉及民族平等的法制理论，民族团结的法制理论，民族区域自治的法制理论，发展少数民族地区经济文化的法制理论，培养少数民族干部的法制理论，发展少数民族语言文字和尊重少数民族风俗习惯、宗教信仰自由的法制理论等等，其包含的主要思想包括平等思想、团结思想、自治思想、发展思想和照顾思想等等。

（一）平等思想

民族平等是中国共产党关于民族问题的最基本的原则。平等思想贯穿着中国共产党民族法制理论形成和发展的全过程。从一开始，我们党就始终坚持民族平等原则，主张在平等的基础上联合起来，共同反对帝国主义压迫。1935年8月，党在《八一宣言》中宣布"实行中国境内各民族一律平等政策。"中华人民共和国成立以后，《共同纲领》和历次宪法都规定："中华人民共和国各民族一律平等"。"禁止对任何民族的歧视和压迫"。"各民族都有使用和发展自己语言文字的自由"。针对历史上我国各民族之间矛盾很大、民族歧视严重的实际，党和政府为消除压迫和隔阂，做了大量工作。1951年、1952年政务院发出《关于处理带有歧视或侮辱少数民族性质的称谓、地名、碑碣、匾联的指示》和《关于保障一切散居的少数民族成分享有民族平等权利的决定》都体现了民族平等的思

想。《地方各级人民代表大会和地方各级人民政府组织法》规定:"地方各级人民代表大会行使保障少数民族权利的职权";同时规定:"少数民族聚居的乡、民族乡、镇的人民代表大会在行使职权的时候应采取适合民族特点的具体措施";"民族乡的乡长由建立民族乡的公民担任"。此外,在刑事诉讼法、民事诉讼法等法律中都明确规定,"各民族公民都有用本民族语言文字进行诉讼的权利。"

平等思想是中国共产党民族法制理论的重要基石。法律对民族平等的保护,主要通过权利授予和防止侵害两个方面进行,一方面以法律的形式明确规定各民族应当享有的权利,另一方面通过制裁侵犯民族权利的行为,使平等权利正当享有。新中国成立后,我国从政治上废除了民族压迫制度,宣布民族不分大小、一律平等。首先,各民族平等地参与国家事务的管理。其次,各民族在社会生活的各个方面一律平等。第三,各民族平等地拥有自己的称谓。第四,反对任何形式的民族歧视和压迫。所有这些在现有宪法和法律法规中都有明确的规定,已经成为各机关、企事业单位和公民的自觉行为,民族平等思想已经深入人心。

(二) 团结思想

民族团结是维护祖国统一、社会稳定、实现经济社会快速发展、构建和谐社会的根本保证。毛泽东同志在1957年2月27日所作的《关于正确处理人民内部矛盾的问题》的重要报告中,提出了"国家的统一,人民的团结,国内各民族的团结,这是我们事业必定要胜利的基本保证"的著名论断。邓小平同志在1979年6月10日全国政协五届二次开幕词中指出:"我国各兄弟民族经过民主改革和社会主义改造,早已陆续走上社会主义道路,结成了社会主义的团结友爱、互助合作的新型民族关系。"江泽民同志提出了著名的"三个离不开"思想,即"汉族离不开少数民族,少数民族离不开汉族,各少数民族之间也相互离不开。"胡锦涛同志在2005年5月27日中央民族工作会议上的讲话指出:"全国各族人民的大团结,过去、现在、将来都是我们能够经受住各种困难和风险的考验、不断胜利前进的重要保证。"这些有关民族团结的思想和原则都体现在民族法律法规中,在法律上确立了民族团结为民族关系的原则。《宪法》在序言中指出:"在维护民族团结的斗争中,要反对大民族主义,主要是大汉族主义,也要反对地方民族主义。"在第四条第一款强调:"国家保障各少数民族的合法权利和利益,维护和发展各民族的平等、团结、互助的关系。禁止对任何民族歧视和压迫,禁止破坏民族团结和制造民族分裂的行为。"《民族区域自治法》规定:"上级国家机关和民族自治地方的自治机关维护和发展各民族的平等、团结、互助的社会主义民族关系。禁止对任何民族的歧视和压迫,禁止破坏民族团结和制造民族分裂的行为。"国务院《关于建立民族乡问题的通知》强调:"民族乡应当注意对各民族进行民族政策和民族团结的教育,以不断促进社会主义民族关系的发展,加强各民族之间的团结互助。"

民族平等和民族团结,是中国共产党解决民族问题的总原则和总政策。民族团结的思想历来是中国共产党民族理论的基本原则,也是民族法制理论必须遵循的重要思想。中国共产党历来十分重视加强各民族之间的大团结,把民族团结看成是全国各族人民的共同愿望和根本利益所在,看成是推动中国特色社会主义事业不断前进的根本保证,在制定具体的民族法律法规和法规性文件中都贯穿了民族团结的思想。

(三) 自治思想

自治是多民族国家解决民族问题的一般普遍原则。把民族自治和区域自治结合起来,实行民族区域自治则是中国共产党的伟大创举,成为我国解决民族问题的一项基本政策和基本制度。实行民族区域自治是毛泽东同志亲自决定的,体现了第一代中央领导人的集体智慧。《共同纲领》对此作了明确规定,以后又载入宪法。我国宪法规定:"各少数民族聚居的地方实行区域自治,设立自治机关,行使自治权。"同时规定:"各民族自治地方都是中华人民共和国不可分离的部分。"1980年,邓小平同志提出:"要使各少数民族聚居的地方真正实行民族区域自治,要从法律上解决这个问题,要有民族区域自治法。""解决民族问题,中国采取的不是民族共和国联邦的制度,而是民族区域自治的制度。我们认为这个制度比较好,适合中国的情况。"1984年5月31日,第六届全国人大二次会议通过了《中华人民共和国民族区域自治法》,自1984年10月1日起实施。《民族区域自治法》具体规定了民族自治地方在中央和上级政府统一领导下享有的自治权利。1997年,党的"十五大"报告首次把民族区域自治制度与人民代表大会制度和共产党领导的多党合作、政治协商制度并列为我国的三项基本政治制度,进一步突出了这一制度在国家政治生活中的重要地位。2001年2月28日,第九届全国人大常委会二十次会议对《民族区域自治法》进行修订。修改后的《民族区域自治法》将"上级国家机关的领导和帮助"一章改为"上级国家机关的职责",条文也从13条增加至19条。根据《民族区域自治法》73条的规定,国务院总理温家宝2005年5月19日签署发布《实施民族区域自治法若干规定》(国务院435号令)。一是将帮助民族自治地方加快经济发展放在突出位置,规定了上级人民政府及其职能部门在规划、基础设施项目安排、西部开发、资源开发和生态环境保护、财政转移支付、金融、外贸等方面对民族自治地方给予支持。二是规定了促进民族自治地方发展教育、科技、文化、卫生、体育和健全社会保障体系的内容,体现了重视民族自治地方经济社会事业协调发展的特点。三是在政治方面强调巩固民族团结,既规定了开展促进民族团结进步的各项活动、加强民族法规政策的宣传教育的内容,又规定了要妥善处理影响民族团结的问题,禁止破坏民族团结和制造民族分裂行为的内容。此后，国务院各部委相继出台实施《民族区域自治法》的相关政策措施。

自治思想也是中国共产党民族法制理论的重要思想之一。中国共产党从建党之初就提出了自治的思想，虽然当时也强调民族自决权和联邦制。1945年10月以后，自治思想成为中国共产党解决民族问题的主要思想，此后就基本不提民族自决权和联邦制。中华人民共和国成立以后，经过不断的完善、发展，民族区域自治制度已经成为中国解决民族问题的一项基本政治制度。

(四) 发展思想

加快少数民族和民族地区经济社会发展，逐步缩小发展差距，实现区域协调发展，最终实现全国各族人民共同富裕，这是我国社会主义制度的本质要求，也是加强民族团结、巩固国家边防、维护祖国统一的必然要求，是中国共产党民族法制理论的根本出发点和归宿。毛泽东同志早在1945年党的"七大"所作的《论联合政府》的报告中就指出："必须帮助各少数民族的广大人民群众，包括一切联系群众的领袖人物在内，争取他们在政治上、经济上、文化上的解放和发展。"1954年，党中央在批示过渡时期民族工作的任务时提出："在祖国的共同事业发展中，与祖国的建设密切结合起来，逐步发展各民族的政治、经济、文化（其中包括稳步的和必要的社会改革在内），消灭历史上遗留下来的各民族间事实上的不平等，使落后民族得以跻于先进民族的行列，过渡到社会主义。"邓小平同志在中华人民共和国成立初期就指出："实行民族区域自治，不把经济搞好，那个自治就是空的。"江泽民同志在1992年中央民族工作会议上指出："现阶段，我国的民族问题，比较集中地表现在少数民族和民族地区迫切要求加快经济文化发展的问题上。""在新的历史时期，搞好民族工作、增强民族团结的核心问题，就是要积极创造条件，加快发展少数民族和民族地区的经济文化等各项事业，促进各民族的共同繁荣。"胡锦涛同志在2005年中央民族工作会议上强调："解决民族地区的困难和问题归根结底要靠发展，关键要坚持以科学发展观统领经济社会发展全局，着力构建社会主义和谐社会，进一步推动民族团结进步事业的发展。"这些关于发展的思想都体现在党的文件和一系列法律法规中。宪法规定："国家根据各少数民族的特点和需要，帮助各少数民族地区加速经济和文化的发展。"党中央、国务院《关于进一步加强民族工作加快少数民族和民族地区经济社会发展的决定》指出："加快少数民族和民族地区经济社会发展，是现阶段民族工作的主要任务，是解决民族问题的根本途径"，"把加快少数民族和民族地区发展摆到更加突出的战略位置。"

发展是硬道理，发展思想是中国共产党民族法制理论的主导思想。中国共产党在引导各民族走上社会主义道路之后，把不断解放和发展生产力，实现各民族共同繁荣作为民族工作的根本宗旨和民族法制理论的根本立场。为推动少数民族和民族地区经济社会事业的发展,制定了一系列具体的政策措施。如帮助和鼓励少数民族地区发挥资源优势,发展优势产业;制定、实施有利于少数民族地区经济发展的优惠政策;国家对民族地区实行财政补贴,实行税收、金融、投资等方面的优惠政策;组织发达省市与少数民族地区开展对口支援和经济技术协作;加快民族地区改革开放;帮助少数民族脱贫致富;积极扶持民族贸易和民族用品生产。中华人民共和国成立以来,国家在民族地区兴建了大量的教育设施,还从财力上为发展民族教育事业提供保障;在繁荣文化政策方面,国家实行扶持政策等等。为推动西藏、新疆的跨越发展和长治久安,中央召开了五次西藏工作座谈会和一次新疆工作座谈会,采取一系列特殊政策措施发展西藏、新疆。可以预见的是,西藏、新疆在中央和全国各省、市的支持下,一定会走上快速发展的轨道。

(五) 照顾思想

针对少数民族和民族地区区位条件相对较差,经济社会发展相对滞后的实际,中国共产党民族法制理论体现了对少数民族和民族地区的照顾思想,这在出台的一系列法律法规和法规性文件中可以看出。党中央、国务院《关于进一步加强民族工作加快少数民族和民族地区经济社会发展的决定》强调:"中央财政性建设资金、其他专项建设资金和政策性银行贷款适当增加用于民族地区基础设施建设的比重。""国家安排的基础设施建设项目,需要民族地区承担配套资金的,适当降低配套资金比例;对民族地区的国家扶贫开发工作重点县,免除配套资金。国家规划建设的铁路、高速公路网和支线机场要尽可能向民族地区延伸。""国家充分考虑民族地区的公共范围支出成本差异,通过一般性财政转移支付、执行财政转移支付、民族优惠政策财政转移支付以及其他方式,逐步加大对民族地区财政转移支付的力度。""国家加大对民族地区的金融支持,帮助民族地区拓宽直接和间接融资渠道"。要求"少数民族人口较多的省、市、县、乡(镇)的领导班子,应配备一定数量的少数民族干部。"国务院《实施民族区域自治法若干规定》也对上述规定作了强调,同时规定,"对报考专科、本科和研究生的少数民族考生,在录取时应当根据情况采取加分或者降分的办法,适当放宽录取标准和条件,并对人口较少的少数民族考生给予特殊照顾。"为了保障少数民族的选举权利,党和国家在人民代表大会选举中给予特殊的照顾,允许少数民族代表在代表总数中的比例高于人口的比例,并规定每一个民族在全国人民代表大会中至少有一名代表。国家实施的兴边富民行动、扶持人口较少民族政策等都体现了照顾的思想。

照顾思想是中国共产党民族法制理论的一大重要特点,体现了要以对待主体民族的不平等,达到对少数民族的平等。就是平等对待本应相同的,不平等对待本来不相同的（民族差异），用不平等的法律法规和政策消除少数民族和民族地区经济社会发展的事实上的不平等。照顾就是我们实际工作中所说的政策优惠、政策倾斜。由于各民族所处的地理环境、区位条件不同，经济社会发展不平衡的现象在今后相当长的时间内仍然存在。只要这种差异和不平衡存在，就需要照顾政策，就需要照顾性的法律法规，而且这种照顾不仅要体现在经济社会发展上，也要体现在民族教育的发展和少数民族干部的培养选拔上。这在现阶段不仅是必须的，而且是必要的。

三、福建实践中国共产党民族法制理论的主要成就

中国共产党创造性地把马克思主义民族理论的基本原则与中国民族问题的实际相结合，形成了一整套中国共产党民族法制理论，走出了一条有中国特色的解决民族问题的正确道路。这是一条彻底实现各民族平等、团结的理论、道路，也是一条从根本上促进各民族发展、繁荣的理论、道路。福建省重视将中国共产党民族法制理论与福建民族工作的实际相结合，制定了一系列的法规和法规性文件。1994年、1998年、2006年，省委、省政府分别就民族地区的扶贫开发和加快发展作出重要决策，出台了《关于加强民族工作的若干意见》（闽委〔1994〕7号）、《关于加快我省少数民族和民族地区经济社会发展的若干政策措施》（闽委发〔1998〕15号）和《关于进一步加强民族工作加快少数民族和民族地区经济社会发展的若干意见》（闽委发〔2006〕4号）；从1995年开始，省委组织部、省委统战部、省民族宗教厅联合连续出台了1995—2000年、2001—2005年和2007—2010年福建省培养选拔少数民族干部工作规划；1999年10月22日，福建省人大常委会颁布施行《福建省少数民族权益保障条例》；2002年12月12日，省政府出台《关于深化改革加快发展民族教育的实施意见》（闽政〔2002〕344号）；2007年省政府出台《福建省少数民族事业"十一五"规划》；2010年5月17日，省政府出台《关于贯彻国务院进一步繁荣发展少数民族文化事业的实施意见》（闽政〔2010〕14号）。这些法规和法规性文件既是依据中国共产党民族法制理论结合福建实际制定的，也是对中国共产党民族法制理论的创新和发展。

（一）实践过程

福建省认真贯彻落实中国共产党民族法制理论，无论在涉及民族法规和法规性文件的制定上，还是在民族实际工作中都严格遵循中国共产党民族法制理论，并对其中的重要指导思想加以落实，用于指导福建的民族工作。

1. 平等思想的落实

《福建省少数民族权益保障条例》是福建省的第一部地方性法规，其中明确规定："国家机关、事业单位、社会团体录用聘用公务员或者其他人员时，在同等条件下优先录用聘用少数民族公民，不得以生活习俗等理由拒绝录用聘用少数民族公民。""禁止在各类出版物、广播、电影、电视、音像制品、文艺表演、社会交际和其他活动中出现侮辱、歧视少数民族、伤害民族感情的语言、文字、图像和行为。""少数民族公民有保持或者改革自己风俗习惯的自由。""社会服务行业和公共场所不得以生活习俗和语言不同为理由，拒绝接待少数民族公民。"其实，福建历史上存在着比较严重的民族隔阂和歧视，中华人民共和国成立后随着党的民族平等政策的落实，才逐渐消除了民族歧视。1983年8月，福建省政府在全省范围的各条战线开展了一次党的民族政策执行情况的检查。2008年，国务院办公厅《关于严格执行党和国家民族政策有关问题的通知》（国办发〔2008〕33号）发出后，福建省专门对全省贯彻执行国办33号文件情况进行了检查，2009年国家民委督查调研组到福建省检查后认为，福建"部署全面，措施有力，取得显著成绩，创造了许多新鲜经验。"应该说，福建省执行民族平等政策是好的，形成了全省各民族团结进步的良好社会氛围，"三个离不开"的思想进一步深入人心，各民族平等、团结、互助、和谐，多年来没有发生因民族问题引发的大的矛盾和纠纷。语言文字平等是民族平等原则的重要部分。《福建省民族民间文化保护条例》将少数民族语言文字列入保护范围。在福建省要保护的少数民族语言文字主要就是畲族语言。保护民族语言本身也体现了民族平等政策的落实。

2. 团结思想的落实

1998年《关于加快我省少数民族和民族地区经济社会发展的若干政策措施》要求："要在全省开展创建民族团结进步模范单位，争当民族团结进步模范个人活动，促进精神文明建设和民族团结进步事业发展，增强中华民族凝聚力。""民族团结进步事业是全省各族人民的共同事业，对为民族团结进步事业作出显著成绩和贡献的集体和个人，各级人民政府或有关部门应给予表彰、奖励。今后在评选省级劳模时须重视推荐评选对民族团结进步事业作出显著成绩和贡献的先进人物。"1983年12月，福建省政府召开首次民族团结表彰大会，表彰先进集体74个、先进个人47名。此后，福建省分别于1988年、1996年、1998年、1999年、2005年和2010年六次召开民族团结进步表彰大会，表彰民族团结进步模范集体196个、模范个人199个，并向国务院推荐表彰了模范集体47个、模范个人40个。各市、县也分别表彰了一批在民族团结进步事业中涌现出来的模范集体和个人。从2008年开始，福建省将每年的9月份确定为全省民族团结进步宣传月。省政府办公厅转发了省民宗厅《关于开展民族团结进步宣传月活动方案》（闽政办〔2008〕150号），通过认真的宣传、部署、动员，在全省掀起了学习、宣传党的民族政策和民族团结进步模范的热潮，营造了民族团结进步的良好氛围。

3. 自治思想的落实

福建省没有民族自治地方，但是建有19个民族乡。民族乡是民族区域自治的重要补充形式。《福建省少数民族权益保障条例》规定："民族乡的建立和撤销，由省人民政府批准。民族乡的乡长，由建立民族乡的少数民族公民担任。民族乡人民政府配备少数民族工作人员的数量应当与其人口占全乡总人口的比例相适应。""少数民族人口达到总人口百分之三十以上的村，经村民会议同意，由所在乡（镇）人民政府提出申请，报县（市、区）人民政府认定为民族村，并报省和设区的市人民政府民族事务主管部门备案。民族村的村民委员会主任或者副主任应当有本村的少数民族公民。"民族乡村是福建民族工作的主要落脚点，全省建有19个民族乡、562个民族村。福建省每次乡镇换届，都要对民族乡少数民族领导干部的配备提出要求，现在民族乡的乡长均由建乡的少数民族公民担任，并配有副职少数民族领导，有的民族乡党委书记也由少数民族干部担任。全省现在少数民族人口占总人口30%以上的村已基本建立民族村，村党支部和村委会班子均按要求配备了少数民族干部。

4. 发展思想的落实

《福建省少数民族权益保障条例》规定："各级人民政府应当将本地区少数民族的经济、社会事业列入国民经济和社会发展计划及财政预算，并充分考虑少数民族的特点和需要，加大资金投入。""各级人民政府每年在安排财政预算时，应当安排民族补助款，用于本区域内发展少数民族经济、社会各项事业。""民族补助款按省、市、县三级核定。每年核定的款额，不得低于上一年度，并随财政收入的增长有所增加。民族补助款任何单位和个人不得扣减、挪用、截留，不得替代正常经费。""各级财政应当加大对少数民族地区转移支付的力度。""民族乡的上一级人民政府应当按优于非民族乡原则确定民族乡的财政体制；在每年编制财政预算时，应当安排一定的财力用于扶持民族乡发展经济和社会事业；民族乡财政收入的超收部分和财政支出的节余部分，应当全部留给民族乡安排使用。"中华人民共和国成立初期，福建省就建立了民族补助款制度。1960年至1966年，福建省政府直接发放民族补助款251.1万元；1977年至1982年发放民族补助款450万元；1983年至1990年，省直接扶持少数民族补助款共3181.8万元。目前省级民族补助款每年已达到1600万元。为缓解民族乡财政的困难，福建省从2006年开始对每个民族乡财政转移支付20万元，2009年增加至民族乡人口2万人以上的财政转移支付60万元、2万人以下的50万元。此外，各市、县、区也按照要求设立了民族补助款。这些民族补助款和财政转移资金每年都为少数民族和民族地区解决了一些实际困难和问题。福建省还把少数民族造福工程和茅草房改造、民族乡村"五通"建设列入省委、省政府为民办实事项目,促进了少数民族和民族地区生产生活条件的改善。

5. 照顾思想的落实

福建省在发展少数民族和民族地区经济社会事业、培养选拔少数民族干部、少数民族计划生育等方面都出台了照顾性的政策条款。《福建省少数民族权益保障条例》规定:"各级教育行政部门应当区别不同类别教育特点,制定对少数民族考生优先照顾的招生政策。招收高等学校、普通高中、中等专业学校、技工学校、职业高中新生时,应当按照国家和本省对少数民族考生的有关规定给予加分照顾。""省民族事务部门可以根据各地实际需要提出意见,经省教育行政主管部门批准后,在省属高等学校和省内中等专业学校举办民族班或者民族预科班。"《福建省人口与计划生育条例》规定:"夫妻双方均为少数民族(除壮族外),且均为农村人口或者均在少数民族乡、村居住或者工作满五年的可以生育两个子女;如果夫妻双方均为独生子女,或两个子女中有一个残疾儿,不能成长为正常劳动力,或再婚夫妻再婚前双方合计有两个子女的,经批准可以再生育一个子女;夫妻一方为汉族,一方为少数民族(除壮族外),汉族一方到少数民族一方落户,居住在少数民族乡、村,所生子女按有关规定定为少数民族的,适用前面规定。"照顾性的条款在福建省出台的法规和法规性文件中均有体现。照顾性条款的落实,促进了少数民族和民族地区政治、经济、文化的加快发展。如民族教育照顾政策的出台,提高了少数民族学生的升学率。2000年民族教育照顾政策出台前,全省少数民族高中阶段入学率只有17%左右,比全省47%的入学率低30个百分点。经过11年的努力,现在全省少数民族高中阶段入学率已经达到63.8%。2000年开始实施部分地区少数民族考生高考加分政策后,少数民族考生高考录取率已提高至73%,与全省高考平均录取率基本持平,比2000年提高了近20个百分点。少数民族计划生育政策的落实,也促进了少数民族人口的增长。

(二)制度创新

福建省在民族法制理论制度上进行了一系列的创新,取得了一定的成效,推动了福建民族工作的深入开展,为中国共产党民族法制理论的发展作出了一定的贡献。

1. 少数民族干部制度的创新

一是提出少数民族干部配备要求。1994年《关于加强民族工作的若干意见》要求:"对少数民族人口比较集中的县、乡党委、政府领导班子必须配备少数民族干部。"《福建省1995—2000年培养选拔少数民族干部工作规划》规定:"少数民族人口万人以上的县（市、区）和千人以上的乡（镇）党政领导班子，应当配备一名以上的少数民族领导干部。"《福建省少数民族权益保障条例》规定："少数民族人口五万人以上的设区的市、少数民族人口万人以上的县（市、区）的人民代表大会常务委员会和人民政府，其组成人员中应有少数民族成员。少数民族人口千人以上的乡（镇）人民政府的组成人员中，应当注意选配少数民族成员。"二是少数民族公务员考录加分政策。针对少数民族进入公务员队伍难的问题，规定：少数民族报考民族工作部门和民族乡公务员，采取笔试成绩增加总分的10%的照顾政策。通过部分职位招收少数民族公务员笔试加分照顾政策，使一部分少数民族有机会进入公务员队伍。三是少数民族选调生单列考录政策。2005年开始单列少数民族选调生招收名额，放宽条件，选调应届少数民族优秀大学毕业生到公、检、法机关和民族乡、少数民族人口千人以上的乡（镇）工作。共选调少数民族应届大学毕业生78人直接进入公务员队伍。

2. 民族地区发展制度的创新

一是民族乡享受贫困乡待遇。1986年，福建省委、省政府规定民族乡全部按照贫困乡的优惠政策执行，在政策、资金上倾斜扶持民族地区发展。二是开展挂钩帮扶民族乡活动。1998年，福建省委、省政府《关于加快我省少数民族和民族地区经济社会发展的若干政策措施》确定实施省民族工作协调委委员单位和沿海经济发达县（市、区）挂钩帮扶民族乡。13年来省直单位和沿海发达地区累计投入民族地区帮扶资金超亿元，为民族地区办成了一些实事，大大改善了民族乡村的基础设施和生产生活条件。三是实施少数民族造福工程政策。从1994年开始，福建省将居住在边远山区、生存条件恶劣的"一方水土养不活一方人"的群众搬迁工作列入为民办实事项目，并称之为"造福工程"。每户除予以土地、林木、税收优惠外，还予以每人补助500元（现在补助资金增加至2500元），对少数民族另外增加补助300元（现在为600元）。四是建立民族经济开发区。《关于加强民族工作的若干意见》要求："要集中发展民族区域经济，建设具有民族特色的经济开发区，建成一批亿元乡（镇），发挥辐射和带动作用，促进区域经济发展。"1998年，省委、省政府批准设立福安畲族经济开发区。五是实施民族乡村攻坚扶贫。省委、省政府实施省直机关挂钩帮扶扶贫工作重点村，从2002年开始，三批共有44个民族村列入帮扶，由挂钩单位派出干部驻村任第一书记，一挂3年，推动了民族村的扶贫开发与加快发展。

3. 少数民族教育制度的创新

一是设立民族教育补助资金。《关于进一步加强民族工作加快少数民族和民族地区经济社会发展的若干意见》要求："各级政府要根据民族教育发展的需要，安排少数民族教育专项补助资金。"二是实行中考分类加分政策。《关于深化改革加快发展民族教育的实施意见》规定，在普通高中招生时，对城市少数民族初中毕业生按升学考试总分的2%加分录取；对县城及县以下地区的按不低于升学考试总分的5%加分录取；对报考民族中学或普通中学民族班的按不低于升学考试总分的10%给予加分录取。三是部分地区实行高考加分。《福建省少数民族权益保障条例》颁布施行后，省高招委出台规定，从2000年开始，实施少数民族聚居的部分地区少数民族考生高考加20分的政策。2010年高考实行平行志愿后，加分降为10分。四是建立少数民族助学金制度。从2007年开始，建立民族中学和中学民族班少数民族助学金制度，每学年财政投入600多万元，对少数民族初、高中学生平均每人每年分别补助600元和1000元。这项制度每年惠及近万名少数民族中学生。五是建立民族预科班和民族班。1978年在宁德师范学校创办民族班，1986年起在福州大学、福建师范大学、福建农业大学举办民族预科班，在宁德地区农校举办少数民族预备班，2008年又创办福建农林大学、福建师范大学民族班，2010年又增办福建工程学院和闽江学院民族预科班。《关于进一步加强民族工作加快少数民族和民族地区经济社会发展的若干意见》要求："有条件的民族地区普通高中和中等职业学校要开设民族班，要想方设法努力提高少数民族高中阶段入学率。"

（三）主要成就

1. 实现了少数民族政治上的完全平等

一是当家做主。中华人民共和国的建立，把福建各民族从帝国主义、封建主义和官僚资本主义的统治与压迫下解放出来，实现当家做主的权利。中华人民共和国成立初期，党和国家多次组织少数民族代表人物参加"国庆观礼团"、"五一节参观团"到北京、上海、西北、华北、西南等地参观，高规格接待，既作为一种政治待遇，又对少数民族代表人物进行民族政策、爱国主义、社会主义和民族团结教育。据统计，从1952年9月至1981年9月，全省共组织了22次、共339人参加。1963年11月，省委、省政府专门召开全省少数民族代表会议，省委几位主要领导全部出席会议听取少数民族群众的意见和要求。通过不断的努力，引导全省各民族走上了社会主义道路，建立了平等、团结、互助、和谐的新型民族关系。二是参政议政。福建省注意做好少数民族党代表、人大代表和政协委员的推荐工作，历届全国党代会、人大、政协会议，都有福建省安排的少数民族代表、委员参加。2008年省人大、政协换届，共有少数民族人大代表33人、政协委员22人，分别占省人大代表、政协委员总数的5.97%和3.16%。少数民族人大代表、政协委员的比例均大大超过少数民族占全省总人口1.71%的比例。三是建立民族乡。福建省按照少数民族分布的特点，把建立民族乡作为民族区域自治的补充，充分发挥少数民族当家做主的权利。1957年4月至10月，全省相继建立45个民族乡，辖150个行政村，区域总面积1231平方公里，人口50561

人，其中畲族人口38686人，占民族乡总人口的76.5%，占全省畲族总人口的32%。1966年，受"文化大革命"冲击，民族乡撤销。1983年11月开始重建民族乡，目前全省建有19个民族乡，其中畲族乡18个、回族乡1个，辖321个行政村，区域总面积2122.11平方公里，人口41.39万人，其中少数民族人口13.63万人，占民族乡总人口的33.29%，占全省少数民族总人口的23.34%。四是培养干部。福建省委、省政府十分重视培养选拔少数民族干部工作，把培养选拔少数民族干部作为实现少数民族当家做主权利的重要途径。中华人民共和国成立初期，针对少数民族干部缺乏的实际，通过选送少数民族干部职工到民族院校培训、从工人、农民中招收等措施解决少数民族干部不足问题。改革开放初期，又通过下达专项指标招收少数民族干部、举办少数民族干部学历班、在各级党校举办少数民族干部培训班、组织少数民族干部到中央、国家机关和经济发达地区挂职锻炼等办法培养少数民族干部。现在，全省少数民族干部已经从50年代的200多人增加至9000多人，基本上做到了少数民族人口万人以上的县（市、区）党政班子中都有一名少数民族干部；少数民族人口千人以上的乡镇，基本都配有少数民族领导干部。

2. 实现了民族地区经济上的跨越发展

一是解决温饱问题。贫穷是少数民族实现平等权利的主要障碍。福建省委、省政府十分重视少数民族和民族地区的扶贫工作，针对少数民族和民族地区各个时期的不同情况，采取不同的扶持方法。通过努力，少数民族贫困人口从1978年的30多万人，降到现在的不到2万人（主要为低保对象），少数民族农民人均纯收入从1978年的不足100元提高到2010年的5533元，增长50多倍。绝大部分少数民族群众已走出贫困，奔向小康。二是实施造福工程。1994年至2011年的17年中，全省累计投入财政补助资金约1.5亿多元，搬迁少数民族1.7万多户7.7万多人（其中2000年以后，少数民族累计增加投入2000多万元，搬迁5.26万人），彻底改善了这部分少数民族群众的居住条件。1997年将居住在山区茅草房的少数民族群众的搬迁列入为民办实事项目，1997至1998年，累计投入茅草房改造资金805.73万元，搬迁福鼎、霞浦两县和漳平市山羊畲族村少数民族茅草房804户、3745人，新建住房26150平方米，成为造福少数民族的一项德政工程。三是改善生产条件。福建把培育造血功能、增强发展后劲、改善生产生活条件作为民族地区扶贫开发和小康建设的重中之重，不断加大基础设施建设投入力度。从1992年开始，实施消灭"无电村"计划，至1996年底全省民族村全部解决了通电问题。实施民族村"五通"建设工程，把民族乡村基础设施建设列入1998年全省为民办实事项目。目前，全省19个民族乡全部开通了程控电话、移动电话和闭路电视，修通了水泥或柏油公路。全省562个民族村，除少数偏远村落外，基本上解决了通水、通电、通水泥路、通电话和通广播电视等问题。四是实施攻坚扶贫。从 2002 年开始，全省确定三批 44 个民族村列入全省扶贫工作重点村，由省直机关派出驻村第一书记挂钩帮扶，每个民族村除由省统筹投入 20 万元帮扶资金外，还要求帮扶单位每年至少配套投入 20 万元资金，推动了帮扶村的扶贫开发与加快发展。经过帮扶，第一、二批 34 个民族村已发生了深刻的变化，基础设施条件和群众收入水平都有了明显改善。福建省还将人均收入不足 1200 元的少数民族群众列入低保范围，目前低保制度已惠及全省 2 万名少数民族群众。经过中华人民共和国成立后 60 年的发展，福建省少数民族和民族地区经济建设取得了重大成果。据统计，2009 年全省 19 个民族乡完成农村经济总收入 95.57 亿元，农林牧渔业总产值 19.53 亿元，乡镇企业总产值 96.71 亿元，分别比 2000 年增长 54.9%、55.5% 和 71.4%；民族乡财政收入 17407 万元，比 2000 年增长 240.4%；民族乡居民储蓄存款余额也有较快增长，2009 年达到 7.27 亿元，比 2000 年增长 180.7%。惠安县百崎回族乡 1990 年 8 月成立民族乡后，以倍增的速度发展，2009 年乡镇企业总产值达到 35.3 亿元，农民人均纯收入达到 9182 元，成为全省发展最快、人均收入最高的民族乡，比全省农民收入平均水平超出 2502 元。

3. 实现了少数民族文化上的繁荣进步

一是大力发展基础教育。针对民族地区基础教育落后的状况，着手建立民族中小学，全省现有独立设置的民族完全小学 182 所，撤点并校前民族小学总数达到 847 所；建立民族中学 19 所。着力改善民族中小学校办学条件，新建、改建了一批寄宿制民族中小学。1978 年，福建省在宁德师范学校创办民族班，至 1990 年停办前已培养合格的少数民族小学教师 640 名，为民族地区输送了大量的小学教师。现在，全省少数民族学龄儿童入学率、巩固率、毕业率、升学率已经分别达到 99.9%、99.7%、99.6% 和 99.8%，民族乡每万人口平均拥有在校小学生和中学生分别达到 470 人和 313 人。二是突破教育发展瓶颈。少数民族高中阶段的教育乃至大学教育一直是民族教育发展的瓶颈。福建省一方面通过创办福州民族中学、晋江陈埭民族中学、福安民族职业中学高中部，扩大宁德民族中学高中部招生，建立普通高级中学民族班，扩大少数民族高中阶段的招生规模；另一方面对少数民族初中毕业生实行加分录取。高校民族预科班开办 26 年来，为福建省培养了大批的少数民族干部和各类人才。民族预科班招生数已从过去的每年 90 人增加至 300 人，福建农林大学、福建师范大学民族班每年招收少数民族学生 60 名。现在，福建少数民族每万人平均拥有在校高中生已经达到 223 人，拥有在校大学生达到 78 人，每年大学录取的少数民族考生达到 1300 多人。三是繁荣发展民族文化。福建省把弘扬和发展民族文化列入繁荣社会文化的《芳草计划》，组建了宁德市畲族歌舞团，建设了闽东畲族博物馆、闽东畲族革命纪念馆，大力发展畲族旅游文化，举办畲族风情旅游节，建立畲族民俗文化村，推动了民族传统文化的保护、弘扬和发展。通过开展四年一次的少数民族传统体育运动会和文艺会演，挖掘整理了部分少数民族传统文艺、体育表演项目，经常性地开展畲族"二月二"、"三月三"、"四月八"歌会活动，命名了一些民族文化村，并将独具特色的畲族小说歌、畲族民歌和"二月二"会亲节、"四月八"牛歇节等列入国家级和省级非物质文化遗产进行保护。开展少数民族古籍收集整理，保护少数民族古民居，少数民族民间文化保护工作不断加强。加强畲族医药学研究，召开畲族医药学研讨会，成立畲族医药学研究机构，挖掘、征集和整理畲族民间医生的医案、单验方，出版了《畲族医药学》等专著和论文。畲族人口聚居最集中的宁德市投资近千万元建设了中华畲族宫和中国民族博物馆畲族分馆。民族乡和部分民族村建立了文化站、图书馆，少数民族群众文化体育活动逐步丰富。四是基本解决就医问题。抓好民族乡村卫生院所的建设，到2009年底，全省19个民族乡建立了20个医疗机构，基本上每个民族乡都有一所具有一定规模的乡镇卫生院。总建筑面积达到2.94万平方米，医疗设备比较完善，共有病床数316张，卫生技术人员446人。562个民族村共有医疗站（室）634个，卫生技术人员839人，85.6%的民族村建立了独立的卫生医疗机构，每万人拥有11个卫生技术人员。少数民族参加合作医疗人数达到35.98万人，占88.3%。组织医疗专家到民族乡村义诊，送医送药到山村，初步缓解了群众看病难、看病贵的问题。

加强民族法制建设　促进民族团结进步

——黑龙江省民族法制建设辉煌的30年

缪文辉[①]

民族法制，即民族法律制度，是调整民族关系、解决民族问题的法律和制度的统称。黑龙江省是一个多民族的省份，加强民族法制建设和巩固发展平等、团结、互助、和谐的民族关系，对实现各民族共同团结奋斗、共同繁荣发展的目标，对促进全省经济发展和社会稳定具有特别重要的意义。加强民族法制建设是调整好民族关系、解决好民族问题从而实现民族和谐的基础和保障，建立平等、团结、互助的社会主义民族关系，最终达到民族和谐是民族法制建设的理念和目的。

改革开放30多年来，在国家民委的指导和省委、省人大、省政府的领导下，在全省各级民族工作部门和法律工作部门的同志的共同努力下，黑龙江省的民族法制建设不断得到发展和完善，依法治省、依法行政的理念进一步广泛地深入人心。现已经形成包括《黑龙江省实施<中华人民共和国民族区域自治法>办法》、《黑龙江省城市民族工作条例》、《黑龙江省民族教育条例》、《黑龙江省民族乡条例》、《黑龙江省清真食品生产经营管理条例》、《杜尔伯特蒙古族自治县自治条例》及该县各方面、各行业的单行条例、《齐齐哈尔市梅里斯达斡尔族区条例》等法律法规在内的多层次的民族法律体系，为调整民族关系、解决民族问题提供了充分的法律依据，为促进民族发展、维护全省的稳定提供了可靠的法律保障。30多年来黑龙江省没有发生一起严重侵害少数民族合法利益、破坏民族团结、影响社会稳定的重大事件，与我们认真贯彻落实党的民族政策，制定和实施这些民族法律法规是分不开的。

回顾30多年来黑龙江省的民族法制建设情况及其所带来的丰硕成果，可以用以下四个特点来加以概括和总结：

[①] 作者简介：缪文辉，黑龙江省民族事务委员会。

一、超前制定

我国第一部解决民族问题的基本法律《中华人民共和国民族区域自治法》（以下简称民族区域自治法）是改革开放6年后的1984年颁布施行的。《民族区域自治法》作为国家调整民族关系、解决民族问题的基本法，详尽地规定了我国的民族区域自治制度，集中体现了党的民族区域自治政策，为我国少数民族政治地位的确立和利益的保护提供了法律依据，为我国实行民族区域自治制度提供了法律保障。

《民族区域自治法》是面向全国的基本法，也是所有民族法律法规的最高上位法，主要是为我国实行民族区域自治制度而制定的法律。由于全国各地的具体情况不同，各民族、各行业的要求也不同，因此需要制定许多具体法律法规来进行约束和调整，需要对许多具体问题进行法律规定。因此，根据各地实际、针对具体情况制定具体的民族法律法规，既是对《民族区域自治法》的具体补充，也是更好地贯彻实施《民族区域自治法》的有效途径。

黑龙江省的民族法制建设开始于改革开放初期。当时通过调整民族工作的中心任务，拨乱反正，制定了一系列特殊政策。这些政策为后来制定民族法律法规奠定了政策基础。在上世纪80年代中期黑龙江省少数民族和民族地区的实际情况是：有一个民族自治地方——大庆市杜尔伯特蒙古族自治县，恢复和建立了50个民族乡镇，城市中原有和随着开放搞活政策从农村和外省来到城市中的少数民族越来越多，总人数已超过全省少数民族总人口的四分之一。鉴于民族乡镇较多，城市中少数民族越来越多这种实际情况，为了更加有效地贯彻实施《民族区域自治法》，更加有效地确立民族乡镇的法律地位，保障民族乡镇和城市少数民族的合法权益，促进少数民族和民族地区经济社会事业的发展，黑龙江省于1986年起，开始研究制定《黑龙江省民族乡条例》（以下简称民族乡条例）和《黑龙江省城市民族工作条例》。

在省委、省人大、省政府的领导、关怀和各部门的支持下，经过各级民族工作部门同志的共同努力，1988年1月，在黑龙江省第六届人大常委会第三十一次会议上，通过并颁布实施了《黑龙江省民族乡条例》，在1989年12月黑龙江省第七届人大常委会第十二次会议上通过并颁布实施了《黑龙江省城市民族工作条例》。

黑龙江省的《民族乡条例》和《城市民族工作条例》是全国第一个制定并由省人大颁布实施的省级地方性法规。现行的由国务院批准的《民族乡行政工作条例》和《城市民族工作条例》都是1993年颁布实施的，分别比黑龙江省晚了

5年和4年。

二、突出重点

第一个重点是制定《黑龙江省民族教育条例》。

随着改革开放进一步深入，市场经济体制进一步确立，黑龙江省的经济社会事业得到较快发展的同时，少数民族地区与发达地区在发展水平上的差距也日益凸显出来。少数民族和民族地区之所以经济社会事业发展较慢，相对落后，除了历史原因和大部分地处偏远、自然环境和生产条件差、经济基础薄弱等客观原因外，根本原因在于教育落后，人才匮乏。因此为进一步提高对民族教育和培养少数民族人才工作的重视，进一步加强对民族学校的管理和支持，把有关民族教育的政策、措施进一步系统化、法制化，从而进一步促进全省民族教育事业又好又快发展，1997年12月经黑龙江省第八届人大常委会第三十一次会议通过，正式颁布实施了《黑龙江省民族教育条例》。

《黑龙江省民族教育条例》的核心内容是把贯彻执行党和国家教育方针同民族政策相结合，强调各级人民政府要把发展民族教育放在优先发展的地位，统筹规划，合理确定和调整各类民族教育的学校布局、发展规模、教育结构和办学形式，提高教学质量。

第二个重点是制定《黑龙江省清真食品生产经营管理条例》。

加强民族团结，是构建和谐社会重要的组成部分。而如何使各民族团结、和睦，调整好民族关系、处理好民族问题至关重要。黑龙江省民族关系总体上是好的。各民族之间平等团结、和睦相处，社会主义新型民族关系不断巩固和发展。在改革开放的30多年间，黑龙江省涌现出1000多个民族团结先进集体和先进个人，受到国务院和省委、省政府的表彰。但也存在一些影响民族关系的矛盾和问题。根据多年的实践来分析，因不尊重少数民族风俗习惯尤其是不尊重有清真饮食习俗而产生的问题，已经成为影响黑龙江省民族关系最多最大的主要问题。据统计，30多年间黑龙江省出现的影响民族关系的问题，90%发生在这方面。解决了这方面的问题，就是解决了影响黑龙江省民族关系的主要问题，抓住了要害。多年来各部门为解决这方面问题制定了一些政策，采取了一些措施，也取得了一些成效。但是要从根本上解决这方面问题，必须通过法律的强制力来解决，就是说必须制定专门的法律法规。

经过广泛的深入调研，多年的精心设计，2000年8月经黑龙江省第九届人大常委会第十八次会议通过，《黑龙江省清真食品生产经营管理条例》正式颁布实施。该条例的核心内容是保障有清真饮食习俗的少数民族的合法权益，加强清真食品生产、经营、管理工作，发展民族经济，增进民族团结。具体操作上对各级政府和有关部门在清真饮食业的发展、管理、监督等方面进行了具体规定。

三、务求实效

制定《黑龙江省实施＜中华人民共和国民族区域自治法＞办法》。

黑龙江省只有一个民族自治地方——杜尔伯特蒙古族自治县。长期以来，该县在党的民族政策和民族区域自治法的关怀、保障下，在各级政府和职能部门的扶持下，民族自治地方的自治权利得到充分的保障，民族团结，社会稳定，经济社会事业得到长足进展。目前在经济总量和发展速度方面在全国 120 个自治县中，已由 30 年前的百名之外发展到前 15 名以内。

随着国家实行西部大开发和振兴东北老工业基地战略，杜尔伯特蒙古族自治县迎来了新的发展机遇；同时伴随着全省经济和全国民族自治地方经济的快速发展，该县也面临着极大的挑战。特别是在 2005 年国务院颁布实施了《国务院贯彻实施民族区域自治法若干规定》，从国家的层面上制定了贯彻落实自治法的具体规定。因此，为了进一步扶持全省唯一的民族自治地方经济社会事业又好又快发展，结合国家和省制定的发展战略和有关政策，根据杜尔伯特蒙古族自治县的发展需要，黑龙江省从 2003 年起，开始研究制定实施《民族区域自治法》的具体办法。

经过 4 年的精心设计、广泛调研、反复研究、多方论证，在 2007 年 10 月，经黑龙江省第十届人大常委会第二十九次会议通过，《黑龙江省实施＜中华人民共和国民族区域自治法＞办法》（以下简称实施办法）于当年 12 月 1 日正式颁布实施。《实施办法》共三十一条。主要内容是促进民族自治地方经济社会发展，其核心和要点主要是规定了上级国家机关对民族自治地方的具体职责，把一些重要的政策和措施上升为地方性法规，细化了《民族区域自治法》和《若干规定》的一些原则性规定。

概括地说，制定《实施办法》，就是根据国家的《民族区域自治法》和《若干规定》的法定原则，结合黑龙江省的实际和民族自治地方的实际，对民族自治地方经济社会发展中的一些特殊问题，做出有利于促进其发展的、比较具体的和含金量较高的规定，增强了可操作性。

《实施办法》在颁布实施的当年，仅按办法规定的开发油田增值税返还一项，就为杜尔伯特蒙古族自治县带来直接的经济效益近 8000 万元。随着自治县油田生产的逐渐扩大，这个办法所发挥的效力越来越大。

四、与时俱进

任何法律法规都有其时效性，都要适应形势的变化和时代的发展。从黑龙江省不断完善、不断更新、不断发展的民族法律法规建设情况看，充分显示了实事求是、与时俱进的特点。

随着形势的发展和国家政策的调整，尤其是黑龙江省民族地区的情况发生了较大变化这个实际，黑龙江省根据国家颁布实施的有关条例，从1995年开始，对已经颁布实施的有关民族法律法规进行了全面修改。1995年10月，经黑龙江省第八届人大常委会第十八次会议通过，重新颁布实施了修改后的《黑龙江省民族乡条例》；1996年11月，经黑龙江省第八届人大常委会第二十四次会议批准，新的《黑龙江省城市民族工作条例》重新颁布实施；2002年8月，黑龙江省第九届人大常委会第三十一次会议通过了修改后的《黑龙江省民族教育条例》。

2000年制定的《黑龙江省清真食品生产经营管理条例》虽然颁布实施仅8年，但随着形势的变化和新情况新问题的不断出现，已经在许多方面显现出不适应性和可操作性差的问题。因此根据国务院即将修改出台新的《清真食品管理条例》，结合黑龙江省清真食品在生产经营管理过程中因不懂民族政策、不尊重少数民族风俗习惯经常发生纠纷的现状，通过一年多的调研、广泛征求意见和专家评审，目前新的《黑龙江省清真食品生产经营管理条例》已初步形成修改后的送审稿，待国家的条例颁布后再进行最后的修改审定。

《民族乡条例》、《城市民族工作条例》和《民族教育条例》虽然都已经过修订，但由于修订的时间相对久远，形势发生了变化，国家近年来实行了许多新的改革措施，因此很多条例的内容也已经不适应、不适用了，急需修改补充。但是法律法规又不同于政策、规定，不可能随时修改、随便就颁布新法律，它需要一个过程，需要适应较长一段时间形势的变化和人民需求的变化。因此为了适应形势的变化、少数民族和民族地区情况的变化和发展的需要，真正使少数民族各项权益得到保障，黑龙江省根据急用先行的原则，已经开始对上述民族法律法规进行修改，首先是对民族教育条例进行修改。经过黑龙江省民族、教育、法制等部门近三年的联合调研和考察，对现行的民族教育条例进行了较大的修改，目前已达到送省人大审议的标准。

在上述省级地方性法规颁布实施的同时，为了使党的民族政策和《民族自治法》得到更全面更具体的贯彻落实，杜尔伯特蒙古族自治县和梅里斯达斡尔族区也制定了促进自身发展、保障政治、经济各方面权益、约束自身行为的《杜尔伯特蒙古族自治县自治条例》和《梅里斯达斡尔族区条例》。尤其是杜尔伯特蒙古族自治县不仅制定了《自治条例》，而且制定并经省人大批准颁布实施了11个各行业的单行条例。这些条例的颁布实施，不仅使民族自治地方全面行使自治权利得到充分的保障，而且极大地丰富了全省民族法律法规体系。在只有一个民族自治地方的省份，制定并颁布实施了《自治条例》和11个单行条例，在全国是很少见的。杜尔伯特蒙古族自治县人大不仅多次得到全国人大的表彰，而且在全国人大的立法工作会议上都作为全国的先进典型进行经验介绍。

综上所述，黑龙江省的民族法制工作在改革开放的30多年间，真正实现了又好又快的发展，为促进民族团结、社会稳定，促进全省和民族地区经济社会事业的发展作出了巨大贡献。随着黑龙江省民族法律法规进一步健全和完善，民族团结、社会稳定的局面将得到进一步的巩固，全省和民族地区的经济社会事业将得到进一步的发展。

少数民族权利保护研究

人权的国内保护与散杂居少数民族权益的法律保障

彭　谦　商万里[①]

人权的国内保护，有广义和狭义之分，广义的人权保护是指主权国家在其属人和属地范围内，为促进、尊重、实现和保护人权，根据本国国情，确立相应的政治、经济、社会、法律制度，要求国家采取积极的行为，保障人权的实现；狭义的人权国内保护是指主权国家在其属人和属地范围内，通过立法、司法和行政的方式，保障人权不受侵害的行为。[②]

当今世界大多数国家几乎都是多民族国家，单一民族国家已寥寥无几。一国内的少数民族在诸如语言权利、资源开发及利益分配权利方面经常会与国家的主体制度发生冲突，由此产生一系列重要问题，包括潜在的分裂问题。在现代社会中，少数人权利问题已是一国民族关系的突出问题。因而，在多民族的国家里，公正、民主的法律制度不仅要保障属于广泛意义上的个人基本权利，还应当保障属于某种差异群体的特殊权利。

自新中国成立以来，中国政府就非常重视保护少数民族权益，确立了民族区域自治制度来保护少数民族的各项权益。然而，对于我国散杂居少数民族，即居住在民族自治地方以外的少数民族和居住在民族自治地方内但不是实行区域自治的少数民族，法律给予他们的保障尚无系统条文。根据资料统计，在我国大陆散杂居少数民族大约有3000多万，约占整个少数民族人口的1/3。现在，随着我国经济改革的不断深入，散杂居少数民族被置于一个尴尬的地位，他们不能享受到民族区域自治制度所带来的各种特殊权益，因而散杂居少数民族有边缘化的趋势，其权益需要得到国家法制的保障，以法律的形式规定散杂居少数民族应该享有的各项权益，这本质上要求从立法、司法及行政上消除不合理的障碍，获得法律救助。这既是广大散杂居少数民族的迫切要求，也是社会发展的客观趋势。

[①] 作者简介：彭谦，女，中央民族大学法学院教授，博士生导师。商万里，中央民族大学中国民族理论与民族政策研究院博士研究生。

[②] 徐显明：《人权法原理》，中国政法大学出版社2008年版，第288页。

一、散杂居少数民族权益的立法保障

新中国成立以后,根据我国各民族大杂居、小聚居,相互交错居住的分布状况,党和国家在大力推行民族区域自治政策,全面保障自治地方少数民族的平等权利和民主权利,扶持和帮助少数民族发展经济、文化和各项社会事业的同时,高度关心和重视散杂居少数民族工作,大力促进散杂居少数民族经济文化事业的发展,为此制定了一系列方针、政策和法规,采取了一系列重大措施和工作步骤。尤其是党的十一届三中全会后,全国各地根据党和国家的民族政策,为促进散杂居少数民族的平等、团结、进步事业的发展,做了大量卓有成效的工作,积累了极其丰富的实践经验,使散杂居少数民族沐浴着党和国家民族政策的雨露、阳光,生活在平等、团结、互助、友爱、和谐的祖国民族大家庭之中。

但是,散杂居少数民族人口相对较少,占各地的人口比例也很小,而且居住地域广阔而分散。散杂居住在城市或农村里,所以,各地散杂居少数民族权益的立法保障一直是一个难题。这虽是难题,却涉及散杂居少数民族的切身利益。

散杂居少数民族权益的立法保障是指对我国境内散杂居少数民族权益予以立法层面的保障。目前,我国已在法律体系方面初步形成了散杂居少数民族权益的法律法规体系。从立法的主体来看,有全国人民代表大会制定的法律规章法规,有各级地方立法主体所制定的地方性法律规章条例。[①]

依据中华人民共和国宪法以及各项法律法规,散杂居少数民族的权益一般包括:

平等权利;参政权利;族籍权利;发展经济文化的权利;选举权利和被选举权利;保持或者改革自己的风俗习惯的自由权利;使用和发展自己的语言文字的自由权利;宗教信仰自由的权利等。

我国 1982 年底以前,中国有权制定法律的只有宪法确立的最高国家权力机关——全国人民代表大会。1982 年 12 月,五届全国人大五次会议通过了新中国的第四部宪法。这部宪法授予了全国人大的常设机构——全国人大常委会部分立法权。同时规定,国务院和省、直辖市的人民代表大会及其常委会,民族自治地方的人民代表大会等单位,有权制定行政法规、地方性法规和自治条例。后经修改的地方组织法又增加了省、自治区人民政府所在地的市和经过国务院批准的较大的市的人大及其常委会的立法权限。这是时代的进步,也是客观需要之使然。随后,各少数民族地区相继制定了一些法律法规,对进一步发展少数民族经济、

[①] 陆平辉:《散居少数民族权益保护研究》,中央民族大学出版社 2008 年版,第 97 页。

维护少数民族的切身利益起到了积极的作用。如，在政治权利保护方面，1997年通过的《广东省散居少数民族权益保障》第5条规定："散居少数民族人口较多地方的人民代表大会中，应当有一定比例的少数民族代表。"1998年北京市制定了《北京市少数民族权益保障条例》、2000年重庆市制定了《重庆市散居少数民族权益保障条例》，2001年，吉林省制定了《吉林省散居少数民族权益保障条例》；在族籍权利方面，吉林省制定了《吉林省散居少数民族权益保障条例》，第5条规定："散居少数民族公民的民族成分，以国家确认的民族称谓为准。民族成分的恢复或者改正，由县级以上人民政府民族事务主管部门会同公安、人事等有关部门按照国家规定办理。"但是，对于我国更多地区的散杂居各民族却没有享受到以上这些地区的权益。而随着经济的进一步发展，改革开放步伐的进一步深化，流动人口的不断增加，这些散居民族会进一步地被边缘化，处在一个十分尴尬的境地：一方面他们保持着自己民族的心理认同，另一方面在享受实际权益时，他们处在汉族及其他多数少数民族之中，不能充分享受到自己民族的各项权益。

同时，少数民族"散居化是民族进程中的一个重要规律。"[1] 这一规律在传统社会向现代社会的转型过程中具体表现为各民族人口的多向流动。我国正处在重要的社会转型期，农、牧区人口向城市"上行"流动，西部地区民族人口向东部城市"东行"流动已成为现实中人口流动的重要特点。而且，这种流动所涉及的人口数量、流动范围越来越大，流动频率越来越高。在这些地方他们是事实上的"弱势群体"[2]，需要保护。然而到目前为止，各地区并未形成系统完整的散杂居少数民族立法保护体系，因此，对于边缘化的少数民族权利的立法保护问题，任重而道远。

从法理的角度来看，散杂居少数民族以上这些权益应当在国内人权立法保护下获得立法权，立法主体需要按照规范、理性的方式吸纳国内人权立法并科学立法[3]，为国内散杂居少数民族的权益的立法保障提供法律基础。做到以《宪法》为核心，以国家民族事务委员会颁布的《民族乡行政工作条例》及《城市民族工作条例》为基础，发挥立法主体与客体的共同作用，建立散杂居少数民族权益的法律保障体系，把人权的国内保护落到实处，突出对少数民族特殊权益的保障，才能维护国家的和平稳定与国家安全。

---

[1] 沈林：《散杂居民族工作概论》，民族出版社2001年版，第31页。
[2] 张海洋：《人类学理论与社会的后现代反思》，载《共识》2010年第4期。
[3] 徐显明：《人权法原理》，中国政法大学出版社2008年版，第302页。

二、散杂居少数民族权益的司法保障

所谓"司法"就是"执法",即,行使法律权力,是与立法、行政相对应的一个概念。一般来说是指"法院、检察院依照法律对民事、刑事案件进行侦查、审判。"① 在现代法制国家,司法保障是人权国内保护最重要的方式。国内法院的正常功能的发挥是实现国际人权法案的最重要最有效的方式。司法保障机制的重要性历来被国际人权公约所强调,它是衡量一个国家法制化程度高低的基本标志,也是人权保障水平的基本标志。② 故人们在谈到司法时常说:"司法是社会正义的最后一道防线"③。

当前,我国对散杂居少数民族权益采用的是部门法立法保护措施。当宪法中规定的基本权利为民事法律化、具体化之后就变为民事权利,进而获得对抗一般民事主体侵害的效力,而在司法救济方面,受害人可以援用民事诉讼的方式获得司法救济。这是我国目前散杂居少数民族权利民事救济的基本原理。一旦涉及民事与刑事方面的救济,就会涉及相关的司法程序,如,检察院侦查、法官审判、律师辩护、契约公证、仲裁等。就我国广大的少数民族地区来讲,绝大部分地区与我国宪法和民族区域自治法所规定的相关制度是相吻合的。而对于散杂居少数民族中相关的司法制度,我国也予以特别的司法保障。我国少数民族的分布特点是大分散、小聚居、交错居住。就目前来讲,我国现有155个民族自治地方,包括5个自治区,30个自治州,120个自治县(旗)。44个少数民族建立了民族自治地方④,现在我们国家还有将近3000万左右的散杂居民。为了保障他们的权益,又建立了1200多个民族乡,是民族区域自治的补充。⑤ 这充分体现了我国政府尊重人权的国内保护。

但是对于边缘化的散杂居少数民族来说,由于这些地区历史上政治、经济、文化、教育上的差异,理想中的司法保障同现实之间的差距在有些地区还是比较明显的。为了缩短这种差距,首先,我们要相信少数民族自己可以管理好自己的事情,要充分相信少数民族人民的执法能力。"3·14"事件之际,云南迪庆藏族地区的稳定就是明证。中国是全体中国人民的中国,不是某一个民族的;其次,在散杂居少数民族权益的司法保障方面亟待解决的应当是少数民族执法队伍的建

---

① 中国社科院语言所词典编纂室:《现代汉语词典》(修订版),商务印书馆,第1191页。
② 徐显明:《人权法原理》,中国政法大学出版社2008年,第305—306页。
③ 赵小锁:《民族地区司法制度中的少数民族权益保障》,中央民族大学出版社2009年版,第8页。
④ 金炳镐:《民族理论通论》,中央民族大学出版社2007年版,第469页。
⑤ 同上,第488页。

设，提高散杂居少数民族的整体素质。

三、散杂居少数民族权益的行政保障

毋庸置疑，国家行政权在实现人权、保障人权的过程中必须并且能够发挥积极主动的作用。同时，由于这个权力过分强大，在社会管理过程中也完全可能被滥用，成为侵害人权、阻碍人权实现的祸害。所以，行政权力的运行要遵循法律优先、法律保留和比例原则，把行政权力限制在法治精神之内，以保障人权的实现。[①]

法律优先原则是"法律的精髓与灵魂。"[②] 我国散杂居少数民族在我国的社会发展中，在过去、现在及将来都具有十分重要的地位和作用。中国实行单一制国家结构形式下的民族区域自治。宪法和法律不仅赋予少数民族参与管理国家事务的平等权利，而且赋予建立民族自治地方的少数民族管理本民族事务的自治权。宪法和民族区域自治法规定："自治区主席、自治州州长、自治县县长由实行区域自治的民族的公民担任。自治区、自治州、自治县的人民政府的其他组成人员，应当合理配备实行区域自治的民族和其他少数民族的人员。民族自治地方的人民政府实行自治区主席、自治州州长、自治县县长负责制。自治区主席、自治州州长、自治县县长，分别主持本级人民政府工作。"[③] 同时，自治法第十八条规定："民族自治地方的自治机关所属工作部门的干部中，应当合理配备实行区域自治的民族和其他少数民族的人员。"[④] 这些规定，从法律上确立了少数民族当家做主。总体来看，在民族地区，少数民族干部的比例与少数民族人口所占比例基本相当；同时，我国政府也十分重视散杂居地区的少数民族干部。1993年9月发布施行的《民族乡工作条例》和《城市民族工作条例》也明确规定：民族乡乡长应由建乡少数民族担任；乡人民政府其他工作人员的配备，应保证建乡少数民族公民占有一定比例。少数民族人口较多的城市的人民政府，少数民族聚住的街道的办事处，以及直接为少数民族生产生活服务的部门或单位，应配备适当数量的少数民族干部。这些规定为依法行政，保障人权提供了保护。因为法律保留原则要求行政行为有法律依据，及行政机关只有在法律有明确规定的情况下才能做出行政行为，否则就构成违法。[⑤] 行政机关的行驶应服从代表人民意志

[①] 徐显明：《人权法原理》，中国政法大学出版社2008年版，第310页。
[②] 黄锦堂：《行政法争议研究》，台北：五南图书出版公司2000年版，第39页。
[③] 国家民族事务委员会办公室：《中国的民族事务》，民族出版社2009年版，第200—201页。
[④] 同上，第200—201页。
[⑤] 王名扬：《法国行政法》，中国政法大学出版社1989年版，第196—198页。

的立法机关所指定的法律,包含行政机关在制定行政法规时也必须服从以宪法为顶点所构成的法律体系。同时,行政比例原则有要求行政主体在实施行政时,不但要努力实现行政目标,还应该尽量避免给行政相对人及社会带来不必要的损失。比例原则包含三方面的内容,即,妥当性、必要性及均衡性①。根据这一原则,我国政府对散杂居少数民族权益的行政保障是符合国际惯例的。不过,现在的问题是如何确定散杂居少数民族权力行使的限度及标准,这也是当前最重要的一大课题。

当然,散杂居少数民族权益的行政保障从一个侧面反映出行政机关在散杂居少数民族管理中必须做到依法行政。考虑到散杂居少数民族权益的敏感性与特殊性,行政机关在执法时必须做到:依法执法、严格执法、文明执法。努力构建如何处理提高执法效益与散杂居少数民族权益保障之间的关系的理论及其现实做法的整体意识。

"奉法者强,则国强;奉法者弱,则国弱。"② 在人权国内理论的指导下,国家应当建立并逐步完善我国散杂居少数民族权益的法律保障机制。他们的权益离不开人权的立法、司法及行政保障。只有这样才能够做到有法可依,有良法可治,使社会和谐有序发展。

---

① 徐显明:《人权法原理》,中国政法大学出版社2008年版,第310页。
② 韩非子:《韩非子·有度》,远方出版社2004年版,第5页。

中国少数民族权利保障制度的完善

潘红祥[①]

少数民族权利保障是中国人权保障事业的重要组成部分。随着我国市场取向化的社会转型和人权保护实践的强化,我国少数民族权利保障制度有了进一步的发展。但不可否认的是,该制度仍存在诸多问题和不足,尚需不断完善。

一、我国少数民族权利保障制度存在的问题

(一) 在内容上,法律对少数民族权利的内容规定不明确,欠缺周全

少数民族权利是指作为主体的少数民族享有的法律法规所确认的权利和利益。我国尚无单一法典来规定少数民族权利的内容,学界主要从《民族区域自治法》、《民族乡工作条例》与《城市民族工作条例》等法律法规和国际人权法的具体规范中进行归纳和总结,因此结论仁者见仁,智者见智。如杨侯第等学者认为:"我国少数民族权利包括:生存权、平等的公民权利和政治权利、宗教信仰自由、民族区域自治权、共同繁荣权、受教育权、使用和发展本民族语言文字的权利、保持和发展本民族传统文化的权利、保持或改革本民族风俗习惯自由的权利。"[②] 廖敏文博士在《国际人权法与我国少数民族权利的法律保护》一文中通过对四代人权观念发展历程的梳理,指出当代中国少数民族的法律保护主要体现在以下几个方面:第一,维护对少数民族平等的公民权利、政治权利、经济和社会文化权利;第二,确立和实施民族区域自治权;第三,支持和提倡民族发展

[①] 作者简介:潘红祥(1970—),男,湖北天门人,中南民族大学法学院教授,主要研究宪政制度。
[②] 杨侯第主编:《中国少数民族权利述要》,北京大学出版社1997年版,第220—222页。

权；第四，重视环境权与和睦权；第五，对少数民族弱势群体的法律保护。[①] 从现有的学术成果来看，学者们对我国《民族区域自治法》中直接或间接规定的少数民族权利，如少数民族的平等权利、少数民族的政治参与与自治权、使用和发展本民族语言文字的权利、少数民族宗教信仰自由的权利、使用和发展本民族语言文字的权利、少数民族保持或改革本民族风俗习惯自由的权利等内容基本上不存在异议，主要分歧是是否能将国际少数民族人权立法有关少数民族权利的内容纳入到我国少数民族权利的内容体系之中。这是我国学者在今后的研究中必须认真思考的理论课题。

（二）在保护路径上，存在着重政策、轻法律的倾向

中华人民共和国成立后很长一段时间，我国主要运用民族政策来保障少数民族权利。改革开放以后，我国在"建设社会主义法治国家"的战略目标的指引下，正在或逐渐改变过去主要依靠民族政策的做法，转而主要依靠法律，将法律作为调整民族关系、保障少数民族权利的主要规范依据。但是相对民族政策而言，我国民族法制建设的步伐仍显滞后，无论在数量、内容还是重要性方面，都还不能与民族政策相比。

第一，在调整民族关系的规范体系中，法律规范数量偏少，层次偏低。虽然我国政府曾骄傲地宣称，自1984年《民族区域自治法》颁布实施以来，我国已形成了以《宪法》为基础，以《民族区域自治法》和《实施〈中华人民共和国民族区域自治〉若干规定》及其配套立法为主干，以民族自治地方自治条例和单行条例、变通或补充规定为主要配套内容的较完整的民族法制体系。截止2009年底，教育部、扶贫办、卫生部、农业部、人事部、国家开发银行、国家发改委业已制定了22件落实民族区域自治法和国务院实施民族区域自治法若干规定的配套规章或规范性文件。全国155个民族区域自治地方已制定自治条例135个，单行条例447个和变通规定、补充规定75件。但细致地进行分析，就会发现，我国专门调整民族关系的法律只有《民族区域自治法》，行政法规也只有区区的4部，即《国务院实施〈中华人民共和国民族区域自治法〉若干规定》、《城市民族工作条例》、《民族乡工作条例》和《宗教事务条例》。自2005年国务院颁布《实施〈民族区域自治法〉若干规定》之后，有22个部委颁布了相应的配套规章，如财政部颁布的《财政扶贫资金管理办法》、《农村税费改革中央对地方转移支付暂行办法》、《西部地区基层政权建设资金管理暂行办法》、《政府采购货物和服务招标投标管理办法》、《中央预算内投资补助和贴息项目管理暂

---

① 廖敏文：《国际人权法与我国少数民族权利的法律保护》，载《西南民族大学学报》2004年第3期。

行办法》、《少数民族发展资金管理办法》、《科普惠农兴村计划专项资金管理办法》、《民族贸易企业网点改造和民族特需商品定点生产企业技术改造贷款贴息资金管理暂行办法》、《少数民族教育和特殊教育中央补助专项资金管理办法》和《普通高等学校少数民族预科班、民族班管理办法（试行）》等。由此可见，我国民族法制体系还只是初步的、基本的框架，绝大多数部委仍习惯以民族政策的形式来对《民族区域自治法》的原则规定进行细化，仍沿用政策来处理民族事务，大量民族事务处于无法可依的状态。

第二，从内容上看，民族法规范不能满足民族地区经济社会发展的现实需要。如我国有关民族贸易的政策从"九五"到"十一五"内容基本未变，有关民族贸易工作的政策规范具有相当的稳定性，完全可以将这部分规范上升为法律规范，但国家一直未将这部分内容纳入到中央立法的调整范围之中。在少数民族语言文字权利方面，目前我国只有通用的语言文字法，民族语言及文字在行政、司法和官方传媒中的主体地位没有得到确立。在民族地区的经济社会发展以及公共产品的提供中，缺乏对民族语言使用的倾斜政策，因而少数民族对于本民族语言文字的学习、使用和传播缺乏热情。有些地方双语教学体制由于没有政策扶持，并没有得到很好地执行。在少数民族受教育权保障方面，主要的规范形式是政策。国家教育主管部门或其他有关部门制定了大量的民族教育政策，由国务院制定的民族教育政策很少，特别是综合性法规很少，民族教育法律体系远远没有建立起来。在散居少数民族权益保障方面，由于散居少数民族未居住在民族自治地方的地域范围内，其权益只能通过专门立法进行保障。但是我国的《散居少数民族权益保障法》也几易其稿至今未能出台。还有《宪法》第117条、第118条规定的关于管理民族自治地方财政的自主权、安排自治地方经济建设事业的自主权、自治地方重大资源开发的受益权都因国家宏观经济政策和财政管理体制的改革、国家发展战略的转移和重大资源开发的股份化、私营化转变而变得难以执行。如在矿产资源的开发利用问题上，开发方、受益方如何通过市场机制回馈民族地区？《若干规定》提出的建立"生态补偿机制"的"开发者付费、受益者补偿、破坏者赔偿"的基本原则如何落到实处？国家如何通过设立专项资金、发展基金，引导金融机构信贷投向，发展民族传统手工业，发展边境贸易和对外贸易等多元化的经济调控手段促进民族自治地方的经济发展？除经济立法方面的滞后外，现行民族法制在应对国际国内民族问题发展的新形势、新问题方面也显得有些力不从心。

（三）在保护手段上，存在着重行政、轻司法的特点

与重政策、轻法律一脉相承，我国少数民族权利保护一直存在着重行政、轻司法的特点。在少数民族权利保障的司法救济方面，多种因素的交织使得少数民

族权利保障的司法救济机制根本无法运作起来。一是有关调整民族关系的规则多为政策，即使有立法规定，但不少立法又缺少法律责任条款且层次过低。司法机关对违反民族法的行为根本无法追究法律责任。二是权利主体归属不明确也成为妨碍少数民族权利司法救济的又一主因。少数民族权利既是个人权利也是集体权利。当权利归属于个人时，个人成为司法保护的对象顺理成章，不存在任何制度障碍。但是，权利的主体属于集体时，实现司法救济就存在着不少阻碍，如少数民族文化权利、生态权利和资源收益权的享有主体是政府还是少数民族团体？文化权利、生态权利与资源收益的收益如何分配？这些问题在立法上存在着无法逾越的障碍，这直接影响了司法救济的运用。

（四）监督机制不健全

从目前的情况看，我国少数民族权利保障制度在实施过程中存在的问题与监督机制的缺失有很大关系。在民族立法方面，民族区域自治的立法监督存在严重的权限划分不清和程序设置不当的问题。一是权限划分不清。对照比较《宪法》、《民族区域自治法》、《立法法》的相关规定，就会发现民族立法监督规范的冲突之处。《宪法》第 116 条对自治州、自治县的自治条例和单行条例的立法监督规定是"报省或自治区的人民代表大会常务委员会批准后生效，并报全国人民代表大会常务委员会备案。"《立法法》第 66 条对此的规定是"报省、自治区、直辖市的人民代表大会常务委员会批准后生效。"而在 2001 年经过修正的《民族区域自治法》第 19 条中的相关规定却变成了"报省、自治区、直辖市的人民代表大会常务委员会批准后生效，并报全国人民代表大会常务委员会和国务院备案。"《立法法》中省去了《宪法》中规定的"报全国人民代表大会常务委员会备案"的内容。很明显，《立法法》的违宪之处在于改变了《宪法》有关的既是实体性规定，又是程序性规定的内容。《民族区域自治法》则把《宪法》并无规定的国务院也列为自治州、自治县的自治条例和单行条例的备案主体。其立法意图是，既然自治州、自治县的自治条例和单行条例可以依照当地民族的特点，对行政法规的规定做出变通规定，那么国务院当然可以成为此种情况下的立法监督主体。但在《宪法》对这一内容已经作了详细规定的情况下，任何下位法对它的实质修改都是违宪的。因此，国务院不能成为自治州、自治县的自治条例和单行条例的立法监督主体。[①] 二是程序设置不当。按照《宪法》第 116 条规定："民族自治地方的人民代表大会有权依照当地民族的政治、经济和文化的特点，制定自治条例和单行条例。自治区的自治条例和单行条例，报全国人民代表大会常务委员会批准后生效。自治州、自治县的自治条例和单行条例，报省或者

---

① 秦前红、姜琦：《论我国民族区域自治的立法监督》，载《浙江社会科学》2003 年第 6 期。

自治区的人民代表大会常务委员会批准后生效,并报全国人民代表大会常务委员会备案。"但是如果民族自治地方的自治条例和单行条例报批之后,上级机关不予答复或不予批准,该如何处理?《宪法》和《民族区域自治法》没有规定答复或批准自治立法的时限,更没有规定相应的法律责任条款和权利救济方式。《立法法》虽然规定了地方性法规的批准期限,但却遗漏了自治立法的批准期限。地方立法条例的规定大多语焉不详。总之,民族区域自治制度中立法监督存在的权限划分不清和程序设置不当的问题直接影响了民族区域自治制度的效能发挥,妨害了少数民族自治权的落实和少数民族权益的实现。

在民族法的实施和落实方面,由于大多数民族立法的规范多为原则性和政治性规范,工具性价值观表现突出,缺少严格意义上的法规性的逻辑要素,尤其是法律责任要素。因此,一部规范性价值不足的立法显然无法获得法律应有的实然效力。加之实行市场经济之后,随着民族法制实施的各种外部条件的变迁,其实施过程日益凸显出法律滞后、脱离民族地区的实际情况、缺乏实施细则、缺乏监督和保障程序等问题,我国民族法制还远未达到应有的效果,远未实现立法者的预期。

在民族法的执法监督方面,按照有关国家机关的职能规定,专门监督民族法实施的国家机关是全国及地方各级人大的民族工作委员会和政府的民族事务工作部门。但是,在实际工作中,两个部门实际上很难行使监督检查权,很难制约其他行政机关,尤其是掌管着财政经济等实权的行政机关的违法行为或不作为行为。以全国人大民族委员会为例,该委员会职责较多,很难将民族法的执法检查作为日常工作经常性地开展民族法的执法检查工作。即使当全国人大民族委员会在对民族法的实施进行监督时,既要考虑全国的基本情况,又要照顾民族区域自治地方的特殊情况;既要照顾民族区域自治地方的特殊利益,又要协调中央各部门和民族区域自治地方的利益冲突,同时还要考虑民族区域自治地方的自治条例、单行条例对该地方乃至全国的影响等等因素,这些必须考虑的因素放大到整个民族区域自治执法监督构架中,会产生更大的阻碍,这直接导致了民族区域自治执法监督的尴尬处境。再者,由于没有统一的监督标准和法律责任、缺乏争议解决机制、监督主体间无法协调一致等问题,监督多是走形式,不能起到实效。无论是中央还是地方,普遍存在着重制定、轻实施、缺少监督等问题。

二、中国少数民族权利保障制度的完善

(一) 与国际人权法对接,构建我国少数民族权利的内容体系

二战之后,少数民族权利保障问题得到国际社会普遍、持续地关注。迄今为

止，联合国已经制定通过了近百余个重要的国际人权公约，其中专门涉及少数民族权利的内容占有相当比重。在世界各国，尤其是第三世界国家的积极推动下，少数民族权利经历了一个从普遍人权到特殊人权、从个人权利到集体权利的发展过程。2007年，联合国通过的《土著民族权利宣言》较为系统地规定了土著民族的权利，它对于完善中国少数民族权利内容体系具有借鉴意义。

《宣言》确定土著民族享有以下权利：（1）土著民族或个人的身份权。每个土著人都有权拥有国籍（第6条）。土著人民和个人有权按照一个土著社区或民族的传统和习俗，归属该社区或民族（第9条）。（2）土著民族的平等权。土著民族与所有其他民族和个人平等，有权在行使其权利时不受任何形式的歧视，特别是不受基于其土著出身或身份的歧视（第2条）。（3）土著民族或个人的生存权。土著人享有生命权以及身心健全、人身自由和安全的权利（第7条第1款）；土著人民和个人享有不被强行同化或其文化被毁灭的权利（第8条第1款）。不得强迫土著人民迁离其土地或领土（第10条）。（4）土著民族自决权。该项权利具体有：①土著民族决定自己的政治地位，自由谋求自身的经济、社会和文化发展（第3条）；②在涉及其内部和地方事务的事项上，以及在如何筹集经费以行使自治职能的问题上，享有自主权或自治权（第4条）；③维护和加强其特有的政治、法律、经济、社会和文化机构的权利（第5条）；④保留和发展自己的土著人决策机构（第18条）；⑤土著民族有权维持和发展其政治、经济和社会制度或机构（第20条第1款）；⑥土著人民有权确定和制定行使其发展权的优先重点和战略（第23条）；⑦土著人民有权确定和制定开发或利用其土地或领土和其他资源的优先重点和战略（第32条）。（5）土著民族的参与权。该项权利包括：①根据自己的意愿全面参与国家政治、经济、社会和文化生活的权利（第5条）；②通过他们按自己的程序选出的代表参与对事关自身权利的事务的决策的权利（第18条）；③积极参与制定和确定影响他们的医疗、住房及其他经济和社会方案，并尽可能通过自己的机构管理这些方案（第23条）；④制定和采用公平、独立、公正、公开和透明的程序，以确认和裁定土著人民对其土地、领土和资源，包括对他们传统上拥有或以其他方式占有或使用的土地、领土和资源的权利（第27条）；⑤土著民族有权在行使自我认同和自我界定的权利时按照自己的程序来决定其机构的构架和挑选这些机构的成员（第33条）。（6）土著民族的发展权。这项权利具体表现在：①土著民族有权安稳地享用自己的谋生和发展手段，有权自由从事其一切传统及其他经济活动（第20条）；②拥有、使用、开发和控制因他们历来拥有或其他的历来占有或使用而持有的土地、领土和资源，以及他们以其他方式获得的土地、领土和资源（第26条）。③土著人民传统上拥有或以其他方式占有或使用的土地、领土和资源，未事先获得他们自由知情同意而被没收、拿走、占有、使用或损坏的，有权获得补偿，方式可包括归还原物，或在不可能这样做时,获得公正、公平、合理的赔偿(第28条);④土著人民有权养护和保护其土地或领土和资源的环境和生产能力(第29条)。(7)土著民族的文化权。土著民族的文化权利是由以下相关权利组成:①有权奉行和振兴其文化传统与习俗。这包括有权保持、保护和发展其文化过去、现在和未来的表现形式,如古迹和历史遗址、手工艺品、图案设计、典礼仪式、技术、视觉和表演艺术、文学作品等等(第11条)。②土著人民有权展示、奉行、发展和传授其精神和宗教传统、习俗和礼仪,有权保持和保护其宗教和文化场所,并在保障私隐之下进出这些场所,有权使用和掌管其礼仪用具,有权把遗骨送回原籍(第12条)。③土著人民有权振兴、使用、发展和向后代传授其历史、语言、口述传统、思想体系、书写方式和文学作品,有权自行为社区、地方和个人取名并保有这些名字(第13条)。④土著人民有权建立和掌管他们的教育制度和机构,以自己的语言和适合其文化教学方法的方式提供教育(第14条)。⑤有维护本民族文化尊严和文化多样性的权利(第15条)。⑥土著人民有权建立自己的使用自己语言的媒体,有权不受歧视地利用所有形式的非土著媒体(第16条)。⑦土著人民有权保持、掌管、保护和发展其文化遗产、传统知识和传统文化体现方式,以及其科学、技术和文化表现形式,包括人类和遗传资源、种子、医药、关于动植物群特性的知识、口述传统、文学作品、设计、体育和传统游戏、视觉和表演艺术。他们还有权保持、掌管、保护和发展自己对这些文化遗产、传统知识和传统文化体现方式的知识产权(第32条)。

与国际人权条约的规定相比较,中国在少数民族平等权以及少数民族政治参与和自治权方面立法规定得较为完善,并通过民族区域自治制度在实践中严格认真地履行相关人权公约所规定的法律义务。同时有关国内立法对少数民族宗教信仰自由、语言文字权利、保持和发展自己风俗习惯、维护和发展民族文化权利等做了较为详尽的规定。进入21世纪之后,中国政府进一步强化了对少数民族宗教和文化权利的保护,也取得了显著的成效。略显不足的是,中国政府对少数民族生态环境权和资源开发收益权等方面的立法规定尚待进一步完善,同时也需要采取积极措施并加大扶持力度,更好地保障少数民族的生存权和发展权。

(二) 完善我国民族法制体系

民族法制建设是少数民族事业的重要组成部分,民族法制为少数民族和民族地区政治经济文化事业发展以及保护少数民族权利提供规范依据,因此应大力加强民族法制建设,完善民族法制体系。

1. 以少数民族人权国际公约为参照,完善我国民族法制体系

联合国成立半个多世纪以来,少数民族人权国际公约体系建设取得了长足的发展与进步。一方面是国际社会关于少数民族人权问题已形成了较为完善的法制

体系。从1948年的《世界人权宣言》和《防止及惩治灭绝种族罪公约》到1963年《消除一切形式种族歧视宣言》、1966年的《公民权利与政治权利国际公约》和《经济、社会、文化权利公约》；从1962年《天然资源之永久主权宣言》到1972年《联合国人类环境大会宣言》、1982年《内罗毕全球环境状况宣言》和1992年《里约热内卢环境与发展宣言》；从1992年的《在民族或族裔、宗教和语言上属于少数群体的人的权利宣言》到2007年的《土著民族权利宣言》，少数民族权利的内容经历了一个从平等权、自由权到社会权，从个人权利到集体权利的发展过程，已形成了一个较完备的制度体系。另一方面是国际社会关于少数民族权利的保护手段日趋多元化，业已形成"国际——区域——国内"立体化的保障模式，尤其是欧盟等区域性国际组织，其司法保护的实践业已突破其仅保护少数人个人权利的立法原意，实践中的案例也非常丰富。问题的关键是如何确保少数民族人权的国际法规范及其立法宗旨和基本精神能够在中国领土范围内得到普遍实施和认真执行？基本的方式有两种：一是逐步将一国政府批准加入的少数民族权利国际公约通过法定程序转化为国内民族立法，根据公约规定的内容不断丰富和完善国内少数民族权利法律保护机制；二是对一些我国正在酝酿加入或尚未加入的国际人权公约，政府有关部门和学术界要加强理论研究，积极借鉴国际人权公约的基本精神和可借鉴的内容，创新和发展我国少数民族权利保障的理论成果，拓展少数民族权利保障的视野，为立法做有效的知识积累和学术铺垫。

2. 适应少数民族和民族地区社会发展需要，加强立法，完善我国民族法制体系

第一、国务院应抓紧制定《民族区域自治法》相关专项法规。2005年，国务院出台《实施〈中华人民共和国民族区域自治法〉若干规定》，针对民族区域自治法的实施过程中需要迫切解决的若干问题做出了规范性的回应，但《若干规定》还不是系统的实施细则。要制定出系统完整全面实施细则，需将《民族区域自治法》中有关少数民族权利、民族自治地方自治权及上级国家机关职责的规定具体化。从国务院这一立法主体层面来看，迫切需要制定和颁布《清真食品管理条例》、《少数民族殡葬管理条例》、《少数民族特需商品管理条例》、《少数民族流动人口管理办法》和《少数民族流动人口权益保障办法》。还应启动《少数民族文化遗产保护条例》、《少数民族教育促进条例》、《少数民族语言文字保护条例》等相关法规的制定工作。同时要适应新形势，加紧修订《城市民族工作条例》和《民族乡行政工作条例》，加强散居少数民族权益的保护。一旦这些专项法规经过一段时间的运行之后，最好将它们及时上升为法律。

第二，国务院各部委应加强制定实施《民族区域自治法》的配套规章。部门规章通常是国务院各部委根据其具体职能就本部门行政管理事务发布的具体规定和命令。民族区域自治制度的实践表明，《民族区域自治法》和《国务院实施

〈中华人民共和国民族区域自治法〉若干规定》中各项规定的具体落实,有赖于国务院各部委的协调以及各部委对于民族自治地方的支持与配合。2005年,国务院出台《实施〈中华人民共和国民族区域自治法〉若干规定》后,国务院各部委加强了实施民族区域自治法部门规章的建设力度,取得了一些成绩。截至2009年6月,教育部、卫生部、人事部、财政部、扶贫办等部门已制定22件配套规范性文件,国家发展和改革委、民政部、交通部等8个部门有9件配套规范性文件正在制定中。从目前民族地区经济社会发展的需要来看,客观上需要国务院有关部委制定《民族成分登记管理办法》、《民族地区财政转移支付办法》、《民族地区资源开发补偿办法》、《民族地区生态环境保护办法》、《少数民族传统医药保护办法》等部门规章,进一步细化国家支持帮助民族自治地方发展的行政措施。

第三,民族自治地方应加快制定和修改自治条例、单行条例。在自治条例方面,五大自治区尚未出台自治条例。中央国家机关尤其是一些掌握经济权力的职能部门应从战略高度认识制定自治条例的重要性,通过积极主动的协商与沟通与自治地方达成共识,对于自治条例的制定和生效给予强有力的支持,共同推动五大自治区自治条例的出台。对于已经制定自治条例的民族自治地方,应根据转型社会下经济社会发展的时代要求和具体情况,结合国务院及其各部委出台的新政策和新措施以及本地区、本民族的特点,充分行使自治权,修订和完善自治条例和单行条例,并对相关法律法规做出变通规定。

(三) 强化民族法实施的监督机制

对于少数民族权利保障而言,强化对民族法实施的监督,完善民族法的监督机制,确保民族法的有效实施,与加强民族立法、健全民族法制具有同等的社会价值和实践意义。在民族法实施的过程中,自治机关各种法定权利和少数民族权利常常受到诸多现实因素的影响和制约而无法得到充分实现与保障。一些部门或地方有法不依、执法不严、违法不纠的现象还相当严重。只有建立健全民族法律法规规章实施的监督机制,才能使民族法制的内容得到全面贯彻和基本保障。从方式上看,民族法实施的监督方式包括权力机关监督、行政监督、司法监督、社会监督等,这些机制的建立应以严格的法律责任及明确的追诉和制裁程序为基础。只有使民族法制的强制性得到充分保障,才能发挥其权威性,才能做到有法必依、违法必究。

首先,加强民族法实施的监督的基本前提是要强化民族立法中的法律责任。民族法实施的监督工作对民族立法工作提出了要求,即在民族立法环节要注意规范的量化和具体化以及法律责任规定。如果规定太原则,随意性比较大,将给监督工作带来困难,甚至会造成无从监督的情况。民族法中法律责任的规定,是惩戒违法行为的依据，也是加强民族法执行和实施监督工作规范化和严肃性的前提条件。

其次，进一步加强各级人大的执法检查监督，保障民族法制的有效实施。依据宪法和相关法律规定，我国的各级人大均有立法、监督、决定、任免四项职权，其中监督权是一种保障性权力，而其他职权在本质上是决定性权力。从目前的情况来看，由于受到历史条件和旧观念的制约，不少行政机关在处理民族事务时缺乏法制观念，执法不严、违法不纠、以言代法的现象比较严重，从而导致民族区域自治法律法规贯彻不力、难以落实，上述情况的存在对人大的监督工作提出了更高的要求和更严峻的考验。同时，就人大本身的工作来看，随着改革进程的加快和民族地区经济的发展，地方国家权力机关虽然在强化监督职能方面取得了明显成效，但在体制上、操作上、认识上仍然存在许多缺陷。比如缺乏监督立法和规程，对于监督工作不重视，重形式不重内容，监督主体的结构与素质不符合要求等。为强化权力机关的监督职能和成效，各地人大应充分重视监督规程的制定以及监督工作的重要性，及时以强有力的监督敦促各级执法部门和其他组织、社会团体遵守民族区域自治法的各项规定，尊重少数民族群众的各项合法权益。在履行监督职能时，全国人大及其常委会和地方人大及其常委会的监督内容应有所侧重。全国人大及其常委会主要对《民族区域自治法》以及国务院及其各部委制定的配套法规和规章的执法进行检查监督。地方人大及其常委会主要对本地方制定自治条例、单行条例以及为实施《民族区域自治法》而制定的地方性法规和规章实施执法监督检查。无论是全国人大及其常委会，还是地方人大及其常委会的执法检查监督都应该做到常态化和定期化。

再次，完善政府民族工作部门执法检查机制，加大民族法执法检查力度。今后的工作重点应放在使行政机关监督形式更加规范化、制度化和增强实效上来。一是要加强民族法执行监督检查的组织领导，建立健全监督检查工作机制，配备专职工作人员。二是要建立方式多样化的监督系统，确保监督渠道畅通。不断完善民族法律法规执行监督检查的备案制度、报告制度、协调制度、评估考核制度和目标责任制度，实现监督检查的制度化、规范化、常态化。三是制定民族法律法规执行监督检查工作规程，明确监督主体、监督内容、监督对象、监督程序和监督方式。定期、定向、定点开展督查，完善全面督查与专项督查相结合、计划督查与临时督查相结合的督查机制，及时掌握民族法的贯彻落实情况，总结推广成功经验，有针对性地研究和解决存在的问题。重点防范各种侵权、越权、行政不作为或消极作为行为。制定评估考核标准，建立民族法律法规实施评价监测体系。

最后，强化民族法实施的社会监督。在社会监督的多种监督手段中，舆论监督十分重要。由于新闻舆论监督影响面广、威慑力大、群众关注度高，容易形成舆论压力，它所起的监督作用有时比专门的监督机关还要大。所以，应注意充分发挥舆论监督的特殊作用，引得新闻媒体加大对民族法实施的宣传报道。这样既促进了相关部门积极履行职责，同时又能增强广大人民群众和各级干部的民族意识。在这个过程中，人大和政府民族工作部门要加强与媒体的沟通和协调，定期向社会公布民族法的实施情况，接受舆论监督和民众监督。

（四）建立健全少数民族权利保护的司法救济机制

保障少数民族权利，一个特别重要的环节就是要强化权利的司法救济程序和机制。权利的保障和救济机制对于权利的实现具有至关重要的意义，缺乏保障机制的权利极易受到各种侵犯而流于空泛。20世纪90年代以来，国际社会关于少数民族权利的保障和救济机制日益完善。在国际层次上，除国际法院对归属人权问题的案件进行审理外，还有各种专门委员会对涉及少数民族的相关权利问题进行受理和申诉，这构成了少数民族权利保护中的重要机制。区域层次的保障主要依靠各个区域性的人权组织对该地区的少数民族权利进行保护，如欧洲人权法院、美洲国家人权法院和非洲人权法院等。在国内层面，各国对少数民族权利的保护机制主要有宪法法院、普通法院、行政申诉和特别委员会等。在对少数民族权利保护和救济的具体方法上，有谈判、调解、仲裁、个人申诉、调查报告、诉讼以及国家法院、国际、区域人权审查和申诉机制等。我国现有的民族法制已经建构了一些行之有效的民族权利保障和救济机制，但这套机制主要依赖行政的方式得以实现，尤其严峻的是，现有的民族法制及司法制度尚未建立有关少数民族权利救济的司法程序，那么当国家权力侵害少数民族的合法权益时，如何展开有效的司法救济呢？

每个国家都面临着不同的民族问题，少数民族权利内容体系不同，对权利的救济方式也存在着差别。但是，国际社会也已经在基本人权和少数民族权利的多个层面上达成了许多基本共识，形成了普遍人权的理念。这些共识跨越了历史文化背景、意识形态、政治社会制度等多方面的巨大差异，获得了国际社会的普遍认可。就目前的情况来看，亚洲尚未设立统一的人权机构和区域性条约，中国目前还未面临在国际上因少数民族权利问题被起诉的情况。但随着国内法律制度（尤其是刑法和刑事诉讼法）与《公民权利和政治权利国际公约》的接轨，中国迟早会批准《公民权利和政治权利国际公约》，那时中国将会面临在联合国人权事务委员会被起诉的可能。为切实保障少数民族的各项权利，同时避免因民族事务在国际社会中陷入被动，我国应严格追惩和制裁侵害少数民族权利的各种行为，尤其是国家机关的不作为或乱作为行为。另外，我国应当建立和完善国内立法保障民族权利的司法救济制度，使少数民族权利受到侵害时在国内就能得到救济，从而减少中国在国际司法或准司法机构中被诉的可能。

对于国家机关不履行职责或不作为的情况，应当通过积极行为一方提出"民族区域自治案件"，进而通过诉讼促使另一方来积极履行应履行的民族区域自治法律义务，从而推动民族区域自治的完善与发展。民族区域自治案件包括：国家行政机关不履行对民族自治地方帮助的法定责任；自治法规制定后，国家行政机关不从事应当从事的抽象行政行为；对民族自治地方自治机关抽象行为的正确性发生异议；行政法规与自治法规相冲突；认为国家机关的抽象行政行为侵犯了民族自治地方的合法权益；认为国家大规模建设项目有不符合民族区域自治法律精神的问题；认为民族自治地方自治机关不履行法定自治权；民族自治地方与其他地方因民族区域自治所发生的矛盾等等。其具体程序是：当事人向全国人大民委直接提起，民委作为全国人大的调查议事机构，它形成对民族区域自治案件的处理结果并报全国人大常委会通过，以全国人大常委会名义发布。[1]

对于国家机关和社会组织以及个人侵犯少数民族权利的案件，司法机关应该通过普通司法程序来维护少数民族的合法权利。对于少数民族生态环境权、资源开发收益权和少数民族文化权利受到非法侵害时，应该允许政府或少数民族团体作为公益诉讼主体代表少数民族来维护自己的合法权利，或者拓宽群体诉讼或集团诉讼的渠道来保证少数民族公民或群体维护自身的合法权益。

（五）通过违宪审查实现权利救济

少数民族立法的自治权和变通权是少数民族所享有的政治上的权利，也是宪法保障的公民平等权的体现。它既极大地满足了少数民族积极参与国家政治生活的愿望，也保证了少数民族与其他民族的地位平等和权利平等的实现。《立法法》第87条规定，法律、行政法规、地方性法规、自治条例和单行条例、规章有超越权限以及下位法违反上位法规定的情形的，依照法律规定的权限予以改变或撤销。该法第88条具体规定了改变或撤销法律、行政法规、地方性法规、自治条例和单行条例、规章的权限。这两项规定虽然没有明确规定违宪审查制度，但却可以作为我国现行违宪审查的依据。当少数民族自治地方行使立法自治权或变通权侵害了少数民族合法权利时，可以由全国人民代表大会及其常务委员会根据《宪法》和《立法法》的有关规定行使违宪审查权对其予以撤销。但在审查与撤销活动的启动主体方面应作进一步完善。

---

[1] 刘惊海、施文正：《我国民族区域自治法律制度的完善》，载《内蒙古社会科学》2000年第1期。

三、结　语

在少数民族权利保障的制度体系中，应注重处理好政策保障与法律保障、行政保护与司法保护的关系。

首先，要处理好政策保障与法律保障之间的关系。保障少数民族权利应重视法制建设，并不意味着要摒弃政策，弃政策不用。只是说要在法律和政策之间有所偏重，应契合建设社会主义法治的大环境，同时充分发挥民族法制和民族政策各自的比较优势，并逐渐确立民族法制的主导地位。从历史实践来看，民族政策侧重政治指导，其原则性强，但缺乏强制性，实施保障不如法律。同时，民族政策具有灵活、易变和模糊的特点适合调整或应对短期或突发的社会关系，但不具备法律的稳定性、明确性和逻辑性。因此法律更适宜用于规范和调整具有长期性、根本性的民族关系和民族问题。

其次，处理好行政保护和司法保护的关系。行政保护和司法保护是少数民族权利保障的两翼，两者均不可或缺。行政保护的主要规范依据是政策和法律（包括法规和规则），它侧重于通过提供各种资源对少数民族群体权利提供积极的保护从而达到维护民族关系和谐和社会秩序稳定的功能，体现了社会福利和民生保障的理念，具有主动性、及时性、整体性和效率性的特点。司法保护的主要规范依据为法律与法规，它侧重于事后救济和个案救济，具有被动性、个体性和权威性的特点。由于执行政策所引起的后果在目前大多数情况下并不需要行政主体承担法律责任，这是行政保护的主要缺陷，而司法保护既可以同义务本位结合，更能与权利本位结合。因此，它在保护少数民族权利的同时，能对侵犯少数民族权利的作为或不作为行为追究法律责任。

中国人口较少民族的法律保护探讨[①]

朱玉福[②]

一

我国是一个统一的多民族国家，在我国 56 个民族中，有人口十多亿的主体民族汉族，也有一些民族人口数量很少，只有寥寥数千人或者几万人，相对于几百万人乃至上千万人口的少数民族来说，它们是少数中的少数，这些小民族被称之为"人口较少民族"。《扶持人口较少民族发展规划（2005—2010 年）》中的人口较少民族[③]具体指 1990 年第四次人口普查人口在 10 万以下的 22 个民族，即高山、门巴、珞巴、京、毛南、基诺、阿昌、布朗、怒、独龙、普米、德昂、赫哲、塔塔尔、塔吉克、俄罗斯、乌孜别克、鄂伦春、鄂温克、保安、裕固、撒拉族。它们分布在福建、西藏、广西、云南、黑龙江、新疆、内蒙古、甘肃、青海，大部分是西部边疆地区。根据 2000 年人口普查统计，除台湾的高山族外，其他 21 个民族总人口为 632434 人，仅占同年全国总人口的 0.051%，约占少数民族总人口的 0.61%，其中人口不到 1 万的有 7 个民族；人口最少的是西藏的珞巴族，总人口不足 3000 人；人口最多的是广西的毛南族，也只有 107166 人。实现各民族共同繁荣发展，是党的民族政策的根本立场，是实现中华民族伟大复兴的必然要求。当务之急是通过国家和地方采取特殊政策措施，加强人口较少民族

[①] 本文为国家社会科学基金西部项目"扶持人口较少民族政策的实践程度调查研究"（09XMZ001）的部分研究成果。

[②] 作者简介：朱玉福（1972—），哈尼族，云南绿春人，法学博士，硕士生导师，西藏民族学院法学院副教授、民族研究院副院长，主要从事民族经济与法制建设研究。

[③] 2011 年 6 月 20 日，国务院批准实施的《扶持人口较少民族发展规划（2011—2015 年）》将全国总人口在 20—30 万人以下的景颇族、达斡尔族、柯尔克孜族、锡伯族、仫佬族、土族 6 个民族纳入"十二五"扶持范围，使人口较少民族数量达到 28 个、人口较少民族总人口为 169.5 万人，发展规划涉及的人口较少民族聚居的行政村增加到 2119 个。参见《关于印发扶持人口较少民族发展规划 2011—2015 年的通知》，http://www.seac.gov.cn/art/2011-07-01，除特殊标注外，本文的数据主要来自《扶持人口较少民族发展规划（2011—2015 年）》。

社会经济发展的政策和法规保护.集中力量帮助人口较少民族加快社会经济发展,是贯彻落实科学发展观,进一步增强民族团结,维护边疆稳定,实现全面建设小康社会奋斗目标,不断巩固和发展平等、团结、互助、和谐的社会主义新型民族关系的本质要求。

新中国成立后,人口较少民族的社会经济发展取得了巨大成就,但是,由于历史、地理、自然环境等方面的因素,人口较少民族经济社会发展相对滞后。国家民族事务委员会的调查数据显示,在22个人口较少民族聚居的640个行政村(嘎查),2003年底年人均收入884元,人均口粮308公斤,145个村子没有通公路,90个村子没有通电,229个村子没有通电话,274个村子没有通邮,215个村子看不到电视,498个村子听不到广播,345个村子尚未解决温饱,284个村初步解决温饱但不稳固。[①] 2005年,以国务院《扶持人口较少民族发展规划(2005—2010年)》为主的扶持政策的实施,使人口较少民族面貌发生了新的历史性变化。人口较少民族聚居区基础设施显著改善,结构调整步伐加快,人民生活明显改善,社会事业稳步推进,发展能力逐步增强,呈现出生产发展、生活提高、生态改善、民族团结、社会和谐的良好局面,为全面实现小康社会奠定了坚实基础。总体而言,人口较少民族地区仍然是我国全面建设小康社会的重点和难点。

第一,社会形态发育落后,思想保守,观念落后。28个民族中,除乌孜别克族、塔塔尔族、俄罗斯族等民族的社会发育程度稍高外,其他民族社会经济制度极为滞后。中华人民共和国成立以前,门巴、珞巴、基诺、赫哲、阿昌、德昂等民族还处于原始社会阶段或保留着或多或少的原始公社残余,从原始社会一下子过渡到社会主义社会,跨越了好几个社会形态。虽然发生了天翻地覆的变化,但是,原有的落后的社会经济形态,直至今日仍对人们的思想和行为产生负面影响。譬如,商品意识淡薄,缺乏进取精神,原始平均主义思想严重,不重视文化教育,原始宗教所带来的副作用根深蒂固,等等。

第二,经济发展滞后,人民生活水平低。经济落后,人民生活水平低,是人口较少民族普遍存在的现象。2009年,2119个聚居村农牧民人均纯收入为2591元,相当于民族地区平均水平(3369元)的3/4、全国平均水平(5153元)的1/2。譬如,广西环江县上南、下南、木论、水源、川山5个乡镇的毛南族2006年人均纯收入只有1584元,仅相当于当年环江县农民人均纯收入2188元的72.4%,广西农民人均2770.5元的57.2%,全国农民人均3587元的44.2%。[②]

[①] 林昊:《人口较少民族现代化建设问题》,载《瞭望东方周刊》2005-05-28。
[②] 黄润柏:《毛南族聚居区新农村建设面临的现实难题与对策》,载《广西民族研究》2009年第1期。

再譬如，西藏的珞巴族，除米林县南伊珞巴族乡外，其他居住在该县境内的珞巴族，生活比较困难，绝大多数生活在贫困线以下，脱贫任务相当艰巨。经济不发展是制约这些民族生活水平低的主要因素，而这些民族的经济建设任务极为艰巨。

第三，贫困问题突出，发展差距仍然较大。到 2009 年底，2119 个聚居村有贫困人口 89.1 万人，贫困发生率 32.7%，高于全国（3.8%）28.9 个百分点，高于民族自治地方（16.4%）16.3 个百分点。特别是云南的独龙族、怒族、景颇族，西藏的珞巴族，新疆的塔吉克族、柯尔克孜族等，所在的地区自然条件相对恶劣，脱贫难度大。

第四，自然条件恶劣，基础设施落后且不健全。这些民族大多聚居在偏远山区和边境地区，生产生活条件差，自然条件恶劣。28 个人口较少民族地区的交通、饮水、邮电、医院、校舍等基础设施落后且不健全，严重影响了这些少数民族的生活和社会经济的发展。2009 年底，在 2119 个聚居村中，不通公路的村占 42.2%，不通电的村占 11.0%，没有安全饮用水的村占 35.2%。通村公路标准较低，晴通雨阻。农牧业基础薄弱，抵御自然灾害能力弱。

第五，社会事业发展滞后，民生问题仍然突出。人口较少民族聚居区学前教育普及率普遍较低，义务教育学校标准化率低，寄宿制学校规模小，职业教育薄弱，双语教育发展滞后。2000 年第五次全国人口普查资料显示，人口较少民族的文盲率（15 岁以上）普遍较高，其中，门巴族 56.21%、珞巴族 50.79%、德昂族 21.28%、撒拉族 49.12%、保安族 55.94%、怒族 32.02%、普米族 30.06%、布朗族 23.54%。1999 年墨脱县达木珞巴族乡适龄儿童 100 名，在校生 47 名，适龄儿童入学率仅为 68%。[①] 2009 年，16 个人口较少民族的自治县农牧民平均受教育年限仅为 5.8 年，有的民族青壮年文盲率较高。在 2119 个聚居村中，没有卫生室的村占 30.7%，有的村虽有卫生室但缺医少药，还有 43.8%的村没有合格医生。居住简易住房的户数有 14.7 万户，占总户数的 22.2%；有 28.7 万户农户没有解决饮水安全问题，占 43.3%。一些基本保障制度覆盖面窄，保障水平不高。

---

① 赵学义、王铁志：《中国人口较少民族经济和社会发展调查报告》，民族出版社 2007 年版，第 619 页。

二

党中央、国务院高度重视人口较少民族的发展问题，除实施扶持人口较少民族发展的政策外，在法律法规中对人口较少民族的发展权益给予保护，为人口较少民族发展提供了重要保障。

（一）《中华人民共和国宪法》对人口较少民族的规定

《中华人民共和国宪法》（以下简称《宪法》）关于人口较少民族的有关原则规定，是我国人口较少民族法制建设的源头和必须遵循的根本原则，是人口较少民族权益保障法制建设的基石。(1)《宪法》明确宣布人口较少民族是中华人民共和国的共同缔造者。《宪法》序言规定，"中华人民共和国是全国各族人民共同缔造的统一的多民族国家。平等、团结、互助的社会主义民族关系已经确立，并将继续加强。在维护民族团结的斗争中，要反对大民族主义，主要是大汉族主义，也要反对地方民族主义。国家尽一切努力，促进全国各民族的共同繁荣"。无论是人口千万以上的民族，还是人口千人的民族，都是组成统一的中华人民共和国的一部分。(2)《宪法》规定人口较少民族与其他民族具有同等的宪法地位。《宪法》第4条规定，"中华人民共和国各民族一律平等。国家保障各少数民族的合法的权利和利益，维护和发展各民族的平等、团结、互助关系。禁止对任何民族的歧视和压迫，禁止破坏民族团结和制造民族分裂的行为"。民族人口的多与少，在法律地位上没有丝毫高低之分。(3)《宪法》赋予具备条件的人口较少民族建立民族区域自治地方和民族乡。第4条规定"各少数民族聚居的地方实行区域自治，设立自治机关，行使自治权。各民族自治地方都是中华人民共和国不可分离的部分"。人口较少民族根据人口数量及分布状况，依据宪法规定可以建立民族区域自治地方或者民族乡。(4)《宪法》规定人口较少民族自主管理本民族地方性各项事务。譬如，《宪法》规定，人口较少民族建立的自治机关有管理本地方财政、经济以及教育等事业的自治权。(5)《宪法》规定各民族都有使用和发展自己语言文字的自由，有保持或者改革自己的风俗习惯的自由。需要强调的是《宪法》对少数民族的上述规定，也就是对人口较少民族的规定，对人口较少民族同样具有宪法保障作用。

（二）其他法律关于人口较少民族的规定

《中华人民共和国民族区域自治法》（以下简称《民族区域自治法》）等法律对人口较少民族的政治、经济、文化、风俗习惯作出了规范。根据《宪法》和《民族区域自治法》的规定，28个人口较少民族中，毛南、布朗、怒、独龙、普米、塔吉克、鄂伦春、鄂温克、保安、裕固、撒拉、景颇、达斡尔、柯尔克孜、锡伯、仫佬、土族17个民族建立了自己的民族自治地方,其中,景颇族、柯尔克孜族建立了自治州,其余15个民族建立了自治县(旗)。这些民族自主选举出自己民族自治地方的自治机关在国家统一领导下,实行区域自治,行使自治权,自主管理本地方本民族的内部事务。

我国虽然还没有实施人口较少民族权益保障的专门法律,但在其他法律中就人口较少民族的政治、经济、文化、宗教、风俗习惯等权益问题进行了广泛规定。其中,1979年颁布的《全国人民代表大会和地方各级人民代表大会选举法》规定,在全国人大中"人口特少的民族,至少应有代表一人。""有少数民族聚居的地方,每一聚居的少数民族都应有代表参加当地的人民代表大会。""散居的少数民族应选当地人民代表大会的代表,每一代表所代表的人口数可以少于当地人民代表大会每一代表所代表的人口数。"这些规定保证了每个少数民族都有代表参加全国人民代表大会,行使管理国家事务的权力。以第十一届全国人民代表大会代表为例,22个人口较少民族共有24名全国人民代表大会代表,其中鄂温克族和高山族各2名,其余20个民族各1名。[①] 1995年的《中华人民共和国教育法》规定,"少数民族学生为主的学校及其他教育机构,可以使用本民族或者当地民族通用的语言文字进行教学"。1997年修订的《中华人民共和国刑法》增列了"非法侵犯少数民族风俗习惯罪",对侵犯少数民族风俗习惯的行为做出了比较严厉的处罚规定,进一步从法律上保障了少数民族保持或改革自己风俗习惯的权利。我国法律关于杂散居少数民族权益的广泛规定为杂散居少数民族的权益提供了重要保障。此外,我国正致力于《杂散居少数民族权益保障法》的起草工作。

(三) 有关人口较少民族的法规、规章

1. 人口较少民族等杂散居少数民族经济社会发展的中央行政法规

第一,《民族乡行政工作条例》。民族乡是我国在不具备实行民族区域自治条件的少数民族较小的聚居地方,建立由少数民族自主管理内部事务、属民族区域自治性质的乡级基层政权,它是解决我国散杂居少数民族问题的一种特殊政治形式,是对民族区域自治制度的发展和完善。《宪法》规定民族乡是中华人民共和国的行政区域。1993年施行的《民族乡行政工作条例》规定民族乡是在少数民族聚居的地方建立的乡级行政区域。迄今为止,具备条件的人口较少民族都建立了自己的民族乡。在高山、门巴、珞巴、京、基诺、阿昌、德昂、赫哲、塔塔

[①] 《中华人民共和国第十一届全国人民代表大会代表名单》,载《人民日报》2008-03-01,第2版。

尔、俄罗斯、乌孜别克等11个民族中，除高山、京族之外，其余9个民族都建立了自己的民族乡。其中，门巴族5个、珞巴族2个、基诺族1个、阿昌族3个、德昂族4个、赫哲族3个、塔塔尔族1个、俄罗斯族1个、乌孜别克族1个。此外，部分建立了民族区域自治地方的人口较少民族也建立了自己的民族乡，其中，毛南族1个、鄂温克族9个、鄂伦春族6个、普米族1个、布朗族6个、怒族1个、裕固族1个、塔吉克族4个、达斡尔族10个、柯尔克孜族7个、锡伯族6个、仫佬族1个、土族3个。民族乡制度为人口较少且聚居区域较小而没有实行区域自治的人口较少民族，实现民族平等和自治、促进民族的发展和繁荣发挥了重要的保障作用。第二，《城市民族工作条例》。为了加强城市民族工作，保障城市少数民族权益，1993年国务院颁布实施了《城市民族工作条例》。第三，《国务院实施〈民族区域自治法〉若干规定》。为保障少数民族平等权利和发展，促进人口较少民族经济社会全面发展，2005年《国务院实施〈民族区域自治法〉若干规定》第15条规定"上级人民政府将人口较少民族聚居的地区发展纳入经济和社会发展规划，加大扶持力度，在交通、能源、生态环境保护与建设、农业基础设施建设、广播影视、文化、教育、医疗卫生以及群众生产生活等方面，给予重点支持"；第20条规定"国家积极创造条件，对人口较少民族聚居地区的义务教育给予重点支持"；第21条规定："各类高等学校面向民族自治地方招生时，对人口特少的少数民族考生给予特殊照顾"。这是国家第一次以法规的形式使用"人口较少民族"的概念。除了杂散居少数民族权益保障的专门行政法规，国务院还在其他行政法规中对杂散居少数民族权益保障作了规定，内容涉及政治、经济、文化、风俗习惯等各个领域。此外，国务院正在起草《清真食品管理条例》、《少数民族教育条例》等行政法规。根据2005年国家民族事务委员会《民族法律法规体系建设五年规划》的安排，下一步，还将制定关于散居少数民族权益保障、少数民族特需商品管理以及少数民族丧葬管理等方面的行政法规。

2. 人口较少民族等杂散居少数民族社会经济发展的中央行政规章

新中国成立特别是改革开放以来，国务院有关部委尤其是主管民族事务工作的国家民族事务委员会制定实施了有关杂散居少数民族权益保障的规范性文件。譬如，《国家民委党组关于做好杂居、散居少数民族工作的报告》（1979）、国家民委《关于恢复或改正民族成分问题的补充通知》（1986）、国家教委《关于加强民族散杂居地区少数民族教育工作的意见》（1992）、国家民委五部委《关于纠正少数宾馆饭店旅店拒绝少数民族人员入住行为的通知》（2002）等。这些规范性文件有效地保障了人口较少民族的各项权益。

3. 人口较少民族等杂散居少数民族经济社会发展的地方行政法规、规章

辖有人口较少民族的省、自治区制定实施了部分保障人口较少民族权益的法规、规章。譬如,《黑龙江省民族乡条例》(1988)、《云南省民族乡工作条例》(1992)、《福建省少数民族权益保障条例》(1999)等地方行政法规、规章。这些地方法规、规章对人口较少民族等杂散居少数民族的特殊权益起到了较好的保护作用。

三

"十二五"时期是我国全面建设小康社会的关键时期,也是加快人口较少民族发展的关键时期。因此,务必加强人口较少民族发展的法制建设,使其成为人口较少民族繁荣发展的重要保障。

(一)高度重视人口较少民族繁荣发展的法律法规保障工作

国家和全社会要充分认识到扶持人口较少民族的重要性,应该更加关注和帮助人口较少民族加快发展。新中国成立不久,党和政府就帮助鄂伦春、鄂温克、珞巴、独龙等一些人口较少的民族从原始或半原始的生活形态直接过渡到社会主义社会,采取很多特殊政策,帮助他们下山定居,发展生产,并建立了这些民族的民族乡或自治县。但是,总的来看,我国的民族发展问题,无论是国家宏观层面,还是具体的微观措施,总是聚焦于整体少数民族或者自治民族,而很少专门关注有着自身特殊矛盾性的人口较少的小民族。从国家关于人口较少民族的政策层面而言,很显然,倾斜照顾较少;从社会对于小民族的认知和支援来看,关注度不够,有的甚至被忽视。我国虽然采取了一系列针对少数民族社会经济发展的政策措施,但是,国家直到 21 世纪初才专门出台实施针对人口较少民族的政策。随着西部大开发、全面建设小康社会、构建和谐社会、社会主义新农村战略的实施,人口较少民族的发展问题日益凸显出来,成为我国当前民族问题和工作的一个重要方面,对此,我国政府和领导人也清醒地认识到发展人口较少民族的重要性和紧迫性。党和国家领导人非常重视人口较少民族的发展。2004 年 11 月胡锦涛总书记和温家宝总理作出重要指示,要求加大支持力度,研究制定扶持人口较少民族加快发展的具体规划和政策措施,切实帮助人口较少民族加快发展。胡锦涛总书记 2006 年 5 月 12 日在云南考察时强调要求:"各级党委和政府加大对人口较少民族的扶持力度,促进人口较少民族改变落后面貌、过上富裕生活,真正使建设社会主义新农村成为惠及各族群众的民心工程。"[①] 人口较少民族,民族成分多,人口少,居住分散,看似于国家发展的影响不大,其特殊权益容易被忽

[①] 《胡锦涛在云南考察工作时强调,促进各民族共同繁荣发展》,载《人民日报》2006-05-16,第1版。

视。其实不然,小民族大问题,它们的发展不仅关系到国家的统一、稳定和团结,而且关乎各民族共同繁荣和中华民族的伟大复兴。因此,国家和各级党委政府要从各民族平等、全面建设小康社会的战略高度,重视人口较少民族的发展,对它们给予更多的关注。

(二) 加大政策扶持力度,适时将政策上升为法律

进入 21 世纪,党中央和国务院高度重视扶持人口较少民族的发展,实施了专门扶持人口较少民族的政策。2001 年国务院做出《关于扶持人口较少民族发展问题的复函》复函批示。2004 年 10 月,中央政治局举行的第十六次集体学习上,胡锦涛总书记指示有关部门完善扶持人口较少民族政策措施,加大扶持力度。2004 年 11 月胡锦涛总书记和温家宝总理作出重要指示,要求加大支持力度,研究制定扶持人口较少民族加快发展的具体规划和政策措施,切实帮助 22 个人口较少民族加快发展。[①] 2005 年 5 月 18 日,国务院通过《扶持人口较少民族发展规划（2005—2010 年)》。2005 年 8 月 29 日,国务院召开全国扶持人口较少民族发展工作会议,安排部署扶持人口较少民族发展工作。2006 年起党中央和国务院连续把扶持人口较少民族发展列入工作要点,胡锦涛等中央领导多次深入人口较少民族地区视察,全国人大常委会把这一工作纳入执法检查的内容,全国政协对人口较少民族发展给予极大关注。2006 年 4 月,温家宝总理、回良玉副总理分别在国家民族事务委员会呈报的关于扶持人口较少民族工作情况的报告上批示,要求按照《扶持人口较少民族发展规划（2005—2010 年）》,各相关部门要狠抓落实,一定要把这项工作尽早办好。胡锦涛总书记 2006 年 5 月 12 日在云南基诺族聚居地区考察时要求,各级党委和政府加大对人口较少民族的扶持力度,促进人口较少民族改变落后面貌、过上富裕生活。2007 年 1 月,回良玉副总理到云南景洪市基诺山、勐海县布朗山村寨,了解群众生产生活情况；2008 年 8 月又到青海省视察撒拉族发展情况。2009 年 7 月 10 日国务院召开全国扶持人口较少民族发展工作经验交流会,国务院副总理回良玉作出重要指示,强调要认真学习胡锦涛总书记加快人口较少民族发展的重要指示精神,全面总结成绩和经验,深入分析面临的形势和任务,落实规划实施措施和目标任务,推动人口较少民族经济社会又好又快地发展。[②]《中华人民共和国国民经济和社会发展第十二个五年规划纲要》强调大力扶持人口较少民族发展。[③] 2011 年 6 月 20 日,国务院批准

---

① 朱玉:《胡锦涛温家宝作出重要指示,大力扶持人口较少民族发展》,人民日报海外版,2005 - 08 - 31,第 1 版。
② 《全国扶持人口较少民族发展工作经验交流会召开》,人民日报,2009 - 07 - 11,第 1 版。
③ 《中华人民共和国国民经济和社会发展第十二个五年规划纲要》,人民日报,2011 - 03 - 17,第 1 版。

实施《扶持人口较少民族发展规划（2011—2015年）》，标志着我国全面深入实施第二轮扶持人口较少民族发展政策。一系列旨在加快人口较少民族发展的政策措施，有力地推动了人口较少民族的发展。然而，由于政策的局限性和专门法律法规的缺失，致使人口较少民族的特殊合法权益不能得到更加有效的保护和照顾。因此，借鉴我国政策先行再上升为法律的传统和经验，对人口较少民族专门制定实施促进人口较少民族发展的法律、法规，或在相关法律法规中把扶持人口较少民族法制的政策以法律法规的形式固定下来，全面保护人口较少民族的合法权益，是我国实现各民族共同繁荣、共同发展的远景目标进程中的一个重要环节。

（三）切实贯彻实施好人口较少民族权益保障法规，切实保障人口较少民族权益

我国人口较少民族等杂散居少数民族权益保障法制建设有待进一步加强和完善。根据我国大杂居、小聚居的民族分布特点，在民族法制建设方面，我国采取两种法制保护形式：民族自治地方以民族区域自治法律法规加以保护，生活在城市和农村的大量散居少数民族则以散居少数民族权益保障法律法规加以保护。具体就人口较少民族而言，我国虽然没有就人口较少民族制定实施专门的法律法规，但在《民族区域自治法》等其他法律法规中对人口较少民族特别是杂散居少数民族的政治权利、少数民族干部、民族教育、民族经济、民族文化等作出了相关规定。在当前和今后相当长的时期内要加强《民族区域自治法》和其他自治法规建设，保障建有自治地方的人口较少民族充分行使法律法规赋予的各项权利；要切实贯彻实施好《民族乡行政工作条例》、《城市少数民族工作条例》等散居少数民族权益保障法规，当前国务院正在修订《民族乡行政工作条例》、《城市少数民族工作条例》，这两个条例要充分考虑人口较少民族的现实发展和特殊性，对人口较少民族给予高度重视，保障没有建立自己自治地方的高山、门巴、珞巴、京、基诺、阿昌、德昂、赫哲、塔塔尔、俄罗斯、乌孜别克族11个人口较少民族的权益，使它们顺利实现构建和谐社会的目标。此外，我国的散居少数民族权益保障法正在酝酿之中，立法应当把这些小民族尤其是没有建立自治地方的民族纳入其调整范围。

（四）加强执法检查，把各项政策落到实处

我国扶持人口较少民族政策实践效果显著，但实施监督乏力等问题也不少。扶持人口较少民族的关键是把各项政策落到实处，加强对各类项目的监管。扶持人口较少民族的政策能否真正落实，能否取得实效，关键在于资金足额到位和项

目的实施质量。所以，加强对有关法律法规和各项政策措施的监督、检查和信息反馈是必不可少的保障手段。《扶持人口较少民族发展规划（2011—2015年）》强调"全面贯彻落实党和国家已出台的保障民族平等、促进少数民族和民族地区繁荣发展的法律法规和政策措施，切实把政策扶持转化为推动人口较少民族发展的强大动力"。因此，全国人大常委会和地方各级人大常委会以及各级政府民族工作主管部门要加大相关法律法规特别是扶持人口较少民族工作的监督检查工作，形成有效的监督机制，把相关法律法规特别是扶持人口较少民族的政策措施落到实处，保证人口较少民族经济社会又好又快发展。

城市少数民族农民工经济权益保护研究[①]

姚上海[②]

农民工是我国经济社会转型时期的特殊概念，指户籍身份还是农民，在农村有承包土地，但主要从事非农产业、以工资收入为主要经济来源的劳动者。[③] 农民工是我国改革开放后工业化、城镇化、现代化建设进程中涌现出的一支新型劳动大军，也是推动我国经济与社会结构变革的巨大力量，已经成为我国产业工人的重要组成部分。[④] 城市少数民族农民工主要是指在我国各大中小城市的非农产业中务工就业的少数民族劳动者，他们中的绝大多数来自民族聚居地区，也有部分来自散杂居地区，他们是我国农民工群体的重要组成部分，与广大农民工一样，对我国城市经济社会发展作出了重要贡献，但也面临着许多困惑和问题，当前最为突出的问题就是经济权益保护问题。

一、城市少数民族农民工经济权益保护研究意义

城市少数民族农民工经济权益缺失主要是指我国广大进城务工少数民族农民在就业、工资、培训、住房以及社会保障等方面不能享受到与城镇职工同等的市民待遇，受到歧视和不公正对待。而且，这种歧视和不公正对待并不是因为少数民族农民工的个体能力不足，而是由于少数民族农民工的权利缺失和机会缺乏造成的。我国少数民族农民工在城市就业主要是非正规就业，少数民族农民工在城市非正规就业是其经济权益难以得到有效保护的主要原因之一。

[①] 本文系湖北省教育厅 2010 年人文社会科学研究项目（2010b086）阶段性成果。
[②] 作者简介：姚上海，土家族，湖南省龙山县人，中南民族大学马克思主义学院副教授。
[③] 中国农民工问题研究总报告，中国农民工问题研究课题组，载《改革》2006 年第 5 期。
[④] 2004 年中共中央一号文件《中共中央国务院促进农民增收的意见》。

(一) 城市少数民族农民工经济权益保护研究理论假设

1. 我国农民工城市就业形态主要为非正规就业

非正规就业首先引起国际劳工组织（ILO）的重视，国际劳工组织为了衡量发展中国家尤其是转型国家的劳动力市场变化特征，对非正规就业进行了长期的研究，于 2002 年在第 90 届国际劳动会议上，把非正规经济定义为"无论是法律上还是实践上，其经济活动没有被社会制度安排所覆盖或未充分覆盖的工人或者其他经济单位"。并同时推荐了区分非正规就业的统计标准，建议发展中国家政府通过"岗位特征"而不是传统的"单位特征"来统计非正规就业数量。2002 年 12 月，中国劳动和社会保障部参照国际劳工组织推荐的标准，结合中国转型时期的特点，对"非正规就业"者特征做了较为详细的描述，并在全国 66 个城市做了"城市就业和社会保障"的抽样调查。

国内相关问题研究专家蔡昉、吴要武在 2005 年从 ILO 推荐的统计界定标准出发，兼顾中国转型过程中的特殊问题，对何种岗位特征的劳动者应该被界定为非正规就业者进行了深入讨论，并展开了进一步研究，具体指出具有如下 9 种特征的劳动者被界定为非正规就业者：(1) 受雇于人，没有正式合同，且不是单位的正式职工。(2) 社区的家政钟点工，为居民家庭服务的人员、劳务派遣工、小时工和临时工。(3) "社区管理与服务"中的"公益性服务岗位"，这种岗位没有正式合同，被作为一种福利提供给下岗失业者，工资常低于当地最低工资，很多下岗失业者不愿进入这类岗位，经常需要农民工来填补。(4) 受雇于人，但工资支付方式"按小时""按天""按周"发放和工资发放"无固定期限无固定金额"的劳动者。(5) 家庭帮工与自营劳动者。(6) 受雇于人且工作单位为"个体经济性质"的劳动者。(7) 在正规部门工作，但就业形式为"劳务派遣工、小时工和临时工"者。(8) 如果从事农林牧渔业，既不算作正规就业者，也不算作非正规就业者。(9) 个体工商户（中国的个体工商户一般雇佣 7 人以下，符合微型企业或自雇经营者定义，一般把这部分个体工商户雇主一律定义为非正规就业者）[①]。

由于我国劳动力市场长期处于城乡分割状态，导致我国农民工的城镇转移就业形态主要是非正规就业。我国农民工的城市非正规就业主要有如下三种形式：(1) 临时工。即农民工所在的单位是正式单位，但农民工务工性质是"临时性用工"，与同一单位的正式职工有明显差别，甚至连劳动合同也没有签订。他们的共同特点是受雇于人，没有正式合同，不是单位的正式职工。(2) 农民工务工所在的单位本身就是非正式单位或非正规部门。(3) 在城市从事个体劳动的

---

① 吴要武、蔡昉：《中国城镇非正规就业：规模与特征》，载《中国劳动经济学》2006 年第 2 期。

务工者,主要指街头小贩、个体形式的家政服务人员、钟点工、临时工、送报员及保姆等。

我国农民工的城市非正规就业主要有三大特征:(1)工作的临时性是非正规就业的重要特征。(2)没有签订规范的劳动用工合同,工作岗位的流动性非常强,没有购买必要的社会保险,如工伤保险、医疗保险、失业保险、养老保险等,主要在城市"最苦、最累、最重、最脏、最危险"的岗位上工作。(3)非正规就业者的工资支付方式多"按小时""按天""按周"发放,工资的发放既无固定期限,也无固定标准,更无固定金额,体现着"雇主"的"好恶",也充斥着"雇主"的随意。同时,工资的支付没有保证,常常发生恶意拖欠现象。城市少数民族农民工在城市的就业也主要是非正规就业。

2. 我国农民工经济权益缺失的主要表现形式

农民工的经济权益缺失主要表现在:(1)劳动就业歧视。农民工在城市务工就业,难以按《劳动合同法》签订劳动合同,即使签订合同,也附加一系列不平等条款,还面临许多说不清也道不明的"潜规则"。部分城市还以优先保障本市劳动力就业为理由,在招工程序、招工比例、务工领域、行业工种等方面设置门槛,剥夺农民工平等就业权。(2)劳动报酬轻视。农民工工资收入低、工资支付制度不完善、报酬结构不合理,工资水平普遍低于城市工人。与此同时,农民工工资还常常被任意克扣和恶意拖欠,在劳资纠纷中又往往处于弱势,得不到有效保护。(3)劳动保护漠视。农民工一般从事"最苦、最累、最重、最脏、最危险"的工作,工作环境差,安全事故发生率高,健全的劳动保护体系对农民工尤为重要。对农民工劳动保护的漠视表现在:"资本"对"劳动"的漠视、"利润"对"生命"的漠视、"政绩"对"人本"的漠视。(4)社会保障忽视。现行的农民工社会保障内容和保障水平无法提供农民工在城市生存、生活的基本需求,保障运行机制也极不适应农民工的流动性特点。(5)公共服务缺失。农民工应享有的社会公共服务严重缺乏,绝大部分城市没有把农民工群体纳入本级公共财政收入分配体系之中。①

少数民族农民工绝大多数来自信息闭塞、交通不便、经济发展水平较低的少数民族边远山区,由于转移流动的距离长、转移成本高、自身素质水平较低和传统生活习俗制约等因素的影响,在城市非正规就业现象严重,绝大多数集中在城市第二、第三产业从事繁重的体力劳动,经济社会权益保障状况更为堪忧。

---

① 姚上海:《农村劳动力流动中的民生问题:历史演进与现实思考》,载《湖北社会科学》2009年第6期。

(二) 城市少数民族农民工经济权益保护研究意义

1. 我国农民工问题研究视角

农民工问题具有中国特色，史无前例。改革开放以来，伴随着农民工现象的演进与农民工问题的变化，我国学术理论界对农民工现象、农民工问题、农民工理论等展开了深入广泛的研究，研究成果非常丰富，也形成了很多颇有学术见地和社会影响的研究成果。总体上看，主要从三个视角展开：（1）建立在个人主义立场上的理性选择解释范式，注重考察农民工进城行为的目标选择、过程逻辑和实现目标的手段选择。（2）建立在整体主义立场上的制度解释或结构解释范式，注重探讨制约农民工行为的正式约束和非正式约束以及实施机制。（3）建立在人际互动立场上的社会网络解释范式，注重分析农民工的社会联系以及这种联系在城市适应中的功能。研究成果有数目巨大的学术研究论文，有各个时期的相关专题研究报告，有众多学术研究专著。

2. 我国少数民族农民工问题研究综述

与一般性农民工问题研究相比，我国学者专门研究城市少数民族农民工群体的不多，研究比较薄弱，研究面也较窄，已有的研究主要集中在五个方面：（1）研究少数民族农民工群体的整体特征与结构特点（才加让2009，马天龙2004）。（2）调查并探讨少数民族农民工城乡转移就业的动因（李金叶2008，柏贵喜2005）。（3）从民族地区经济社会发展视角，研究民族地区农村劳动力转移就业及其对于民族地区经济社会发展的影响（田敏2005，田孟清2005，李喜景2008）。（4）从少数民族农民工城市融入以及城乡和谐视角，研究少数民族农民工在城市务工就业过程中的城乡文化冲突与协调（廖剑2008，和秀娟2008）。（5）从城市少数民族流动人口视角，研究城市少数民族农民工对城市民族关系与民族工作的影响（郑信哲、周竞红2001、2002，金春子2002，陈乐齐2006）。与一般性农民工问题的研究相比，我国少数民族农民工问题的研究无论从广度与深度看，还是从问题的覆盖面看，都较为零散，缺乏全面性和系统性，没有形成有较大影响力的研究成果。特别是专门以城市少数民族农民工为对象，开展深入详细的田野调查、并在此基础上专门研究城市少数民族农民工经济权益保护问题的目前还没有。

3. 城市少数民族农民工经济权益保护研究意义

当前，随着我国工业化、城市化、现代化建设进程的进一步加快，城市农民工群体的规模不断扩大（2009年度全国农民工总量为22978万人[①]），农民工融入城市社会生产、生活的程度不断深化。同时，进入城市务工就业的少数民族农

[①] 国家统计局农村司：《2009年农民工监测调查报告》，国家统计局网站，2010年3月19日。

民工也不断增多，城市少数民族农民工既是城市少数民族流动人口，又是少数民族地区农村转移的劳动力，还是我国农民工群体的重要组成部分，城市少数民族农民工问题，特别是少数民族农民工在城市的经济权益保护问题正变得越来越突出。（1）城市少数民族农民工作为我国数量庞大的农民工群体（大约2.3亿）的重要组成部分，对我国城市经济社会发展产生着不可忽视的作用。（2）城市少数民族农民工作为城市少数民族流动人口的主要组成部分，对我国城市和谐社会建设具有重要影响。（3）城市少数民族农民工在具有一般农民工群体的基本特征外，还具有自身群体的特殊性，如生活习俗上的特殊性，行为习惯上的特殊性，宗教信仰上的不同等等，他们在城市就业、生活、生产中具有一些特殊的诉求，为农民工权益保障研究提出新问题。（4）城市少数民族农民工进城规模不断扩大，深入调查和研究城市少数民族农民工问题，维护城市少数民族农民工权益，推进少数民族农民工城市融入进程，是新时期城市民族工作的重要内容，是构建和谐的城市民族关系的重要条件。所以，全面调研城市少数民族农民工现状、特征、问题等，并就当前城市少数民族农民工在城市生存、生产和生活中所面临的一系列问题展开实证研究，尤为重要。正是基于这样的思考，我们以武汉市为调查地，专门开展了针对武汉市少数民族农民工经济权益保护问题的调研工作。

武汉市地处中原腹地，经济发展程度较高，辐射能力较强，是我国大中城市之一。加之中部崛起等经济发展战略的实施，东南沿海产业转移步伐的加快，武汉市就业机会倍增，对少数民族农民工的就业吸引力增大，转移进入武汉市务工就业的少数民族农民工规模不断扩大。对于武汉市少数民族农民工经济权益保护状况开展的相关调查与研究具有一定的典型意义和代表性。

（三）城市少数民族农民工经济权益保护研究的内容与方法

本研究综合运用观察法、访谈法、调查法和文献法。根据前人的相关理论和研究成果，结合本研究的实际需要，自行编制《城市少数民族农民工就业现状调查与经济权益保护问题研究调查问卷》。

1. 城市少数民族农民工经济权益保护调查问卷设计

科学合理的调查问卷设计是研究工作成功的基础，根据我们的研究课题设想，在查阅大量资料的基础上，我们制定了《城市少数民族农民工就业现状调查与经济权益保护问题研究调查问卷》初稿，然后多次讨论并听取相关专家意见，最后定稿。定稿的《城市少数民族农民工就业现状调查与经济权益保护问题研究调查问卷》共涉及四个方面27个问题，具体讲：第一部分是"城市少数民族农民工群体基本特征"调查（共9个问题），第二部分是"城市少数民族农民工就业现状"调查（共4个问题），第三部分是"城市少数民族农民工经济权益保护状况"调查（共9个问题），第四部分是"城市少数民族农民工公共服务需求与未来期望情况"调查（共5个问题），详细情况见表1。

表1 城市少数民族农民工经济权益保护调查问卷设计

问题	内容
城市少数民族农民工群体基本特征	性别结构 年龄结构 受教育程度 来源地情况 职业技能培训情况 生活适应情况
城市少数民族农民工就业现状	进城打工原因 打工流动原因与频次 寻找工作途径
城市少数民族农民工经济权益保护状况	工资收入水平 工资收入用途 工作时间 劳动合同 社会保险 业余休闲情况
城市少数民族农民工公共服务需求与未来期望情况	公共服务政策需求 未来打算 婚恋选择 子女教育策略

2. 城市少数民族农民工经济权益保护调查地选择及实施

本次调查我们在武汉市选取10个主要城区（武昌区、洪山区、汉阳区、硚口区、江岸区、江汉区、武汉经济技术开发区、武汉高新技术开发区、东西湖区、蔡甸区）的少数民族农民工为调查对象，共下发调查问卷300份（每个区30份问卷），收回问卷276份，回收占比为92%，其中有效问卷271份，占下发问卷90.3%，占收回问卷98.2%。本次调查共涉及24个少数民族，样本数在10人以上的民族有土家族、回族、苗族、侗族、满族、维吾尔族、藏族、壮族。详细情况见表2。

表2 调查涉及的24个少数民族及其人数

民族	人数	民族	人数	民族	人数
土家族	69人	白族	7人	黎族	1人
回族	62人	蒙古族	6人	哈萨克族	1人
苗族	35人	朝鲜族	5人	彝族	1人
侗族	19人	瑶族	4人	傣族	1人
满族	15人	布依族	4人	仫佬族	1人
维吾尔族	13人	高山族	4人	水族	1人
藏族	12人	土族	3人	京族	1人
壮族	11人	羌族	2人	哈尼族	1人

3. 城市少数民族农民工经济权益保护研究方法

正确而适用的研究方法是研究工作成功的重要保证，在本研究中，我们采取了以下三种方法：（1）田野调查法。以武汉市各区为基本调查单位，通过武汉市个体协会的支持，全面调查武汉市城市少数民族农民工就业与权益保护基本情况。（2）深度访谈法。选取典型的城市少数民族农民工个体进行深度访谈，了解他们在城市生存、生活、生产活动中面临的一系列问题与政策需求。（3）政策研究法。在全面调研和深度访谈以及原因分析的基础上，提出城市少数民族农民工经济权益保护的政策建议。

二、城市少数民族农民工群体的基本特征

表3　城市务工少数民族农民工基本特征统计表

项目			人数（人）	比例
性别结构		男	163	60.3%
		女	108	39.7%
年龄结构		16—25	137	50.3%
		26—35	80	29.7%
		36—45	48	17.8%
		46岁以上	5	1.8%
受教育程度		高中以上	25	9.4%
		高中	108	40.1%
		初中	111	41.6%
		小学	22	8.2%
		小学以下	2	0.7%
来源地情况	族域流动	少数民族聚居区	92	44.4%
		非聚居区	115	55.6%
	省际流动	本省区	141	54.5%
		跨省区	117	45.5%
	区域流动	东部地区	23	10.3%
		中部地区	72	32.3%
		西部地区	128	57.4%

1. 进城务工少数民族农民工性别结构

在此次接受调查并提供有效答卷的271名少数民族农民工中，男性163人，占60.3%，女性108人，占39.7%，男女比例差距较大，以男性为主。这一调

查结果与全国一般情况相同,在国家统计局农村司发布的"2009年农民工监测调查报告"调查数据中,男性农民工占65.1%,女性占34.9%。[1] 我们的调查中,女性少数民族农民工的占比还稍微高出一点,我们通过深度跟踪调查发现,这主要与我们这次调查所涉及的行业主要是个体工商户、餐饮、批发零售、服务业有关,而对于农民工打工的主要行业制造业和建筑业涉及较少。在建筑业,主要是男性农民工较多。

2. 进城务工少数民族农民工年龄结构

城市务工少数民族农民工以16—45岁的青壮年劳动力为主,占98.2%,46岁以上的仅占1.8%。其中16—25岁占50.7%,26—35岁占29.7%,36—45岁占17.8%,这其中尤以少数民族新生代农民工[2]占多数,占全部调查对象的50.7%,超过半数。这一调查结果说明目前我国城市少数民族农民工是农村地区特别是我国民族地区农村的精英,是优质劳动力,他们的大量进城打工,必然给我国广大民族地区农村社会经济发展产生重大影响,引起民族地区农村社会结构的重大转型。主要体现在以下几个方面:(1)少数民族新生代农民工是伴随着我国改革开放进程成长起来的一代新型农村劳动力,他们思想活跃,向往城市生活,有较强烈的进城打工欲望,也较为容易适应城市现代工业要求。(2)民族地区农村优质劳动力和精英阶层的"流失",必然影响民族地区农村经济的可持续发展,特别是农业产业化、现代化发展进程。(3)民族地区农村"留守儿童"、"空巢老人"、"独居妻子"现象严重,老人、妇女、儿童精神生活质量大受影响,传统家庭概念、家庭教育以及家庭温暖残缺不全,儿童、老人、妻子——这一落后地区的弱势群体的弱势化程度进一步加重。(4)民族地区农村基层组织建设缺乏"能人"支撑,基层组织建设状况令人担忧,党和国家的一系列支农惠农政策难以落到实处、收到实效,民族地区农村社会经济发展缺乏内生动力。(5)城市少数民族农民工群体中46岁以上人口占比很小(仅为1.8%),说明绝大部分少数民族农民工年轻时在城市打工,年老体衰后又回到了民族地区农村,而他们要么没有必要的社会保障,要么社会保障水平极低,给广大民族地区农村发展带来极大的"压力"。这一现象同时又说明,目前我国农民工就业模式仍然是"流动就业"为主,难以融入城市、定居城市,实现身份转换、职业转变与地域转移三者的统一。

---

[1] 国家统计局农村司:《2009年农民工监测调查报告》,http://www.stats.gov.cn/。

[2] 新生代农民工是近年我国农民工问题研究中新出现的一个专用词语,使用频率很高。它特指我国农村出生在20世纪80年代后期、90年代初期,于21世纪初进城务工的一个农民工群体,他们大都年龄在20岁左右。与上一代农民工相比,他们具有典型的"三高一低"的群体特征:受教育程度普遍较高、职业期望较高、物质和生活享受要求较高、劳动耐受能力较低(见钟玉明:《新生代农民工呈现"三高一低"新特点》,2005—07—12,http://hr.asiaec.com/news/454908.html)。

3. 进城务工少数民族农民工受教育程度

在本次调查中,我们发现少数民族农民工的受教育程度普遍提高,在对该问题做出明确回答的268人中,具有初中文化程度者占41.6%,具有高中文化程度者占40.1%,具有初、高中文化程度者占绝大多数,共占81.7%,小学及以下文化程度者只占8.9%,但同时,高中以上文化程度者较少,仅占9.4%。全国在2009年调查中的一般情况是文盲占1.1%,小学文化程度占10.6%,初中文化程度占64.8%,高中文化程度占13.1%,中专及以上文化程度占10.4%。① 两者相比较,高中文化程度占比差别较大。我们在深度个体访谈中发现,产生这一情况的主要原因是:(1)民族地区农村高中升学率较低,部分应届高中毕业生如果仅达到三本录取线,便因缺乏经济条件支持而不能上大学,于是便走上进城打工之路。(2)民族地区农村由于信息更加闭塞,农村劳动力城市社会网络资本尤为缺乏,进城就业更加盲目,所以,仅具有高中以上学历这部分更加活跃的劳动力才能"更有胆量"进城打工。这些情况说明:(1)民族地区农村劳动力城镇转移成本更大,活动空间更加狭小,"进城"步履更加艰难,少数民族农民工对就业信息服务的渴求更为迫切,输出地与输入地的劳务服务对接更加重要。(2)民族地区农村教育应从实际出发,大力发展职业技术教育,特别是中等职业技术教育,这对民族地区农村青年更加有意义。

4. 进城务工少数民族农民工来源地构成

在本次接受调查的少数民族农民工中,来自于少数民族聚居地区的占44.4%,接近半数;来自于西部地区的少数民族农民工达57.4%。可见,做好进入城市务工的少数民族农民工的就业与权益保护工作对于我国少数民族地区的经济社会发展具有非常大的支持作用和重要的"反哺"意义。同时,进城少数民族农民工中来自于本省区和跨省区的比例相当接近,分别占54.5%和45.5%,这说明,武汉市作为我国中部地区的一个超大城市,对民族地区少数民族农民工的吸引力非常强,并且这种吸引与辐射作用呈扩大之势,就业带动作用明显。同时,这一情况也表明,我国广大民族地区农村劳动力的流动性也在进一步增强,进城打工已经成为我国民族地区农村农民增收的重要途径之一。

5. 进城务工少数民族农民工民族成分构成状况

在本次调查中,共有279人对该项调查内容给予了明确回答,279名调查对象中,共有24个少数民族,其中土家族、回族、苗族人数占比较高,分别占24.7%、22.2%、12.5%。其次是侗族、满族、维吾尔族、藏族人数较多。主要分布于我国西部地区的人数较少的少数民族也有,如哈尼族、哈萨克族、羌族、傣族、朝鲜族等。通过进一步对来源地分析发现,进入武汉市务工就业的湖北省

---

① 国家统计局农村司:《2009年农民工监测调查报告》,http://www.stats.gov.cn/。

内少数民族农民工，主要来自于恩施土家族苗族自治州和长阳、五峰两个土家族自治县，而这些地区又是土家族、苗族聚集地区，所以在我们的调查中土家族和苗族人数占比较大。其次湖北省内回族乡较多，进入武汉市务工者也不少。

6. 进城务工少数民族农民工职业技能培训状况

在本次调查中，接受调查并对该项调查内容做出明确回答的少数民族农民工中，明确表示接受过主要技能培训者占43.1%，没有接受过任何培训的有56.9%。在对接受职业技能等相关培训的渠道或方式做进一步调查时发现，农民工绝大部分是在工作过程中从自己的亲戚或朋友处习得相关工作技能，占认为自己接受过职业技能培训者的61.5%，并且一部分农民工在否认自己接受过专门的技能培训的同时，却认同这种"民间"的培训方式和培训结果。与此同时，通过职业技术学校或政府培训机构接受培训的农民工人数也明显增多，占接受过相关培训的38.5%，这与近年来国家农民工培训工作的大力开展有着密切关系。[1]近年来，根据企业用工需求和农村劳动力培训意愿，各级政府大力开展多种门类和多种形式的农民工劳动技能培训，以增强农民工进城适应能力、就业能力和创业能力。仅2009年，中央财政就安排资金11亿元，全年培训农村劳动力300万人。[2]

表4 少数民族农民工职业技能培训情况统计表

项目		人数	比例
您是否接受过职业技能培训	是	113	43.1%
	否	149	56.9%
您接受职业技能培训的渠道（或方式）是	职业技术学校或政府培训机构	78	38.5%
	自己的亲戚或朋友处	123	61.5%

7. 少数民族农民工城市生活适应情况

由表5可以看出，少数民族农民工在输出地的生活习俗和地理气候环境等方面，与一般的农民工群体相比，差异较大。对于部分少数民族农民工而言，进城务工首先面临的大多是生活习俗上的适应问题。我们这次在武汉市以少数民族农民工为调研对象的调查过程中，特别对这一问题进行了调查。调查结果显示，有近半数的少数民族农民工表示在武汉市生活不习惯（占49.4%）。进一步深入调查显示，武汉市务工的少数民族农民工在武汉市生活上不习惯的原因是多方面

---

[1] 2003年，在9000多万跨地区进城务工的农民中，受过专业技能培训的仅占9.1%。在2001年新转移的农村劳动力中，受过专业技能培训的只占18.6%，见《国务院办公厅转发农业部等部门2003—2010年全国农民工培训规划的通知（国办发〔2003〕79号）》。

[2] 韩长赋：《解决农民工问题思路：抓紧解决七问题》，载《行政管理改革》2010年第10期。

的，有21.8%的人表示是"饮食"方面的原因，有28.7%的人表示是"气候"方面的原因，有"19.2%"的人表示是"习俗"方面的原因，有30.3%的人表示是"人际关系"方面的原因。"人际关系"原因占比最高，这也是农民工在城市务工生活面临的普遍问题。有近50%的少数民族农民工表示对城市生活不习惯，并且不习惯的原因又如此复杂，显然，让少数民族农民工融入城市、定居城市，进程会更加困难，时间会更加漫长。

表5　少数民族农民工城市生活适应情况统计表

项目		人数	比例
您生活上习惯吗	习惯	133	50.6%
	不习惯	131	49.4%
若您现在生活不习惯，主要原因是什么	饮食	67	21.8%
	气候	89	28.7%
	习俗	59	19.2%
	人际关系	93	30.3%

三、城市少数民族农民工就业状况

改革开放30多年来，农民工在城镇打工行业以制造业、建筑业和服务业为主。由国务院领导开展的2006年全国农民工问题大调查表明，2004年，农民工在制造业就业的占30.3%，在建筑业就业的占22.9%，在社会服务业就业的占10.4%，在住宿餐饮业就业的占6.7%，在批发零售业就业的占4.6%。[1] 国家统计局农村司2009年开展的农民工监测调查统计表明，在进城农民工中，从事制造业的农民工所占比重最大，达39.1%，其次是建筑业占17.3%，服务业占11.8%，住宿餐饮业和批发零售业各占7.8%。[2] 显然，5年来农民工就业行业分布没有大的变化，但制造业和住宿餐饮业以及批发零售业就业比重增大，相对来说，在建筑业就业比重有所下降。通过我们长期对我国农民工问题的研究，可以肯定，我国少数民族农民工的就业行业分布也与这种一般情形大体相同。所以，在我们课题组开展的本次专门以少数民族农民工为对象的调查中，主要是针对劳动保护和就业流动情况展开调查。

---

[1] 中国农民工问题研究总报告起草组：《中国农民工问题研究总报告》，载《改革》2006年第5期。
[2] 国家统计局农村司：《2009年农民工监测调查报告》，http://www.stats.gov.cn/。

1. 城市少数民族农民工进城打工的原因呈现多样化特征

调查过程中,在面对可以做出多项选择的前提下,少数民族农民工选择进城打工出于多种理由和考虑的人数占多数,占80.8%(见表6)。在具体的进城打工原因的选择中,进城务工少数民族农民工进城打工的原因明显呈现出多样化特征,并且各种选择的比例也大体相同,其中选择"打工挣钱"者占31.4%、选择"增长见识,见见世面"者占28.6%、选择"学习技能和本事"者占24.6%、选择"不愿在家乡务农"者占15.4%。

表6 少数民族农民工进城打工原因统计表

项目		人数	比例
您外出打工的原因是(可多选)	打工挣钱	204	31.4%
	增长见识,见见世面	185	28.6%
	学习技能和本事	160	24.6%
	不愿在家乡务农	100	15.4%

少数民族农民工进城打工原因如此明显的多样化特征说明:(1)"打工挣钱"作为第一代农民工(包括少数民族农民工)进城打工的主要原因,在以新生代为主要组成部分的当前的少数民族农民工群体中呈明显减弱趋势,而"增长见识与见见世面"、"学习技能和本事"等作为进城打工的原因,却在增强。当前,少数民族农民工进城打工的原因是多方面的,进城打工已经不限于只是一种基于生存理性下的选择策略。也就是说,大多数少数民族农民工进城打工不是因为"农村生活所迫",而是因为对"城市生活的向往"和"更加有出息的期盼",进城打工是少数民族农民工的一项生活选择、一种发展方式、一个向上的流动行为。(2)"不愿在家乡务农"包括"不喜欢务农"、"务农太辛苦"、"家乡太穷,不想过那种生活"、"耕地太少,在家无事可做"、"一直在念书,不懂农活"等情况,全部加总也仅占15.4%,意味着当前我国少数民族地区农村"溢出"剩余劳动力以及由此产生的进城动机虽然是少数民族农民工进城打工的原因之一,但却不是少数民族农民工进城打工的唯一原因,也已经不是最重要的原因。少数民族农民工城乡流动的动力因素中,农村推力在减弱,城市拉力在不断增强,且已经上升为绝对动力。(3)从我们长期从事我国农民工问题研究的实践中,我们发现,农民工(包括少数民族农民工)进城打工的动因呈动态变化特征,它会随着行为时间、社会阅历和流动实践的变化而改变。

2. 城市少数民族农民工城市打工流动性明显增强

在我们的调查对象中,城市务工少数民族农民工中80%的人都换过工作或换过打工地方,并且绝大多数都换过2次以上(占79.7%),农民工务工流动性明显增强（见表7）。

表7 少数民族农民工打工流动频次与流动原因调查统计表

项目		人数	原因
少数民族农民工打工流动频次	1次	35	20.3%
	2次	71	41.3%
	3次	39	22.7%
	4次	13	7.6%
	5次及以上	14	8.1%
少数民族农民工换工作的主要原因（可多选）	对工资收入不满意	136	32.2%
	对工作环境不满意	85	20.1%
	与自己对打工的期望相差太大	85	20.1%
	学不到本事	61	14.5%
	生活上不适应	55	13.1%

在我们的深入调查访谈中了解到，城市少数民族农民工的主要流动方式有：（1）产业间的流动，既农忙时节回乡务工，农闲时节进城打工，可称之为"两栖式"。（2）城市之间的流动，或称为打工地域选择上的流动，可称之为"候鸟式"。（3）岗位之间的流动，这既有同工种内不同岗位之间的流动，也有不同行业工种之间的流动，可称之为"钟摆式"。

城市少数民族农民工城市打工的超强流动性表明：（1）城市少数民族农民工仍然是"城市过客"，缺乏长远打算，多呈"短视"状态。在城市打工，却难以定居下来，融入城市生活。（2）城市少数民族农民工职业技能仍然严重缺乏，难以获得稳定的职业和相对固定的岗位，少数民族农民工的"城市化"缺乏必要的人力资本支撑。（3）当前，我国"摩擦性失业"和"结构性失业"现象严重，一方面是城市"民工荒"，另一方面却是农民工难以找到工作，"农村劳动力过剩"与"城市缺工"同时并存，农民工劳动技能培训和农民工就业服务工作有待大力加强。

进一步深入调查得知，城市少数民族农民工换工作的原因主要是"对工资收入不满意"、"对工作环境不满意"和"与自己对打工的期望相差太大"这三个原因，三者共占72.4%（见表7）。显然，农民工的工资待遇与工作环境期望问题仍然是当前我国少数民族农民工城市打工过程中面临的首要问题和亟须解决的困难，农民工群体自身也在对此做出越来越强烈的反应，虽然这种反应是以"换工作"、"用脚投票"等被动的形式显现出来。不可忽视的是在城市少数民族农民工换工作的原因调查中,有13.1%的人表示是因为"生活上的不适应",这表明一方面少数民族农民工在城市打工中对生活状况有了更高的要求,部分少数民族农民工对生活有着特殊的要求,但同时也表明,城市少数民族农民工在城市打工就业中的生存状况有待大力改善。

3. 城市少数民族农民工自发式外出寻找工作是就业的主要方式

城市少数民族农民工进城打工主要依托亲缘、地缘关系为基础建立起来的社会信息网络,在我们的调查中,依靠"亲戚朋友老乡介绍的"占56%。但随着国民素质的普遍提升,少数民族农民工通过个人能力和自主途经寻找工作的能力在明显增强。在我们的调查中,有21.2%的少数民族农民工是"自己找到工作的",有12.1%的少数民族农民工是通过"网络、报纸、电视"找到工作的,两者相加共达33.3%,特别是占12.1%的少数民族通过"网络、报纸、电视"等现代传媒手段和渠道寻求就业,这应该说是一个巨大的进步。同样,不容忽略的是,在本次调查中,少数民族农民工通过"政府职业介绍部门"找到工作的仅占10.4%,政府的就业促进作用有待大力加强。

表8 少数民族农民工寻找工作途径统计表

项目		人数	比例
您现在从事的工作是怎样找到的(可多选)	政府职业介绍部门介绍的	31	10.4%
	亲戚朋友老乡介绍的	158	56%
	自己找到的	60	21.2%
	网络、报纸、电视	34	12.1%
	其他	1	0.3%

自发式外出打工进城寻找工作,主要依靠亲戚朋友老乡介绍和帮带,工作找寻成本低且成功率较高,风险较小,可信度大,是我国农民工进城找寻工作的主要途径。改革开放以来,这一途径为我国数以亿计的农民工外出打工就业提供了有效保证。当前,民族地区农村政府应充分利用这一有效形式,与农村劳动力输入地(城市)紧密联系,对这一途径和形式加以提升,规范化、科学化运作,使其成为少数民族农民工进城打工就业的可靠保证。

四、城市少数民族农民工经济权益保护现状

农民工经济权益主要是指我国广大进城务工农民在就业、工资、教育培训、住房以及社会保障等方面所能享受到的待遇状况,包括劳动就业权、劳动收益

权、劳动保护权、教育培训权、社会保障权等。长期以来，我国农民工在城镇务工的经济权益保护状况令人担忧，农民工和正式工人同工不能同酬、同工不能同时、同工不能同权。① 具体表现在（1）农民工工资待遇低，劳动强度大，劳动报酬远远低于其劳动所创造的价值，且长期不变，严重抑制着农民工的可持续发展。（2）农民工工资常常被任意克扣和恶意拖欠，不仅造成恶劣的劳动用工环境，更破坏了我国社会主义市场经济的健康发展。（3）专门针对农民工的各种名目的收费繁多，增大了农民工的务工成本和农村富余劳动力的转移成本。（4）农民工工作环境差、劳动安全堪忧、社会保障缺乏。② 少数民族农民工在城市务工就业的经济权益状况究竟如何呢？对此，我们根据调查的可行性开展了有关少数民族农民工劳动工资、劳动保护、社会保障、劳动休闲等方面情况的调查。

1. 城市少数民族农民工的工资收入水平有所提高

工资收入是少数民族农民工经济权益的核心组成部分。在我们此次调查中，武汉市少数民族农民工月工资收入主要在 1000 元左右，占调查总数的近一般（48%），1500 元左右的占 22%，800 元左右的占 23%，2000 元以上的仅为 7%（见表9），1000—1500 元是城市少数民族农民工的主要工资收入水平（占70%）。武汉市中心城区 2009 年的最低工资标准是 900 元/月，总体上看，城市少数民族农民工的工资收入水平有了一定的提高，劳动收入状况有了一定的改善。但具体分析，有如下几点应引起深思和高度重视：（1）我们此次调查的武汉市少数民族农民工中有 23% 的人月工资收入水平在 800 元左右，仍低于武汉市基本工资水平要求。（2）虽然城市少数民族农民工工资收入状况得到了一定的改善，但绝对收入水平仍然很低，月平均水平仅为 1141 元，与同城正式职工的收入差距仍然很大。据相关资料，武汉市在职职工 2009 年年平均工资 33320 元，月均 2776 元，城市少数民族农民工的工资收入还不及正式职工水平的一般。同时城市少数民族农民工的工资收入水平比全国农民工的工资收入水平要低。据相关资料，2009 年全国外出农民工的月平均收入为 1417 元，③ 高出城市少数民族农民工月均工资 276 元，提高城市少数民族农民工的务工收入水平更应加大力度。（3）在目前的收入水平条件下，要保障少数民族农民工"落户"并"扎根"城市，特别是像武汉市这样的大城市是非常困难的，甚至是不可能的。这就进一步表明，我国的城市化道路必须走大中小城市协调发展之路，着力推进城镇化建设进程，让农民工融入中小城市和城镇是可行的选择。

---

① 陆学艺：《农民工问题要从根本上治理》，载《特区理论与实践》2003 年第 7 期。
② 姚上海：《我国农民工经济权益缺失的制度性因素探析》，载《甘肃农业》2006 年第 6 期。
③ 韩长赋：《解决农民工问题思路：抓紧解决七问题》，载《行政管理改革》2010 年第 10 期。

表9 少数民族农民工工资收入与主要用途调查统计表

项目		人数	比例
少数民族农民工工资收入水平	800元左右	62	23%
	1000元左右	130	48%
	1500元左右	59	22%
	2000元左右	15	5.6%
	2500元以上	4	1.4%
农民工打工收入主要用途（可多选）	自己用	159	41%
	寄回家，补贴家用	138	35.3%
	学习培训	38	9.8%
	存起来	55	13.9%

在对少数民族农民工工资用途的深入调查中发现，城市少数民族农民工打工收入主要是"自己用"和"寄回家，补贴家用"。两者共占比76.3%，而用于"学习培训"的仅占9.8%（见表9）。显然，目前，少数民族农民工工资仍是生存性收入，农民工工资收入水平仍处于较低水平。

2. 城市少数民族农民工超时劳动状况有所改善

农民工超时劳动曾经是一个较普遍的问题，但在我们这次的调查中发现，城市少数民族农民工超时劳动状况有所改善，虽然农民工每天工作时间仍较长，但每周的工作天数有所减少。在我们的调查中，城市少数民族农民工每周工作在5天以下，也即一周能得到2天休息的占全部调查对象的37.7%，即1/3强，一周工作6天的占45.6%，两项之和为83.3%，表明城市绝大部分少数民族农民工一周都能保证至少一天的休息和自由支配时间，一周7天皆工作的占16.7%（见表10）。与以前相比，情况明显改善。这一可喜局面的取得，主要原因有：（1）近年来，各级政府严格执行《劳动法》，为少数民族农民工的劳动权益保护提供了可靠的政策支持和行政保障。（2）随着新生代农民工逐渐成为农民工的主体，少数民族农民工自身的维权意识不断增强，少数民族农民工素质普遍提高，维权能力也有所提升。（3）国家经济进入新的快速发展时期，各类用工需求大幅提高，特别是劳动密集型产业用工缺口较大，农民工就业的主要领域——"普工"，用工趋紧，在这样的大背景下，在新的劳资博弈中，农民工地位不断提升。

表 10　少数民族农民工劳动时间调查统计表

项目		人数	比例
您一般每周工作几天 （样本数：264 人次）	5 天以下	2	0.8%
	5 天	98	36.9%
	6 天	120	45.6%
您每天上班的时间 （样本数：266 人次）	8 小时	27	10.1%
	8—10 小时	186	70%
	10—12 小时	45	16.9%
	12 小时以上	8	3%

在农民工劳动时间以天为单位得到改善的同时，不容乐观的是农民工每天的劳动时间仍较长（见表10）。从调查数据中发现，农民工每天工作8小时以上的仍占79.9%，每天工作时间为8小时的仅占10.1%，也即仅有约1/10的农民工能保障每天8小时工作权益。特别应引起高度重视的是，有16.9%的农民工每天工作时间在10—12小时，甚至有少部分农民工的每天工作时间超过12小时（占3%），这样的劳动强度无疑对农民工的身体健康是极为不利的，也容易导致身体伤害现象的发生。

3. 城市少数民族农民工劳动合同签订与执行仍然是薄弱环节

劳动合同是保障劳动者权益的重要依据，也是保障劳动者权益的有效途径，但劳动合同的签订与执行一直是农民工权益保障过程的一个薄弱环节。近年来，国家高度重视劳动者劳动合同签订工作，不仅制定与颁布了新的劳动合同法（自2008年1月1日起施行的《中华人民共和国劳动合同法》），而且加大了各级政府的劳动执法监察监督工作力度。就是在这样的大背景下，我们此次在武汉市以少数民族农民工为对象的相关调查过程中，发现少数民族农民工的劳动合同签订率仍然很低，在对此做出明确回答的263人中，有159人没有签订劳动合同，占60.5%（见表11）。没有签订劳动合同的原因是多方面的，我们对该问题进行了进一步的调查，发现其中原因非常复杂，既有少数民族农民工主观认识上的原因，占71.5%，包括部分少数民族农民工认为"签了也没有用"，占30%，认为"手续太麻烦"，占32.3%，认为"不想受约束"，占9.2%；也有少数民族农民工所打工的企业老板方面的原因，"老板不让签"的占27%。

表11 少数民族农民工劳动合同签订情况统计表

项目		人数	比例
您现在是否签了劳动合同（样本数：263人次）	签了	104	39.5%
	没有签	159	60.5%
没有签劳动合同的原因（样本数：205人次）	签了也没有用	61	30%
	手续太麻烦	66	32.3%
	不想受约束	19	9.2%
	老板不让签	56	27%
	其他	3	1.5%

少数民族农民工没有依法签订劳动合同，一旦发生劳动纠纷，维权难度便倍加增大，使得本来就十分艰难的劳动者维权问题，变得更加困难，于此便时常发生农民工维权过程中的"暴力事件"和"自残事件"，严重影响劳动者的务工环境和社会的和谐与稳定。

4. 城市少数民族农民工的参保状况不容乐观

劳动保险是劳动者劳动保护的最后一道屏障。农民工劳动保险包括工伤保险、大病医疗保险、养老保险、婚育保险（女性农民工）、新型农村合作医疗等。通过我们此次在武汉市开展的针对少数民族农民工劳动保险参保状况的调查得知，少数民族农民工的参保状况不容乐观（见表12），有36%的少数民族农民工在城市务工但没有购买任何种类的保险，同时，已经购买了保险的少数民族农民工中，购买比例也都不高。（1）通常情况下对农民工非常重要的工伤保险，在我们此次调查中，购买了这一保险的少数民族农民工仅占17.4%。农民工一般从事"苦、重、险"工种，劳动受伤风险很大，工伤保险对农民工尤为重要，但少数民族农民工购买率并不高，这显然是一个巨大的隐患。（2）少数民族农民工购买"大病医疗保险"的比例仅为10.5%，购买"农村合作医疗"的比例仅为16.9%，这两项之和也仅为27.4%（不到1/3），少数民族农民工购买医疗保险比例低，一旦生病，由于在当前收入水平下无力承担高额的城市医疗费用，要么强撑，要么就到游医和非正规私人诊所看病，容易因之滋生"后患"，产生纠纷，甚至因病重新返贫。（3）少数民族农民工购买养老保险的比例仅为16.9%，少数民族农民工虽然目前正处于青壮年期，吃"青春饭"，养老问题不尖锐，但却把沉重的养老包袱留给了几十年后的政府、社会和少数民族家庭。（4）购买"婚育保险"的少数民族农民工比例仅占1.2%，少数民族农民工特别是女性少数民族农民工这一保险意识有待大力加强。

表 12 少数民族农民工购买保险情况统计表

项目		人数	比例
您目前已经购买了哪几种保险（可多选）	工伤保险	61	17.4%
	大病医疗保险	37	10.5%
	养老保险	59	16.9%
	农村合作医疗	62	18%
	婚育保险	4	1.2%
	没有购买任何保险	124	36%

5. 城市少数民族农民工劳动休闲水平有较大提高和改善

劳动休闲是现代劳动者劳动权益的一项重要内容，劳动休闲的内容充分反映劳动者的现代生活水平。在我们此次调查中，发现城市少数民族农民工的劳动休闲水平和状况都有较大提高和改善，这可以从少数民族农民工的交友范围与日常娱乐生活内容的调查中得知（见表13）。

少数民族农民工的交友圈子不再仅仅局限于老乡等"亲缘"、"血缘"、"地缘"关系，在少数民族农民工现在的朋友中主要是老乡的只占40.1%，有37.6%的人选择了"同事"，有16.7%的人选择了"同学"，还有5.6%的人选择了"网友"，这三者共占59.9%（近60%）。少数民族农民工的交友圈大为拓宽，选择对象与内容更加丰富，这是一个巨大的进步，不仅说明少数民族农民工与城市社会的"距离"正在逐步缩小，少数民族农民工的城市交往能力在逐步增强，更有益于少数民族农民工的"社会资本"积累和更快地融入城市社会。

表 13 少数民族农民工交友及休闲状况调查统计表

项目		人数	比例
您现在的朋友中，主要是	老乡	149	40.1%
	同事	140	37.6%
	同学	63	16.7%
	网友等	21	5.6%
您工作以外主要从事哪些活动（可多选）	与老乡、同事、朋友打牌	72	19.7%
	听歌、看电视	136	36.8%
	睡觉	54	14.8%
	上网、K歌等娱乐	75	20.5%
	参加培训等学习技能	30	8.2%

少数民族农民工的业余休闲生活内容更加丰富（见表13），内容层次整体"上移"，表现在业余时间选择"打牌"与"睡觉"的，虽然仍占19.7%和14.8%，但已明显下降。而选择"听歌、看电视"和"上网、K歌"的分别占36.8%和20.5%，明显高于前两项比例。少数民族农民工的日常生活更加贴近现代城市生活，更加具有现代气息，也正在逐渐融入城市现代生活。特别是还有8.2%的少数民族农民工选择了"参加培训等技能学习活动"，这是一个明显的进步，是质的上升。

五、城市少数民族农民工公共服务需求与期望

保护少数民族农民工城市务工经济权益，必须建立在少数民族农民工的需求角度。为此，我们特地从"少数民族农民工公共服务需求"、"少数民族农民工的未来打算"、"少数民族农民工的婚恋对象选择"与"少数民族农民工子女教育选择"四个方面展开调查，以求深入把握当前城市少数民族农民工的政策需求，特别是涉及少数民族农民工经济权益保障方面的政策需求。

1. 城市少数民族农民工的政策需求

少数民族农民工对政府政策与公共服务需求选择上，呈现出典型的多样化特征，但其中提高工资收入水平仍然是城市少数民族农民工的首要选择（见表14）。

我们的调查结果显示，城市少数民族农民工期望政府提供的各种帮助与服务中，按占比由高到低的选择顺序是"提高工资收入"（占25.8%）、"提供社会

表14 少数民族农民工公共服务需求情况统计表

	项目	人数	比例
对于目前的打工生涯，您最期望政府提供的帮助是（可多选）	提高工资收入	173	25.8%
	提供住房	75	11.1%
	改善工作和生活环境	115	17.3%
	提供社会保障（工伤保险、医疗保险、养老保险等）	132	19.8%
	取消户口限制，实现平等就业	125	18.8%
	建立工会等组织，参与城市社会管理和社区活动	48	7.2%

保障"（占19.8%）、"取消户口限制，实现平等就业"（占18.8%）、"改善工作和生活环境"（占17.3%）、"提供住房"（占11.1%）和"建立工会组织，参与

城市社会管理和社区活动"（占7.2%）。从这一调查结果可以得到以下几个信息：（1）当前，少数民族农民工与广大农民工一样，来到城市打工的首要选择仍然是经济收入。（2）提供劳动保障是少数民族农民工的现实选择，农民工所从事工种一般具有较高风险，建立有效的风险化解机制、采取必要的保护措施尤为重要。所以，少数民族农民工对提供工伤保险、医疗保险和养老保险的要求较为迫切，顺列第二位。（3）随着新生代农民工逐渐成为我国农民工群体主体时代的带来，我国农民工群体在完成代际交替的同时，农民工问题的内涵也将发生根本性变化，表现之一就是农民工对城市务工环境的要求会越来越高。这在我们这次开展的武汉市少数民族农民工问题调查中已经显现出来，我们调查的少数民族农民工中对"取消户口限制，实现平等就业"和"改善工作和生活环境"的要求增强，两者共占36.2%。（4）当前，城市少数民族农民工对政治参与的要求也开始萌芽，在我们这次的调查中有7.2%的少数民族农民工明确提出"建立工会等组织，参与城市社会管理和社区活动"的诉求。

城市少数民族农民工政策期望选择的多样化，既说明当前我国农民工群体本身构成的复杂性，同时，也说明我国农民工问题的内涵正在发生深刻变化，农民工群体分化速度将进一步加快。

2. 城市少数民族农民工的期望

少数民族农民工在对自己未来的规划上，仍以"返回家乡"为主，但希望在城市定居下来的比例在提高，同时仍处于"迷茫与徘徊"之中的人数也不少（见表15）。

表15 少数民族农民工未来打算情况统计表

项目		人数	比例
对于将来您打算（可多选）	先打工，积累资金、技术等，然后回到家乡创业	121	37.7%
	希望在城里生活下来	78	24.5%
	打工积累一定资金后，回到老家县城或镇里	69	21.7%
	走一步算一步，过一天算一天	51	16.1%

少数民族农民工对"未来的打算"选择与前面的"现实需求"要求是相互映衬的，表现在：（1）当前，少数民族农民工中选择"希望在城里生活下来"的占24.5%，说明少数民族农民工城市融入意愿逐渐增强，表现在"对政府期望"上，就是期望政府提供"平等就业"的机会（占18.8%）与"改善务工环境和劳动条件"（占17.3%），这是一个总体的进步。（2）少数民族农民工选择返回家乡创业的人数较高，占37.7%，这说明随着少数民族农民工素质的不断提

高，少数民族农民工的自我认同正在增强，追求创业成功的意识渐浓，自我期望值也在不断提升。少数民族农民工返乡创业意愿的提升，对劳动力输出地少数民族地区基层政府的公共服务提出了新的要求。对民族地区而言，返乡农民工是一支重要的人力资源，是民族地区新农村建设的带头者和领头人。民族地区基层政府应大力提供各种农民工创业需要的扶持政策，支持返乡农民工创业发展。但不可忽视的是在少数民族农民工"您工作以外主要从事哪些活动"的选择中，选择"参加培训等学习技能活动"的仅占8.2%，两者之间有一定的差距。这种差距的存在，说明城市少数民族农民工在职在岗培训的力度有待进一步加大，在岗培训的针对性有待加强。少数民族农民工培训既有利于劳动者队伍素质的整体提升，更有利于民族地区经济社会的可持续发展，也有益于少数民族农民工自身的进步，是一个"三赢"的举措。（3）少数民族农民工在返乡目的地的选择上，选择"回到老家县城或镇里"的占21.7%，这对少数民族地区城镇化道路选择是一个有益的借鉴。把农民转变为市民是城市化与城镇化的主要内涵之一，在我国现实状况下，创造条件把农民工转变为市民应该是我国广大农村地区城镇化发展成本最低、最为可行的途径。民族地区应抓住这样的机遇，制定切实可行的城镇化发展战略。（4）在少数民族农民工对未来规划的选择中，有16.1%的人选择了"走一步算一步、过一天算一天"。这是一个应引起高度重视的现象，"迷茫与徘徊"会使人丧失"自我"，甚至走向极端。

3. 城市少数民族农民工的婚恋对象选择

婚恋对象的选择也能说明少数民族农民工对未来的规划与打算，甚至因为这样的选项更加具体和直接，也就更能说明少数民族农民工对未来的具体打算与想法（见表16）。

表16 少数民族农民工婚恋对象选择意愿统计表

	项目	人数	比例
您若没有结婚，您在婚恋对象的选择上的考虑是（可多选）	先打几年工，再回老家结婚	70	29.1%
	争取找个城里人，结婚后好留在城里	51	21.5%
	在城里成家，但要找个同乡，这样有共同语言些	32	13.5%
	不知道怎么办	18	7.6%
	没有条件考虑这个问题	67	28.3%

调查结果显示：（1）在婚恋问题上，少数民族农民工中有明确选择的占64.1%，这包括"先打几年工，再回老家结婚"（29.1%）、"争取找个城里人，结婚后好留在城里"（21.5%）和"在城里成家，但要找个同乡，这样有共同语

言些"（13.5%），有7.6%的人处于"迷茫"状态。不可忽视的是有28.3%的少数民族农民工明确表示"没有条件考虑这个问题"，这说明仍有近1/3的少数民族农民工在婚恋问题上处于十分消极的状态，这极不利于少数民族农民工的未来发展。（2）在已经做出明确选择的少数民族农民工中，少数民族农民工的婚恋观进一步开放，主要表现在我们的调查中，选择"争取找个城里人，结婚后好留在城里"的占21.5%，也即是说，有超过1/5的少数民族农民工在婚恋对象的选择上选择了找"城里人"，并期望通过这样的途径实现"留在城里"的愿望。（3）有29.1%的少数民族农民工选择"回老家结婚"，在我们的深度访谈中了解到，少数民族农民工做出这样的选择是一个综合考虑各种因素之后的理性选择。少数民族农民工在城市务工就业，因为户口、收入、住房、子女教育等刚性制约，进城特别是进入大城市的"迁移成本与生活成本"仍然十分高昂，对于绝大部分少数民族农民工来说，这是一个无法逾越的"铁门槛"，所以选择回老家成家立业也就是当下少数民族农民工"精心计算"的"理性选择"，是十分自然的选择。

4. 城市少数民族农民工的子女教育问题

子女教育问题是少数民族农民工十分关心的重要问题，它深刻地影响着少数民族农民工群体对未来的选择。我们对此也做了深入调查（见表17）。

表17 少数民族农民工子女教育问题调查统计表

项目		人数	比例
您若已经结婚，您是否想把小孩带在身边，接受城里的文化和教育	是	71	29.4%
	不是	43	18.1%
	说不清楚	125	52.5%
您若不想把小孩带在身边，主要原因是（可多选）	城里生活太贵，经济难以承担	110	41.8%
	城里上学、上幼儿园费用太高	61	23.2%
	工作性质不允许	44	16.7%
	老家有老人带，条件好一些	49	18.3%

（1）当前城市少数民族农民工在子女教育问题的选择上处于十分迷茫的状态，对"是否想把自己的子女带在身边，接受城里的文化和教育"的选择显得极为矛盾，有超过一半（52.5%）的人选择了"说不清楚"，这里面的原因是复杂的，在当前我国农村劳动力城镇转移选择"农民工体制"的前提下，少数民族农民工自身在城市生活仍十分艰难，若把子女带进城，既没有"收入"保障，也没有"时间"保障，还面临着"上学贵、上学难"等问题。所以，有18.1%的少数民族农民工明确表示"不想把子女带在身边，接受城里文化和教育"。

（2）在不想把子女带在身边接受城里文化与教育的原因的调查中，认为受"城市生活、上学费用高"制约的占多数（占65%），其中认为"城里生活太贵，经济难以承担"的占41.8%，认为"城里上学、上幼儿园费用太高"的占23.2%。（3）因为工作性质不允许自己把子女带在身边的占16.7%，这是一个不低的比例，显然，进一步改善农民工的务工环境和工作条件仍然是一个十分艰巨而紧迫的任务。（4）认为"老家有老人带，条件好一些"的占18.3%。因为农村计划生育工作的扎实、有效落实，农村家庭三子以上现象已经大为改变，加上近年来，党的农村政策的进一步落实，农民的生活水平和经济收入稳步提升，对于新生代农民工来说，农村家庭负重已经大为减轻，同时，农村的父母还可以为自己分担一部分家庭责任。这一现象的出现，从另一个角度说明我国义务教育城乡均衡发展、进一步提高农村义务教育水平，显得越来越重要。

六、城市少数民族农民工经济权益保护的制约因素

经济权益是城市少数民族农民工群体的核心权益，是城市少数民族农民工生存、生活和生产的根本需要，是城市少数民族农民工其他各项权益保障的基础和前提。当前，城市少数民族农民工经济权益保障的主要制约因素有城乡分割的二元体制、不完善的劳动就业制度、滞后的政府管理机制和较低的农民工自身素质。城乡二元体制结构带来的城乡分割矛盾是刚性制约，涉及农民工劳动就业问题的制度建设滞后、政府管理与职能转变不到位，特别是针对少数民族农民工特征的劳动就业制度供给不足是机制性障碍，少数民族农民工人力资本水平较低则是影响其经济权益保护的长期性因素。

1. 城乡分割的二元结构是制约城市少数民族农民工经济权益保护的体制根源

少数民族农民工大多来自偏远闭塞之地，第二产业不发达，第三产业落后，人口城镇转移是必然选择。但我国现存的以城乡二元户籍管理制度为核心内容的城乡二元体制，严重影响着少数民族农民工的平等就业、劳动报酬、劳动保护等基本经济权益的保护。存在于我国社会的城乡二元户籍制度是目前我国少数民族农民工经济权益缺失的根本性制度因素。正是由于城乡二元户籍制度的存在，造成我国劳动力市场上对少数民族农民工的就业歧视、工资歧视、社会福利歧视以及我国城乡劳动力市场的分割，从而造成我国广大少数民族农民工经济权益的缺失。

中华人民共和国成立初期，为了实行重工业优先发展战略和尽快建立我国独立自主的工业体系，降低工业发展成本，国家制定颁布了旨在限制城乡劳动力自

由流动的法令——《中华人民共和国户口登记条例》，随后的几十年，我国城乡间劳动力的自由流动几乎为零。直到改革开放初期，由于农村家庭联产承包经营责任制的实行，极大地解放了农村劳动力，农村农业劳动生产率大幅提高，农村富余劳动力日益显现并且不断"溢出"。同时，我国乡镇企业异军突起，城市企业体制改革，产生了对劳动力的大量需求，于是，城乡间开始出现劳动力的自由流动，并且日趋活跃、数量不断增大。加上国家工业化、城市化和现代化发展战略的需要，农村劳动力的城乡间流动主要是农村剩余劳动力的转移日益迫切。目前，全国4.8亿农村劳动力中，1.6亿在当地从事乡镇企业和其他非农产业，3.2亿为农业劳动力；但据测算，种植业实际需要1.5亿劳动力，加上2000万专门从事林牧渔业生产的劳动力，农业实际需要劳动力约为1.7亿，于是，我国农村实际有1.5亿富余劳动力，而且每年还要新增劳动力600多万人，农村剩余劳动力转移进入非农产业是历史的必然。迫于社会发展压力及发展战略调整的需要，国家对严重阻碍城乡劳动力自由流动的户口政策于1980年后做过几次调整，从发展趋势上看是逐步放开的，但总体调整幅度不大，难以满足社会经济发展的需要。调整力度较大的一次是2001年，国务院批转的公安部《关于推进小城镇户籍管理制度改革的意见》，在该《意见》中，规定在县级市市区、县人民政府驻地镇及其建制镇，只要有"合法固定的住所，稳定的职业或生活来源的人员与其共同生活的亲属，均可根据本人意愿办理城镇常住户口"。可见，只是限于中小城镇，对于大中城市，户口并没有放开，而这种限制恰恰是问题的关键所在。

目前，我国城乡二元户籍制度造成少数民族农民工经济权益的缺失，主要存在于大中城市和开放比较早的沿海小城镇就业的少数民族农民工之中。其表现主要在以下几个方面：

（1）城乡二元户籍制度造成对少数民族农民工的就业歧视，从而造成少数民族农民工的经济权益缺失。对少数民族农民工的就业歧视，使少数民族农民工在同等条件下，与城镇职工在行业选择、部门选择、岗位选择上往往受到不公正对待，少数民族农民工往往只能在"次属劳动力市场"就业，失去许多本应当也完全有能力具有的获利机会。而且这种不公正对待，并不单纯是一种企业行为，而是一种制度规制的结果，更加根深蒂固。

（2）城乡二元户籍制度造成对少数民族农民工的工资歧视，从而造成少数民族农民工的经济权益缺失。对少数民族农民工的工资歧视，首先是绝对性的低水平。少数民族农民工的工资本身普遍较低，其劳动报酬与其劳动所创造价值远远不能对等。其次是相对性的低水平。少数民族农民工与城镇职工同工、同岗不同酬现象特别严重，损害了少数民族农民工的经济权益。

（3）城乡二元户籍制度造成城乡劳动力市场分割，从而造成少数民族农民工经济权益的缺失。由于城乡二元户籍制度的存在而造成的劳动力市场分割，形成目前我国农村劳动力的城乡流动主要是靠血缘关系、亲缘关系和地缘关系推动，这种流动模式必然存在雇主与雇员之间的信息不对称、权利不对等现象，少数民族农民工处于弱势地位，劳资博弈中难以保障其经济权益的完整实现。

2. 劳动用工制度不完善是少数民族农民工经济利益缺失的制度缺陷

少数民族农民工劳动报酬低于其劳动所创造的价值的现象是极为普遍的，主要表现在：（1）少数民族农民工工资制度不健全，广大少数民族农民工一方面在城市从事着"苦、脏、粗、重、险"的工作，弥补城市用工空缺；另一方面又只能得到远远低于其劳动所创造价值的劳动报酬，甚至是连最低的生活保障都难以维持。（2）少数民族农民工与城市职工同工、同岗不同酬，不仅损害着少数民族农民工的经济权益，更伤害了少数民族农民工的感情和基本的社会权利。

农民工劳务用工制度不完善，许多少数民族农民工与用人单位之间没有签订正式用工合同，大多是口头协议，一旦遇到劳务纠纷，法律介入困难，少数民族农民工的合法劳动权益被侵害。如少数民族农民工本已少得可怜的工资常常被拖欠，一些不负责任的企业单位常常采取交纳一定数额的保证金、扣压证件、不全额发放工资等非法手段，侵占少数民族农民工的合法收入，部分少数民族农民工到了年底"回家无钱，留下无望"。一些企业滥用用工"试用期"制度，把少数民族农民工当临时工使用，在试用期满，即解除用工合同，剥夺少数民族农民工的正当经济收入。

3. 劳动培训制度建设滞后弱化了少数民族农民工经济权益保护能力

农民工文化知识水平及劳动技能水平较低是少数民族农民工经济权益实现的制约瓶颈。在我国绝大部分涉及少数民族农民工的劳务纠纷中，少数民族农民工处于弱势谈判地位和谈判能力的主要原因除了国家相关法律制度的不完善外，主要是由于少数民族农民工较低的文化知识水平、淡薄的维权意识和缺乏自组织性，其中较低的文化知识水平是根本原因，农村人口主要由只受过初中和小学教育的群体组成[①]，少数民族农民工文化知识水平及劳动技能水平较低是目前我国社会现实中的一个不争的事实，但在面对我国农村劳动力知识技能这种令人忧虑的现状时，政府、企业以及社会在劳动力技能培训方面又存在着严重的短视现象，往往把升学主要是升大学视为农村教育投入的唯一目的，忽视了劳动力的劳动技能培训工作。少数民族农民工在进入城市打工之前，既没有一技之长，也缺少保护自己权益的法律知识，甚至缺少基本的城市生活常识。没有掌握必要的专业技能，不了解城市工业生产的基本规范，不熟悉城市生活的基本情况，盲目来到城市，往往只能从事体力劳动和技术简单的工作，在劳动力市场上处于弱势地

---

① 韩俊：《当前中国"三农"问题与政策走向》，载《经济中国之发展问题》，邹东涛主编，中国经济出版社 2004 年 9 月版。

位，没有与用人单位讨价还价的资本。正是少数民族农民工的这种文化知识水平和劳动技能水平造成其较低的人力资本存量，弱化了少数民族农民工经济权益的获得能力，强化了他们在劳动力市场上以及其与企业单位等强势集团的"劳资博弈"中的弱势地位。

七、建立城市少数民族农民工经济权益保护机制的建议

农民工已经成为我国产业工人的重要组成部分，[①] 农民工问题是我国现代化进程中的重要问题。改革开放30多年来，农民工为我国城乡经济建设与社会发展做出了卓越贡献，成为推动我国经济和社会结构变革的巨大力量。少数民族农民工的与广大农民工一样，走出田间、走出乡村，克服许多困难和不便，来到城市、进入工厂，用辛勤的汗水和诚实的劳动，创造着社会财富，也谱写着自己的新生活。保障城市少数民族农民工基本经济权益，是推动我国社会经济可持续发展的需要，是构建社会主义和谐社会的必然要求。深入研究城市少数民族农民工经济权益保护机制建设问题，促进城市少数民族农民工及其承载人口的城镇转移，探讨民族地区经济社会繁荣与发展的新路径，是新时期民族地区科学发展的新要求，城市和谐稳定的新需要。

1. 改革现行以户籍管理制度为核心的城乡二元管理体制，为少数民族农民工经济权益保护创造体制条件

实行按居住地登记的新型户籍管理制度，是我国户籍管理制度改革的最终选择，也是打破城乡二元结构，实行城乡一体、城乡统筹的核心。但是，受限于基本国情的制约，这一改革目标的实现是一个逐渐推进的动态过程，不可能一蹴而就。因为"任何一种体制改革，说到底都必然涉及利益关系的改变，总会有一些人的利益要受损；没有人利益受损，就不可能有人受益；或者说，现在不受损，将来就不会受益"[②]。改革的过程本身就是一个利益关系的调整过程，就是一个收入再分配的过程。就我国目前的国情而言，户籍管理制度的改革必须走渐进推行的改革之路，只能采取先试点取得改革经验，再整体推进的思路。目前，我国有些大中城市在户籍管理制度上所做的改革就是一个有益的尝试。如郑州市2000年规定，只要在郑州市具有拥有住房（有产权）、有固定职业、或有直系亲属（配偶、子女、父母）条件之一的，即可办理郑州市户口。如此宽松的条件，也

[①] 中共中央国务院2004年1号文件：《关于促进农民增加收入的若干政策的意见》。
[②] 樊纲：《转轨经济的理论分析》，载邹东涛主编：《经济中国之新制度经济学与中国》，中国经济出版社2004年1月版。

仅有 17 万人将户口迁入郑州市，只占原有人口总量的 10% 左右。可见，在农村剩余劳动力转移动因日益由生存理性向经济理性转变，农民工"理性经济人"内涵日益成熟的今天，一些人对放开城市户口管制会产生"城市病"的担忧是没有必要的，如近期浙江省义乌市的农民拒绝"农转非"现象。又如广州市 2004 年 3 月 31 日宣布，对常住人口调控管理制度进行改革，以准入户条件取代以往的按计划指标审批入户、调整"农转非"审批政策、调整市内户口迁移政策、放宽恢复户口的条件等。改革的具体措施各具特色，但总体方向是一致的，就是逐步放开传统的城市户口计划指标控制模式，削离附着在户口上的一些利益设置。

我们认为，城乡分割的户籍管理制度改革的具体目标是一个原则、两个放和一个保障：（1）一个基本原则就是要把与户籍制度紧密相连的各种社会福利分割开来，让全体国民均衡享有基本的社会福利保障，而不论他的职业和身份。（2）两个放就是放开中小城市、小城镇特别是县城和中心镇的户籍，放宽大城市户籍申请条件，把"后致性因素"（如相对稳定的职业、一定收入水平和相对固定的住所）作为大城市户籍申办的门槛。（3）一个保障就是保障少数民族农民工在原输出地的基本利益（特别是原农村土地承包经营权）不受到任何侵害，严禁"以土地换保障"之类的"杀鸡取卵"式做法。

与公共服务和社会福利紧密相连的户籍管理制度，是少数民族农民工受到不公平待遇和难以融入城市的制度根源。只有破除目前的城乡分割的户籍管理模式，建立起按居住地登记的户籍管理制度，还户口以本来面目，才有可能建立城乡统一的劳动力市场，才能促成我国农村富余劳动力的自由流动和自由迁徙，少数民族农民工经济权益的保障才会有一个根本性的制度依托。

2. 建立城乡一体的劳务用工及工资支付制度，为少数民族农民工经济权益保护提供政策支撑

平等的就业机会、公平的就业环境和可靠的工资保障是少数民族农民工经济权益的核心部分。目前，少数民族农民工的工资水平总体上比较低，增长速度比较慢，与城镇职工的工资差距还在不断拉大，与少数民族农民工的社会贡献不相对称。当前，要妥当处理好国家、企业、农民工的利益关系，建立包括农民工最低工资制度、农民工工资集体协商制度、农民工工资预警机制、农民工工资发放机制和监督机制在内的一系列长效机制，真正保障少数民族农民工能像其他产业工人一样按时、足额领取劳动所得，确保这一群体的薪酬权不受任何侵犯，[1] 让少数民族农民工充分享受到改革开放以来我国工业化、城镇化快速发展的丰硕成果。（1）根据城市经济发展水平及物价水平和生活水平的高低，建立既切合实

---

[1] 邵文杰：《保障农民工权益呼唤制度化》，载《光明日报》2004 年 7 月 22 日，第 4 版。

际、又能真正起到保障作用的农民工最低工资保证线，保证少数民族农民工的基本经济权益。（2）建立农民工劳务用工合同检查监督制度和机构，加大监督力度，为少数民族农民工的工资保障提供具有法律效应的合同文件。（3）在各地（包括城市和农村）司法、劳动、工会、妇联等机构成立专门的农民工权益保障中心，加大对农民工劳动权益的监察、保护力度，为少数民族农民工提供法律援助，用法律手段保护少数民族农民工的合法权益不受侵害，解决少数民族农民工的劳动强度、劳动安全保障问题和不公平用工合同等劳动纠纷[①]。（4）推动发展保护农民工权益的非政府组织（NGO），提高少数民族农民工经济权益保护的自组织性。非政府组织的最大特点在于从事公益事业的非营利性，在发达国家，热心于社会公益事业的非政府组织十分发达，它们在很大程度上弥补了政府的不足，在改善社会弱势阶层处境、消解来自弱势阶层的不满和维护社会稳定方面发挥着不可替代的特殊作用[②]。

3. 健全城乡统一的社会保障制度，为少数民族农民工经济权益保护建立风险化解机制

少数民族农民工既是我国改革发展的产物，又打上旧体制的烙印。他们远离农村社区，不能享受到来自农村的社会福利；他们游历于现代城市社会之外，不能享受到城市社区的社会保障。一旦遇到突发事件，他们的危机处理能力和承受能力是相当脆弱的，甚至会成为社会的不稳定因素。以城乡统一的社会保障体系建设为最终目标的社会保障制度改革，建立包括社会保险、社会救助、社会福利和慈善事业相衔接的现代社会保障体系势在必行。

当前，改革的基本路径取向是：（1）建立城镇农民工失业风险基金和养老保险基金，使少数民族农民工失业有救济，年老有保障。（2）建立城镇农民工最低生活保障金，保证少数民族农民工的基本生存权利。（3）建立城镇农民工医疗保险金，把少数民族农民工的医疗保险纳入社会化管理，让少数民族农民工病有所医。（4）建立农民工住房保障制度，参照目前针对城市低保对象的相关政策，建造一批"安居工程"房、"微利"房和低租金公寓等，让少数民族农民工住有所居。

4. 创新农民工劳动技能培训机制和运行模式，为少数民族农民工经济权益保护提供长久动力

目前，全国各地都有各具特色的农民工技能培训机构，也开展了一些有益的培训工作，但总体针对性不强、成效不足。创新和变革的基本思路是：（1）改革现行高等教育投资政策，大力发展中、高等职业技术教育。特别是要转变高等

[①] 王元璋、盛喜真：《农民工待遇市民化探析》，载《人口与经济》2004年第2期。
[②] 张英洪：《新旧体制交织下的农民工》，载《上海城市管理学院学报》2004年第1期。

职业技术教育模式,把职业教育真正办成劳动技能培训机构,而不是变相的学历教育。(2)改革现行企业用工模式,克服企业用工短视行为,加大企业在劳动力技能培训上的投入力度,建立相应的用工培训制度,保证投资人的利益,形成农民工人力资本投资人与受益人双赢的局面。(3)加大农村基层政府在农村劳动力技能培训工作上的力度,把农村劳动力技能培训工作纳入农村基层政府的社会管理和公共服务职能之中,制订规划,确定目标和考核任务。(4)加大城市教育设施投入力度,制止针对农民工子女的教育歧视行为,保证农民工子女的教育平等权利。

保障少数民族农民工的经济权益,促进我国民族地区农村富余劳动力的顺利、有序转移是我国现代化建设事业的必然要求。一方面,目前我国城市化发展进程已滞后于我国工业化和现代化建设进程,1949年我国城市化水平已达10.6%,但30年后的1978年却还只有17.9%,而几乎在同期,世界城市化平均水平从29%迅速上升到41.3%,先进工业化国家从52.5%上升到70%以上,发展中国家也由16.7%上升到30.5%。城市化进程与工业化进程的不同步,二元经济结构的桎梏,严重制约着我国社会的转型和现代社会的构建,必须加速城市化建设步伐。另一方面,我国目前已经进入工业化中期阶段和全面建设小康社会时期,既是"黄金发展期",也是"矛盾凸显期",农民工作为游历于城乡二元结构外的第三元阶层,在我国社会经济发展中具有举足轻重的作用,必须妥善解决好他们的发展问题。所以,深化我国有关农民工的各项社会改革和政策改革,特别是清理与户籍管理制度相连接的各种附带功能,取消城市户口背后的各种利益;清理现行各种针对农民工的就业、工资、教育、社会保障等方面的歧视,保障农民工特别是少数民族农民工的以经济权益为基本内核的各种权益,让少数民族农民工充分享有与城镇职工同等的国民待遇,显得尤为迫切和十分必要。

参考文献

1. 吴要武、蔡昉:《中国城镇非正规就业:规模与特征》,载《中国劳动经济学》2006年第2期。

2. 姚上海:《农村劳动力流动中的民生问题:历史演进与现实思考》,载《湖北社会科学》2009年第6期。

3. 国家统计局农村司:《2009年农民工监测调查报告》,国家统计局网站2010年3月19日。

4. 韩长赋:《解决农民工问题思路:抓紧解决七问题》,载《行政管理改革》2010年第10期。

5. 中国农民工问题研究总报告起草组:《中国农民工问题研究总报告》,载《改革》2006年第5期。

6. 陆学艺:《农民工问题要从根本上治理》,载《特区理论与实践》2003年第7期。

7. 姚上海：《我国农民工经济权益缺失的制度性因素探析》，载《甘肃农业》2006年第6期。

8. 韩俊：《当前中国"三农"问题与政策走向》，邹东涛主编：《经济中国之发展问题》，中国经济出版社2004年9月版。

9. 樊纲：《转轨经济的理论分析》，邹东涛主编：《经济中国之新制度经济学与中国》中国经济出版社2004年1月版。

10. 王元璋、盛喜真：《农民工待遇市民化探析》，载《人口与经济》2004年第2期。

11. 邵文杰：《保障农民工权益呼唤制度化》，载《光明日报》2004年7月22日第4版。

12. 张英洪：《新旧体制交织下的农民工》，载《上海城市管理学院学报》2004年第1期。

辽宁省城市少数民族
流动人口权益保障研究

金海燕[①]

随着社会经济的发展和城市化进程的加快，大量少数民族流动人口向城市聚集。据不完全统计，2010年辽宁省少数民族流动人口约有18万人，主要集中在沈阳、大连、鞍山、丹东、锦州、营口等市，来自新疆、西藏、吉林、宁夏、青海、甘肃等地，主要有维吾尔族、藏族、朝鲜族、回族、哈萨克族、塔吉克族等民族，多以务工经商为主。

2010年，辽宁省民族事务委员会民族宗教问题研究中心组成课题组，选取沈阳、大连、鞍山等3个城市，对少数民族流动人口的生存现状、基本需求、权益保障等方面进行调研。课题组通过入户走访、开座谈会、发放调查问卷等形式，与部分少数民族流动人口、民族宗教工作部门的干部以及街道、社区工作者进行了面对面的交流，掌握了大量第一手资料。经过对问卷调查和实地访谈所得材料进行综合研究，课题组认为，作为"弱势群体"，少数民族流动人口合法权益的保障容易被忽略，城市中不公平对待少数民族流动人口的现象时有发生。保障流动人口的合法权益，特别是加强少数民族流动人口合法权益的保护，关系到党和国家少数民族政策的贯彻落实，也关系到城市的政治稳定和经济发展。因而，研究这一问题具有重要的现实意义。

一、少数民族流动人口在城市生活中面临的困难和问题

在调研中我们了解到，少数民族流动人口进入城市，对城市经济文化的发展起到了积极的推动作用，同时也给城市民族工作带来了较大挑战，而且他们自身在城市中的生存生活状态也不容乐观，主要有以下几个方面：

（1）来自城市社会的偏见与歧视是少数民族流动人口经常遇到的问题。在

---

① 作者简介：金海燕，女，辽宁省民族宗教问题研究中心。

调研中我们了解到，维吾尔族流动人口进城打工、生活普遍遇到了社会排斥和歧视问题。比如，个别宾馆、出租车拒绝为维吾尔族人提供服务，一些房东不愿意把房子出租给维吾尔族流动人口。来自城市的偏见和歧视使得少数民族流动人口、尤其是体质特征明显的少数民族很难真正融入城市生活，在城市中常觉得孤独和无助。得不到城市社会的认可，使得他们在遇到困难与问题时无法从城市社会中得到必要的救援与帮助，因而其合法权益得不到应有的保障。

（2）民族习惯与宗教信仰得不到尊重与理解也是少数民族流动人口在城市生活中经常遇到的问题。由于各民族文化背景不同，语言、习俗和宗教信仰上有着差异，少数民族流动人口对各地区城市管理制度不甚了解，而各地一些执法部门由于对少数民族流动人口的语言、风俗习惯、宗教信仰不了解，对民族政策掌握不够，使少数民族流动人口应该享受的政策待遇往往得不到落实，合法权益得不到有效保障。

（3）少数民族流动人口在城市中还会面临就业困难的问题。不可否认，流入城市的少数民族中有相当部分已彻底摆脱了贫穷的困境，进入了城市高收入人群的行列。但由于区域经济发展的局限，流动人口城市需求供过于求的现实，大多数的少数民族流动人口文化素质较低、技能缺乏等原因，一些少数民族流动人口在劳动力市场上缺乏竞争力，要么找不到工作，要么只能依靠血缘、亲缘、地缘、族缘等关系，干一些收入极其有限而又很不固定的工作。这类少数民族流动人口以外省的居多，主要是新疆的维吾尔族，甘肃、宁夏和青海的回族，西藏、四川的藏族和羌族。来自新疆的少数民族，大多以经营烤羊肉串和卖葡萄干及切糕为主，来自四川甘孜、阿坝地区的藏族、羌族，以贩卖药材、藏刀为主，来自黑龙江、吉林的朝鲜族大多以在餐馆打工和在韩企、日企务工为主。维吾尔族和藏族贩卖葡萄干和药材，一般都是沿街叫卖，没有固定的摊点。这种类型的人与城管部门接触较多，具体问题、各类矛盾多，不便于管理。而且由于近几年在辽宁省也发生过几起个别少数民族流动人口在民事纠纷中行为过激的事件，使部分干部和群众往往戴着有色眼镜看待少数民族流动人口，某些单位以生活习俗等理由不愿使用少数民族流动人口的就业歧视与就业不平等现象也较多存在，一些企业怕招惹是非，即使是招工难也不愿意招聘穆斯林务工人员，一些职业介绍部门不愿意为少数民族流动人口介绍工作，等等。这都属于侵犯少数民族流动人口平等权利与合法权益的问题。少数民族流动人口就业方面遇到问题，结果必然会直接作用到其生活状况方面，就业不足、低收入就业、收入无保障以及无法就业等都会给某些少数民族流动人口带来贫困甚至会直接导致在城市中无法生存的问题，他们是继城市下岗失业人口之外的又一城市"新贫困人口"。

（4）少数民族人口向城市流动，其子女如何接受民族教育的问题也变得日益突出。在大连的调研中我们了解到这样一个事实，改革开放以来，随着中韩建交及大连与韩国经济文化交流频繁,韩资企业增多,有越来越多的朝鲜族流动人口到大连务工、经商。据不完全统计,2010年大连市朝鲜族户籍人口2万,朝鲜族流动人口3万,居住在大连市内的朝鲜族约2000余户,市区外的朝鲜族近1400余户,大连已成为朝鲜族流动人口比较聚居的一个地区。朝鲜族流动人口在大连聚居,其子女接受民族教育的问题就提上日程。目前大连仅有一所朝鲜族学校,而现有的这所朝鲜族学校面临着较大的困难,教室不够用,满足不了日益增多的朝鲜族学生数量,没有住宿条件,大部分市区外的朝鲜族流动人口的子女被迫放弃接受民族教育的权利。客观地讲,朝鲜族流动人口的后代呈逐渐丧失民族语言文字及民族文化之势。目前,朝鲜族特别是朝鲜族流动人口关于在城市创办并加强民族教育机构,进行民族教育的呼声已日益强烈。所以,建议相关的政府部门应认真落实党和国家的民族政策,切实解决好城市少数民族流动人口子女接受民族教育的问题。

(5) 少数民族流动人口社会保障权利的缺失。少数民族流动人口作为非城市居民,不能享有城市居民所拥有的住房、医疗、义务教育、社会养老等方面福利,而且当少数民族流动人口在城市工作、生活遭遇风险与困难时,也没有相应的社会保障体系为他们提供援助和保护。少数民族流动人口在城市缺乏基本的社会保障,常处于无助的状态。目前,政府部门对少数民族流动人口的工作只是停留在事后调节和管理上,管理职能的滞后,无法真正保障少数民族流动人口的权益。

流向城市的少数民族人口因为没有所在城市的户口,他们既不能享受城市居民所享有的各种权利,也不能享受城市民族工作条例、散居少数民族权益保障法所赋予的各种权利。而他们在户籍所在地的诸多权利又不便或根本无法亲自行使,因而,对少数民族流动人口合法权益保护不力,很大一部分是由我国的"二元制"户籍制度造成的,另一方面也有我国民族法律法规不健全和法律本身的原因。

二、加强少数民族流动人口合法权益保护的建议

1. 建立健全民族法律法规,依法保护少数民族流动人口的合法权利

就全国而言,应加快《散居少数民族权益保障法》的立法工作,加强城市民族立法工作,对1999年制定的《城市民族工作条例》进行补充和完善。就辽宁省而言,2004年省人大颁布实施了《辽宁省散居少数民族权益保障条例》,但由于受当时历史条件的限制,该《条例》没有有关少数民族流动人口的具体操作规定,因此,建议省人大、政府等有关部门对《辽宁省散居少数民族权益保障

条例》进行补充和完善，早日使少数民族流动人口的服务管理工作走上法制化轨道。此外，《辽宁省清真食品管理条例》、《辽宁省民族教育条例》现正在抓紧制订中。建议这些法律法规的制订、修改和完善要突出特色，解决现阶段城市民族关系中的实际问题，充分维护少数民族流动人口的平等就业权、社会保障权、民族教育权和居住权，确保少数民族流动人口可以自由平等地融入城市或者返回乡村，公平分享国家发展的成果，平等参与民主政治，以及在精神文化方面与流入地居民融为一体。

2. 建立少数民族流动人口信息联系制度

少数民族流动人口进入城市这个陌生的环境后，要么投亲靠友、要么走街串巷，大多散落于城区和郊区，要了解他们的状况或为他们提供必要的帮助也并非易事。所以，根据实际情况建立符合本地特征的少数民族流动人口信息联系制度是非常必要的。通过信息联系制度，做到渠道畅通、信息及时、情况清楚、问题解决迅速，切实保障少数民族流动人口的合法权益。在具体运作过程中，还应充分发挥少数民族民间组织尤其是社会团体的纽带作用，如少数民族联谊会、伊斯兰协会等，利用"族缘、教缘、乡缘"关系，沟通政府与少数民族流动人口之间的联系并提供适当的帮助，在这方面，辽宁省各地可以借鉴鞍山海城市发挥伊斯兰协会作用，做好少数民族流动人口工作的经验。

3. 运用民族社区资源，为少数民族流动人口提供服务和保障

随着政治体制改革的发展，城市少数民族社区的作用日益突出。受民族心理素质、宗教信仰、风俗习惯的影响，许多大中城市都形成了较为完整的少数民族居民区或居民点，如沈阳市和平区西塔街道的安图社区、沈河区的回民社区等等。在这些社区内，少数民族人口相对集中，经济、文化及日常生活都显示出浓厚的民族特色，具有较强的自主性、排他性。一些零散进入城市经商、打工的少数民族流动人口也很自然地向民族社区集中，寻求帮助，同时也寻求一种精神上的寄托。因此，民族社区已成为城市少数民族人口从事政治、经济、文化活动以及进行情感联络的地缘中心，以社区为平台开展民族工作已经成为大势所趋。而通过少数民族流动人口居住的社区，为其提供迫切需要的服务和保障，组织少数民族流动人口参与社区管理和服务，树立社区意识，增强其与社区的亲和力，培养其对社区的认同感和归属感，将会在很大程度上促进少数民族流动人口心理、文化上与社区生活的和谐。如沈阳市西塔街道安图社区在沈阳市率先组建成立了"外来少数民族人员服务中心"，为社区内的外来少数民族流动人口在子女入学、职业介绍、租房就医等方面提供全方位的帮助和服务，这不仅有利于加强少数民族流动人口与城市社区的联系，也有利于不同民族成员的相互交往和民族关系的协调。今后，我们应重点关注如何使现有的社区民族工作以专业的形式出现，鼓励少数民族流动人口参与社区管理和服务，允许其参与社区决策过程，切实保障

少数民族流动人口的合法权益。

4. 建立完善的法律援助制度，为少数民族流动人口提供法律服务

在非少数民族聚居区的城市中，少数民族属于特殊群体。其特殊性主要表现在语言文字、宗教信仰、生活习俗等方面与汉族明显不同，特别是那些从边疆民族聚居区到内地城市经商打工的少数民族成员，这方面就更为突出。当他们出现纠纷或进行诉讼时，习俗上的差异、言语不通、经济困难等因素都将阻碍其诉讼手段的正常运用，需要国家和社会给予一定的帮助。而我国现有的法律援助制度并未将少数民族当作一个特殊群体纳入援助对象的范围之内，这对保护城市少数民族群众的合法权利是非常不利的。因此，有必要在各级民委部门设置一个专门援助少数民族群众的机构，为少数民族群众提供法律服务，以确保其合法权益。2009年，辽宁省民族事务委员会成立了辽宁省少数民族服务中心，少数民族服务中心的宗旨是维护少数民族人口的合法权益，为其提供有关民族法律、法规、政策方面的咨询服务，为城市少数民族，特别是少数民族流动人口提供就业指导、特困救助和法律援助，这是一种非常有益的尝试。建立法律援助制度，引导少数民族群众，特别是少数民族流动人口自觉遵守法律法规，运用法律手段维护自身合法权益，是做好城市少数民族流动人口工作的重要环节。

少数民族权益保障视野下的"村民自治"制度

——基于广西宜州市屏南乡合寨村的实证研究

朱智毅[①]

村民自治与包产到户、乡镇企业一起,被誉为中国农民的三个伟大创造。[②]

1978年冬,安徽凤阳小岗村的18位农民率先揭开了中国农村经济体制改革的序幕。在随后的三、五年间,以"包产到户"、"包产到组"为主要形式的新型经济体制在全国广大农村地区中迅速推行,中国农村社会进入了又一次前所未有的"转型"时期。但中国农民的思想自觉还远未结束,面对着生产方式的变革与旧有基层组织形式的瓦解,一种新型的群众性管理形式开始登上中国农村民主政治改革的大舞台,这就是诞生于广西宜州市屏南乡合寨村的"村民自治"制度。

与今天已经家喻户晓的安徽小岗村相比,或许了解合寨村的人并不多,但正是发生在这个壮族山村里的"一选"改变了中国农村的基层民主格局。1982年12月,中华人民共和国第五届全国人民代表大会第五次会议,将设立"村民委员会"正式写入新颁布的《中华人民共和国宪法》[③],"村民自治"这一农民的伟大创举得到了国家根本法的确认。如今,随着《中华人民共和国村民委员会组织法》的出台和30多年基层民主实践的经验积累,村民自治已经成为当代中国农村扩大基层民主,广大农民群众依法实现自我管理、自我教育、自我服务的一项基本制度。

无疑,在今天看来,合寨村是中国"村民自治"实践的起点,也是中国基层民主体制改革的突破口,尽管合寨村的"自治"之路最初只是出于维持正常

---

① 作者简介:朱智毅,汉族,中央民族大学法学院2009级民族法学专业硕士研究生,研究方向为"中国少数民族人权保障研究"。

② 党的十五届三中全会通过的《中共中央关于农业和农村工作若干重大问题的决定》中指出:"包产到户和乡镇企业,都是党领导下我国农民的伟大创造","扩大农村基层民主,实行村民自治,是党领导亿万农民建设有中国特色社会主义民主政治的伟大创造"。

③ 金宝生主编:《村民委员会建设》,广西人民出版社1988年版,第8页。

生产、生活秩序的需要,① 但最终的结果却使村民们拥有了许多本该属于他们自己的权利。民主与权利,就如同车之两轮、鸟之双翼,缺一不可。没有权利的民主不是真正的民主,而失去民主保障的权利也难以真正实现。国内的学者们将更多的热情投注于对基层民主建设的有益探索,并已取得了相当可观的成绩。笔者幸运地站在了一个更高的研究基点上,但笔者想尝试着改换一种思维进路,即从权利保障的视角去审视"村民自治"的意义。同时,作为一名民族法制的研究者,笔者更为关注的是"村民自治"在少数民族权益保障方面所能发挥的作用。于是带着许多问题,笔者走进了"中国村民自治第一村",走进了位于桂西北地区的壮家山寨,这里不但是"草根民主"的"发源地",也是充分发挥"村民自治"优势来保障少数民族群众权益的"践行所"。

一、走进"村民自治第一村":合寨村基本情况概述

广西壮族自治区宜州市屏南乡合寨村地处大石山区,西接柳江县土博镇,东临忻城县欧洞乡,属宜州、柳江和忻城三县(市)交界之地,是典型的少数民族聚居村落。全村总面积为33.4平方公里,耕地面积3578亩(其中水田1664亩,旱地1914亩),人均耕地面积约为6—8分地;有林面积3860亩,经济作物880亩,主要作物有水稻、玉米、甘蔗和桑园等,畜牧业以发展养牛、羊、猪为主;境内有里洞水库,水容量600万立方,属中(一)型水库,可供灌溉全村水田。村内共有12个自然屯,人口4336人,近1050户人家,其中95.3%的居民为壮族,② 主要姓氏有韦、蒙,其他民族的居民则多为外姓人。

偏远、贫瘠、山区、三县交界之处,这恐怕是合寨村给人的"第一印象"。然而,正如当地纵横交错的喀斯特峰岩一样,合寨人坚毅、大胆、勇于创新,从1980年至今,合寨村实行"村民自治"已有30多个年头,在过去的30多年里,村民们在"村委会"的带领下,坚持民主选举、民主决策、民主管理、民主监督,自力更生,与时俱进,走出了一条独具特色的民主发展之路——地处山区,

---

① 1979年的下半年起,合寨村进行了"分田到户"的经济体制变革,农民获得了自由,但生产队的领导却处于瘫痪的状态,村里的许多问题都无人问津和处理,一时间社会治安急剧恶化,山林、土地、房屋、水利等纠纷层出不断。更为严重的是,村里赌博之风日盛,村民们用一句话概括了当时的情境,叫"吃得饱,睡不好"。于是,为了改善治安状况,恢复正常的生产、生活秩序,合寨村村民自发地组织起来,通过群众选举成立"村委会",自己管理自己、自己教育自己、自己保护自己。其中,果地屯和果作屯于1980年春最先成立"村委会",之后,全村各屯纷纷效仿。详见王布衣:《震惊世界的广西农民——广西农民的创举与〈中华人民共和国村民委员会组织法〉的诞生暨草根民主启示录》,载《广西文学》2007年第4期。

② 文中的相关数据主要来源于屏南乡人民政府和合寨村村委会提供给笔者的资料。

交通不便，人均耕地面积不足，自然条件恶劣，这是合寨村发展生产的"天然阻力"。为此，合寨村村委会认真研究了当地情况，在稳定粮食生产的基础上，以新型产业示范基地建设为抓手，带领群众进行产业调整，着重发展桑蚕、林业、劳务输出等产业，努力帮助群众增收，解决好农业生产与经济发展的大问题。如今，合寨村村民的收入逐年增加，2009年人均纯收入已达4353元。照明的电灯有了，摩托车、手机等现代交通、通讯工具也有了，全村85%以上的农户住进了钢混结构的楼房，95%以上的农户安装了闭路电视，这一切都是村民们与村委会干部群策群力、共谋发展的结果。

"原来的话，我们没有照明（电灯），只有煤油灯，后来到1981年的时候就有电灯了。现在村里的楼房也比较多了，（屯里）183户人家只有9户还没有房子，原来的泥瓦结构也变成了钢混结构。现在群众的生活可以说是安居乐业了，上世纪六七十年代的时候（我们）吃的是稀饭，现在就吃得好了，穿的也讲究了，原来常穿打有补丁的衣服，现在基本上都没有人穿了。"

——合寨村果作屯第一届村民委员会主任韦焕能①

表1　宜州市屏南乡合寨村2002—2009年村民人均纯收入一览表

年份	2002年	2003年	2004年	2005年	2006年	2007年	2008年	2009年
人均纯收入（元/年）	2286	2399	2432	2675	3100	3700	4020	4353

村委会的干部是公仆，群众是主人，这是合寨村村委会给笔者留下的深刻印象。村委会的班子是民主选举出来为群众办事的，村、屯里的每一次重大决策、每一项重要开支都要提交全体村民或村民代表大会讨论决定。"自己的事情自己管"，村委会是"领头人"，群众才是"主力军"。由于办事决策程序规范，群众相信集体，开拓创新愿望强烈。30多年来，村委会依照民意，积极带领群众开展公益事业，如兴修水利、清理沟渠、修建校舍、硬化道路，等等。如今，合寨村村民通过集体决策形式修建了11.2公里的村屯级路，硬化了15条约8000米的水利渠道，全村的饮水、用电问题基本解决，村内的基础设施建设也日趋完善。2010年7月，笔者抵达合寨村时，恰逢全村筹备"村民自治"30周年庆典活动之际，从年初起，村里就开始修建水泥硬化路、灯光篮球场、垃圾焚烧炉等多项基础设施，并对"果作屯大樟树—村委会"沿线的105户农家及村委办公楼进行了房屋立面改造，这些工程建设由乡政府牵头、村委会发动，全村村民积极

---

① 此类材料为调研中同受访者进行访谈时记录下的谈话内容。

响应，有钱出钱，有力出力。目前，许多项目建设都已初见成效，合寨村的村容村貌也得到了进一步的改善。

"我们认为，群众选出来的干部，就是群众的干部，是能帮群众解决问题的干部。（所以）群众尊重我们，也相信我们，如果他们不相信（我们），就不会选我们了。村委会是要帮助群众排忧解难的，还要带着他们办一些公益事业，比如村里通了电，群众又想用自来水，于是我们就牵头来搞饮水工程，修水利、修沟渠，（所需的经费）村里投资一部分，群众自筹一部分，不够就号召在外面打工的（乡亲）给家乡捐款，我们在功德碑上给他们记下姓名和（捐款）数额，这样靠大家齐心协力把事情办好。"

——现任合寨村村民委员会副主任韦恩立

群众物质生活水平的提高，村内各项硬件设施的完善，30多年的"村民自治"给合寨村带来了翻天覆地的变化。而令合寨人引以为豪的还有实行"村民自治"后所形成的良好社会风气与治安状况。"安居方能乐业"，自1980年成立村民委员会以来，合寨村村委会始终将治安维稳工作视为"民主管理"的重心，村规民约及《村民自治章程》中均有涉及治安管理方面的条款——从封山育林到严禁炸鱼，从看管好各家的猪、牛、马到不准在路边、田边、井边挖鸭虫，从严禁赌博到不准偷盗，从自觉维护治安到积极搞好联防，甚至连"不准在村内对唱野山歌"、"不准随处洗澡"等也被写入其中。聚赌滋事、偷牛盗马、毁林伐木等歪风陋习为规约所禁止，而壮家人素有的"德业相助、患难相帮、疾恶如仇"的传统风尚则为规约所提倡，合寨人不仅在培育着良好的社会氛围，同时也在塑造着自己美好的心灵。如今，"治安管理，人人有责"的观念早已在合寨村深入人心，无论发生什么情况，只要村委会一声令下，全体村民便会集体出动，共同维护村内秩序的稳定。笔者在村中调研时，深感当地民风淳朴，秩序井然，颇有"夜不闭户，路不拾遗"之风，今天的壮家山寨像一位阅尽沧桑的老人，宽厚而仁慈，安详而宁静。

"我们村和周围几个村的治安以前都比较乱，后来村委会组织村干部、党员、团员进行夜间巡逻，（我们）村里的治安就明显好了。过去，晚上的时候有人敲门，可不敢开门啊，弄不好就是强盗。有些（更为凶恶的）人直接把家门砸开后，进来把东西搬走，我们想追都追不上。村里搞了治安联防，定了村规民约以后，给这些人起了震慑（作用），这类现象就没有了。现在旁边的一些村，没有搞治安（管理），就还有这样的事发生。"

——合寨村果作屯里的一位七旬老人

二、倾听群众的心声：对合寨村壮族村民问卷调查结果的统计分析

笔者在合寨村内的调研，得到了屏南乡人民政府与合寨村村委会两级干部的热心帮助与支持，① 同时也得到了当地村民们的积极配合与响应。为了更好地了解"村民自治"在合寨村内的运行状况以及村委会在保障当地壮族群众权益方面的作用，笔者使用了预先设计好的调查问卷，以立意抽样和偶遇抽样结合的方法，深入合寨村的多个自然屯，对当地20多户壮族人家进行了入户访谈与问卷调查，共收回有效问卷30余份、访谈记录若干，获取了许多具有现实意义的"第一手"材料。

（一）受访对象的人口学特征

在调研中，接受访谈的合寨村村民均为壮族，其中男性20人，占调查总人数的62.5%，女性12人，占调查总人数的37.5%。32位受访者中，以中、老年人居多，平均年龄约为46.57岁，年龄最小的14岁，最长的81岁。受访者大多具有初中以上学历，但总体而言，文化程度偏低。其中，无1名受访者的受教育程度在高中学历以上，接受过高中教育的只有4人，占调查总人数的12.5%，接受过初中教育的人数最多，共有16人，占调查总人数的50%，而其余12位受访者均为初中以下文化水平，占调查总人数的37.5%。

此外，由于近年来合寨村的经济发展形势较好，村民们的收入稳步提高。就职业分布状况而言，村里的年轻人多选择外出务工，而家里的老人则多以种植玉米、甘蔗，养殖桑蚕为生。在受访的32人中，在家务农者16人，占调查总人数的50%，进城务工者8人，占调查总人数的25%，其余8人，则主要从事生产加工、经商、行医、求学等职业。

---

① 在合寨村进行调研时，屏南乡党委书记韦炳军同志，乡党委组织委员、副乡长韦剑锋同志，乡党委综治统战委员、副乡长卢炳胜同志以及合寨村村委会的韦恩立、罗凤秋两位村副主任都给予了笔者无私的帮助与指导，在此特别表示感谢！

表2 受访者性别、年龄统计表（单位：人）

性别 年龄	男	女	合计
18岁以下	2	0	2
18—25岁	2	0	2
26—40岁	2	4	6
41—60岁	9	5	14
60岁以上	5	3	8
合计	20	12	32

表3 各年龄段受访者的从业状况统计表（单位：人）

年龄 职业	18岁以下	18—25岁	25—40岁	40—60岁	60岁以上	合计
务农	0	1	2	8	5	16
务工	0	1	4	3	0	8
其他	2	0	0	3	3	8
合计	2	2	6	14	8	32

（二）"四个民主"的落实情况

依据宪法与《村民委员会组织法》的规定，贯彻、落实"四个民主"是"村民自治"的主要内容，具体而言包括"以直接、平等、差额、无记名投票为基本原则的民主选举；以村民会议、村民代表会议为主要形式的民主决策；以村规民约、村民自治章程为核心手段的民主管理；以村务公开、财务公开和群众评议为重要特征的民主监督。"[1] 作为我国实行"村民自治"制度的先行者，合寨村长期以来始终坚持将"四个民主"落到实处，切实保障当地群众参与民主政治生活的各项权利。

1. 民主选举

民主选举，就是指由村民直接选举产生村委会的干部。它是民主决策、民主管理和民主监督的前提，也是"村民自治"中最为重要的一环。北京大学法学

---

[1] 王道坤：《村民自治的多视角研究》，四川大学出版社2007年版，第105页。

院贺卫方教授曾说:"有些人说中国老百姓素质不高,但是我认为中国老百姓的素质够好了……宪政意识说起来很抽象,但实际上很简单,就是跟自己有关联的事物,我要有机会去知道,有机会去参与……有一个选择权给老百姓自己,这就是民主。"① 显然,村民们民主政治权利的实现首先有赖于民主选举的开展,故笔者在调研时也着重对选举问题进行了深入了解。

(1)"谁能当好领头人"

在民主选举中,怎样的人才最符合群众对于村委会干部的要求?这是事关基层干群关系和谐与稳定的大问题。"村民自治"要想落实好,离不开村民与村委干部间的相互信任、相互依赖、相互扶持。在合寨村里,村民们清楚地晓得:村委会不是一级政权组织,而是群众选出来的"自治"机构;村委干部也不是政策的"主宰者",而是要带领大家实现自我管理、自我教育和自我服务的"领头人"。当笔者问及"如果让您选举村干部,您看重的是什么"时,32 位受访者给出了如下回答:

表4 合寨村村民选择村干部的价值取向 (单位:%)

选择与否＼类型	办事公道	自家人	能带领大家致富	敢为群众说话	清正廉洁	其他(如办事能力强、有文化等)
选择	56.25	0	50	53.125	9.375	37.5
不选择	43.75	100	50	46.875	90.625	62.5

从表4中的数据可见,合寨村村民在选举村委会干部时,考虑得最多的是"办事是否公道",在32位受访者中,共有18人选择了此项,这说明当地群众具有很强的公正理念和正义诉求。村民们其次考虑较多的有"敢不敢为群众说话"、"能否带领大家致富"和"办事能力如何、文化程度怎样",选择此三项的分别有17人、16人和12人,这表明合寨村村民倾向于选择有胆识、有能力、敢作敢为、确实能代表群众利益的人作村委会干部,同时对于经济能人、文化或技术能人也比较地钦佩。或许是由于村民们对当地村委干部品行的高度信任和了解,只有3人选择了"是否清廉"的选项,从某种程度上讲,这体现了历任村委干部在群众中已经树立起的威信和良好的作风。

此外,没有一位受访者选择了"是不是自己一家人"的选项,这说明合寨村的民主化进程已经取得了喜人的成效,在"用人唯亲"还是"用人唯贤"上,

---

① 贺卫方:《宪政的趋势——世界与中国》,2004 年广东学术论坛"中国趋势"系列报告会上的专题报告,引自 http://news.sohu.com/20040729/n221262598.shtml。

绝大多数的合寨村村民选择了后者。"如今我们选村委干部，主要还是看（他们）办事的能力，看（他们）对待群众的态度，至于是不是自家人、本屯人，那都无所谓。村里原来有个叫韦现的人，是从外村嫁过来的'上门女婿'，不过他人心地好、有文化，又能办事，待人和气，和我们群众打成一片，于是（我们）屯里的人就推选他做了几年的村干部"。一位果地屯的老人颇有感慨地向笔者讲述了这段故事。过去，壮族村社里奉行的是"都老制"或"寨老制"，大多是由同一家族或宗族的族长、头人担任"都老"、"寨老"管理全村的事务。如今，随着"村民自治"的推广，合寨壮族群众的民主意识逐步提高，"不拘一格选干部"的观念开始深入人心，传统的"族自为治"以更具民主性、科学性的"村自为治"得以实现，而原先以宗族、血缘为纽带的自然权威也逐渐为新型的民主"自治"组织所取代。问卷中还专门提问到："在您村的主要干部中，您希望有本宗族的人吗？"有22人选择了"有没有无所谓"，有4人选择了"不希望有"，只有5人选择了"希望能有一个"，还有1人选择了"说不清"。

（2）"群众的干部群众选"

"平等、公开、竞争"，这是国家法律对于民主选举的基本要求。"村委会的干部由谁来提名"、"村委会的选举过程能否保持公正"、"是否采用了差额选举的方式"，这些都是衡量选举民主化程度的重要标志，同时也是判别基层群众民主政治权利能否得到切实保障的重要标尺。

当笔者问及"在村委会选举中，候选人是否由村民直接提名产生"时，有20位受访者回答了"是"，有6位受访者则给出了否定的答案，还有6人表示自己"不清楚"。通过查阅近年来合寨村的《村民委员会选举办法》，笔者发现自2008年起，合寨村的村委会选举就由原先的"两推一选"变为了"公推直选"①，民主化的程度大幅提高。这一变化当然为一直居住在村里的中、老年人所知晓，但对于一些长期在外务工的青、壮年村民而言，则还比较陌生。

在问及"是否实行了差额选举"、"是否采用无记名投票"、"选举结果是否当场公布"时，村民们的回答表现出了高度的一致性，分别有96.9%、90.6%和93.8%的受访者选择了"村委会选举实行的是差额选举"、"村委会选举投票采用无记名制"和"选举结果当场公布"的选项。事实上，这三项制度早在合寨村第一批村民委员会成立之初就已经确立，并一直延续至今，成为确保该村村委会选举"公正、公开、公平"的基石。

---

① 2008年通过的《合寨村村民委员会选举办法》第5条第2款明确规定："村民委员会成员初步候选人由选民直接提名产生。"

表5 合寨村村民对有关村委会选举事宜问题的回答情况（单位：人）

选择情况\问题	村委会成员候选人是否由村民直接提名产生？	村委会选举是否实行了差额选举？	村委会选举投票时是无记名投票吗？	村委会选举的结果是否当场公布？
选择"是"	20	31	29	30
选择"否"	6	0	1	0
选择"不清楚"	6	1	2	2

2. 民主决策

民主决策，就是由村民自行讨论村里的重大事项和众人共同关注的问题，并依照绝大多数人的意见作出决定。民主决策是避免少数人"人治"、实现多数人"自治"的有效途径，通过充分地表达民意，增强了重大事项决策的科学性，同时保障了村民们参与村内公共事务管理的权利。

依照宪法和《村民委员会组织法》的规定，村民参与民主决策的方式主要有两种，一是由全村18周岁以上村民组成的村民会议，二是由村民推选代表参加的村民代表会议。[①] 从本质上讲，村民会议和村民代表会议都是村民行使当家做主权利的民主决策机构，二者在功能上具有互补的作用。在合寨村内，由于各屯位置分散，加上近年来劳务输出的人数较多，因此村里的事项多交由村民代表大会讨论决定。在调查中，有81.3%的受访者表示知晓"村里通过召开村民代表会议来讨论决定一些公共事务"，少数受访者还向笔者介绍了事项决议的具体流程——"目前屯里的一些（重要）事情主要是由村民小组的骨干成员先进行讨论，然后再组织屯里的群众集中讨论（决定）。对于一些屯里解决不了的，或者是（事关）全村的事情，就由我们5到10户（人家）、或者是村民小组推荐一些代表，在村委会的组织下，进行讨论"，合寨村南台屯的村民小组长卢生庭对笔者如是说。

当然，对于村里特别重大、男女老少都很关注的事情，如制定、修改村规民约，造桥修路、兴建学校等大型公益事业以及村里的大额财务支出等事项，合寨村村委会通常都会组织全村村民，召开村民会议讨论决定。在32位受访者中，有24人表示"村里每年都能召开一次以上村民会议"，占调查总人数的75%，同时每人都表示"村里召开村民会议时，到会村民能够讨论和决定村内的重大事项"，村民会议的决定也"能得到全村的贯彻和执行"。村委会的罗凤秋副主任告诉笔者——过去从里洞水库到合寨村村委的2.5公里村道都是泥路，一下雨就

[①] 《中华人民共和国村民委员会组织法》第17条、第19条、第21条。

泥泞不堪，给沿途的 4 个自然屯，1400 余群众的生产、生活带来了很大不便。2009 年夏天，村里通过召开村民会议，讨论决定修建"里洞水库至合寨村村委"道路，决议把村集体林场承包所得资金的 1.4 万元用于该路的修建，不足的资金则由沿线群众自筹。对于自己讨论决定的这一事项，村里的群众很支持，该路的修建工作也进展得很顺利。

通过调查与访谈，笔者深刻地感受到民主决策给合寨村村民所带来的切实利益，正如一位果作屯的八旬老人所说——"（要说什么是）村民自治，其实就是我们群众的事情由我们自己来决定，就好比是自家的孩子自家管！"

3. 民主管理

民主管理，就是指由村民共同管理村内事务，维护村内的正常生产、生活秩序。依照《村民委员会组织法》的规定，村民们的"民主管理"主要体现在三个方面：一是参与建章立制，即根据国家法律的精神制定和修改村民自治章程、村规民约；二是参与经济管理和公益事业建设，如经营村办企业、进行村镇建设等；三是维持社会秩序，如维护社会治安、整治村容村貌与环境卫生、推行计划生育等。[1] 合寨村是我国第一部新型"村规民约"的诞生地，同时也是充分运用自治规约、章程指导和规范"村民自治"活动的模范村。恰如学者薛和所言："村民不是没有自我管理的能力，当他们感觉到加强管理的实际需求时，他们就会拿出自己的管理办法。"[2] 1990 年，合寨村村委会为了进一步强化民主管理的效果，又依照国家法律、法规，结合村里的实际情况，围绕社会治安、村风民俗、邻里关系、计划生育、财务管理、村容村貌整治等 6 个方面制定了《合寨村村民自治章程》。如今，这些规定在合寨村内已经深入人心，尽管它们不是法律，也没有国家强制力加以保障施行，但是却得到了村民们的普遍认同和遵守，成为"国家权威"与"地方性知识"的"完美结合"。在接受访谈的 32 人中，尽管只有 16 人表示知道《村民委员会组织法》，只有 1 人表示熟悉《村民委员会组织法》中的内容，但是当问及村规民约的产生方式、宣传手段以及对它的熟悉程度时，绝大多数的村民都很快地做出了答复，有 65.7% 的人表示"十分了解"村里的成文规章制度，有 28.1% 的人表示"比较了解"，而只有 9.2% 的人表示"了解一些"或"不太了解"。此外，有 90.6% 的人指出，村规民约、村民自治章程是由"全体村民通过村民会议讨论产生的"，村民们通过参与会议讨论、发表意见，逐渐了解并熟悉规约所涉及的内容。

在查阅《合寨村村规民约》时，笔者发现，规约中所规定的内容是很具体的，且具有相当的针对性和实用性，例如"不准乱放牛、马、猪、羊等家畜"、

---

[1] 《中华人民共和国村民委员会组织法》第 2 条、第 5 条、第 20 条。
[2] 薛和：《江村自治——社会变迁中的农村基层民主》，江苏人民出版社 2004 年版，第 150 页。

"不准在后龙山开荒、放石炮、砍柴草"、"使用老宅基要尊重历史状况,使用新宅基不得有损整体规划和四邻利益"等规定,都是涉及村里集体利益和个人利益最重要、最实际的问题,也是比较容易产生矛盾的问题。通过村规民约的调整,大家共同遵守、相互监督,许多看似复杂、难办的事情都变得容易解决了。如今,民主管理给合寨村带来了前所未有的发展,村民们参与治安维护和公益事业建设的热情高涨,特别是在治安管理方面,全村村民自觉组织起来破旧俗、刹歪风、树正气,一旦发现有违反规约者,"众人行动,共同阻止",对违者"责令其写深刻检查,在村中张贴",集体进行监督。目前,绝大多数的群众都对村里的治安状况表示满意,当笔者问及这一问题时,就有近94%的受访者认为全村的治安环境"很好"或"比较好"。可见,"村民自治"不仅帮助合寨村村民实现了自我管理的民主权利,还充分保障了当地群众的人身与合法财产的安全权。

4. 民主监督

民主监督,就是指由村民通过一定方式监督村委会的工作和村委会干部的行为。依照《村民委员会组织法》的规定,民主监督的内容主要包括:(1)监督村内涉及村民切身利益的重大事项是否依照民主决策落实到位;(2)监督村委会的工作是否依法开展,是否坚持了群众路线、充分发扬民主;(3)村民或村民代表可以定期对村委会干部的任期目标进行评议,并监督其是否奉公守法、遵章守纪、热心为民服务。[①] 应当讲,民主监督是反映"民主决策、民主管理"实现程度的重要标志,坚持这一制度不仅有助于增进村委会干部的廉洁自律,遏制腐败现象的滋生、蔓延,化解干群之间的矛盾,维持社会秩序的稳定,同时还有助于确保村民参与权、决策权、知情权以及监督权的具体实现,提高村内管理决策的民主化与规范化水平。

(1)"阳光下绽放的民主之花"

"村务公开"是村民们实现其民主监督权利的最主要途径。依照国家法律的规定,凡是涉及村民利益的重要事项和村民普遍关心的问题,村委会都应予以公开。[②] 具体而言,大体包括三个方面:一是政务公开,即将国家的政策、法规以及村里制定的规章制度予以公开;二是事务公开,即将村内日常事务的管理情况和重大事项的执行情况予以公开;三是财务公开,即将村民提留款的使用情况、村集体经济所得收益的使用情况、村办公益事业村民负担经费的使用情况等财务事项予以公开。其中,涉及村内财务管理的事项往往是村民们最为关注的焦点,因此,财务公开也一直是村务公开的关键。通过调查,笔者发现,合寨村从最初成立村委会时起,就严格实行会计管账、出纳管钱的制度,500元以上的开支须

---

① 《中华人民共和国村民委员会组织法》第23条、第24条。
② 《中华人民共和国村民委员会组织法》第22条。

由村委会集体研究同意，重大开支和投资项目必须经村民代表大会表决通过，并且每三年以村民小组为单位，从村民代表中挑选出4、5名思想好、觉悟高、原则性强并具有财会知识的代表成立民主理财小组，每季度对村内财务进行审核、清理，然后将支出、收入逐笔登记造册，分发到各村民小组，利用公开栏、广播进行公开。如今，合寨村的"财务公开"制度已经走上了规范化的管理轨道，其他村务公开也进行得井然有序。当笔者问及"村里的财务、事务、政务是否能做到公开和透明"时，有68.7%的受访者表示"一贯公开，十分透明"，其余31.3%的受访者则表示"经常公开，比较透明"，并且有93.75%的受访者表示知道"村里成立了民主理财小组"的事情。

表6　合寨村村民对有关村务公开事宜问题的回答情况（单位：人）

选择情况 \ 问题	据您所知，村里是否实行村务公开？	村里是否有财务监督小组？	村里财务监督小组的成员是否认真履行了职责？
选择"是"	29	30	27
选择"否"	0	0	1
选择"不清楚"	3	2	4

（2）"为干部砌上一堵拒腐蚀的墙"

除村务公开外，群众评议也是实现民主监督的重要方式之一。无疑，实行"村民自治"的制度价值就在于使村民们真正感受到自己不再是被人管理和支配的消极对象，而是自己的事情自己管、大家的事情大家管、自己掌握自己命运的主人。村委会只是带领群众开展自我教育、自我管理、自我服务的组织者，而村民才是"自治"的主体，因此他们有权对村委会及其成员的工作进行评议和监督。

在合寨村内，村委会成员始终恪守一条宗旨：说真话、办实事，让群众当家做主。因此，只要不是故意捏造事实，村里的群众可以在任何场合对村委会的工作和村干部的行为进行评论、提出建议。在调查中，当笔者问及"您作为本村村民，能否对村干部进行民主评议"时，有30位受访者回答说"能"，占调查总人数的93.75%。同时在访谈中，笔者还了解到，村委会每年会召开1—2次由村民代表参加的专题会议，将村里的政务、事务、财务公开，允许任何村民按程序进行询问，村干部必须如实回答村民所提出的问题。同时，村里还成立了由12人组成的村级事务监事会，每半年对村干部的"德、能、勤、绩、廉"五方面进行民主评议，村民代表和党员都可以参加民主评议的会议，并可对村干部的工作提出质询。多年来，合寨村始终将村干部的廉政建设视为民主监督的重点，村委会的干部也在群众中树立起了良好的形象，并深得他们的信任和尊敬。

(三) 合寨村村民参与"村民自治"的情况

许多研究基层群众民主政治意识的学者都指出，尽管民主原则、民主制度和民主程序都已经为村民们所了解，但是他们对于参与"民主"和"自治"的热情却不高，甚至有学者用"冷漠"一词来形容村民们的态度。[①] 为了更好地了解"村民自治"实施的社会效果，笔者同样对接受访谈的32位合寨村村民进行了有关参与"村民自治"热情程度及相关问题的调查。

首先，在思想认识方面，当问及"作为一名具有资格参与村民自治的村民，您是否希望参与村民自治活动"时，有21位受访者表示"非常希望"，占调查总人数的65.6%，有10位受访者表示"比较希望"，占调查总人数的31.3%，另有1人表示"参不参与无所谓"，占调查总人数的3.1%。而当问及"您认为村民自治在农村发展和村民权益保障方面意义如何"时，有19位受访者认为"很有意义"，有12位受访者认为"较有意义"，共占调查总人数的96.9%。

其次，在实际参与方面，当问及"您参加过几次村民选举"时，有20人表示参加过"两次以上"，有8人表示参加过"一至两次"，仅有4人表示"从未参加过"，而这些"未参加过"选举的受访者主要为青少年村民和一些外出务工者。当笔者问及"您是否参加过村里重大事务的决策"时，有14位受访者表示"每次都参加"，有15位受访者表示"经常会参加"，还有3位受访者表示"有时会参加"，分别占调查总人数的43.8%、46.8%和9.4%。而当问及"对村里实行的村务公开制度，您是否关心"时，有超过八成的受访者都表示出不同程度的"关心"，并表示"村务公开"在保障自身的民主权利方面意义重大。

表7 合寨村村民对于村务公开制度的关注程度

问题选项	选择人数	百分比（%）
关心，经常去看	19	59.4
比较关心，有空去看	7	21.9
知道有公开栏，偶尔去看	3	9.4
无所谓，去不去看都行	2	6.2
说不清	1	3.1
合计	32	100.0

再次，在对村委会工作的评价方面，当问及"您对本村的村民自治落实情况

---

① 薛和：《江村自治——社会变迁中的农村基层民主》，江苏人民出版社2004年版，第162页。

及村委会的工作情况是否满意"时,有24人表示"十分满意",有7人表示"比较满意",只有1人表示满意程度"一般"。而当问及"村委会干部对于维护您的权益和解决您与您家庭的困难有怎样的帮助"时,有11位受访者认为"有很大帮助",占调查总人数的34.4%,有15位受访者表示"有较大帮助",占调查总人数的46.9%,有6位受访者表示"有时有帮助",占调查总人数的18.7%。

由上述三个方面的统计数据可知,合寨村的这些壮族村民们表现出了远高于其他农村地区群众的政治热情和参与"村民自治"活动的积极性。在笔者看来,这并非出于他们对自己作为"村民自治开拓者"的自豪感。其实,对于民主自治和当家做主,基层群众在其内心深处还是蕴藏有一定的民主欲望和政治热情的,但他们并不善于表达。而合寨村村民之所以能够将这种"内在渴求"积极地表达于外,从而使自己成为"村民自治"的真正主人,归根结底在于"村民自治"能给合寨村的壮家儿女带来切切实实的"好处":一方面,通过民主选举、民主监督,村民们能够选出办事公道、热心为民的好干部,他们带领群众共同致富,共同维持村内的良好秩序,真正做到让群众放心,值得群众信赖;另一方面,通过民主决策、民主管理,村民们能够切实地体验到"当家做主"的感觉,实现他们对于自我管理、自我教育和自我服务的预期目标。同时,作为少数民族聚居村落的群众性自治组织,合寨村村委会充分认识到了自身熟知少数民族风俗习惯的独特优势,积极发挥自身的"纽带"作用,既为当地群众了解国家民族政策提供渠道,又为保障少数民族群众的民主政治权利和文化、安全权利创造良好的环境,在政府与村民之间架起一座"连心桥",真正做到了"想群众之所想,急群众之所急"。

三、细说"草根民主"下的维权之路:有关合寨村村委会在维护当地壮族群众权益方面的实证分析

我国宪法第111条规定:"城市和农村按居民居住地区设立的居民委员会或者村民委员会是基层群众性自治组织。"依照宪法的规定,村民委员会是以农村村民的居住地为纽带和范围设立的、并由村民选举产生的成员组成、具有自治性质的群众性社会组织。[①] 如前所述,村委会既非国家政权机关,也非行政组织,其设立的主要目的在于通过自愿原则,让村民实现自我管理、自我教育、自我服

---

① 焦洪昌主编:《宪法学》,北京大学出版社2004年版,第322页。

务的"直接民主",从而达到"自治"。然而事实上,村委会对于基层群众的生产、生活之意义并不限于此。依照《村民委员会组织法》第5条、第6条的规定,"村民委员会应当支持和组织村民依法发展各种形式的合作经济和其他经济,承担本村生产的服务和协调工作,促进农村生产建设和社会主义市场经济的发展",且"村民委员会应当宣传宪法、法律、法规和国家的政策,教育和推动村民履行法律规定的义务,爱护公共财产,维护村民的合法的权利和利益"。可见,在维护村民权益方面,村委会不仅有特殊的"组织优势",同时还肩负着特定的"法律义务"。

在少数民族地区,各民族群众在语言、文化、宗教、传统习俗等方面多存有差异,但村委会作为一村事务的组织者和管理者,应当代表的是农村中各族群众的集体利益。因此,在有少数民族居住的村落,村委会应更为积极地落实法律规定的义务,充分保障少数民族群众的合法权益,以此维护少数民族群众固有的民族心理认同感和自我管理本民族事务的"主人翁"意识,实现该地区的民族团结和社会稳定。由上文中的调查结果可知,合寨村村委会在维护当地壮族群众的合法权益方面做出了极为有益的实践和探索,并已取得喜人的成效。应当讲,合寨村村委会的工作经验对于其他的少数民族村落而言,是具有相当借鉴意义的,故笔者将以合寨村村委会的具体活动为例,进一步分析如何发挥村委会这一基层群众性自治组织在维护少数民族权益方面的积极作用。

(一) 合寨村村委会在保障当地壮族群众民主政治权利方面所发挥的作用

美国前总统詹姆斯·厄尔·卡特在北京大学发表演讲时曾说:"我个人坚信,只有当人民被赋予权利和责任并能够直接选择他们自己的领导人时,政府的责任感、治理的透明和社会的稳定和有序才能得到最大限度的实现。让全体公民感到他们个人亲自参与了对自己命运的主宰,让领导人认识到他们的政治前途取决于兑现自己的承诺,并满足那些把他们推选成领导人的人们的合法需要,这才是对公民和官员都有好处的双赢局面。"[①] 显然,村民和他们选出来的村委干部之间的互动,恰是卡特心目中理想的国家政府与公民之间关系的复刻版。"权利"、"直接选举"和"参与"这些关键词,都在"村民自治"这一"草根民主"形式中有所体现,而对于村民们民主政治权利的维护也成了当下村民委员会工作的重心。

在少数民族地区,由于受自然条件和地理因素的限制,各民族之间的信息沟

---

① 詹姆斯·厄尔·卡特:《从"五四运动"到村民选举:中国人民的民主路》,引自"中国选举与治理网",http://www.chinaelections.org/newsinfo.asp? newsid = 28659。

通往往不顺畅、不对等，各民族群众间的利益诉求也不尽相同，要形成统一的、能代表全体村民集体意愿的民主环境还比较困难，因而少数民族群众在政治参与方面的自觉性相对较低，但这并不意味着少数民族群众没有追求"民主管理"的主动性。事实上，少数民族群众有着天然的要求参与本地区、本民族事务管理的心理诉求，这是由于他们自身发展的特点及本民族的客观生存需要所决定的，因而，只要能为他们提供足够良好和适当的参与环境，便能极大地激发出他们"当家做主"的民主意识和政治参与的积极性，这从前文中有关合寨村村民参与"村民自治"的热情程度上就能得到印证，故村委会在保障少数民族群众的民主政治权利时，首先应当营造出一种"公平、公正、公开"参与的良好氛围，进而带动各族群众积极参与到本村事务的管理与决策之中。为此，合寨村村委会主要通过建立"四小"制度来实现对当地壮族群众民主政治权利的全面保障：

1. 建立"小票箱"制度——实行真正的民主选举，尊重每一位村民的选举权与被选举权

在乡土社会中，村民的选举权与被选举权是指村民有权选举村民委员会的组成人员，也有权被选举为村民委员会的成员。依照《村民委员会组织法》第11条的规定，"村民委员会主任、副主任和委员，由村民直接选举产生，任何组织或者个人不得指定、委派或者撤换村民委员会成员"。而"直接选举村官，选自己真正信得过的当家人"，正是合寨村村民在民主自治道路上迈出的第一步。30多年前，合寨人用"小票箱"无记名投票选"村官"的方式，一直沿用至今，在村里，谁能当"领导者"，要看老百姓"接受谁"、"认可谁"、"拥护谁"，把神圣的一票"投给谁"，正如当地的山歌唱得好——"百个筛眼一颗银，千个筛眼一颗金。群众眼睛最明亮，个个要选意中人！"

迄今为止，合寨村村委会已经历过9次换届选举，每一届选举的候选人提名及最终确定，都要经过民主推荐、反复酝酿和慎重挑选，这样的程序可以保障选举的透明度和公正性。同时，合寨村村委会在选举过程中始终坚持差额选举。依照合寨村《村民委员会选举办法》第5条第2款的规定，"村民委员会主任、副主任候选人分别比应选名额多1人，委员候选人比应选名额多1至3人。村民直接提名的村民委员会成员初步候选人名单公布以后，如果初步候选人人数超过规定的差额数时，由村民代表会议采取无记名投票方式进行预选，按照得票多少确定正式候选人名单，并当场公布"。这些规定都有利于选民意愿的自由表达。此外，依照合寨村《村民委员会选举办法》第4条的规定，"经本村村民选举委员会登记确认的选民均可参加村民委员会的选举"，但鉴于村内劳务输出人员较多，开展选民登记工作有一定难度。因而，为了保障每位符合条件的村民都能行使其选举权与被选举权，2008年起合寨村村委会还制定了电话、视频投票等投票办法。在访谈中，就有不少壮族村民讲到，每逢村委会换届选举前，常年在外的务

工人员会提前收到选举通知,他们之中的相当一部分人还专程从外地赶回来参加投票,或以各种方式(如写信、打电话、委托家人、开通网上视频聊天等)在异乡投票,表达自己的民主意愿,行使自己的民主权利。

材料 合寨村第九届村民委员会选举计票结果报告单
各位选民:

合寨村共有选民3264人,于2008年4月11日9时至11时进行投票选举第九届村民委员会。全村参加投票选举选民3132人,共发出选票3132张,收回选票3132张(中心会场投票1198张,流动票箱投票1901张,电话投票25张,视频投票8张),其中有效票3132张,废票0张,弃权票0张。本次选举应选主任1名、副主任2名、委员2名。现将选举计票结果报告如下:

一、主任候选人WXS得票2292张,LYH得票840张。

二、副主任候选人LQF得票2735张,WEL得票1749张,MGN得票1717张。

三、委员候选人WYM得票1971张,MZQ得票2255张,MJC得票1828张。

特此报告

合寨村第九届村民选举委员会
2008年4月11日

2. 完善"小人大"制度——规范民主决策机制,保障每一位村民的决策权

村民的决策权,是指村民以民主的方式对"村民自治"过程中的各项重大事务做出决策的权利。《村民委员会组织法》第19条规定了必须提请村民会议讨论决定的七项内容,这七项内容同时也明确了村民"民主决策权"的最小范围。无疑,民主决策是做好"村务公开"及其他民主管理工作的基础,但由于我国农村地区,尤其是少数民族农村地区,交通不便,生产、生活时间安排等情况复杂,要召开村民会议往往会有很多困难。为了沟通村委干部与村民间的感情,了解当地壮族群众的意愿,倾听大家的呼声,减少决策上的失误,从1982年起,合寨村便成立了"村民议事会",成员由村民代表推选产生,议事会的职责是协助村委会做好村务工作,参与村级重要工作和重大事项的研究和决策。村里的"大事情"必须通过"村民议事会"讨论研究决定,拿出决策方案,经村民会议通过后才提交村委会办理,30多年来这一制度从未间断,村民们亲切地将其称为"小人大",也就是现在的"村民代表会议"。

如今,合寨村的"村民代表会议"坚持每季度召开一次,会议由村委会主持。在会上,代表们将各屯村民的意见、建议及要求充分地表达出来,然后经过大家的反复酝酿和讨论，逐步达成共识，最终以少数服从多数的原则形成决议，制定出各项决策。在调查中，笔者了解到，合寨村拥有一个库容量为600万立方的里洞水库，为了充分发挥这一资源优势，自1987年起，村委会就决定以里洞水库为水源中心，启动自来水工程。村民对此议论纷纷，反对者与赞成者各执己见。那么，建还是不建呢？村委会通过召开"小人大"，请来技术人员到现场勘测，得出了结论：这是一个造福子孙后代的事业，要干，就能干成！于是，合寨人通过他们自己的"小人大"开会讨论，绝大多数村民赞成了村委会的意见。最终，通过召开村民会议，讲清建设自来水工程利大于弊的道理。"由于统一了思想，大家干活的热情高涨，我们只用了5年多的时间，花了60多万元就完成了这项利民工程"。村委会的韦恩立副主任略带激动地告诉笔者。

3. 制定村里的"小宪法"——充分发挥村规民约的约束力，实施全面的民主管理，保障每一位村民的管理权

村民的管理权，是指村民通过民主的方式对"村民自治"中的各项事务进行管理的权利。其中，建章立制就是村民实现"民主管理"的有效途径之一，特别是对于少数民族群众而言，村规民约实质上是一种以成文的形式做出但却渗透了少数民族习惯法精神理念的产物，它反映的是特定民族群体的共同意志，它的内容源于人们的日常生活，尽管在表达上会受到国家法律、法规的影响，但在某些特定环境下，它却可能在维护少数民族权利方面具有超越国家法的价值和功能。

利用村规民约进行民主管理是合寨村村委会的一大创造。合寨村的村规民约绝不是一纸空文，它是由全体村民针对村里的大量实际问题，经反复讨论后逐条制订出来的。如今，这些以国家法律、法规为依据，结合村里的具体情况与壮家人的传统风俗制定出的《村规民约》和《村民自治章程》，由于极其贴近当地壮族群众的生产、生活，因而深得村民们的支持和拥护，被奉为合寨村内的"小宪法"。正如前文所述，通过村规民约，实现村务管理的制度化、有序化，为合寨村营造了良好的社会氛围，也带动全村经济的快速发展。而随着社会变迁，合寨村村规民约的条文越来越多，内容也逐渐被丰富，合寨村村委会还积极地组织群众对村规民约进行适时的调整与补充，以保障村民民主管理权的充分实现。

"我们每三年（村委会）换届的时候，都会对村规民约进行修改。修改是遵循群众的意见，根据社会情况的变化进行的。这几年变化较大的，比如说上世纪80年代的时候，村里对于计划生育方面没有什么规定，这两年才把计划生育的国家政策写进了村规民约。村里的群众都事先知道这个政策，也愿意遵守村规民约的规定。这两年，村里都没有发生过超生的情况。"

——现任合寨村村民委员会副主任韦恩立

4. 充分依靠"小纪委"——搞好村务公开,加强民主监督,保障每一位村民的监督权

村民的监督权,是指村民以民主的方式对村民委员会及其成员和"村民自治"中的各项事务进行监督的权利。要有监督必先保障充分的知情权,《村民委员会组织法》明确规定了村委会应实行"村务公开"制度,以保障当地群众的知情权。合寨村的"村务公开"工作是随着第一届村委会的诞生开始的,至今已延续了30多年,并早已形成了制度,而且越做越规范。如合寨村村委会一直坚持将所有即将公开的内容交由群众选举产生的村务公开监督小组先行审核,并报"小人大"审议通过之后再予以公布。为此,村民们将村里的民主理财小组、集体经济审计组以及事务监事会合称为"小纪委",通过此"两组一会"基本实现了对村民关注问题的全方位监督。同时,除在村委会设立村务公开、政务公开和财务公开等公开栏外,村里还在各个自然屯设立了"明白墙",便于群众监督,由包片的村干部负责向群众解疑,接受他们的询问。

不仅如此,合寨村还充分依靠群众监督的力量,实现对村委干部的有效监管,以此保证将村民的民主监督权利落至实处。根据《合寨村村民自治章程》的规定,对村委干部的监督尤其突出了三点内容:一是严格对村委干部的约束。要求群众做到的,干部必须先带头做到;二是严格党内的监督约束。一旦发现村委干部在工作中有违反"小宪法"的苗头,就要及时召开班子民主生活会和干部会对其进行教育,将不良思想消除在萌芽状态;三是自觉接受群众监督。在全村各个自然屯设立了"意见箱",对群众反映问题较多的干部,轻者要求其在村民代表大会上作检查,重者还要罢免其职务。合寨村正是通过这样一系列的廉政建设,使村委干部自觉地严格要求自己,认真履行职责,从而在当地各族群众中都树立了极高的威信。

(二) 合寨村村委会在保障当地壮族群众经济、文化权利方面所发挥的作用

经济、文化权利是现代人权的重要组成部分,我国宪法也明确将二者规定为公民的基本权利。从内涵上讲,法学意义上的经济权利和文化权利均为动态、开放的宽泛概念,随着社会生活的演进,权利的内涵会有新的发展。目前,广义的经济权利是指包括财产权在内的由宪法所保障的有关经济活动或经济利益的权利,[1] 而广义的文化权利则是指包括教育权、从事体育运动权、从事科学技术活

---

[1] 许崇德主编:《宪法(第二版)》,中国人民大学出版社1999年版,第174页。

动权、宗教信仰权利在内的公民依照宪法规定从事文化活动的权利。[①] 经济权利是公民实现其他权利的前提，而文化权利也是基本权利体系中不可忽视的因素，因而在乡土社会里，村委会对于当地群众权益的保障同样离不开对其经济、文化权利的维护。依照《村民委员会组织法》的规定，村民委员会"应当尊重集体经济组织依法独立进行经济活动的自主权，保障集体经济组织和村民、承包经营户、联户或者合伙的合法的财产权和其他合法的权利和利益"，并应积极"发展文化教育，普及科技知识，促进村和村之间的团结、互助"。[②]

对于少数民族而言，经济、文化权利的充分实现和发展尤为重要。少数民族属于国家中的少数人群体，社会实践的历史经验显示，在不同群体共存的社会中，由于多数人对少数人的传统与文化常常知之甚少，由此产生偏见，因而少数人群体的利益往往得不到恰当的关护而受到伤害，他们的经济、文化发展也容易为多数人所边缘化。[③] 显然，确保少数人群体对于公共事务的有效参与是解决这一问题的关键。但少数族群成员的利益并不限于政治参与方面的权利，它还包括依据少数人权利所享有的社会经济发展和保持其文化认同的各方面利益。在少数民族农村地区，村委会应本着相互尊重、共同发展的理念，有针对性地带领全村各族群众共同致富。对于有少数民族散居或杂居的村落，村委会应充分考虑各少数民族在文化方面的利益，确保他们能自由地享受其文化、信奉其宗教、使用其语言而不受干扰；而对于有少数民族聚居的村落，村委会则更应注意保护本民族赖以生存的环境与资源，弘扬并促进本民族传统文化的发展，管理、维护好当地对于本民族而言具有重要意义的历史遗址和文物。

作为典型的少数民族村落，合寨村村委会就一贯注重保护当地壮族群众的经济、文化权利，通过综合运用经济、法律等多项手段，锐意进取，讲求实效，着力解决了许多影响社会经济发展和事关群众精神文化生活的突出问题。

1. 积极谋划新思路、打造新产业，以"助民增收"为己任，充分保障村民的经济发展权

村民的经济发展权是指村民作为"民主自治"的主体，享有自主决定其经济发展方向和道路、获得发展所必需的物质技术手段、参与经济发展过程、享受经济发展成果的权利。在我国的少数民族地区，由于受历史、地理等因素的影响，经济发展相对落后，贫困问题仍旧突出，因而国家将少数民族经济发展权列为一项重要的少数民族权利加以规范和保障。如《宪法》第4条第2款就规定，"国家根据各少数民族的特点和需要，帮助各少数民族地区加速经济的发展"。

---

① 焦洪昌主编：《宪法学》，北京大学出版社2004年版，第254页。
② 《中华人民共和国村民委员会组织法》第5条、第6条。
③ 周勇：《少数人权利的法理》，社会科学文献出版社2002年版，第45页。

村委会作为基层群众性自治组织，同样负有"带领群众致富、帮助群众增收"的责任。特别是在少数民族村落，村委会更应充分发挥组织、管理作用，积极发动各族村民，共谋发展，将民主"自治"产生的政治潜能转化为全村经济发展的动力，使各族村民都能成为发展的受益者。

在经济发展方面，合寨村同样面临着人多地少、经济基础薄弱、村民增收渠道少等一系列困难。为此，合寨村村委会通过深入群众，走村串户、了解民情，和村民们一起理思路、定目标，不断摸索出适于本村自然环境的农业生产模式，实现了村民收入稳步提高的目标。如今，合寨村的桑蚕种养业已初具规模，成为当地壮家人重要的致富、增收手段之一。同时，近两年来，合寨村村委会继续开拓进取，谋求新的发展道路。如以南台屯、果地屯为产业示范点，着力发展食用菌栽培，力求建立起一套"桑蚕—食用菌—有机肥"循环利用的高效产业模式①，带动全村经济的进一步发展。

2. 狠抓治安，综合治理，确保群众"安居乐业"，切实维护村民的人身、财产安全权

村民的人身、财产安全权是指村民的人身自由、生命健康及合法财产受国家法律的保护，不得被非法侵犯的权利。一个村的社会治安好坏，通常是村民们最为关心的热点问题之一。合寨村由于地处三县交界之地，自古以来，壮家人就经常遭到土匪、强盗和贼人的侵扰，同时因为山林、水利和土地的问题，过去也易与邻村发生矛盾，还有为数不少的外村人到合寨村内盗伐林木、侵占水源、随意放牧。自成立村民委员会后，合寨村的治安状况大为改善，村委会也充分认识到群众的"安居乐业"是全村各项事业发展的保证，因而不断研究、落实治安防范措施，以普法工作、治安联防和村规民约为基石，以"平安村"理念为依托，在乡派出所、司法所的大力支持下，分清重点，有针对性地排查和做好普法宣传工作，努力为当地壮族群众营造出一个平安、和谐、融洽的生活环境，确保将宪法和法律赋予他们的人身、财产安全权落到实处。据笔者了解，合寨村村委会从2005年至今，共接到治安类电话120个，村治安联防队都能做到及时、准确到位，帮助群众解决问题。同时，村内加大了普法宣传力度，向村民和流动人员发放宣传材料6次，共计15000余份，书写标语300条，为确保村内社会稳定，实现一方平安奠定了基础。

3. 大力弘扬壮族文化，丰富群众精神生活，积极促进村民的文化权利

村民的文化权利主要是指村民享有从事合法文化活动及开发、利用、保护当地文化的权利。对于少数民族村内的民族群众而言，他们的文化权利集中体现在

---

① 据合寨村村民介绍，用采摘桑叶后留下的桑杆作为食用菌的养料，培育出的食用菌味道十分鲜美。

三个方面：（1）使用和发展本民族的语言、文字，不受任何人的非法干扰；（2）保持或改革本民族的风俗习惯，能自由地参加具有民族特色的文化活动（如节日庆典、宗教仪式等）；（3）合理保护和发展村内与本民族相关的文化资源。因此，村委会应当着重由此三个方面入手，为少数民族群众文化权利的实现创造有利条件。合寨村是壮族聚居的村落，其所属的宜州市是壮族歌仙刘三姐的故乡。千百年来，合寨壮家人生性好歌，"一唱就是一大箩"，以歌代言、以歌会友、以歌传史、以歌叙事。每逢春节、元宵等主要节日，当地壮族群众都要对唱山歌、表演彩调戏，以示庆祝；每年的"三月三"更是壮家青年男女以歌传情、相互会友的盛大节日。为了满足群众对于发扬民族文化传统的客观需要，合寨村村委会积极行动，在村内组建了3个彩调队、2个狮子队、3个老年文艺队，在农闲季节，队里的群众积极排练节目，逢节假日则参与文艺晚会的演出，全村村民共庆佳节，其乐融融。这样不仅丰富了当地壮族群众的精神文化生活，同时也在无形中推动了当地民俗文化的延续和发展。

四、对合寨村完善"村民自治"制度的建议与反思

由上文可知，30多年来，合寨村积极推行"村民自治"制度，充分尊重村民们的主体地位，采取了一系列有效措施，积极落实与保障当地壮族群众的各项权益。如今，村内的经济、文化、基础设施建设等各项事业均有长足发展，全村村民的生活日新月异。应当讲，在此过程中"村民自治"这一基层群众性自治形式，发挥了不可替代的作用。然"金无足赤，玉有微瑕"，任何制度的落实都不可能尽善尽美。通过调查，笔者发现，尽管合寨村作为中国"村民自治"的先行者，也确实在发挥基层民主、保障少数民族群众权益方面取得了喜人的成效与经验，但在加快少数民族地区脱贫致富、建设"社会主义新农村"的今天，合寨村的"村民自治"制度在实践中也出现了一些不适应的地方。对此，笔者认为，合寨村的基层民主"自治"模式应继续着力做好下述两方面工作，并根据村内的实际情况进行完善与调整，力求为当地壮族群众提供更为全面的权益保障。同时，笔者相信，这些建议也同样适用于其他少数民族地区基层民主"自治"的深入和开展。

（一）坚持推进"政治优势"向"经济优势"的转化，全面保障少数民族群众的发展权利

诚然，合寨村村委会很早就认识到实行"村民自治"后，群众民主意识提

高、参与村内建设热情高涨的"政治潜能"转化为"经济显能"的必要性和紧迫性，但合寨村目前的产业仍以农业为主，经济结构单一，在相当程度上影响了整体经济效益的提高。尽管30多年来，合寨村村委会积极发展新型农业、养殖业的做法，确实为推动合寨村的经济发展作出了巨大贡献。但笔者认为，合寨村要将"村民自治"的制度优势充分体现到经济发展和民生改善上来，除要搞好第一产业外，还应当积极改善第二、第三产业发展的格局，如通过发展乡镇企业，对农产品实行产业化经营；利用当地的民族文化资源、"村民自治"起源地等文化优势积极探索发展特色旅游产业，将当地壮族群众的民主热情最大限度地转化为共同致富的强大动力，进一步加快合寨村的经济发展速度，促进壮族群众各项发展权利的全面实现。

（二）不断探索"村民自治"新形式，确保村民政治参与程度的最大化

近年来，有不少合寨村村民选择到外地务工，以提高家庭收入。虽然他们大多都与家乡保持着一定的联系，但已逐渐从合寨村的经济、社会生活中脱离出来，对他们的教育、管理以及民主意识等方面的培养工作，变得有些难以开展，这在前文的调查统计分析中已有所提及。村里的年轻人基本上都外出务工了，合寨村实行"村民自治"的历史渊源对于他们而言，正逐渐变得陌生，而合寨村多年来形成的良好民主氛围，也越来越难以让他们有切身体验。因而，笔者认为，合寨村如要传承与发扬通过"村民自治"形成的好传统、好经验，保护当地壮族群众的政治参与权利，就不应局限于一村的较小范围，毕竟壮族群众的生活方式已经发生了变化，这就需要结合新的实际，探索出更加有效的"自治"形式。如前文所述，合寨村近年来在村委会的选举中，对于外出务工的村民实行可采用电话、视频参与投票的制度，这就是一项极大激发群众政治热情、提高群众政治参与程度的好办法。但合寨村村委会还应当进一步研究类似的制度，如将一些重大事项决策与"村务公开"信息及时地反馈给外出务工的青年人，让他们也感觉到"村民自治"不是空头政治，而是能切实带来好处的事情，这样才能增强对"村民自治"制度的认同感，最终带动更多有活力、有奋斗目标、有民主精神的年轻力量加入到基层民主的建设中来。

五、结　语

艾青诗云："蚕吐丝的时候，没想到会吐出一条丝绸之路。"这句话正是我

国基层民主制度发展道路的真实写照。① 30 多年前，广西宜州市屏南乡合寨村的壮族村民，为了解决本村的治安问题，自发组织村民选举产生了中国第一个村民委员会，这是中国基层民主政治建设的先声。30 多年后，合寨村已成为我国践行"村民自治"制度的模范地与深化"村民自治"改革的开拓者。"村民自治"是我国基层群众实现"民主自治"的重要模式，也是维护群众合法权益、改善民生、维持社会稳定的有效途径。特别是在少数民族村落中，更应积极发挥"村民自治"这一民主政治形式在保障少数民族群众权益方面的作用，以村民委员会为组织媒介，将"民主选举、民主决策、民主管理、民主监督"落实到位，确保少数民族群众的有效参与和经济、文化等各项权利的全面实现。诚然，"草根"虽不像花、叶那般招摇，却有着无穷的力量，"草根民主"以其坚强而发达的根系深深扎根于中国大地，并以其强大的合力与潜能推动着这方水土最基层社会与经济的稳步发展。

参考文献

1. 金宝生：《村民委员会建设》，广西人民出版社 1988 年版。
2. 王道坤：《村民自治的多视角研究》，四川大学出版社 2007 年版。
3. 薛和：《江村自治——社会变迁中的农村基层民主》，江苏人民出版社 2004 年版。
4. 周勇：《少数人权利的法理》，社会科学文献出版社 2002 年版。
5. 王布衣：《震惊世界的广西农民——广西农民的创举与中华人民共和国村民委员会组织法的诞生暨草根民主启示录》，《广西文学》2007 年第 4 期。
6. 徐勇：《最早的村委会诞生追记——探访村民自治的发源地广西宜州合寨村》，《炎黄春秋》2000 年第 9 期。
7. 贺卫方：《宪政的趋势——世界与中国》，http：//news.sohu.com/20040729/n221262598.shtml。
8. 詹姆斯·厄尔·卡特：《从"五四运动"到村民选举：中国人民的民主路》，http：//www.chinaelections.org/newsinfo.asp？newsid=28659。

---

① 王布衣：《震惊世界的广西农民——广西农民的创举与〈中华人民共和国村民委员会组织法〉的诞生暨草根民主启示录》，载《广西文学》2007 年第 4 期，第 7 页。

民族区域自治研究

论城市化与自治州的未来发展[①]

戴小明[②]

城市沉淀着人类智慧与创造,记录着人类文明前行的步伐。减少行政层级、积极稳妥地推进城镇化是中国未来行政体制改革的重要内容与发展目标。自治州是多民族中国特殊的行政区划层级的行政建制,伴随着民族地区社会经济的不断发展,自治州也必将走上城镇化、城市化发展道路。因此,逐步有条件地"撤州建市(自治市)"将成为其必然的路径选择。与此相适应,如何保障民族区域自治制度的完整性和民族自治地方权益,成为民族法制建设的时代要求。

自治州作为中国法定的自治地方,新中国第一部宪法(五四宪法)就作出了明确规定:"中华人民共和国的行政区域划分如下:(一)全国分为省、自治区、直辖市;(二)省、自治区分为自治州、县、自治县、市;(三)县、自治县分为乡、民族乡、镇。直辖市和较大的市分为区。自治州分为县、自治县、市。自治区、自治州、自治县都是民族自治地方"(第53条)。可见,新中国成立初期基本实行的是省(区)、县、乡三级地方行政建制,地区行署是省、自治区的派出机关,而自治州则是独特的一级地方行政建制。此后,历部宪法也都对自治州这一自治形式作出了具体规定。1984年5月31日第六届全国人民代表大会第二次会议通过的《中华人民共和国民族区域自治法》第4条规定:"自治州的自治机关行使下设区、县的市的地方国家机关的职权,同时行使自治权。"进一步明确了自治州既是宪法和民族区域自治法确定的民族自治地方;同时在行政区划上也确立了自治州的法律地位,其行政区划层级相当于"下设区、县的市",下辖县、自治县和市。

[①] 教育部哲学社会科学研究重大课题攻关项目:"坚持和完善中国特色的民族政策研究"(10JZD0031);湖北省新世纪高层次人才工程专项资金资助项目:"单一制国家结构与民族区域自治政策研究"(2011—762)。

[②] 戴小明(1966—),男,苗族,湖南省城步苗族自治县人,法学博士、二级教授、湖北民族学院院长、华中师范大学(宪政与法治专业)博士研究生导师,主要从事宪政建设与地方治理、民族法制问题研究。

据全国 6 次人口普查统计显示,少数民族人口 1953 年为 3532 万人,占全国总人口的 6.06%;1964 年为 4002 万人,占 5.76%;1982 年为 6730 万人,占 6.68%;1990 年为 9120 万人,占 8.04%;2000 年为 10643 万人,占 8.41%。[①] 2010 年少数民族人口占全国总人口的 8.49%,比 2000 年人口普查的 8.41% 上升 0.08 个百分点。[②] 其中大部分居住在自治州辖区内,30 个少数民族自治州国土面积为 240 多万平方公里,占全国陆地面积的 24.5%;总人口达 5582 万人,占全国总人口的 4.3%。[③] 因此,自治州是民族区域自治制度在民族自治地方得以实现的重要环节。

当今世界是全球化、工业化、现代化的世界,一个国家、一个地区乃至一个民族的发展不再是封闭的自然经济时代,而是面向世界的工业现代化时期。抓住机遇,迎接挑战是社会经济发展的必然选择。城市化是我国经济社会发展的必然趋势和强劲动力。自治州是多民族中国特殊的行政区划层级的行政建制,伴随着民族地区社会经济的不断发展,自治州也必将走上城镇化、城市化发展道路。但现行制度阻碍着自治州城市化的发展,逐步有条件地撤州建市(自治市)将成为其必然的路径选择。

一、自治州城市化水平的实证考察

城市是现代社会文明的标志,城市化程度的高低体现出一个国家和地区现代化发展水平。其中,城市数量和城镇人口占总人口的比重是衡量一个地区城市化程度高低的重要指标。英国学者帕乔内就认为城市化包括三个方面的含义:一是城市化,城市人口占总人口比重增加;二是城市增长,城市和城镇人口增加;三是城市生活方式,城市生活的社会和行为特征在整个社会的扩展。1086 年英国城市化水平已经达到 10%,1300 年为 15% 或更多,1377 年为 20%,15 世纪城市化水平略有下降,但到 1524 年又恢复到 20%。[④] 第二次世界大战结束后整个世界开始了工业化和城市化发展进程,从 1945—2008 年,世界城镇化水平提高了 23 个百分点,从 27% 左右提高到 50%,昭示着人类社会进入繁荣的城镇

---

① 国务院新闻办公室:《中国的民族政策与各民族共同繁荣发展》,资料来源:中央人民政府网站,http://www.gov.cn/zwgk/2009-09/27/content_1427930.htm。
② 国家统计局:《2010 年第六次全国人口普查公报》,资料来源:国家统计局网站,http://www.stats.gov.cn/tjfx/jdfx/t20110428_402722253.htm。
③ 根据各自治州政府网公开的数据整理而成,由于各自治州统计口径不统一,数据可能会有误差。
④ R. H. Britnell, The Commercialisation of English Society1000—15000 [EB/OL], 2ndedn, Manchester, 1996: 49, 115, 170; C. Dyer, "How Urbanized Was Medieval England?", in R.-M. Duvosquel and E. Thoen, eds., Peasants and Townsmenin Medieval Europe [EB/OL], Bent, 1995: 169—183.

时代。

新中国成立初期,我国的政权结构是城乡二元结构体系,反映在行政区划上就是在中国的地方政府行政区划中没有"地级市"层级,而且作为工业中心的市和作为农业中心的县一般不存在隶属关系,是彼此独立的。由于对农村与城市在户口的管理上实行二元分割的社会结构模式,极大地限制了农民向城市的流动,甚至出现过大规模城市人口向农村转移的现象。这些做法在客观上使中国的城市化进程长期处于停滞、缓慢,有时甚至是倒退的状态。新中国成立初期,直辖市、地级市有66个,城市化只有10.64%。[1] 1978年改革开放,我国开始逐步地实行市场经济体制以及一系列的促进城市化发展措施,使得城市人口不断提高,城市经济和社会大大发展。据第六次人口普查数据显示:居住在城镇的人口为66557万人,占总人口的49.68%,居住在乡村的人口为67415万人,占50.32%。同2000年人口普查相比,城镇人口比重上升13.46个百分点。这表明2000年以来我国经济社会的快速发展极大地促进了城镇化水平的提高。[2] 城镇化率从2009年的47.5%提高到51.5%[3],城镇化的质量和水平不断提升。

但从总体情况来看,截止2008年,全国30个自治州的城市化程度普遍不高。以非农业人口计算,平均城市化率仅为22%。其中,最高为吉林延边朝鲜族自治州,达66%;其次是青海省海西蒙古族藏族自治州为62%、新疆昌吉回族自治州为54%、巴音郭楞蒙古自治州为50.4%、伊犁哈萨克自治州为47%。总之,大多数自治州城市化率在20%以下,远低于全国平均水平。[4] 主要表现为:

(一)城市数量少,城市人口比重低

目前,30个自治州城市数量和城镇人口占总人口的比重与同类地区相比,大都处于较低水平(如表1)。

---

[1] 中国发展研究基金会:《中国发展报告2010:促进人的发展的中国新型城市化战略》,人民出版社2010年版。
[2] 国家统计局:《2010年第六次全国人口普查公报》,资料来源:国家统计局网站,http://www.stats.gov.cn/tjfx/jdfx/t20110428_402722253.htm。
[3] 温家宝:《政府工作报告——在第十一届全国人民代表大会第四次会议上》(2011年3月5日)。
[4] 延边自治州统计局:《全国30个少数民族自治州统计资料》(内部资料、2008年)。

表1 自治州所辖城市数及人口一览表

省区	自治州	成立时间	总人口（万）	城市	城市人口（万）
云南	楚雄	1958	270.1	楚雄市	48.42
	红河	1957	437	蒙自市	40.34
				个旧市	13.05
				开远市	31.31
	文山	1958	351.8	文山市	43
	西双版纳	1953	113.4	景洪市	47
	大理	1956	345.6	大理市	50
	德宏	1953	106.78	潞西市	37.46
				瑞丽市	17
	怒江	1954	53.4	无	
	迪庆	1957	40	无	
四川	阿坝	1955	90.17	无	
	甘孜	1950	105.72	无	
	凉山	1952	479.8	西昌市	65
贵州	黔东南	1956	348.06	凯里市	55.2
	黔南	1956	389	都匀市	50
				福泉市	31.67
	黔西南	1982	321.5	兴义市	75.6
湖南	湘西	1957	273.93	吉首市	29.43
湖北	恩施	1983	397.57	恩施市	80
				利川市	89.55
青海	黄南	1963	25.67	无	
	海北	1953	27.33	无	
	果洛	1954	18.17	无	
	玉树	1951	37.84	无	
	海南	1953	44.17	无	
	海西	1954	48.93	德令哈市	11
				格尔木市	20.57

续表

省区	自治州	成立时间	总人口（万）	城市	城市人口（万）
甘肃	甘南	1963	255.75	合作市	8.05
	临夏	1956	194.67	临夏市	26
吉林	延边	1956	219.1	延吉市	49.5
				图们市	13.6
				敦化市	48.2
				珲春市	26.2
				和龙市	23
				龙井市	27
新疆	伊犁①	19547	248.26	伊宁市	30
				奎屯市	29.4
	巴音郭楞	1954	127.85	库尔勒市	51.36
	博尔塔拉	1954	44.37	博乐市	25.77
	克孜勒苏	1954	52.56	阿图什市	20.44
	昌吉	1954	142.86	昌吉市	40
				阜康市	16.2

（注：数据资料来源于各自治州政府网，统计口径及时间有差异）

（二）产业结构不合理，内部失衡严重

目前，全国民族自治州普遍表现出第一产业偏重，产业结构层次偏低，与本省及省会城市差距较大。内部结构也不尽合理，亟待优化提升（详见表2）。

---

① 伊犁哈萨克自治州是全国唯一副省区级自治州，辖2个地区（塔城地区、阿勒泰地区）；直辖2个县级市、7个县、1个自治县。伊犁哈萨克自治州直辖的2个县级市、7个县、1个自治县：伊宁市、奎屯市、伊宁县、霍城县、巩留县、新源县、昭苏县、特克斯县、尼勒克县、察布查尔锡伯自治县。伊犁哈萨克自治州塔城地区辖2个县级市、4个县、1个自治县：塔城市（人口14万）、乌苏市（人口20.60万）、额敏县、沙湾县 托里县、裕民县、和布克赛尔蒙古自治县。伊犁哈萨克自治州阿勒泰地区辖1个县级市、6个县：阿勒泰市（人口17万）、布尔津县、富蕴县、福海县、哈巴河县、青河县、吉木乃县。

表2　部分省区三大产业对照表

省（区）、州、市	全省三大产业比（%）	省会城市三大产业比（%）	自治州三大产业比（%）
湖南/湘西州/长沙市	14.7/46.0/39.3	4.4/53.6/42.0	16.3/39.9/43.8
湖北/恩施州/武汉市	13.6/49.1/37.3	3.1/45.9/51.0	30.7/28.7/40/6
吉林/延边州/吉林市	12.2/51.5/36.3	10.8/49.8/39.4	9.7/47.9/42.2
甘肃/海北州/兰州市	14.5/48.2/37.3	3.07/48.09/48.84	19.1/50.4/30.5
四川/阿坝州/成都市	22.2/39.7/38.1	0.03/28.29/71.68	18.9/44.1/37.0
贵州/黔东南州/贵阳市	13.7/39.2/47.1	5.1/40.7/54.2	24.6/30.1/45.3
云南/文山州/昆明市	22.3/43.0/34.7	5.7/45.3/49.0	22/37/41
新疆/伊犁州/乌鲁木齐市	19.9/46.8/33.3	1.45/45.57/52.98	23.7/36.6/39.7
青海/黄南州/西宁市	10.0/55.1/34.9	3.89/51.05/45.05	29.33/40.34/30.33

（注：数据资料来源于各省（区）、自治州、市2010年国民经济和社会发展统计公报）

（三）城市功能不完善，生活水平低

1. 城市化质量低，城市居民生活水平不高。如表3所示，湖北省恩施土家族苗族自治州、四川省凉山彝族自治州和新疆维吾尔自治区昌吉回族自治州三大自治州的城市燃气普及率、人均公共绿地面积、道路面积、电话通讯以及互联网应用等发展水平较之于全国水平有较大差距，普遍表现出城市功能不完善，人们生活水平偏低。

表3　城市居民生活水平

自治州	城市燃气普及率	人均公共绿地面积（㎡）	人均道路面积（公里）	每万人拥有公交车	市区本地固定电话数（万户）	市区移动电话数（万户）	市区国际互联网用户数
恩施	0.631	6.42	7.55	6.13	42.44	235.66	13.15
凉山	0.2238	1.97	6.23	7.78	42.31	203.2	9.87
昌吉	0.9	7.22	12.82	11	33.56	174.67	8.78

（注：数据资料来源于三个自治州2010年国民经济和社会发展统计公报）

2. 城市功能发展迟缓，严重影响民族自治州社会经济发展。城市功能发展迟缓带给人的生存和发展机会远低于发达地区，造成的直接后果就是人口的流失，尤其是大量的人才外流。人才外流的后果就是人才匮乏，这又严重影响了社会经济的发展。

二、制约自治州城市化的原因分析

（一）现行行政建制安排不利于自治州社会经济发展

根据现行体制安排，自治州州府所在地的城市只是一个县级单位，而城市规划是分级规划的。因此，它要受到县级市规划的制约，进而影响到其自身发展。目前，自治州州府城市多为县级建制，甚至有的州府所在地为县城关镇的建制，如：云南省文山壮族苗族自治州在开化镇、青海省玉树藏族自治州在结古镇、云南省德宏傣族景颇族自治州在芒市镇、青海省海南藏族自治州在恰卜恰镇、黄南藏族自治州在隆务镇、果洛藏族自治州在大武镇、海北藏族自治州在西海镇、云南省怒江傈僳族自治州在六库镇、迪庆藏族自治州在建塘镇，国家许多以城市为主要载体的改革政策，难以到达自治州所在城市。

（二）部分实践操作有违宪法和民族区域自治法的规定

建立民族自治地方、设立自治机关是确保民族自治地方少数民族行使《宪法》和法律赋予的自治权的基本前提。近年来一些地方所采取的改革举措，有些已严重背离民族区域自治制度，应引起高度重视。

1. 将自治州辖区的县划归一般行政区域管辖。具体如：1994 年设张家界市，将本属于湘西土家族苗族自治州管辖的大庸市、桑植县划归张家界市管辖，变更为张家界市的永定区和桑植县；2007 年新疆维吾尔自治区将昌吉回族自治州管辖的米泉县并入新设立的乌鲁木齐市米东区的一部分，这一改革不仅使昌吉回族自治州被新成立的米东区分成了互不相邻的东西两部分，而且自治州自治少数民族回族的人口数量也从原来的 17.21 万人下降到 12.05 万人。

2. 在推进省直管县改革的过程中，将自治州辖县（市）作为了扩权对象。以湖北省为例，近年来，湖北省委、省政府通过确定几批扩权县等一系列政策措施，有力推动了县域经济的发展，各县市经济呈现出招商引资力度加大，发展速度加快，经济运行质量和效益明显提高的良好发展势头。然而，将恩施土家族苗族自治州下辖的利川市和恩施市作为扩权对象明显违反了《宪法》和《民族区域自治法》的有关规定：第一，变相地变更了自治州的行政区域侵犯了自治机关的行政管辖权；第二，对两市扩权变相地侵犯了自治机关的自治权，这是典型的对自治机关行政权力的侵犯。

表4 湖北省近年扩权县市一览表

第一批扩权县市（20个） 2003年6月	第二批扩权县市（12个） 2005年7月	第三批扩权县市（10个） 2006年4月
省直：天门市、仙桃市、潜江市		
随州市：广水市		黄石市：阳新县
黄石市：大冶市	十堰市：郧县	十堰市：竹溪县
宜昌市：当阳市、宜都市	宜昌市：枝江市	
荆州市：石首市、监利县	荆州市：公安县、洪湖市、松滋市	宜昌市：远安县
襄樊市：枣阳市、老河口市	襄樊市：宜城市	襄樊市：谷城县
十堰市：丹江口市		
荆门市：钟祥市、京山县		荆门市：沙洋县
孝感市：汉川市、应城市	孝感市：云梦县、安陆市	孝感市：大悟县、孝昌县
恩施州：恩施市	恩施州：利川市	黄冈市：罗田县、浠水县
黄冈市：武穴市、麻城市	黄冈市：黄梅县、团风县	
咸宁市：赤壁市	咸宁市：通城县	咸宁市：嘉鱼县

三、自治市：自治州城市化的发展要求

城市化发展是民族地区发展的必然趋势，也是激发和创造民族地区经济文化发展的内在要求。在城市化浪潮下，当前我国的民族区域自治正从以农村区域自治为主转向扩大城市区域自治的新阶段，自治州也必将走上城镇化、城市化发展道路。

（一）省直管县改革的推动

1982年中共中央关于发出《改革地区体制，实行市领导县体制的通知》，随后又发出《关于地市州党政机关机构改革若干问题的通知》，要求"积极试行地、市合并"，并把此作为1983年地方政府改革的一项重要内容。从此，市管县体制开始在全国范围内推行。到2001年底，全国共有地级行政建制332个，其中地级市265个，占到80%。地级市管县的数量占全国总数的70%，显然，市管县已成为中国地方行政体制的主要形式。市领导县体制改革本意是打破多年来市县之间的行政壁垒和城乡分割、工农分离的格局，发挥中心城市对农村拉动作

用,但后来弊端越来越多,尤其是一些不具备经济辐射能力的城市强行升格,与辖县矛盾加大,弊端明显。于是,新一轮的"强县扩权"、"省直管县"行政体制改革拉开帷幕。在这样的大背景下多民族省区也采取了如前所述相应的改革措施,但这些措施是不符合宪法与民族区域自治法精神的,导致自治州的管理陷入了两难境地:省直管自治州下辖县(市)就虚化了自治州,不直管又享受不了城市化的成果,甚至可以说是反现代化的行为。为了推动自治州城市化的发展,逐步有条件地撤州建市(自治市)是最佳的路径选择。

(二)"市县分治"的示范引导

行政区划是一个国家分配权力的形式之一,其目的在于国家通过对国家领土区域进行某种划分以实现有效管理。行政区划的层级与一个国家的中央地方关系模式、国土面积的大小、政府与公众的关系状况等因素有关。有一级制国家,如新加坡、摩洛哥;有二级制国家,如荷兰、芬兰;三级制国家最多,全世界共有68个国家采取三级行政区划管理模式。中国的行政区划基本框架除直辖市[市—区(县)—乡]外为四级建制:即省(自治区)——地级市(自治州、地区、盟)——县(自治县、旗、市、市辖区)——乡(民族乡、镇)。1988年4月13日海南建省,与此同时海南经济特区成立,实行省直接管理市县体制,市县分治,理顺省与市县关系,既节省了行政成本也促进了海南省经济社会的快速发展。2010年海南省全年实现地区生产总值(GDP)2052.12亿元,比上年增长15.8%,同比提高4.1个百分点,比全国 GDP 增速高5.5个百分点。[①] 另外,1997年重庆直辖到2000年,先后进行了两次行政管理体制调整,实现了市对区县的直接管理,理顺了市区县的关系,从此社会经济发展步入快车道。2010年全市生产总值年均增长12.5%左右,达到1.5万亿元,人均生产总值超过8000美元。城镇新增就业150万人,城镇居民人均可支配收入增长75%,农村居民人均纯收入翻一番以上。形成主城、区域性中心城市、区县城和特色中心镇联动发展的大都市连绵带,户籍人口和常住人口城镇化率分别达到50%、60%。工业销售值翻一番,达到2.5万亿元。社会消费品零售总额突破6000亿元。金融、物流业增加值占比分别达到10%和6%。全社会研发经费支出占全市生产总值的比例达到2%。[②]

自治州是宪法确定的民族自治地方,在行政区划上相当于"下设区、县的市",属于地级行政区,下辖县、自治县和市。自治州是民族区域自治制度在民

---

① 数据根据《2011年海南省人民政府工作报告》整理,网络链接 http://www.hi.gov.cn/data/zfwj/2011/02/3483/。
② 资料来源:《2011年重庆市人民政府工作报告》(2011年2月9日)。

族自治地方实现的重要环节。为了保障民族区域自治制度基本政治制度地位不动摇及自治州所辖县市社会经济的发展，省直管自治州下辖县市也是行政体制改革的方向。有条件地撤州建自治市与这一方向是契合的。

(三) 撤州设市（自治市）符合宪法精神

1. 自治州自治机关一个主体两种角色身份是撤州设市（自治市）的学理基础。《中华人民共和国民族区域自治法》第四条规定："自治州的自治机关行使下设区、县的市的地方国家机关的职权，同时行使自治权"。自治机关作为统一国家中的一级地方政权机关具有二重性特点：既是统一的中华人民共和国的地方政权机关，即行使同级一般地方国家机关职权的机关，又是在国家统一领导下，少数民族自主管理、当家做主，行使自治权利的机关。也即一个主体两种角色。这一规定明确了自治州与地级市的共同之处。1999年《中共中央、国务院关于地方政府机构改革的意见》中指出，"要调整地区建制，减少行政层次，避免重复建设。与地级市并存一地的地区，实行地市合并；与县级市并存一地的地区，所在市、（县）达到设地级市标准的，撤销地区建制，设立地级市，实行市领导县体制；其余地区建制也要逐步撤销……"自治州也可以按照这一精神，调整现行的州、市"一地两府"行政管理体制，以便理顺省、州、市的关系，从而解决州、市机构重复设置，人员过多和财政负担沉重问题，所辖县市能直管的直管，实行自治市与县市分治。

2. 有些自治州州府所在地的市已符合设地级市标准是撤州建市（自治市）的现实经济条件。1993年国务院批转民政部关于调整设市标准报告的通知中规定：设立地级市的标准是市区从事非农产业的人口25万人以上，其中市政府驻地具有非农业户口的从事非农产业的人口20万人以上；工农业总产值30亿元以上，其中工业产值占80%以上；国内生产总值在25亿元以上；第三产业发达，产值超过第一产业，在国内生产总值中的比例达35%以上；地方本级预算内财政收入2亿元以上，已成为若干市县范围内中心城市的县级市，方可升格为地级市。

据此，目前30个自治州首府所在地的市，如延边朝鲜族自治州的延吉市、伊犁哈萨克自治州伊宁市等城市均符合升格为地级市的标准。2010年延吉市入选"中国魅力城市200强"，跻身全国县域经济基本竞争力百强（县）市，位次较2008年上升了16位。延吉的经济总量已经占到延边朝鲜族自治州的1/3，财政收入和社会消费品零售总额分别占到延边朝鲜族自治州的一半以上，综合经济实力始终位居全省首位（依据延边朝鲜族自治州政府网数据资料整理）。延吉市的未来发展目标是把延吉打造成为图们江地区功能强、品位高、服务产品丰富的国际化服务型中心城市，通过努力，使电子商务、电子政务、国际结算、国际银联卡使用、外汇外币通兑等项服务与国际接轨。

　　总之，民族区域自治制度是中国的一项基本政治制度。自治州是宪法确定的民族区域自治地方，是民族区域自治制度在民族自治地方实现的重要环节。在新一轮城市化进程中为了更好地坚持和完善民族区域自治制度，必须创新自治州的政府管理体制，逐步撤立自治州，设立自治市，从而进一步推动其政治经济文化的全面发展。

中国民族区域自治制度形成的历史考察

曾代伟　袁翔珠[①]

作为一个多民族国家，如何处理中央政权与周边民族的关系，一直是困扰中国历史的一个重要问题。民族区域自治制度是中国共产党解决民族问题的基本制度，但它在我国的建立并非一蹴而就，而是经历了一个漫长的演进和嬗变过程。自"民族自决"主张的提出直至1984年《民族区域自治法》的通过，中国共产党关于解决民族问题的设想和制度处于不断的探索与实践当中，这也反映出不同历史时期的政治情势与中国共产党的需求。

一、民族自决与民族独立

应当说明的是，在中国共产党成立之初，民族区域自治制度并不是最先提出来解决民族问题的方案，在这一制度孕育产生之前，新民主主义革命时期的共产党主张以民族自决与民族独立解决民族问题。这一主张是中国共产党民族政策的第一阶段，从中国共产党成立一直持续到抗日战争前期。

在中国共产党第一次代表大会上，民族问题还没有提上日程。1922年7月中共"二大"发布《关于"国际帝国主义与中国和中国共产党"的决议案》，第一次针对国内少数民族提出对未来国家的设想："……（3）统一中国本部（东三省在内）为真正民主共和国；（4）蒙古西藏回疆三部实行自治，为民族自治邦；（5）在自由联邦制原则上，联合蒙古、西藏、回疆建立中华联邦共和国"。[②] 可以看出，中国共产党最初是冀望建立一个自由联邦共和国，而各少数民族地区可

[①] 作者简介：曾代伟，汉族，西南政法大学教授、博士生导师、重庆市人文社会科学重点研究基地西南民族法文化研究中心主任，主要从事法律史、民族法文化研究。袁翔珠，女，汉族，桂林电子科技大学法学院教授、博士、硕士生导师、行政法系主任，西南政法大学博士后研究人员，主要从事民族法史学研究。

[②] 中央档案馆编：《中共中央文件选集》（一），中共中央党校出版社1991年版，第62—63页。

在联邦中的本部之外建立本民族的独立民族自治邦，享有高度自治权。其基本的国家结构形式是本部加三个民族自治邦。但这份文件仅涉及蒙古、西藏、新疆三个地方，而且是按地域笼统地划分中国少数民族，还没有注意到各个民族的识别与区分。1922年11月，《中国共产党对于目前实际问题之计划》中的"政治问题"部分专门谈到"蒙古问题"：

在国家组织之原则上，凡经济状况不同民族历史不同言语不同的人民，至多也只能采用自由联邦制，很难适用单一国之政制；在中国政象之事实上，我们更应该尊重民族自决的精神，不应该强制经济状况不同民族历史不同言语不同之人民和我们同受帝国主义侵略及军阀统治的痛苦；因此我们不但应该消极的承认蒙古独立，并且应该积极的帮助他们推倒王公及上级喇嘛之特权，创造他们经济的及文化的基础，达到蒙古人民真正独立自治之客观的可能。①

这一文件所透露出来的观念比"二大"的文件更进了一步，即解决国内民族问题不能适用单一制国家结构形式，自由联邦制也仅是解决这一问题的底线，最好的方案是帮助少数民族建立自己的独立国家。1923年6月中共"三大"通过《中国共产党党纲草案》，在"共产党之任务"中规定："西藏蒙古、新疆青海等地和中国本部生关系由各该地民族自决。"② 这依然秉承上述文件精神，即在自由联邦共和国的框架内，各民族地方自主决定与中央的关系——是作为自治邦留在联邦内还是建立自己独立的国家。幼年时期的中国共产党之所以形成这样的理念，完全是由当时的国际国内斗争形势所决定的。在20世纪20年代，包括中国在内的亚洲国家如朝鲜、越南、印度等，纷纷丧失了自己的民族独立，沦为殖民地或半殖民地，忍受着西方列强残酷的剥削与压榨。在这种情况下，民族独立与民族自决就变成了第一位的任务。在当时的革命者看来，只有首先实现了民族独立，才能实现民族的强大。

此后，1923年7月—1928年7月，由于斗争的重心主要集中在大中城市的工农运动和武装暴动上，因此这一时期的中共文件较少涉及民族问题。但在1928年7月，中国共产党第六次全国代表大会通过的《关于民族问题的决议》谈到："中国共产党第六次代表大会，认为中国境内少数民族的问题（北部之蒙古，回族，满洲，高丽人，福建之台湾人，以及南部苗黎等原始民族，新疆和西藏），对于革命有重大的意义，特委托中央委员会于第七次大会之前，准备中国少数民族问题的材料，以便第七次大会时列入议事日程并加入党纲。"③ 这份文件首次全面覆盖了全国的少数民族，而且，在总结大革命失败的教训中，中国共产党也

---

① 中央档案馆编：《中共中央文件选集》（一），中共中央党校出版社1991年版，第122页。
② 同上，第141—142页。
③ 中央档案馆编：《中共中央文件选集》（四），中共中央党校出版社1991年版，第388页。

意识到民族问题极为重要,抛开少数民族进行革命是不可能实现目标的。自此之后,民族问题始终成为中国共产党决策的一个重要内容。

第二次国内革命战争期间,中共领导的革命根据地和苏维埃政权在全国各地建立,但民族自决与民族独立依然是新生苏维埃政权解决民族问题的纲领。1931年11月,中华苏维埃第一次全国代表大会通过的《中华苏维埃共和国宪法大纲》第14条规定:"中国苏维埃政权承认中国境内少数民族的民族自决权,一直承认到各弱小民族有同中国脱离,自己成立独立的国家的权利。蒙古,回,藏,苗,黎,高丽人等,凡是居住在中国地域内,他们有完全自决权:加入或脱离中国苏维埃联邦,或建立自己的自治区域。"① 这一文件拓展了前述文件的内容,为少数民族设定了三种选择:1. 成立独立的国家;2. 加入中国苏维埃联邦;3. 在单一的国家内部建立本民族自治区域。尤其是最后一种选择,可视为民族区域自治制度的先声。而第二种选择,则是建立一个类似前苏联那样由各民族加盟的联邦共和国。1934年1月,中华苏维埃第二次全国代表大会通过《中华苏维埃共和国宪法大纲》,依然保留了1931年《宪法大纲》的这一内容。② 1934年2月17日颁布的《中华苏维埃共和国中央苏维埃组织法》规定全国苏维埃代表大会及中央执行委员会有权力"代表中华苏维埃共和国与中国境内各民族订立组织苏维埃联邦共和国的条约。"③ 从这里可以看出,当时的中共设想的苏维埃联邦共和国是一个条约式的、松散的联邦,各民族自治邦依据条约与中国总部联合在一起,双方的权利义务完全由条约来决定。这表明,最初的模糊的联邦制的概念,至此已有了较为具体的组成方式和结构形式。但是,从中我们也可以很明显地看出前苏联的民族国家形式对中共巨大的影响,就当时的国际形势而言,前苏联以加盟共和国的形式处理民族问题的模式是中共唯一可资借鉴的既有范例,这使得中国共产党的民族国家理想不可避免地带有强烈的苏俄色彩。

1934年10月,中国共产党离开江西革命根据地,开始举世闻名的长征。在长征途中,红军先后穿越广西、湖南、贵州、云南、四川、甘肃、宁夏等少数民族聚居区,途遇的民族有瑶族、苗族、壮族、侗族、彝族、藏族、回族等。红军沿途利用一切机会宣传他们民族自决的政策,以赢取少数民族群众的支持与信任。这些宣传至今仍有文物保留。例如,1934年12月3日,红军三军团六师经广西兴安县佛子界到达千家寺一带,并在千家寺写了"红军过路,保护瑶民"一条大标语。④ 1934年12月5日至14日,中国工农红军长征经过龙胜县境,在江底、芙蓉、东升、里市、牛头、布弄、洋湾、里木、昌背、龙坪、平等、广少

---

① 中央档案馆编:《中共中央文件选集》(七),中共中央党校出版社1991年版,第775页。
② 中央档案馆编:《中共中央文件选集》(十),中共中央党校出版社1991年版,第647页。
③ 同上,第676页。
④ 兴安县地方志编纂委员会编:《兴安县志》,广西人民出版社2002年版,第233页。

和光明、独境等寨书写了许多标语,其中有关民族政策的标语有:"实行民族平等。在经济、政治上苗人和汉人有同等权利!""实行民族自决,苗民的一切事情由苗人自己解决!"①"苗人自己武装起来,反对国民党的压迫屠杀!"(写在广少寨,现存放自治区博物馆)"共产党主张民族平等、民族自治,解放弱小的民族!"(写在广少寨,现存放自治区博物馆)。②红军的这种宣传对饱受官府压迫的少数民族产生了极大的吸引力,对于红军安全通过这些地区具有重要意义。《西行漫记》记录的红军过四川彝区的经过即是一例:

> 但是红军有办法。他们已经安全地通过了贵州和云南的土著民族苗族和掸族的地区,赢得了他们的友谊,甚至还吸收了一些部族的人参军。现在他们派使者前去同彝族谈判。他们在一路上攻占了独立的彝族区边界上的一些市镇,发现有一些彝族首领被省里的军阀当做人质监禁着。这些首领获释回去后,自然大力称颂红军。
>
> 率领红军先锋部队的是指挥员刘伯承,他曾在四川一个军阀的军队里当过军官。刘伯承熟悉这个部落民族,熟悉他们的内争和不满。他特别熟悉他们仇恨汉人,而且他能够说几句彝族话。他奉命前去谈判友好联盟,进入了彝族的境内,同彝族的首领进行谈判。他说,彝族人反对军阀刘湘、刘文辉和国民党;红军也反对他们。彝族人要保持独立;红军的政策主张中国各少数民族都自治。彝族人仇恨汉人是因为他们受到汉人的压迫,但是汉人也有"白"汉和"红"汉,正如彝族人有"白"彝和"黑"彝,老是杀彝族人,压迫彝族人的是"白"汉。红汉和黑彝应该团结起来反对他们的共同敌人白汉。彝族人很有兴趣地听着。他们狡黠地要武器和弹药好保卫独立,帮助红汉打白汉。结果红军都给了他们,使他们感到很意外。③

1935年8月5日,中央政治局在沙窝会议上通过《中央关于一、四方面军会合后的政治形势与任务的决议》,由于一、四方面军会合在少数民族区域,而且今后在西北的活动也无法脱离少数民族,因此专门就少数民族问题阐述了党的基本方针:"无条件的承认他们有民族自决权,即在政治上有随意脱离压迫民族即汉族而独立的自由权,中国共产党与中国苏维埃政权,应该实际上帮助他们的民族独立与解放运动。""应首先帮助他们的独立运动,成立他们的独立国家,中华苏维埃共和国中央政府应公开号召蒙、回、藏等民族起来为成立他们自己的

---

① 龙胜县志编纂委员会编著:《龙胜县志》,汉语大词典出版社1992年版,第112页。
② 同上,第113、422页。
③ [美]埃德加·斯诺:《西行漫记》(原名:红星照耀中国),董乐山译,三联书店1979年版,第169页。

独立国家而斗争,并给这种斗争以具体的实际的帮助。"①

红军胜利到达陕北建立陕甘宁革命根据地后,首先面临的就是如何处理与这一地区分布众多的回族的关系。中国共产党提出的"民族自决"与"民族独立"的方针,得到了一向对汉人充满疑惑甚至与敌意的回族同胞的热烈响应,并迅速建立了回汉联盟。埃德加·斯诺作为一个观察者忠实地记录了这一情况:

> 共产党向他们(回民)提出的诺言有:协助成立回民自治政府;保护回族文化;保证各派宗教自由;协助创建和武装回民抗日军。②
>
> 他们的营房里墙上贴满了漫画、招贴、地图、标语……"建立回民独立政府!""建设自己的回民抗日红军!"共产党的一些回民拥护者就是靠这些主张招来的,回民战士在关于他们为什么参加红军问题上给我的答复也以此为他们的中心问题。③
>
> 共产党希望这两团人中能培养出一支大规模的回民红军的干部,来保卫他们梦寐以求要想在西北建立的回民自治共和国。这些回民中已有将近百分之二十五的人参加了共产党。④
>
> 这种回民与共产党合作,也许有他们自己的理由。如果汉人愿意帮助他们赶走国民党,帮助他们创建和武装一支自己的军队,帮助他们实现自治,帮助他们剥夺有钱人(他们无疑是这样对自己说的),他们就准备利用这个机会——如果后来共产党食言,他们就再把那支军队用于自己的用途。但是从农民的友善态度和他们在共产党领导下愿意组织起来这两点来看,共产党的纲领有明显吸引人的地方,他们小心翼翼地尊重伊斯兰教风俗习惯的政策即使在最多疑的农民和阿訇中间也留下了印象。⑤

陕北紧邻蒙古,因此与剽悍的蒙古族的关系,也成为红色政权必须要解决的问题。1935年12月10日,中共中央发布《中华苏维埃人民共和国中央政府对内蒙古人民的宣言》,宣布:"我们认为只有内蒙古人民自己,才有权利解决自己内部的一切问题,谁也没有权利用暴力去干涉内蒙古民族的生活,习惯,宗教道德,以及其他的一切权力。同时内蒙民族可以从心所欲的组织起来。他有权按自主的原则,组织自己的生活,建立自己的政府,有权与其他的民族结成联帮

---

① 中央档案馆编:《中共中央文件选集》(十),中共中央党校出版社1991年版,第535页。
② [美]埃德加·斯诺:《西行漫记》(原名:红星照耀中国),董乐山译,三联书店1979年版,第287页。
③ 同上,第288页。
④ 同上,第289页。
⑤ 同上,第289—290页。

[邦]的关系,也有权完全分立起来。"① 这又一次重申了以联邦制解决民族问题的纲领。

可以看出,国民党对中共的打击与镇压,迫使中国共产党与许多少数民族走到了一起,而实现"民族自决"与"民族独立"的承诺,成为中国共产党维系与各少数民族联盟的重要纽带。应当看到,"民族自决"与"民族独立"是中国共产党建党初期在第三国际影响下舶自前苏联的抽象概念。这些概念在当时只有口号的价值,还不具有实践性和可行性。②

二、抗日民族统一战线下的民族自治

抗日战争时期中共民族理论发生了重要的转变。空前的民族危机使中国境内各民族的命运紧紧地联系在一起,在共同反抗日本侵略者的战斗中,各民族结成了不可分割的联盟。在抗日民族统一战线的逐步强大和牢固的情形下,"民族自决"与"民族独立"的呼声不再那么强烈,而逐渐让位于"民族自治"的理论与实践。

1936年5月25日,中华苏维埃中央政府发布《对回族人民的宣言》,其第一条宣言就宣布:"我们根据民族自决的原则,主张回民自己的事情,完全由回民自己解决,凡属回民的区域,由回民建立独立自主的政权,解决一切政治、经济、宗教、习惯、道德、教育以及其他的一切事情,凡属回民占少数的区域,亦以区乡村为单位,在民族平等的原则上,回民自己管理自己的事情,建立回民自治的政府。"③ 这部宣言虽然仍然主张民族自决,但此时的民族自决是在民族区域的框架内建立自治政府,与之前建立联邦制国家或独立国家的构想相比,已有了质的飞跃和转变。之所以发生这样的转变,与当时抗日斗争的形势有很大的关系。日本占领蒙古东部和华北后,也提出了"蒙古独立"与"回族独立"的调唆性口号,这些口号完全是出于分离中国和吞占领土的野心。在这种情况下,为了揭穿日本侵略军的阴谋,中国共产党就必须调整以前坚持的民族自决和民族独立方针,改为努力建立各民族联合的抗日统一战线。这一调整在1936—1937两个对内蒙工作的指示信中表现得尤为突出。

1936年8月24日,《中央关于内蒙工作的指示信》指出:"内蒙人民面前的严重问题,就是民族存亡的问题,要就听随日本帝国主义所制造的德王所领导的

---

① 中央档案馆编:《中共中央文件选集》(十),中共中央党校出版社1991年版,第801—802页。
② 参见揣振宇:《马克思主义民族理论:解决中国民族问题的行动指南》,载郝时远等编:《民族研究文汇·民理论篇》,社会科学文献出版社2008年版,第14页。
③ 中央档案馆编:《中共中央文件选集》(第十册),中共中央党校出版社1985年版,第28页。

'独立自治',而实际是走向内蒙灭亡变为日本殖民地,这是一条道路;另一条道路,就是驱逐日本帝国主义,摆脱中国军阀的压迫,与中国人民、外蒙人民以及苏联联合,而走真正的独立自治与繁荣。前一条道路的结果只要一看朝鲜、满洲兴安省等,便可知道。而外蒙人民的解放、建设,与民族的兴盛,就是后一条道路,正确的明证。"① 1937年7月10日,中央再次发布《关于蒙古工作的指示信》,指出:"对于动员蒙古人民与武装力量援绥抗战的问题上,对于团结蒙古内部消解各旗矛盾冲突,对于适当的解决蒙汉矛盾等问题上,只有极力取得上面各方的谅解与一致才能顺利的进行,这同样也就是争取我党在蒙古工作中的合法与公开的地位,以便顺利的开展抗日救蒙运动。领导蒙古工作的地方党组织、蒙古工作委员会及蒙古工作负责人员,都应当相机进行上述的上层统一战线。必须知道,共产党,国民党以及中国各地方政府在蒙古工作中的分立现象,客观上给了日寇及其走狗以挑拨离间的便利。"②

1937年8月15日,《中国共产党抗日救国十大纲领——为动员一切力量,争取抗战胜利而斗争》发布,在第三条"全国人民的总动员"中指出:"动员蒙民、回民及其他少数民族,在民族自决和自治的原则下,共同抗日。"③在这里,民族自决首次不再与民族独立联系在一起,而是和民族自治联系在一起。自此,民族自决的内容逐步演化成了民族自治,即在少数民族居住区域建立自治区域,并在自治区域内决定自己的事务。这一政策比起以前的模糊的联邦制与建立独立国家等构想来,更为现实,也更为合理。1938年10月15日,洛甫在中国共产党扩大的六届六中全会上的报告提纲《关于抗日民族统一战线的与党的组织问题》中,特别在第九节论述"关于少数民族中的工作":"争取少数民族,在平等的原则下同少数民族联合,共同抗日。"④"建议国民政府成立回蒙民的专门工作机关,加强对少数民族工作的注意,统一对少数民族的领导。在这类机关中我们可以参加工作。在有少数民族居住地区的地方政府中,应有少数民族的代表参加,组织少数民族部(给少数民族以自治权)。"⑤显然,到了这个时期,少数民族应接受中央政府的统一领导,在统一的国家内部建立民族自治区域的观念已非常清晰明确。

在"民族自治"的主张占据主导地位后,由各民族建立一个统一国家的要求也逐渐成形。1938年10月,毛泽东在《中国共产党第六届中央委员会扩大的第六次全体会议上的报告》中就民族问题提出几点内容:"第一,允许蒙、回、

---

① 中央档案馆编:《中共中央文件选集》(第十册),中共中央党校出版社1985年版,第69页。
② 同上,第285页。
③ 同上,第317页。
④ 同上,第613页。
⑤ 同上,第614页。

藏、苗、瑶、彝、番各民族与汉族有平等权利，在共同对日原则之下，有自己管理自己事务之权，同时与汉族联合建立统一的国家。第二，各少数民族与汉族杂居的地方，当地政府须设置由当地少数民族的人员组成的委员会，作为省县政府的一部门，管理和他们有关的事务，调节各族间的关系，在省县政府委员中应有他们的位置。"① 1938年11月6日，《中共扩大的六中全会政治决议案》指出，"全中华民族的当前紧急任务"之一是"团结中华各民族（汉、满、蒙、回、藏、苗、傜、夷、番等）为统一的力量，共同抗日图存。"② 而抗战胜利之后，"将产生一个独立自由幸福的三民主义的新中华民国。"③

1940年4月和7月，中共西北工作委员会先后初步拟定《关于回回民族问题的提纲》和《关于抗战中蒙古民族问题提纲》，这两个文件都强调回族与蒙古族的自治权利及与其他民族建立联合的国家要求："回族在政治上应同汉族享有平等的权利。为此目的，必须：一、在共同抗日的原则下，允许回族有管理自己事务之权。二、中央政府及甘肃省政府，应有适当数目的回人参加为委员和行政工作人员。凡回、汉杂居的县、市、区地方政权机关，同样应有适合数目的回人参加。""回回民族与汉族及蒙、藏、番各民族，在平等原则之下共同联合抗日，并实现建立统一的三民主义的新共和国的目的"。④ 蒙古民族有管理自己事务之权，各省县不得干涉各盟旗政府管辖区域一切政治经济文化职权的行施。""蒙古民族与汉、回、藏、维吾尔国内各民族在平等原则之下共同抗日，并实现建立统一联合的三民主义的新共和国。"⑤ 1941年5月公布的《陕甘宁边区施政纲领》第17条规定："依据民族平等原则，实行蒙、回民族与汉族在政治经济文化上的平等权利，建立蒙、回民族的自治区。"⑥

到抗战后期，建立各民族自由联合的国家的字样已频频出现在党的各种文件中，说明这已不再是停留在口头上的理想，而已上升为一个确切且稳定的制度。1945年4月，毛泽东在中共"七大"所作的政治报告《论联合政府》中，提出"要求改善国内少数民族的待遇，允许各少数民族有民族自治的权利。"⑦ 抗战结

---

① 中央档案馆编：《中共中央文件选集》（第十一册），中共中央党校出版社1991年版，第619—620页。
② 中央档案馆编：《中共中央文件选集》（第十册），中共中央党校出版社1985年版，第699页。
③ 同上，第700—701页。
④ 中央档案馆编：《中共中央文件选集》（第十二册），中共中央党校出版社1991年版，第377—378页、第380页。
⑤ 同上，第440页、443页。
⑥ 中国社会科学院民族研究所、民族问题理论研究室编：《我国民族区域自治文献资料汇编》第一辑，第2页，内部资料，未注明出版社与出版日期，中国社会科学院研究生院藏。
⑦ 中共中央毛泽东选集出版委员会编：《毛泽东选集》（一卷横排袖珍本），人民出版社1968年版，第965页。

束之后,国家的统一大业在即,在关于未来国家的构想中,民族区域自治已作为中国共产党的一个重要概念被提出来。1946年1月,《中共代表团提出和平建国纲领草案》关于"地方自治"的(已)条为:"在少数民族区域,应承认各民族的平等地位及其自治权。"[1] 1946年4月,林伯渠在第三届边区参议会第一次大会上的政府工作报告《边区建设的新阶段》中谈到:"至于少数民族,除与一般男女公民同样享有上述一切自由权利外,更可以建立少数民族自治区,如三边、关中的回民乡与城川蒙古自治区等。"[2] 1946年4月,陕甘宁边区第三届参议会第一次大会通过《陕甘宁边区宪法原则》规定:"边区各少数民族,在居住集中地区,得划成民族区,组织民族自治政权,在不与省党抵触原则下,得订立自治法规。"[3] 1947年10月,毛泽东起草的《中国人民解放军宣言》中提出,"承认中国境内各少数民族有平等自治的权利。"[4]

三、民族区域自治制度的确立

(一) 根据地民族区域自治的早期实践

根据地的拓展与民族关系的巩固,为中共着手在革命根据地展开民族区域自治的实践提供了条件。在陕甘宁边区,关于民族区域自治的实践在各地积极展开。1936年10月,"预海县回民自治政府"成立,成为我国第一个民族自治区域,而中共中央制定的《预海县回民自治政府条例》,也成为中共建政历史上第一个民族自治地方条例。[5] 这一实践为以后民族自治区域政策的提出提供了良好的实践支持,也使中国共产党关于民族区域自治的理论进一步具体化和明确化。

1940年10月陕甘宁边区回民第一次代表大会的总报告第二部分用生动的语言描述了民族自治的情况:"我们边区回民的第一个特点就是在抗日民主的政治下先全国回民得到民族平等的地位和权利……首先从政治生活来看:我们参与了政权,获得了自己管理自己事务的权利。如新正县一区一乡,盐池四六庄,陇东的三岔镇等回民区和回民占大多数的地区,当地的乡村政府,都是由我们选出的,有些区政府中设有回民委员会,也由我们自己担任。"[6]

---

[1] 中国社会科学院民族研究所、民族问题理论研究室编:《我国民族区域自治文献资料汇编》第一辑,第4页,内部资料,未注明出版社与出版日期,中国社会科学院研究生院藏。

[2] 同上,第5页。

[3] 同上,第6页。

[4] 同上,第7页。

[5] 张尔驹:《中国民族区域自治史纲》,民族出版社1995年版,第38—41页。

[6] 民族问题研究会编:《回回民族问题》,民族出版社1980年版,第122页。

李维汉在回忆录中专门写到了"民族自治"的实践情况:"边区回族同胞较多,主要在三边和陇东分区。一九四二年四月,边区政府划定了定边的四、五区和城关镇的两个自然村为回民自治区(这是一个城市的回民自治乡)。九月,又划定曲子县的三岔镇为回民自治区。以后,边区政府又在回民聚居的农村(如关中某些农村)陆续划定了一些少数民族自治区、乡。在少数民族自治区内,由少数民族自己选举区、乡长,管理自治区内的政治经济文化事业。"[1] 这些民族区域自治制度的早期实践,为以后在全国范围内建立民族自治区域积累了丰富的经验。

(二) 新中国民族区域自治制度的确立

在筹建中华人民共和国的过程中,经过初步实践和论证的民族区域自治制度被中共提出来,作为解决民族问题的根本制度。1949年9月25日,周恩来在《关于〈中国人民政治协商会议共同纲领〉草案起草的经过和纲领的特点》报告中说:"各少数民族的区域自治、武装权利及其宗教信仰之被尊重,均在条文中加以明确的规定。"[2] 1949年9月29日,中国人民政治协商会议通过宪法性文件《共同纲领》,正式将民族区域自治制度确定为新的中华人民共和国政府解决民族问题的根本原则:"各少数民族聚居的地区,应实行民族的区域自治,按照民族聚居的人口多少和区域大小,分别建立民族自治机关。凡各民族杂居的地方及民族自治区内,各民族在当地政权机关中均应有相当名额的代表。"[3]

此后,民族区域自治工作开始在国内大范围推行。1951年2月,中央人民政府政务院发布《关于少数民族事务的几项决定》宣布:"各大行政区军政委员会(人民政府)须指导各有关省、市、行署、人民政府认真地推行民族区域自治及民族民主联合政府的政策和制度。"[4] 同月通过的《中共中央政治局扩大会议要点》中称:"认真在各少数民族中进行工作,推行区域自治和训练少数民族自己的干部是两项中心工作。"[5] 1951年5月,中央人民政府和西藏地方政府达成《关于和平解放西藏办法的协议》,规定:"根据中国人民政治协商会议共同纲领的民族政策,在中央人们政府统一领导之下,西藏人民有实行民族区域自治的权

---

[1] 李维汉:《回忆与研究》(下),中共党史资料出版社1986年版,第468页。
[2] 中共中央文献编辑委员会编:《周恩来选集》上卷,人民出版社1980年版,第371页。
[3] 北京大学法律系宪法教研室、资料室编:《宪法资料选编》第一辑,北京大学出版社1982年版,第11页。
[4] 中国社会科学院民族研究所、民族问题理论研究室编:《我国民族区域自治文献资料汇编》第一辑,第15页,内部资料,中国社会科学院研究生院藏。
[5] 同上,第17页。

利。"① 1951年10月，周恩来在中国人民政治协商会议第一届全国委员会第三次会议上所作的《政治报告》中称："民族区域自治和民族民主联合政府正在逐步推行。除内蒙古外，已建立了三十个专署区级至乡级的民族民主联合政府……"并指示"依据民主集中制和人民代表会议制的基本原则，切实认真地普遍推行民族的区域自治和民族民主联合政府的方针。对民族自治区的自治权利应有适当规定。民族自治机关的形式，必须适应各民族当前发展阶段的面貌，切不可将汉族地区的那一套简单地搬用到少数民族地区。"② 经过中华人民共和国成立初期的大力推行后，民族区域自治政府在各地建立起来。1951年12月，李维汉在《有关民族政策的若干问题》中阐述了建立民族区域自治的三种形式：

已经建立的民族自治区，大体有三种类型，即：由一个少数民族聚居区为基础建立的自治区（例如川北平武藏族自治区）；由一个大的少数民族聚居区和人口很少的其他少数民族聚居区为基础建立的自治区（例如内蒙古自治区）；由几个或多个少数民族聚居区为基础联合建立的自治区（例如广西龙胜地方侗、僮、苗、瑶、各族的联合自治区）。可能还有其他的类型。这种种不同的类型，是依据各少数民族聚居地区不同的民族关系、经济条件和历史关系等情况，在民族平等、自愿基础上产生的。第三种类型在某些少数民族杂居地区可以推行，它有利于民族间合作互助，从而有利于各民族的发展；但必须依据自愿和平等、互利的原则，不可加以强迫。③

1952年2月22日，政务院第一百二十五次政务会议通过、1952年8月8日中央人民政府委员会第十八次会议批准的《中华人民共和国民族区域自治实施纲要》正式出台，这是新中国成立后第一部专门性的民族区域自治法律。《实施纲要》分总则、自治区、自治机关、自治权利、自治区内的民族关系、上级人民政府的领导原则和附则共七章四十条。1954年9月通过的第一部《中华人民共和国宪法》承认"中华人民共和国是统一的多民族国家"，并明确规定"各少数民族聚居的地方实行区域自治。"④ 至此，我国的国家结构正式被确定为单一制结构下的民族区域自治。民族区域自治制度也正式成为国家的基本制度。1984年5月31日，经过第六届全国人大第二次会议通过的《民族区域自治法》正式颁布，2001年2月28日，第九届全国人民代表大会常务委员会第十二次会议通过《民族区域自治法》的修正案。民族区域自治的内容进一步完善，效力得到进一步提

---

① 中国社会科学院民族研究所、民族问题理论研究室编：《我国民族区域自治文献资料汇编》第一辑，第19页，内部资料，中国社会科学院研究生院藏。
② 同上，第21页。
③ 《李维汉选集》编辑组：《李维汉选集》，人民出版社1987年版，第249—250页。
④ 中国社会科学院民族研究所、民族问题理论研究室编：《我国民族区域自治文献资料汇编》第一辑，第77页，内部资料，中国社会科学院研究生院藏。

升。通过对上述历史文件的梳理,我们大致可以看到中国共产党关于解决民族问题政策的演变。见图1。

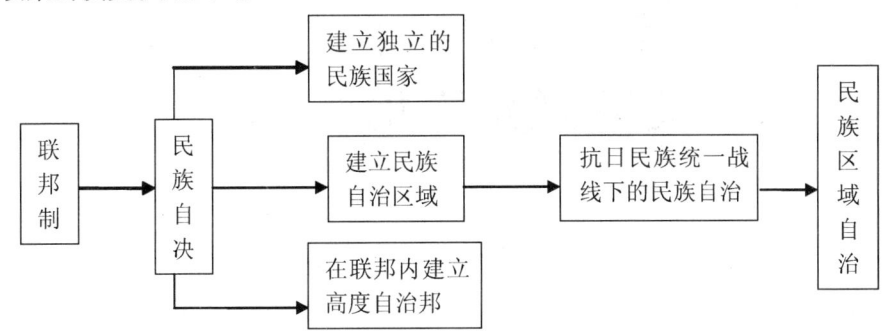

联邦制 → 民族自决 → 建立独立的民族国家 / 建立民族自治区域 / 在联邦内建立高度自治邦 → 抗日民族统一战线下的民族自治 → 民族区域自治

图1 中国共产党关于解决民族问题制度的演变

中国共产党关于民族问题的政策演变历程及民族区域自治制度最终在中国的建立,使我们认识到,中国的少数民族问题是中国特有的,在处理这一问题上,没有现成的模式或框架可以照搬,只有摸清中国少数民族的特征,顺应历史发展的潮流,才能寻找到一个适合中国族情的制度。应当说,民族区域自治制度在解决中国民族问题上曾发挥过重要作用。但是,近年来,我国的政治、经济、文化、社会结构发生了翻天覆地的变化,少数民族的生存和生活状况也发生了较大的变化,在这种情况下,民族区域自治制度也应当有适当的调整和进一步完善,以适应我国日新月异的民族发展趋势。

论中央与民族自治地方关系研究的几个问题

张文山[①]

中央与地方关系问题是学界研究的一个热点问题,近年来发表了大量研究论文和著作,也提出了一些观点与主张。实现中央与地方关系法制化,是合理的中央与地方关系的法律制度保障。中央与地方关系只有在制度化和法治化的基础上,才能走向现代化的道路,才能使中央与地方的职能关系保持一种均衡和稳定的状态。

中央与民族自治地方的关系是构成具有中国特色的社会主义制度的重要特征之一,构建合理的中央与民族自治地方关系的法律体系,既是巩固社会主义制度的重要内容,也是发展社会主义民族关系、实现各民族共同繁荣发展的制度保障,直接关系到国家统一、政治稳定、经济发展和社会进步。

一、研究的理论原则与价值取向

中央与地方的关系,是在一定的国家政权组织形式下中央政府与地方政府间权力分配及统属关系,而中央与民族自治地方的关系,是在"单一制"的国家结构形式下,民族自治地方实行区域自治的一种权力分配及统属关系。民族区域自治制度是我国的基本政治制度,保障民族自治地方充分行使自治权,既是完善民族区域自治制度的关键,也是合理构建中央与民族自治地方法律关系的依据与原则。中央与民族自治地方的关系是指中央政府与自治区政府、自治州政府、自治县(旗)政府之间的关系,它不同于中央与一般地方的关系。中央与一般地方的关系,是单一制国家行政管理体系在中央与地方之间权限的划分,即"条条与块块"的关系,其核心是收权与放权问题;而中央与民族自治地方关系的核心则是保障民族自治地方充分行使自治权的问题

[①] 作者简介:张文山,广西大学法学院教授,硕士研究生导师,主要研究方向:民族法学。

因此，研究中央与民族自治地方关系的基本理论原则应是自治权理论，以民族自治地方充分行使自治权为目标，从合理权力让渡的角度，在法治基础上建立新型的中央与民族自治地方的权利义务关系，并构造在全球化与区域经济一体化以及民族自治地方广泛参与次区域经济合作背景下，中央与民族自治地方之间的利益均衡模式与法律保障体系。以自治权理论为基础，从合理分权的角度来构建中央与民族自治地方的关系，使中央与民族自治地方在法治基础上形成新型的权利义务关系，保障民族自治地方充分行使自治权，既是完善民族区域自治制度的关键，也是合理构建中央与民族自治地方法律关系的依据。

不同的价值取向，决定着不同的中央与地方关系模式。保障民族自治地方充分行使自治权，既是完善民族区域自治制度的关键，也是合理构建中央与民族自治地方法律关系的依据与原则。中央与民族自治地方是一种特殊的行政关系，不同于一般的国家行政管理与原则。管理体系在中央与地方之间权限的划分，其核心则是如何保障民族自治地方充分行使自治权的问题。因此，研究自治权的产生、自治权的法理基础、自治权的法源与权限、自治权的法律效力、自治权的属性以及它与国家权力的关系等，在此基础上确立中央与民族自治地方关系的基本理论与价值取向。

二、中华人民共和国成立后中央与民族自治地方关系的演进

中央与民族自治地方关系的调整，经历了一个由传统计划经济体制向市场经济体制转轨的演进过程，前后30年间呈现出不同的特点。在传统计划经济时期，中央与民族自治地方关系的演进特点是收权与放权的往复循环；改革开放以来，我国共进行了六次大规模的政府机构改革，通过这六次改革，中央与地方的事权结构发生了很大的变化。中央与民族自治地方关系的调整虽然取得了重要进展，然而其在权责划分、收支匹配、机构设置等方面还存在诸多不足。民族区域自治制度作为基本政治制度，确立于1949年9月29日中国人民政治协商会议第一届全体会议通过的《中国人民政治协商会议共同纲领》，纲领明确了"各少数民族聚居的地区，应实行民族的区域自治"，但没有提出自治权的概念；1952年，中国政府就发布《中华人民共和国民族区域自治实施纲要》，对民族自治地方的建立、自治机关的组成、自治机关的自治权利等重要问题作出明确规定，纲要提出的自治权利也是着重于民族地区的政权建设。1954年召开的第一届全国人民代表大会，把民族区域自治制度载入了《中华人民共和国宪法》之中，宪法第一

次明确规定"自治区、自治州、自治县的自治机关依照宪法和法律规定的权限行使自治权。"此后中国历次《宪法》修改，都载明坚持实行这一制度。但是，一直到1984年颁布《民族区域自治法》第一次在基本法里规定：上级国家机关保障民族自治地方的自治机关行使自治权，自主管理本民族、本地区的内部事务。虽然民族区域自治法规定的自治权有27个条款（19条—45条），但操作性问题始终没有解决，中央与民族自治地方权责关系仍未理顺，并没有改变政府的权力来源机制，民族自治地方政府的权力来自于中央政府权力的让渡，中央与民族自治地方的权责关系包括两大内容，即财权分配和事权划分。从历次财税体制改革的效果来看，中央与民族自治地方的财权分成比例一直是个难题；中央与地方事权的划分并没有太多地考虑到财权结构的失衡，造成财权与事权严重不对称，结果是：事权可以大幅下放，而财权不能完全下放依旧是中国政府间权责分工的痼疾。同时，民族区域自法又是一部没有"牙齿"的法律，即侵犯民族自治地方自治权的行为既不承担任何责任，也得不到任何救济，自治权不能充分行使，也落不到实处。因此，如何保障充分行使自治权，就是合理调整中央与民族自治地方关系的关键所在。

三、地方自治与民族区域自治

这是两种不同的地方治理制度，19世纪末20世纪初先后引入，作为宪政体制都在中国落地生根，二者之间有联系也有差别，它们都以自治权为特征，但授权方式与自治权行作模式不同。

地方自治就是在以一定的地域空间为界，全体居民依据宪法和法律的规定，按照自己的意志组织地方自治机关，利用本地区的财力，处理本区域内公共事务的一种地方政治制度。它最早可以追溯到古罗马时代，当时意大利人组成一种自治邑，享有地方自治权力。英国从盎格鲁—撒克逊时代起，将筑有城堡自卫或有市场的地方称作自治市。19世纪以来，地方自治成为一个世界性的潮流与宪政、民主、人权、法治一样，成为政治现代化的议题之一。

现代国家从结构形态上分为单一制和联邦制。单一制是指由若干不具有独立性的行政区域单位或自治单位组成的单一主权国家，联邦制是指由两个以上享有独立权限的成员（邦、州等）联合组成的国家。与单一制相比，联邦制的明显特征是：联邦及其成员都有自己的宪法；其公民具有联邦公民和邦、州公民的双重身份，不同成员单位的公民在权利义务上也有所不同，但联邦及其成员之间的权力划分由宪法规定，未经绝大多数成员单位同意，联邦无权任意改变。总之，不论是单一制国家还是联邦制国家，地方自治都是其基本或主要的地方政治制度，是中央政府与地方政府治权分配的模式。

地方自治理念传入中国后，地方自治曾是现代中国社会转型的选项，在20世纪上半叶出现过三次实行地方自治的契机。第一次是清末民初，第二次是1910年代末至1920年代初，第三次是1940年代中期。

中国共产党曾经是地方自治的推动者，1922年召开第二次全国代表大会，提出党的任务和奋斗目标，其中之一就是"用自由联邦制，统一中国本部、蒙古、西藏、回疆，建立中华联邦共和国"。

1934年1月，中共召开第二次全国苏维埃代表大会通过的《中华苏维埃共和国宪法大纲》称："蒙古、回、藏、苗、黎、高丽人等，凡是居住在中国的地域的，他们有完全自决权；加入或脱离中国苏维埃联邦，或建立自己的自治区域。"

1945年4月，毛泽东在中共"七大"政治报告《论联合政府》中说："在新民主主义的国家问题与政权问题上，包含着联邦的问题。中国境内各民族，应根据自愿与民主的原则，组织中华民主共和国联邦，并在这个联邦基础上组织联邦的中央政府。""七大"通过的《中国共产党党章》在总纲中明确提出，在目前阶段的任务是"为建立独立、自由、民主、统一与富强的各革命阶级联盟与各民族自由联合的新民主主义联邦共和国而奋斗"。中国共产党在解决民族问题上的纲领是联邦制，在解决中央与地方关系问题上的纲领是地方自治。

1946年1月16日，中共代表团向政治协商会议提出的《和平建国纲领草案》专门列有地方自治一章，主张"积极推行地方自治，废除现行保甲制度，实行由下而上之普选，成立自省以下的各级民选政府"，"省得自订省宪，各地得采取因地制宜的措施"。中共代表吴玉章在会议讨论时说："过去对省的地位和制度争论颇多，中国政治能否搞好，这是一个重大问题。我们主张省为自治单位，自下而上的普选，依据中山先生遗教省长民选，省自制省宪。"1月31日，政治协商会议一致通过的《和平建国纲领》缩小了地方自治的范围，写道："积极推行地方自治，实行由下而上之普选，迅速普遍成立省、县（市）参议会，并实行县长民选。"

1947年10月10日发布的《中国人民解放军宣言》，仍然提到中国境内各少数民族的"平等自治及自由加入中华联邦"。

直到1949年9月制定《中国人民政治协商会议共同纲领》时，中国共产党领导人才最终决定，在解决民族问题上用民族区域自治取代联邦制，在解决中央与地方关系问题上以共产党的组织原则民主集中制取代地方自治。共同纲领第十五条："各级政权机关一律实行民主集中制。其主要原则为：人民代表大会向人民负责并报告工作。人民政府委员会向人民代表大会负责并报告工作。在人民代表大会和人民政府委员会内，实行少数服从多数的制度。各下级人民政府均由上级人民政府加委并服从上级人民政府。全国各地方人民政府均服从中央人民政府。"1954年宪法继承了共同纲领的提法,总纲第二条称:"全国人民代表大会、地方各级人民代表大会和其他国家机关,一律实行民主集中制。"

然而,1960年毛泽东就曾对到访的日本友人木村一三先生说过:我们从中国自己的角度出发,研究了美利坚合众国在短时间内取得经济高速增长的秘密。从结论上讲,就在于"合众国"。美国这个秘密,对我们中国这样的大国来说是非常宝贵的经验。①

这样就提出一个问题——地方自治与民族区域自治区别何在?根据《宪法》和《民族区域自治法》的规定,在少数民族聚居的地区,实行民族区域自治。传统理论认为,民族区域自治既不是单纯的民族自治,也不是单纯的区域自治(区域自治就是地方自治),而是民族自治与区域自治的结合。这样,乍一听起来好像有些道理,似乎二者的区别在于区域自治中加入了民族的因素,即民族区域自治的主体是实行自治的民族而非全体居民。可是,认真分析却会否定这样的结论。地方自治与民族区域自治都是以一定的空间区域来划分的,而这一区域是本区域居民世代生息之地,和这块土地血脉相连、文化相承,是这块土地的主人。没有特定领土的人群在当今各国既不能实现地方自治,也不能实现民族区域自治,以流浪为生活方式的吉普赛人能在任何一个国家实现地方自治或民族区域自治吗?回答肯定是否定的。至于民族成分而言,民族区域自治的设立也是以少数民族聚居区为基本要件,当一个地区是某一民族的聚居区时,和某一地区的居民有什么区别?地方自治与民族区域自治的自治权实现的方式,均是通过代议制和票决制来实现的,自治的意志取决于多数人的意志。在藏族人口占总人口96.4%的西藏,它是地方自治还是民族区域自治?

所以,不论是地方自治或民族区域自治,相对于中央集权制来说,均属于地方分权的概念。世界上很多国家依其政治制度的不同,不同程度地在全境、局部地区如少数民族集中居住的地区实行地方自治;很多国家的海外属地和领地,具备高度自治的权力,多为独立的政治实体。西班牙加泰罗尼亚人居住的加泰罗尼亚即为自治区(有时译作自治省),属于西班牙国家一级行政区。高加索地区部分国家、俄罗斯境内少数民族集中居住的地区设有很多自治共和国,如车臣共和国。

具体中央和民族自治地方的关系在单一制下如何界定,是一种分权关系,还是一种授权关系,这是学术界的一个分歧点,有必要进行深入研究与探讨。

从全球范围来观察,单一制国家二战后经济的发展也促使中央政府将大部分管理公共事务的职能下放给地方政府,使地方政府成为为社会提供服务和管理的

---

① 新华社《参考消息》2003年12月9日第9版。

主要机构；联邦制国家也倾向于将部分中央权限和事务还权于地方政府。在美国，从尼克松的新联邦主义到里根的新保守主义，再到老布什、克林顿的政府企业化改革，都倾向于发挥州和地方政府的作用，但联邦制不是减弱而是加强了。同时，联邦权力的扩张并未影响州和地方的发展。美国州和地方在管理本地区的经济文化等社会性事务中的作用不是削弱了，而是加强了，各州现在比历史上其他时期从事更多的活动，提供更多的服务，筹措和使用更多的资金。因此，集权与分权共同增长以及更高程度的融合成为资本主义社会结构变迁的必然要求。

从法理而言，现代地方自治制度有英美法系国家和大陆法系国家之分。

英美法系国家的地方自治制度以"人民自治"理论为基础。认为自治的权利是天赋的，是人民所固有的，先于国家而存在。原始社会由自由个人结合的自由公社便具有自治权。国家出现后，这种固有的自治权仍然存在，国家不但不能干涉，而且应予保护。这一理论又称"保护主义"。英美法系国家的地方自治机关行使由法律确认的自治权时，中央政府一般不加过问，地方自治机关形式上独立于中央政府之外，自治机关的官员直接或间接地由当地居民选举产生，他们只具有地方官员的身份，中央政府不得撤换他们。中央政府对地方自治机关的监督以立法监督为主，一般避免对其发布强制性的指示。如果地方自治机关逾越法定权限，中央政府可诉请司法机关加以制止。

大陆法系国家的地方自治制度以"团体自治"理论为基础。认为地方自治的权利不是天赋的，不是地方人民所固有的，而是由主权国家所赋予的，国家可随时收回这种权利。这一理论又称"钦定主义"。因此，大陆法系国家的地方自治权具有委托性质，中央政府对于自治事务有最终决定权。地方官员不论为中央直接任命或为地方居民选出，都同时兼具中央官员和地方自治机关官员的双重身份，中央政府有权随时撤换他们。中央政府对地方自治机关的监督以行政监督为主，中央政府可随时向地方机关发出强制性指示，地方机关必须执行；否则，中央政府可采取强制性措施。

这其实就是所谓自治权利是"分权说"与"赋权说"之争。就民族区域自治而言，我倾向于回归其地方自治的本质，自治权是一种自然权利，不是被赋予的权利。

四、中央与民族自治地方关系法律构架的设计

中央与民族自治地方关系法治化问题，是最具中国特色的法学理论，它的逻辑起点必须回到宪法和民族区域自治法的文本上来，以完善自治权为核心来进行，逻辑终点是民族自治地方自治机关能够充分行使自治权。因此，需要从五个

层面来构建中央与民族自治地方关系的法律体系：一是制定《民族自治地方自治权保障法》，明确中央与民族自治地方权限划分，使民族区域自治法规定的"自治机关的自治权"和"上级国家机关的职责"的内容细化、明确、具体，具有可操作性，确立民族自治地方的利益表达机制和与中央纠纷的解决机制。二是修改民族区域自治法，添补其"法律责任"的缺失，使其成为一部有"牙齿"的法律，使违法行为和侵权行为能够得到司法救济。三是建立违宪审查机制，使中央政府和民族自治地方政府都可以就双方行为提出违宪审查动议，用法律来保障各自的权益。四是为了使民族自治地方充分行使自治权，必须明确国家责任。国家有积极权利、消极权利和必须履行的义务。五是制定和完善自治条例，规范自治机关的行为，确保自治权正确行使，权力配置科学、权力行使依法，让权力在阳光下运行，保障各族公民行使知情权、表达权、参与权、监督权，体现权为民所赋，权为民所用，利为民所谋的执政原则。

民族地区司法规律及司法权配置若干特殊问题研究[①]

马岩茹 马天山[②]

我国民族地区有什么样的司法规律，应当如何在国家法治统一的前提下配置司法权，是研究司法规律及司法权配置必须高度关注的课题[③]。本文拟从司法规律的基本认识、中国司法权的基本特点入手，谈谈我国民族地区司法规律及司法权配置的若干特殊问题[④]。

一、对司法规律的基本认识

由于对司法这一概念的理解不同，人们对司法规律的含义也理解不同。但无论如何，有两点理解必须一致：

其一，司法规律只能产生于司法活动本身，是表现特定时间、特定地域、特定条件下法治产生、发展、变化的固有特点。

其二，一切法治活动，必须遵从司法规律。

[①] 本文系西北民族大学中央高校基本科研业务费专项资金项目《西北民族地区法制建设研究》（ZYZ2011034）课题阶段性成果。

[②] 作者简介：马岩茹，西北民族大学法学院讲师。马天山，全国检察业务专家，青海省优秀法学家，兼职教授，硕士生导师，青海省法学会专家学术委员会委员，中国民族法学研究会常务理事。

[③] 本文所称的民族地区是指新疆、西藏、内蒙古、宁夏以及广西五个省级自治区和青海、甘肃、云南、四川、贵州等有少数民族聚居的普通省区。

[④] 司法规律是自然和社会因素两大类因素共同作用的结果。自然因素主要是指由自然环境所决定的生产方式和经济状况等，它对司法规律的形成起着基础性作用。社会因素主要是指社会发育的程度，即政治、经济、文化、历史等因素，它对司法规律的形成、发展和现实表现起着直接和具体的作用。两大因素共同作用于司法领域，形成对国家任何司法活动的总体性制约。因此，司法规律除具有相应的法律意义外，还具有特别深刻的社会意义。

判断司法权配置正确与否，具有多重判断标准，不同的国家结构体系、不同的时代具有不同的要求。其中最为重要的是是否遵循了司法规律的要求，最大限度解决效益（政治、法律、社会三大效益）、公平和公正问题。

归纳起来，可以将司法规律简单定义为司法活动本身所具有的、并对司法活动起决定作用的一系列特点的统称。在世界范围内，对司法规律多是从立法和执法两大层面上认识的①。由于司法活动过程复杂、参与主体较多，因此司法规律不应该是指某一个具体规律，而是关于立法活动和执法活动方面一堆规律集合体的抽象和归纳。这意味着司法规律有抽象和具体两种含义，应当仔细加以区别②。本文认为司法规律的内涵至少有五个基本方面：

（1）由经济基础决定，取决于国家发展的实际程度。司法规律不是凭空产生的，有什么样的经济基础，就有什么样的生产方式和上层建筑，并由此决定国家发展的实际程度，而国家发展的实际程度，又决定法治建设的实际水平。经济基础既是法治建设的制约者，同时也是司法规律的制约者。尊重司法规律，其实就是寻找、承认经济基础与司法现象之间的联系，超越或者不顾现实，无法探求到真实的规律。

对司法规律的认识和运用，必须依赖于产生它的那个经济基础。特定的经济基础产生特定的司法规律，它没有通用性。这是司法规律产生的"身世背景"。

（2）由简单向完备发展，存在着显著的阶段性。由于法治建设不可能一蹴而就，因此司法规律也存在明显的阶段性特征。从法律的无到有、简单到完善，司法规律也与之相适用，形式逐步完善，内容逐步复杂，作用逐步增强，呈慢慢长大之势。换言之，在纵向的历史阶段上，尤其是在法律领域或者是更为广泛的社会学视野中，没有绝对意义上所谓一成不变的司法规律。法律作为一定时期内的特定现象，完全对应于国家建设的时空要求，对司法规律的认识，须随法治建设的变化而变化，与社会阶段相适应。

特定阶段产生特定的司法规律。这是司法规律发展变化的基本轨迹。

（3）有特定的内容、表现方式、存在和作用范围，具有相对的独立性，但同时又与其他规律存在密切联系。

其一，司法规律不是经济规律，它以法律主体、法律活动等元素为表述内容，是对司法活动政治性、权威性、严肃性以及专业性、独立性、程序性、严密性、强制性、针对性、终结性、规范性和系统性的高度概括，揭示的是法律活动本身的特点，是司法规律区别于其他规律的显著标志。

政治性是指司法活动必然具有的国家和阶级属性；

---

① 习惯上，人们对于司法规律更多是从执法层面上认识的。实际上这是不对的。立法和执法是法治建设不可分割的环节，立法是执法的前提，执法是立法目的实现的唯一渠道，二者互为存在条件。

② 其重要性体现在两方面，一方面是指抽象出来的司法规律对所有司法活动均有指导意义，作用巨大。另一方面是指不能用具体的司法规律取代抽象出来的司法规律，各种具体的司法规律之间也不能互相取代，例如，既不能用审判规律取代司法规律，也不能用审判规律取代检察规律或者侦查规律。执法规律和守法规律之间也是如此，不能相互取代。

权威性是指司法活动是国家活动，不是个人活动，体现的是统治阶级的意志；

严肃性是指司法活动体现的是立国以及立法的价值或者宗旨，肩负重任；

专业性是指司法活动是国家有专门要求的专门活动；

独立性是指司法活动不受任何非法干扰，权力独立、机构独立；

程序性是指司法活动整体及各环节均须按法律规定的顺序进行，不可随意而为；

严密性是指司法活动中对各种要素都要有相关的制度设计，基本无疏漏；

强制性是指司法活动由国家强制力作后盾，做出的法律决定必须执行；

针对性是指司法活动总体上和各环节都有很强的指向性，以规范秩序为最高职责；

终结性是指司法活动的结论可以终结案件[①]；

规范性是指司法活动只能按法律规定进行；

系统性是指司法活动是由不同的法律、不同的环节和不同的外部联系构成的。

显然，司法规律具有法律属性强、规范性突出、形式简单以及内容鲜明等特点[②]。

其二，不同的社会阶段、不同的经济发展水平、不同的文化传统、不同的社会性质，司法规律亦不同。其中社会性质是决定司法规律实质不同的最为重要的因素。总体上，不同性质的国家，司法规律绝对不同，相同性质的国家，司法规律也不一定完全相同。

其三，对司法规律的认识应当体现并服从、服务于法治建设和国家建设大局。

国家性质是司法规律得以区别的重要标志，即抽去时代性、阶级性的空洞的司法规律是根本不存在的。但也必须承认，司法规律在体现区别的同时，又体现出相应的共同点，例如都产生于国家这一母体；都规定有相应的法律责任；解决问题的手段主要是诉讼；都必须以相应的法律法规为准绳；都必须建有相应的司法机构；都必须具有专门的从业人员和相应的考试、晋升管理办法等。

需要注意的是，司法规律中的共同点只是形式共同而不是实质共同。形式共同是不同司法制度得以借鉴的基础，性质不同是各类司法制度得以区别的关键所在，形式不同既不能掩盖也不能取代性质不同。另外，即使是在司法规律相同的

[①] 不立案、撤案、不起诉以及判决和裁定，均是终结案件的手段，尽管可以通过复议、申诉、上诉、抗诉等方式改变，但这仍然是司法活动的救济功能，不能改变案件需要通过司法活动终结的事实。

[②] 这些特点，实质上就是司法规律。

情况下，执法的方式也不一定相同①。这是司法规律内容指向的特殊性所在。

（4）司法规律具有历史传承性。不同国家的司法规律有着自己产生、发展和变化的过程，呈现出固有的"血缘"联系，这意味着司法规律不是凭空杜撰或者是想象的产物，而是一个国家历史的产儿，同时也意味着借鉴别的国家的司法规律必须注意传承问题，即应当注意是否兼容的问题。这是司法规律纵向联系的特征。

（5）司法规律是社会规律的一部分，受社会发展总规律的制约，过去、现在、将来均有不同的内容。

就中国而言，司法规律还应当体现如下三个方面的重要内容：

（1）要与社会主义性质和社会主义建设的总体目标、要求及规律相吻合。这是社会主义制度对法治的本质要求。中国的法治建设要以人民利益为主，让人民主导法治进程，使社会主义法律的原则、制度以及程序设计，以符合人民群众的根本利益为归属；

（2）要与社会主义初级阶段的政治、经济、文化发展水平相吻合。就目前而言，中国的法治建设属于社会主义初级阶段，法治建设本身处于起步阶段，虽然已经搭建起了基本的法律体系，形成了较为完备的法律框架，但在司法主体方面，无论是司法机关的组织建设还是执法者个人素质的提高；在司法环境方面，无论是法律地位的提高还是法治理念的树立；在司法要求方面，无论是法律作用的加强还是司法的文明，均存在很多需要完善的方面。当前，尤其需要在效益、公平、正义方面努力；

（3）要与中国特色的法治建设相吻合。中国的司法规律具有中国特点，这是由中国的现实和历史状况决定的。中国特色除表现在法律的阶级性质和文化传承上外，还鲜明地表现在国家政权结构特色上，即人民代表大会下的一府两院制度。其中司法制度的设计独具特色②。

当今司法规律的模式主要有两大类③：社会主义和资本主义司法规律。社会主义的司法规律模式，主要是前苏联和当代中国两种模式。特点是：

①人民主权。通过苏维埃和人民代表大会实现。

②意识形态色彩强烈。在政策要求、机构设置、目标及任务确定和工作制度

---

① 在相同的法律规律下，执法的方式也会有很多种。例如美德两国就同一个盗窃案件，会在搜查问题、立案问题、笔录及起诉书制作问题、警察作证问题、警械使用问题、取保问题、秘密录音录像问题、起诉和审判问题等方面都不相同。显然，司法规律决定执法方式，但执法方式却可以有多样选择。参见［美］弗洛依德·菲尼［德］约阿西姆·赫而曼岳礼玲著，郭志媛译：《一个案例，两种制度——美德刑事司法比较》，中国法制出版社2006年版。

② 主要是指对司法权的理解和对国家权力以及司法权力本身的划分、相互之间的关系等，与别的国家不同。

③ 由于法治建设的方式、实质以及路径不同，司法规律的模式是客观存在的。

上突出社会主义司法属性。

③法治起点较低，与政权的先进性形成强烈对比。中苏两国均是在资本主义不发达或者根本没有发育的基础上建立起来的，既没有相应的经济积累，更没有相应的法治准备。夺取政权后，中苏两国法治的发展，既是组织机构建立健全的过程，又是法律规范从无到有，逐步完善的过程，还是法律地位、法律意识不断提高的过程。

④面临的任务艰巨。中华人民共和国成立之初中苏两国的司法建设面临的首要任务是巩固和保卫政权，同时又面临着发展生产力的重任，较现在而言，任务繁重许多。即便在现阶段，虽然经历了较长时期的建设，但由于中国还处在社会主义市场经济初级阶段，法治建设所面临的任务仍然十分艰巨，表现在旧的任务尚没有完结，新的任务接踵而至，既要完善自身，又要面对社会等诸多方面。

⑤传统影响明显。主要是指传统文化、传统思想意识的影响，这些影响既有积极的，也有消极的，且消极影响更为明显。

中国法治建设过程是当今社会主义司法规律的重要演示和典型表现，其自然内涵、社会内涵均与众不同，具有独特的价值追求。

司法规律的作用是多向的，既可以作用于司法活动的主体，确定其在司法活动中的地位、作用、活动原则以及自身的建设、管理问题和不同主体之间的关系等，也可以作用于从立案到执行的全部过程以及除诉讼之外围绕法治建设所进行的诸如普法之类的活动，并且影响到立法。基于法治是管理社会的重要工具，更基于法治有自身的特殊性①，遵从司法规律应当是一个普识②。

二、我国民族地区司法权的特殊性所在

司法权配置是一种国家活动，相对于法治活动而言，它又是一项前期性工作，是司法活动达成效益、公平和公正目的的前提。在司法权配置中，司法规律一方面起着司法权如何划分、如何分配以及如何运用的作用③，另一方面又起着检验司法权配置正确与否的作用。

---

① 即法律在不同时间、不同空间上表现出来的内在的和外在的各种不同点。
② 有一种情形需要注意，即司法规律和社会规律之间的关系。司法规律是社会规律的有机组成部分，尊重司法规律和尊重社会规律并不矛盾，然而也不排除二者之间可能存在的矛盾。在这种情况下，需要透过现象寻找本质，因为从本质而言，两种规律并无矛盾，只是表现形式或者细节不同而已。
③ 在司法权配置中，司法规律是唯一的决定因素，尽管存在对司法规律的认识是否到位、选择是否正确的问题，但司法规律的基础地位和决定作用无法更改。对法治建设而言，唯一的选择就是不断靠近司法规律，实现法治效益最大化。

在我国司法体制中，司法权的配置有着极为特殊的历史、文化、政治等要求，不只是司法机关几家的问题，也不只是一个单纯的法律问题，而是一个具有显著时代要求的重大问题。某种意义上，它是一个与司法改革尤其是与当今社会管理体制创新、公正文明司法相关联的全局性的、重大的法治和政治问题。对我国司法权发展的基本特征可做如下分析：

（1）中国司法权的发展、变化是中国司法规律的生动体现。司法权是社会发展到一定阶段才产生的，是人类追求文明、公平和制度完善的必然产物。文明、公平既是它产生的动力，又是它必须承担的使命。

中国的司法权，既有属于纯正司法权的部分，又有属于处在行政体系中实际履行司法权的非纯正部分。非纯正司法权主要是指公安（含安全）机关和司法行政机关实行的与法治建设有关联的部分权力，如侦查权、执行权等。纯正司法权仅指审判权和检察权。对于审判权的性质、地位、作用、机构设置，国内外认识较为一致[①]，但对于检察权，不仅理论争议较多，且实际做法多有不同，构成不同法律理念、不同司法制度得以区别的重要标志。对此，可结合中国检察制度略作分析[②]，以证中国司法制度之特殊性所在：

其一，中国关于监督的理念、监督的作法从古至今没有间断过。这既是检察监督的渊源问题，更是核心问题。

其二，在中国，检察和公诉是有严格区分的，但在国外，二者被混同[③]。这也是争议产生的直接原因之一。实际上，检察制度根本不能等同于公诉制度，相反公诉制度亦根本不能等同于检察制度，二者是包容与被包容的关系。

其三，中国检察制度定位独特，是专门的国家法律监督机关；职能丰富，不仅拥有公诉权，还拥有侦查权、三大诉讼监督权和职务犯罪预防权等；地位显著，在国家体系中单独设立，与国外检察机关一般情况下的设置明显不同。在三权分立的架构中，如果不突破分权理论，检察权单独设定是无法实现的。

中国检察制度产生、发展和变化的情形不同。除古代特征外，清末律制改革的时候，引进了很多法律制度[④]。单就检察而言，并不是新增制度，而是参考了德国、法国、日本等国的做法，细化职能，增设机构，明确名称。主要特点是，

---

① 认识一致并不等于做法相同。在东西方不同的国家制度中，审判机关的设置、管理以及地位并不相同，存在很大的差异。单从外观上看，中国的审判机关设置简洁清晰，便于国家行使管理。

② 中国检察权构成中国司法制度中颇具特色的权力，既具有不同检察权相互区别的"标签"功能，又具有侦查、起诉、抗诉等多元法律监督功能。

③ 在西方国家，检察机关更多地被称为公诉机关。这从英语单词 procuratorial 便可看出，它的直接意思是公诉，与中文检察一词是无法完全对应的。但从世界范围看，检察机关的职能有逐渐扩张的趋势，尤其是在打击职务犯罪方面表现明显。

④ 需要注意的是，此时虽然才有了检察名称，但其职能和履职机构早就存在。此时名称和工作制度的变化（也只是变化而不是产生），不能作为检察机关产生的依据，而且检察二字，完全是中国式的表述。

检察机关与审判厅署衙时分时合，但职权上代表国家。例如，北洋政府时期，审检分离，检察官拥有一般监督权，权力较大且形式独立。国民党时期，审检合二为一，但检察职权仍然独立[①]。中国共产党对检察制度高度重视。1931年建政瑞金的时候，就已经有了中华苏维埃工农检察部。这是极为宝贵的、独特而又生动的实践。

从历史角度看，中国检察制度发源于监察御史制度，代表皇权督查官吏，辩明冤枉，因此可以说它始于监督，成长于监督，既不属于司法权，也不属于行政权，而是一项国家独立之权。对监督的承认和确立，从某种意义上讲，既是社会和法治进步的标志，更是检察权形成的雏形。在中国司法制度中，检察权是一道独特的风景线。

（2）中国司法权的发展变化，除自身因素外由经济基础决定，取决于国家政治、经济、法治发展的实际程度。

（3）由简单向完备发展，逐步走向文明、公平和完善[②]。

（4）中国司法权有自己的特色表现方式。主要集中在以下几个方面：

①宗旨特色。社会主义性质的法，无疑是中国法制的政治内核，有着自己的目标与追求，形成与西方资本主义法治区别的根本特色。

②国家政权结构特色。中国议行合一的人民代表大会制度和由此产生的一府两院制，不仅是历史发展和选择的结果，而且还是中国法的权力来源基础和组织基础，体现着我国的政治结构特征和司法制度特征。

③文化属性特色。中华文化在家国治理的阐述与实践上自成一格，通过人性本质的张扬以及家国同构理念，构成认同心理和法的伦理内核。这种有张有弛、德法兼顾的观念，在弥补法自身的不足上，具有独到的意义，形成中国司法权的基础特色。

④法治改革目的和要求方面的特色。当前，中国正在建立和谐社会，这就决定现阶段我国司法体制改革，只能以目前或者较长一段时期内中国社会所能提供的法治改革素材即政治、经济条件为基础进行。

⑤法治建设手段和发展前景方面的特色。当代中国法作为世界上社会主义法的典型代表，不仅能对传统继承和发展，而且还能对外来文化吸收和转化，更可

---

① 清末时检察权的内容大致有28种，与现在不同的权力是：收受刑民诉状；指挥调度司法警察；各类刑事犯罪侦查权；强制措施权（包括通缉、决定逮捕、请求强制搜查、直接传唤、留置被告人、决定囚栏使用、没收发还权）、监督管理检验吏及官代书、要求地方协助权。

② 主要表现为检察职能更为明确、机构设置更为科学和法律制度更为完善等方面。从英、法、德以及中国检察制度的发展看，检察权的内容是一步一步发展起来的。最初，大多只是公诉权，但在发展中，对侦查、审判的监督也成不重要的权能。现在还在不断发展之中。比如法国，现在司法改革的一个重要目标，不是强化检察权的司法属性，将其从行政机构设置中独立出来。台湾也在实行检察机关独立的改革。

进行相当程度的创新,因此,它的前景是光明的。

以上方面仅是对司法权所具有的"中国行业特点"的分析。由于地域广大,文化多元,中国司法权的发育在总体一致的情况下,还存在着相当程度的地域特点,这在民族地区特别明显。

民族地区的司法活动受政治、经济、文化以及民族与宗教等国家以及区域社会因素与特殊的地理、气候等社会和自然两大因素影响,呈现出鲜明的地方性、时代性、文化性、民族性等地域特点。

民族地区司法活动的地方性特点,主要是指民族地区大多地处偏远,法治活动的自然和社会基础均与其他地方不同。

民族地区司法活动的时代性特点,主要是指司法活动既与这一地区的政治、经济和文化建设水平相一致,又与国家法治发展的实际程度相一致,在快速发展的同时,易受各种因素制约。

民族地区司法活动的文化性特点,主要是指地域文化丰富,对司法活动的影响颇大。

民族地区司法活动的民族性特点,主要是指民族宗教因素对法治活动的影响。

对民族地区司法活动的特点,还可以进一步分析,得出司法活动主体多民族性、所依据的法律多源性、执法理念多包容性、执法方式多选择性、执法效果多要求性等具体特点[①]。显然,由于地域和社会因素,在总体框架统一的情形下,各地司法活动还是带有很深的地方特点的。

三、我国民族地区司法权科学配置的特殊性分析

中国司法权的结构,是以分解为基础、以制约为原则、以公平和效率为追求的,深刻体现出了中国司法规律的要求。侦查权、检察权和审判权构成完整的、广义上的司法权结构体系,涵盖从受理到执法的全部诉讼过程[②]。三种司法权力在体系中地位不同、使命不同,参与诉讼的方式不同,从诉讼开始至诉讼结束,各司其职。其中检察权以维护法治尊严和公平正义为目的,以监督为手段参与诉讼,与其他两种权力相比,它进入的渠道更为广泛、参与的程度更为深刻、使用

---

① 参见《来自西部的法律报告:青海发展的法治之路》,青海人民出版社2009年版。
② 诉讼是司法权的主要功能,但不是全部功能,不能排除普法、调解、特殊人员管理、社区矫正等活动的司法属性。

的手段更为多样，构成中国司法权结构体系的鲜明特色①。

就目前情形而言，由于总体框架已经确定，司法权配置的科学与否，很大程度上是看公正和效率职能是否充分实现②，所以当前司法权的配置，应当围绕监督权的充分实现来设计，以监督促进公正和效率的充分实现，而不是一般意义上细节的变化③，即科学配置不是重新配置，而是有针对的调整性配置。这既是一个体现司法规律的问题，同时也是一个时机抢先和突破口选择的问题。

具体而言，在中国，司法权的科学配置主要是指司法体系内部权力配置，一方面是指系统内上下级之间权力的配置，即侦查权、公诉权和审判权的上下级关系设置。另一方面是指司法机关内部的权力配置，例如侦查与预审、起诉和抗诉、审级、审次与执行等。再就是司法权运用的外部环境配置问题，例如人事权、财权、与其他行政权的关系等。

上下级之间司法权力配置，主要是指侦查权、公诉权的整合。建议打破行政区划限制，实行侦查一体化，对重大刑事案件和职务犯罪案件，进行省级区域侦查权一体化管理。部分人口众多和经济发达省区以及西部地区，可以实行市、地区和州级区域内侦查一体化管理，统一调配侦查力量，确保案件及时侦破。除高检、公安部负责全国性重大案件侦查外，其他案件由省级侦查指挥中心或者市、地区和州级侦查指挥中心统一指挥。取消法无明文规定的职务犯罪级别管辖，一律实行地域管辖，由属地检察机关初查或者立案。公诉权省级区域内一体化管理，分级行使。审判权仍分级实行，不能改变④。同时完善三机关关于案件管辖尤其是指定管辖的程序。侦查管辖直接关系到侦查力量的整合，并影响到侦查的质量和效率。起诉管辖直接关系到起诉力量的整合，审判管辖则关系到最终的刑罚裁量。在目前情况下，完善管辖具有特别重要的意义，因为它是最大限度发挥有限司法资源作用，实现案件与侦查、起诉及审判环节之间优化组合，克服力量不足、素质不高、布局不合理等弊端，增强司法工作针对性，包括对案件、自然和社会环境针对性的重要渠道。

---

① 诉讼中的检察权和法律规定中的检察权是不同的。前者是具体的诉讼之权，运用的目的是解决诉讼问题。后者则是国家权力，存在的目的是法律监督。

② 从总体情况看，当前社会最为关注的就是司法权力运用中的公平与效率问题。在司法权运用特别是三大诉讼中，从立案开始，到起诉、审判、执行的各个环节，有案不立、不破不立、侦查、强制措施及诉权和审判权不当运用的情况大量存在。这既有执法人员个人素质问题，也有执法环境问题，还有制度设计问题。就司法权配置而言，制度设计是核心内容。

③ 当前司法权配置中，有一些是具体的工作流程或者是工作制度的问题，还有一些是关于司法权运用的基础性问题。应当在后者上下功夫，基础问题解决了，其他问题则会迎刃而解。

④ 侦查权一体化，主要目的是整合力量以侦破案件，不会造成侦查权滥用。理由在于：一、对普通刑事案件的侦查是由行政机关进行的，行为受行政权制约。对职务犯罪案件的侦查由检察机关进行，受上级机关制约；二、侦查活动只是案件的起始阶段，此阶段及后续活动仍有相应监督存在。审判权则不同，分级行使才能确保上诉和抗诉权的真正行使。

司法机关内部权力配置，是一种在一定范围内的横向权力配置，主要解决机关内部分工与监督问题，即解决侦查、公诉、审判、执行、监督等权力的内部配置和由此延伸出的不同司法机关之间的关系，以便准确处理谁来监督监督者等等诸如此类的问题①。权力只有外部的监督远远不够，还需要有内部的监督，而监督的目的并不仅仅在于防止出现错误，更在于提高效益。原则是在诉讼的任何阶段，任何机关都须实行决定、执行和监督三者分权，由内部不同部门行使②。

在侦查权内部设置中，重点需要考虑的是对立案、撤案和相关强制措施运用环节的制约。在检察权内部设置中，重点需要考虑的是对侦查权（主要是自侦案件立案权及强制措施的运用）、起诉权（主要是不起诉权的运用）的制约。在审判权内部设置中，主要是对行政、民事立案权、量刑权和执行权的监督，如有案必立、审和判不得分离、自由裁量权需要限定等。由于诉讼阶段的密切联系，横向权力的配置还需以监督、效力和配合为目的，在强化内部监督性分权的同时强化外部配合，做好平行权力的外部配置。在横向权力配置中，需要完善的制度包括人民陪审员、人民监督员、侦查监督、审判监督等专门制度。

需要说明的是，司法权的配置，既包括具有诉讼性质的司法权的配置，又包括非诉讼性质的司法权力的配置两个方面，不能偏重一方而忽略另一方，尤其特别需要克服的是只注重单纯司法权配置的倾向。从对司法规律以及中国司法权结构的阐述可以看出，非诉讼性质的司法权力配置，虽然侧重于司法机关队伍管理、经费保障、领导体制等宏观方面，但它却是司法机关开展司法活动和其他活动的基础性工作，不能也不应该被忽略。

司法权的科学配置，实际上是合理分配国家权力，实现司法权纵向和谐、横向和谐、地域分工及管辖和谐和运转和谐，保障诉讼目的顺利达成为最终追求的过程。

以上司法权配置的设想，是根据司法规律做出的一般性阐述。但就民族地区而言，从司法权的要素或者指向即司法主体、司法环境及司法目的与要求等角度阐述，更能说明问题。

1. 司法主体

司法主体是指司法机构和司法官员。民族地方司法机构的设置与普通行政区划和行政层级完全对应，但也有所不同，具有相应的法定特色和地域特色，即许

---

① 如果权力结构只是一条直线，则永远不会有终极的监督者；如果是循环式的权力结构，则会形成封闭式的监督体系。二者各有特点。

② 在美国，起诉权是由设在法院的公诉部门独立承担的。尽管起诉部门设在审判机关，但起诉权是专门的和独立的权力，法院不能行使。有些州在内部管理问题上，采用"横向起诉"制度，即检察官办公室在传讯、预审和出庭上，由不同的检察官担任。检察官不对案件负责，只对岗位负责。德国是"纵向起诉"制度，即由一个检察官一竿子插到底。

多司法机构设在自治州或者自治县，形成市、地、自治州和自治县并存，普通区划与自治区划相结合的结构特色。例如，在青海8个地市一级区划中，自治州有6个，在46个县级区划中，有33个设在自治州中，7个自治县有5个设在普通区划中，有2个设在自治州中，75%以上的州地市政权和83%以上的县级基层政权属于民族自治地方①。依据宪法和其他相关法律，民族自治地方具有法定的自治权，自治权从其内容而言，包括政治、经济、文化、科技、卫生、教育等诸方面，从其种类而言，包括地方立法权、行政权和司法权。

民族自治地方的司法权有什么特点，或者说民族自治地方的司法权如何充分实现法定的自治权，目前尚无更多研究，但就其机构而言，民族地区的司法机关，即检察机关和审判机关属于自治政权的有机组成部分，就其权力性质而言，检察权和审判权属于国家赋予的自治权的有机部分，应该是确凿无疑的。实质上，可以认为民族自治地方的司法权，既具有司法权的国家属性，又具有地方自治权的特殊形式，是二者的有机统一。以司法权的国家属性论，任何司法权属于国家，无例外之情形；以司法权的具体归属论，任何司法权又都具有相应的地方载体和法律归属，依赖于民族自治地方和具体法律而存在，因此不可避免地带有地方特点和法律上特别的确定，形成自治权存在的实事基础、法律基础和特别表现形式。显然，民族自治地方司法权的存在和行使，是有别于普通司法权的，或者说它是普通司法权的特殊形式，许多民族地区二者兼具。

与此相适用，民族地区司法官员中民族成分较多，形成执法主体的又一特色。对此，可以进行如下解读：

第一，民族地区司法官员应当具有一定数量的少数民族，这是法律要求，即这是法律的规定而非任意性要求，且是宪法性规定。我国宪法明确规定自治地方国家工作人员中须有少数民族，民族区域自治法规定自治地方的法院、检察院的领导和工作人员中，应当有实行区域自治的民族的人员。是否具有一定数量的少数民族干部或者专门司法人才，从宏观而言，一方面是自治权能否得到有效贯彻的基础性工作，另一方面又是衡量自治权和民族政策是否得到落实的重要标准。

第二，民族地区司法官员占有一定比例，既是工作所需，又是客观现实。《2009年中国人权事业的进展》白皮书披露，截至当年底，全国共有290多万少数民族干部，约占干部总数的7.4%。全国公务员队伍中，少数民族约占9.6%②。例如青海目前公检法司共有编制约1.3万人，实有人员约1.2万人，其中全省检察机关有在编司法官员1740人，少数民族764人，比例为44%。全省

---

① 除注明外，本部分数据均根据调研取得。由于统计渠道、调研时间和调研内容不同，有些数据可能会略有差异，但不影响对问题的判断。

② 2010年9月26日，国务院新闻办公室：《2009年中国人权事业的进展》白皮书。

法院系统有在编司法官员 2348 人，少数民族 1032 人，比例为 44%。全省公安系统共有在编干警 6899 人，少数民族 1865 人，比例为 37%。据测算，在青海省 6 个自治州中，少数民族司法官员的比例为 59%，普通地区司法官员中，少数民族司法官员的比例为 29%①。由此可以得知，少数民族司法官员既是民族自治地方司法机关日常执法的中坚和生力军，也是政法队伍的中坚和生力军。司法队伍构成的特殊性，对管理、培训、使用提出了相应的特殊要求。

第三，民族地区司法官员执法具有相应优势。优势体现在三个熟悉和两个适应上，即熟悉国家法律和政策（较之而言，民族地区司法官员大多具有相应的文化水平，受过政策和法律方面的专门教育或者培训）、熟悉风土人情（了解民情、民俗、民史）、熟悉语言（容易沟通和建立信任）；适应社会环境（能够很好开展工作）、适应自然环境（能够生存、生活和工作下去）。其中熟悉语言和适应自然环境是最为重要的优势。熟悉语言，意味着可以无障碍交流。这是拉近心理距离，防止信息失真和获取真实情况，了解真实想法的有效条件。适应自然环境，意味着可以有充沛的精力和体力从容面对紧张、复杂的司法实践，不会因为身体因素、心理因素妨碍工作或者过早离开岗位②。民族地区司法官员的这些优势，在乡土社会和区域特征明显的范围内，对执法的政治效益、法律效益和社会效益具有十分独特的作用，是可资利用的宝贵资源。

第四，民族地区司法官员执法水平参差不齐。执法水平是专业学历和执法能力的综合体现。学历表明专业知识和其他相关知识的积累过程以及获取渠道。执法能力则指运用专业知识处理实际法律问题的能力。在司法实践中，专业学历和执法能力具有同等重要性③，学历不够或者不专，必然影响到执法能力。我国民族地区政法队伍总体上看，学历偏低是普遍情形。例如在青海省公安队伍中，法律和公安专业干警的比例为 69%。在全省检察队伍中，大专以上学历的比例为 63.6%，具有资格的为 48%。在全省法院队伍中，大专以上学历的比例为 83%，具有资格的为 74%。由于学历偏低，可能会出现对法律精神实质理解不深，对政策把握不准，对社情舆情判断不清，案件分析不到位，运用手段有偏差，自身摆不正位置，执法的目地不明确等情形，很容易将自己"塑造"成为一个机械的执法者，而不是法律精神的实践者、法律事务和其他社会事务的有效处理者。

---

① 据国务院新闻办公室 2010 年 9 月发表的《中国的民族政策与各民族共同繁荣发展》白皮书，在全国公务员队伍中，县处级以上少数民族干部就占到同级干部的 7.7%。在中央和地方国家权力机关、行政机关、审判机关和检察机关，也都有相当数量的少数民族干部。

② 这两种优势可以培养或者锻炼但无法一蹴而就，需要依赖成长环境和后天长期努力才能获得，因此难能可贵。

③ 这是因为执法永远都是一个再创作的过程。同一种执法行为，之所以会有千差万别的执法结果，原因即在于此。一般情形下，有什么样的知识积累，就有什么样的执法水平，两者相辅相成，难以偏颇。

此类情形会明显影响执法的三大效果,甚至可能会因此引发新的问题。

2. 司法环境

司法环境是指司法的硬环境和软环境。硬环境即客观环境,主要是指自然环境、政治制度、经济发展程度、法律体系和治安状况。通常情况下,人们容易将司法的硬环境仅仅理解为自然环境,忽略政治、经济以及法律制度本身对司法活动的巨大影响。显然这是不全面的。因为任何司法活动本质上都是政治活动,都须依据相应法律进行,又因为任何法律都是相应经济制度的产物,因此,司法活动的硬环境必然包括政治制度、经济发展程度、法律体系和治安状况。法律是政治的另一种表现方式,没有政治也就无所谓法律,二者如影相随。法律又是一种体系,没有这一体系也就无所谓法律活动。而经济发展的相应水平,则是法律产生和演进的核心动力。治安状况则是对司法活动具有直接影响的重要因素,犯罪率的高低、行政民事案件多少以及解决的程度如何,既是社会治安的晴雨表,亦是司法活动质量的判定标准,一定程度上二者互为因果。将政治制度、法律制度、经济发展程度和治安状况定位为司法硬环境的唯一理由在于,它们是客观存在的,有自身特有的规律,不以任何人的意志为转移,并对司法活动有着直接的、深刻的和根本性的影响。尽管它们的形式或者内容很多方面是通过人的主观活动表现出来的,但其根源的客观性仍然无法改变。

软环境即看不见、摸不着,却又对司法活动有着明显影响的诸种因素。一般情况下,人们多将其理解为意识因素。但实际上,仅限于意识方面的理解是无法全面阐释软环境的应有含义的,它还应当包括社会性因素,亦即个人意识和社会风气共同构成司法软环境。在司法领域中,个人意识主要是指包括司法人员在内的全体公民对法律的态度,例如,因为敬畏而尊崇、因为信仰而践行、因为漠视而轻率、因为浅薄而曲解、因为私利而违背等。由于意识决定行动的目以及达成目的的方式,而且这种决定犹如空气,看不见,摸不着,却又无处不在、无时不在,因此对司法人员而言,个人法律意识的高低决定达成法律精神的程度,对普通公民而言,表现的是他们对法律的认同程度和遵守程度,体现的是一种自觉、自律、自控、自省的精神状态。社会风气概而言之,就是由政治风气、道德风尚、价值观念共同构成的文化氛围,其对法律的影响可以一言以蔽之:良好的社会风气能为法律提供适宜的立法环境、执法环境和守法环境[①]。据此,可以将软环境视为是政治文明和精神文明的另一种表述。

民族地区司法的硬环境可以作如下归纳:

第一,自然环境。自然环境是法律活动的天然舞台,对立法、执法、司法等

---

① 个人意识之和构成社会风气,但二者又有显著区别,即个人意识只是个体意识,是具体的,只对个人行为产生作用。而社会风气则是对社会整体评价的结论,具有抽象性。它们是一般与特殊的关系。

活动,起着巨大和直接的影响。一般而言,民族地区的自然环境可以作这样的概括:高原、高寒、地广人稀、物种多样却又极其脆弱、资源丰富却又利用困难、生态价值巨大却又非常敏感,由此导致了一系列地域性问题的产生。在司法领域,突出表现就是违法犯罪呈现出巨大的地域特征,执法活动的艰巨性、复杂性增加,司法成本居高不下。

第二,政治制度。政治制度是法律制度的母体,二者是产生与被产生、决定与被决定的关系。在民族地区,政治制度主要表现为政权结构方面的特色,即普通行政区划和民族自治区划并存。在人民代表大会制度下,各民族自治地方行使自治权,具有相应的法律规定和要求。在司法领域中,这些相应的规定和要求在机构产生、人员组成、活动原则以及方式等方面都有所体现,如司法中的民族团结问题、维护统一问题、双语诉讼问题等。

第三,经济发展程度[①]。经济犹如模具,包括法律活动在内的任何国家活动,不可避免地都要带上经济的烙印。意即经济基础决定上层建筑。民族地区经济总体来说,规模不大、产值不高、科技落后、结构及布局不合理、特色不明显、发展不平衡,属于欠发达地区。而且由于民族地区生态具有特殊的战略价值,它还面临着如何处理好发展与保护的艰巨任务。与此相适应,民族地区的法治建设呈现出明显的地域特征、行业特征和阶段性特征。例如就犯罪特点而言,城镇、产业园区、资源富集区、重要交通沿线与牧区、农业区之间刑事犯罪存在显著不同;就地方法治建设能力而言,各地基础设施配置、队伍福利待遇以及物质保障与内地存在较大差距,财政自给能力或者说经济发展水平不高,大多需依赖上级和中央财政支持;就社会秩序而言,亦与当地经济发展程度密切相关,即凡是经济较为发达的地方,社会治安形势简明,维护稳定的任务相对清晰。

第四,法律体系[②]。法律体系从层级上说,分为国家和地方两个方面。国家层面的法律体系是指由国家制定的法律法规。地方层面的法律体系是指由地方行使立法权形成的地方性法规。目前,国家和地方层面法律体系的构建已经完成,基本上实现了有法可依的目标。法律体系从内容上说,大体可以分为规范国家活

---

① 经济发展的程度是由产业结构和布局、企业产值和科技创新能力以及企业社会责任的承担等因素构成的。这种理解和传统理解有所不同。企业在经济发展中承担着特殊的作用,因此有必要对其进行全方位考查,而不能仅仅只看它生产什么、生产多少。没有社会责任的承担,企业创造的价值再多,也是没有任何意义的。

② 法律体系是司法的硬环境,且是基础性的硬环境。总体上法律体系是国家制度的重要组成部分,是社会发展到一定阶段的特定产物。具体而言,法律体系是由一系列法律法规构成的制度性体系,不但规定国家的性质、任务、组成方式、活动原则,还规定司法活动的任务、原则、程序等,是国家以及司法活动得以进行的先决条件。法律体系一方面是国家法治建设程度或者水平的体现,另一方面是司法活动的直接依据。一切法治活动,都可以看成是法律体系的外化方式或者体现方式,有什么样的法律体系,就有什么样的法律活动,二者互为依存,一表一里。

动的活动、规范社会活动的法律、规范经济活动的法律和规范个人活动的法律四个部分。现阶段，所有应当由法律调整的各类关系，基本上都纳入了相应的法律调整范围。在民族地区，法律体系的建构是与国家同步的，但也有特殊性，例如民族区域自治法的具体实施问题、民族宗教活动的依法管理问题、资源补偿税问题、习惯法问题、法律变通权问题等。这些都是影响司法活动的重要方面。

第五、治安状况。总体上我国民族地区的治安状况是良好的，但也存在相当程度的复杂性。表现在一方面刑事发案的绝对数量不是很高，案件性质相对集中于传统侵财和伤害类犯罪，犯罪形式、形势较为简单。行政民事案件转化为刑事案件的情况也不多。另一方面许多发生在民族地区的刑民案件具有一定的敏感性，如果处理不及时、不得当，很容易引发民族性群体事件，执法活动难度较大。

在民族地区司法活动的硬环境元素中，自然环境是天然的，政治制度、经济发展水平和法律体系虽然具有外在的社会形式和社会性内容，但那是历史进程中规律的自然体现，是不以任何人的意志为转移的，是具有"天然"内涵的社会环境。无论哪种元素，它们给司法活动提供的条件，于此本质一致，即均是司法活动的直接决定者，任何司法活动是不能在其给定的条件外存在的。这也是"硬"的本意所在。

民族地区司法活动的软环境可以作如下归纳：

第一，个人意识。就司法领域而言，个人意识主要是指司法人员、公务员以及全体公民的法律意识或者法律理念。一分为二看，民族地区司法人员的法律理念总体上与当代司法要求有较大差距[①]。例如，因为文化水平差异[②]，会造成对政治、经济、文化、历史的理解不深、不全、不透，又因此会导致对政策的理解不深、不全、不透，再因此又会导致对法律精神实质的理解不深、不全、不透，形成意识方面基础性的缺陷。这种缺陷直接影响到个人素养，对执法者而言实际上这是致命的。再比如，具体到执法方面，由于法律专业程度存在差异，没有或者很少受过专门的执法训练，一些人对执法的目的、要求以及法律规范和执法环境理解、掌握不准，很可能导致呆板执法、僵化执法、机械执法、盲目执法、特权执法甚至违规执法情形的存在[③]，从而偏离公平、正义、效率的轨道。但是在

---

① 此处只分析民族地区司法人员的法律意识，其他公务人员和公民的法律意识也与全国平均水平存在差异。这种差异会产生两方面的影响，即一方面会导致社会或者民众对执法人员监督力度的不足，另一方面会导致社会对执法人员正向影响力度的不足。

② 青海司法队伍的文化结构，前文已有论及，此处不再赘述。本文想特别强调的是文化的基础性作用。毛泽东主席曾说，没有文化的军队是打不了胜仗的。同理，没有文化的执法队伍，也根本不可能执行好法律。文化本身不等于素质，但文化绝对是素质的基础和内核。

③ 最令人担忧的是，存在这些情形而不知道，没有改正的机会。一些人可能不是有意识去犯错误，但执法的实际效果不理想。在此，个人素养与执法效果直接关联。

民族地区司法队伍中，也普遍存在一些极为宝贵的品格，需要格外珍惜。这些品格集中体现在吃苦、质朴、踏实、勤劳、奉献等方面，对弥补文化以及专业知识不足、促进队伍建设、适应艰苦环境等，意义十分重大。

在此，有必要强调个人意识与执法能力或者执法水平之间的密切关系。因为在已有的自然、社会及法律条件下，司法人员的个人意识对执法能力或者执法水平有决定性意义。换言之，在同等的执法条件下，执法的效果会因为司法人员个人意识不同而不同，即同样的案件会因为有不同的司法人员处理而产生不同的结果，近而形成不同的法律、政治和社会影响。这也是世界上很多国家普遍强调提高司法人员个人素质的根本原因所在。根据执法的效果，可以将执法能力或者水平划分为以下五种状态：

最佳执法状态：即能取得最佳法律效果、政治效果和社会效果的执法状态。这种执法状态，一方面能满足国家、社会以及个人等诸多主体的需求，另一方面又能实现法律的诸多功能和价值①，追求的是执法效果整体的和有机的统一。

较好执法状态：即能取得相应的法律效果，又能取得相应的政治和社会效果的执法状态。在司法实践中，这种执法追求的是三种执法效果的平衡，是将执法活动放在更大的范围内予以考虑的，而不仅仅是将其局限为单纯性的执法活动。

一般执法状态：即只追求法律效果的执法状态。在这种执法状态下，执法者只从程序、实体方面考虑执法活动形式上的"合法性"，对其他效果一概不顾及，仅为执法而执法。

较差执法状态：即由于素质等原因而无法实现任何一种效果的执法情形，此种状态下，执法者心有余力不足，仅表现为形式上的"完工"而已。

最差执法状态：即故意违规违纪执行法律的状态。此种情形下，非但不能取得任何积极的执法效果，相反还会产生一系列消极影响，危害极大。

这五种状态中，第一种状态是最为理想的执法境界。第二种状态是较为理想的执法境界。第三种是中间状态。中间状态虽然形式上"合法"，但很难达成案结事了的目的，因此应当向上一种状态过渡。后两种情形则是执法之大忌，上文论及到的盲目执法、呆板执法、僵化执法、机械执法、特权执法、违规执法等，均是后三种状态最为典型和现实的表现。

由于每一种执法状态都有辐射效应，会以自身为核心形成影响范围，产生积极或者消极作用。例如，对贪贿案件的处理，从侦查、起诉到审判、执行，人们普遍感受到的，不仅仅是司法权运行的公正与否，还会感受到国家反腐的力度是否足够、手段是否得力，甚至还会感受到对公权力的监督是否有效，因此在这个

---

① 执法的最佳境界不是抽象的概念，而是有着具体的和历史的含义，需与当时、当地的情况联系起来衡量。任何在当时看来合理的法律，都有可能实现最佳功能和价值。其他执法境界亦是如此。

意义上，无论哪种状态的执法活动都不是单一性的法律活动，而是国家活动的有机组成部分。

目前，民族地区和全国其他地方一样，在执法意识方面均有极大的提升空间，在已有的条件下，增加执法三大效果的有效的和长期的途径在于提高个人执法意识。

第二，社会风气。社会风气主要由政治风气、道德风尚、价值观念构成，是影响执法效果的外在的、看不见的因素。一般而言，社会风气是通过影响执法者进而影响执法效果的。民族地区的社会风气，与执法有关的方面可做如下分析[①]：

政治风气：主要是指干部队伍的勤政、廉政和为民意识。民族地区政治风气的主流是尊重宪法和法律，维护统一，坚持发展，保障民生，总体上政风和畅，但也存在一些问题，如部分公职人员依法行政的意识不强，能力不高，目光不远，心胸狭隘，缺乏法治意识、民主意识、大局意识。一些地区和人员容易受到分裂势力的干扰和影响，缺乏团结意识、统一意识。

道德风尚：道德风尚由个人道德和社会道德构成，起着社会成员判断应当怎样或不应当怎样、善或恶、好或坏、高尚或卑下的心理标准的作用。我国民族地区民风淳厚，率直简约，忍隐朴素，与生产方式和经济特色基本一致，无论是公务员队伍还是广大民众，均有较强的自律意识。尤其是信仰宗教的少数民族群众，以教律为立身处世之本，形成了鲜明的宗教与道德共为一体的个人意识和社会角色相统一的特点。总体上看，敬畏法律、敬畏神灵、明辨是非、善恶分明，构成我国民族地区社会道德风尚的核心元素，并且呈明显的地域、文化背景和经济状况上条块分布的特征。

价值观念：价值观念表明的是人们对政治、社会及人生的追求。总体上看，民族地区民众的价值观念与全国其他地方并无二致，无论是宏观上对于国家的责任感还是微观上个人的追求与奋斗，均体现着千百年来中华民族一脉相承的传统，但也呈现出自身的一些特点。例如，在政治上更为重视宪法和民族区域自治法，在法律上更为关注公平特别是实体公平，在文化上更为关注多元性，在精神上更为关注宗教，在行为上更为遵守传统，在经济上更为关注本地发展及生态等。这些特点或者是现实的，或者是历史的，或者是二者的交织，并且这些特点或者是有意识的追求，或者是教育与生活环境所得，不但构成社会活动中不可或缺的元素，而且构成个体内心确认的真实标准，体现出鲜明的时代性和变化性，对执法行为有着巨大的影响。

[①] 社会风气的研究是一个宏大命题，本处虽然只是关注其与执法活动有联系的部分，并且细化为三个方面，但这并不意味着其他方面对执法活动没有影响。社会风气的影响是宏观的，无时不在，无处不在，任何政治的、经济的、法律的社会活动，都会不同程度受其影响。

可以看出，我国民族地区的社会风气具有传统之中包含时尚、简单之中蕴含复杂、积极之中兼有消极的特点。社会风气之于司法活动，润物细无声，它的作用看不见，却又十分巨大。

民族地区司法活动的软环境中，个人意识和社会风气具有同样重要的作用，但就具体执法或者对个案而言，个人意识又处在决定性的地位。这实际上是一种力量的环形传递，即良好的社会风气能促使形成良好的个人意识，良好的个人意识能促使执法的三大效果最大化，而良好的执法效果又能促使社会风气更加良性化，从而形成法治建设整体的良性循环。个人意识和社会风气相辅相成，总体上后者决定前者，前者对后者有反作用，但个人意识的形成，又不完全取决于社会风气，还与个人综合素养密切关联。

3. 司法的目的和要求

司法的目的从宏观而言，是为了保障国家及其成员一切合法以及非法律所禁止的活动正常、有序、有效进行，进而实现国家存在之价值。不同的部门法有不同的制定目的，但所有法律的根本目的于此统一为一体，共同服务于国家目的。当法律被视为国家工具时，司法的目的是实现公平、秩序和正义。这是司法的直接目的之一。当法律不仅仅被视为国家工具而是被视为国家活动时，司法活动便有了更深的内容，此时司法的目的在于实现其本身所蕴含的独立价值上，即保障和尊重人权。这也是司法的又一直接目的。二者的区别在于，前者是工具主义司法观，执法活动是达成目的的手段。后者是目的主义的司法观，执法活动本身就是手段和目的的统一。

司法的要求主要是指迅速及时、公平公正、合法有效、平和谦抑、兼顾全面、案结事了。迅速及时是指正义的实现不能有丝毫拖延。公平公正是指正义的实现不能有丝毫褊狭。合法有效是指正义的实现应当依法和真实。平和谦抑是指执法者要忠实谦和，情理法有机交融。兼顾全面是指兼顾所有的人、所有的法律功能。案结事了是指案件终结，矛盾消除。

在我国民族地区，由于特殊的自然、社会、政治、经济等环境，司法的目的和要求也有特殊之点：

第一，要突出团结，强调统一；

第二，要突出稳定，强调秩序；

第三，要突出和谐，强调效果；

第四，要突出发展，强调协调；

第五，要突出特色，强调平衡。

概括起来，就是既要强调国家统一意识，又要关注文化多元；既要促进社会繁荣，又要维护秩序安定；既要推动经济发展，又要保护生态资源；既要强化当代法治，又要引导民间习俗；既要培养法律理念，又要挖掘传统美德；既要发挥法律本身的作用，又要注意执法的辐射效应。否则，司法活动就会失去针对性，而失去针对性的司法活动，其所包含的危害将是一连串的。

司法的目的和要求，除了蕴含于法律本身外，还可以通过政策、民众意愿、舆论等体现出来。蕴含于法律及政策本身的目的和要求，具有明显和强制性特点。通过民众意愿、舆论等体现出来的司法目的和要求，需要执法者个人判断、发现并贯穿于司法实践中。

从以上对司法权要素或者指向的分析中，可以看出民族地区法治建设表现出的一般规律[①]：

第一，关于阶段问题。与社会主义初级阶段相一致，我国民族地区法治建设亦处在社会主义初级阶段，执法能力、地方立法权运用、对法律的社会认同度和遵守程度以及硬件建设等均与发达地区存在差异。这是对自身的认知，是基础性的判断。

第二，关于地位问题。民族地区法治建设既是我国法治建设的重要组成部分，又是各地总体建设中需要特别强调的环节，无论是从全国还是从本省，从地理还是从资源、生态等诸多方面来看，均处在十分重要和特殊的地位上，肩负着实践、示范、开拓三大重任。实践即做好当下的法治工作，实现执法要求。示范即特殊条件、特殊环境下的法治建设经验的积累及引领。开拓即在没有可资借鉴的道路上探索、创新和前进。但现阶段，法律应有的作用没有完全发挥，应有的地位没有得到充分体现。

第三，关于主体问题。执法人员是司法活动的主体，民族地区司法人员一方面文化程度、法律知识、执法理念以及执法技能存在一定的不足，但另一方面又表现出强烈的奉献精神、生存及发展能力和适应能力，长短优劣共存一体。

第四，关于法律体系问题。由于行政结构特点，民族自治地区拥有较多的地方立法权（包括法律变通权）。目前，民族地区地方立法一方面以行政管理方面的内容居多，另一方面在层级上多为省级以下。因此，在国家法律统一的前提下，地方法律体系建设面临重任。例如，自治权的运用问题、宗教管理的细化问题、资源补偿及保护与开发问题、对习惯法的存废立改问题等，都需要通过立法方式解决。

第五，关于司法环境。民族地区自然环境为高原高寒，文化环境为多元纷

[①] 规律其实就是本质特点，能够决定事物的发生、发展和变化。司法规律属于社会规律，但有自己的特点。青海的司法规律在属于全国司法规律范畴的同时，也有自身的特点，表现为规律整体性与局部性之间的关系。

繁，经济环境为规模不大、力量弱小，社会环境为层次多样、内容庞杂[①]，执法环境总体上敏感而复杂。

第六，关于司法的目的和要求。民族地区司法的目的和要求概括起来，就是保稳定、保团结、保发展、保和谐、保民生、保环境，就是讲及时、讲公平、讲有效、讲人文。

第七，关于发展趋势问题。有两层含义，一层是法治本身的作用会越加重要，并体现于社会生活的各个方面。另一层含义是民族地区的法律体系和基础设施会更加完善，队伍素质和执法能力会更加提高，在为欠发达地区各项建设事业提供更为有效的法律保障方面展现更为突出的作用。

如果从司法权的指向概括表述民族地区司法规律，可以看出民族地区法治建设与当地政治、经济、文化特点密切联系，法律的作用、地方立法权的运用、执法的手段皆有与众不同的内涵。由此，民族地区司法权的配置，应当在以下方面有所侧重：

第一，强化刑事案件侦查权。方法是配置和整合刑侦力量。配置就是增加警力和设备，整合就是在州地市一级成立诸如侦查指挥中心之类的协调机构，将优势侦查力量集中使用。刑事案件侦查权强化的方向为城镇、产业园区、资源富集区、重要交通沿线以及人员流动性强、社情复杂的地方。特别需要指出的是要强化民族自治地方刑事案件侦查权，以防因普通刑事案件不能及时侦破引发群体事件。

第二，强化职务犯罪案件侦查权。方法亦是配置和整合检察力量，并将查办重点放在行政管理领域、资源领域、生态领域、民生领域、公共服务领域以及民族宗教领域。在此，有个协调问题和独立行使检察权问题。可以考虑通过地方立法权方式，规定强化职务犯罪监督的方式和途径。

第三，强化审判权。其一，强化基层审判力量，切实保证审判级别落到实处，切实做到有处诉、有处判，不能因为空间距离而妨碍诉讼方便、顺利进行。其二，强化审判技能，切实提高公平意识、大局意识、效益意识、民本意识和廉洁意识。

在强化检察权和审判权配置中，人员问题无法回避。应当考虑采取降低入门条件、加大上岗培训、完善年度及个案考核的方式，解决专业人员短缺问题。目的是进得来、留得住、干得好、出得去。

第四，强化执行权。重点在于通过制度性措施，加大减刑、假释、保外就医

[①] 例如，单就青海而言，既有城乡问题，又有农牧问题；既有吃饭问题，又有保护问题；既有僧俗问题，又有教派问题。这些问题中传统与当代、经济与社会、民族与宗教、文化与行为交织在一起，构成了鲜明的青海地方性社会特色。

力度，切实体现刑罚的教育感化作用。再一方面就是完善社区矫正制度，明确规定公安、司法、社区应当承担的责任和职能，规定经费来源。

第五，强化调解力量。针对民族地区实际，强化调解力量十分重要，能做到防患于未然。除了加强民间调解并对其进行有效管理和积极引导外，还要加强公权力调解。应当规定公权力调解是党务机关、行政机关尤其是司法机关极其重要的职责，是执法的必要手段。公权力调解的重点是有可能引发群体性事件的刑民案件、矛盾、纠纷等。

第六，强化司法监督权。主要是强化人大监督、纪检监察、检察监督和群众监督。人大可以通过听取报告、个案质询、地方立法等方式，纪检监察部门可以通过加强对司法人员党纪政纪检查的方式，强化对检察、审判以及公安司法工作的监督。特别是要强化检察机关的法律监督，以使司法权能够公正、有效、合理运用，防止权力变异。

以上是司法权力的内部配置问题，但不可否认的是，从当前形势看，仅有内部权力配置远远不足以解决存在的一系列问题，还需要考虑外部因素对司法权配置的影响。换言之，外部因素也与司法权配置有关。从民族地区实际看，有两点对其影响最大，即教育和协作问题。强化司法职业教育并将其制度化，应当是解决司法人员短缺和素质不高的长期措施。解决好协作问题，实际上就是解决好司法权运行的外部环境，使其能与财政权、人事权和各项行政执法权有机衔接，从而起到便利执法、扩大效果的作用。

由于以上关于民族地区司法权的配置，是从地方层面论述的，鉴于权限问题，很多建议的实质其实就是两个方面：其一，增强力量。其二，就是广泛动员全社会参与，以期通过群众性强化司法力量，扩大司法效力和影响。其三，强调通过地方立法权运用，制定适合民族地区司法活动特点的地方性法规。需要注意的是，任何地方、任何司法权的配置，不管是否拥有自治权还是全国人大的特别授权，都不能超越国家法律规定进行。这是地方司法权配置必须遵守的基本原则。

无论从哪个层面看，司法权的配置涉及范围广泛，意义重大，不可能也不应当率性而为，而是应当坚持一定的原则。从宏观上看，这些原则至少包含如下内容[①]：

（1）不能打破现有司法总体格局的原则。不能打破这一格局是因为它符合中国实际以及世界司法发展的趋势。在国家权力总体格局中，检察权和审判权共同构成司法权，其内部职能与权限的划分，不但深刻体现着中国特有的司法规

---

① 参见《中国检察理论体系创新中的几个问题》，载《检察学的学科建设》，中国检察出版社2008年版。

律，而且具有现实的必要性和科学性。

（2）突出中国特色原则。即突出中国的政治特色、经济特色、文化特色、法律特色以及历史和现实特色。中国的司法权配置，没有可以直接套用的任何模式，只有可资借鉴的经验和教训。

（3）强化监督原则。司法权具有双重责任，一方面它要防止自身权力滥用，另一方面它还是防止其他权力滥用的手段。无论从理论还是从实践上说，监督作用不应弱化而要强化，以达到监督的实际效果与决定制度的授权程度相一致的目的。强化监督是世界性潮流。

（4）尊重大局原则。民族地区审判制度和检察制度是中国法律制度的重要组成部分，而法律制度又是国家制度的重要组成部分，环环相扣，牵一发而动全身。司法权配置不仅仅是司法制度自身的事情，也不仅仅只是一个地方的问题，必须协调考虑，统筹兼顾。

（5）强化手段原则或者说强化效力原则。目前司法活动中最大的缺陷就是手段不足、效力不强，与其担负的任务不相适应，抵消了司法活动的权威和公正性。当以简便、有力、容易发现和纠正错误为强化效力的标准。强化效力，实际上就是强化手段，包括强化条件保障、强化组织保障、强化物质保障和强化环境保障。从内部理顺三大诉讼的关系，从外部理顺与管人、管干部的权力机关的关系，理顺司法权与被行政权之间的关系，在内部创造出有利于司法者执行法律的良好机制。

（6）社会需求与政治效果相统一的原则。社会的变化是司法制度改革的直接动因，但它并不能指明司法制度改革的方向，依据社会变化提出的司法制度改革的观点，还必须以政治效果加以衡量和判断。

（7）因地因时制宜原则。现阶段进行的司法权配置，只能以当时当地的条件作为决策依据，不能把以后的或者已经是过去了的东西拿来为现在所用，也不能把外地甚至外国的东西拿到当地套用。司法权配置应当遵循合法、合理、能用、有效的判断标准。

现阶段民族地区司法权配置，还应当在以下三个方面有所侧重：

（1）加强基础理论研究，尤其是要重点研究宪法理论、国家特点、诉讼制度、司法权渊源、性质及表现形式和运作特点、司法权与其他国家权力的关系等，以期在理论上回答清楚有争议或者认识不清的问题。这是非常重要的、处理民族地区司法权配置的基础性的工作。

（2）突出并重视立法作用，对以往的立法成果要注意巩固，同时对司法实践以及理论研究中已经明确的新问题，尤其是涉及司法权效力的宏观问题，如侦查权、起诉权、监督权、执行权以及组织法、法官和检察官法等方面的问题，要及时提交立法机关，以立法方式予以明确。在此要特别强调地方立法权的运用。

（3）充分利用司法解释权，注重审判制度和检察制度建设。司法解释权既是审判权和检察权的一种，同时又是巩固、发展和运用好司法权及其他权力的重要手段，在诉讼的整个过程以及其他司法活动中运用好这一权力，意义十分重大。

司法权的科学配置既是一个历史问题，也是一个现实问题；既是一个国内问题，还是一个国际性问题；既是一个实践问题，也是一个理论问题；既是一个创新问题，又是一个改革问题，具有多重研究和判断价值。

参考文献

1. 中国共产党第十七次全国代表大会报告：《高举中国特色社会主义伟大旗帜，为夺取全面建设小康社会新胜利而奋斗》。

2. 中央政法委员会：《社会主义法治理念教育读本》，中国长安出版社2006年版。

3. 陈丽君、曾恕主编：《外国法律制度史》，中国政法大学出版社1999年版。

4. 戴玉忠：《检察学的发展历史、研究现状与前瞻》，《人民检察》2007年第15期。

5. 刘立宪、张智辉主编：《司法改革热点问题》，中国人民公安大学出版社2000年版。

6. 国务院实施《中华人民共和国民族区域自治法》若干规定。

7. 马克昌主编：《近代西方刑法学说史略》，中国检察出版社2004年版。

8. 景晖等主编：《2006—2007：青海经济社会发展形势分析与预测》，青海人民出版社2007年版。

9. 王作全等著：《中国西部区域特征与法治统一性研究》，法律出版社2009年版。

边疆民族地区财政自治法律机制研究[①]

——以群体性事件的解决为视角

俚 澎[②]

民族区域自治制度是我国重要的政治制度，基本的民族政策。民族自治地方自治机关能够充分行使自治权是贯彻实施这一制度的保障。边疆民族自治地方财政自治权是在国家的统一领导下，《宪法》、《民族区域自治法》及其他法律赋予边疆民族自治地方自治机关自主管理本民族、本地区财政的自主权，以及依法享受国家财政优惠的权利，是边疆民族自治地方实现民族自治权的必要物质条件。完善我国边疆民族地区财政自治法律制度，落实边疆民族地区财政自治权，加强边疆民族地区财政收支法制建设，对加速边疆民族地区财政增长，缓解边疆民族地区人民困难，促进边疆民族地区经济发展，维护民族团结，构建边疆民族地区和谐社会具有十分重要的意义。

群体性事件是指由人民内部矛盾引发，特定群体或不特定多数人参与并形成一定组织，具有表达诉求和主张、直接争取和维护自身利益、发泄不满、制造影响等目的，通过集体上访、集会、阻塞交通、围堵党政机关、静坐请愿、聚众闹事等方式，对政府管理和社会秩序造成影响的群体行为。当前，我国正处于急剧的社会转型期，大量的群体性事件，给经济发展和社会稳定带来了冲击，成为构建和谐社会的制约因素。近年来，先后发生了拉萨"3·14"打砸抢烧暴力事件、贵州瓮安事件、云南孟连事件、新疆"7·5"事件等多起重大群体性事件。受全球金融危机、失业率激增等多种因素影响，今后一段时期我国将面临群体性事件高发的危险。边疆民族地区因其特殊的历史和地缘因素，群体性事件影响更为显著，成为阻滞社会主义和谐社会建设的严重问题。

[①] 国家社科基金西部项目"解决群体性事件的法律机制研究——以边疆民族地区和谐社会建设的法治保障为视角"（09XFX031）阶段性研究成果。

[②] 作者简介：俚澎（1972—），云南怒江人，云南财经大学教授、博士、硕士生导师，国家社科基金西部项目"解决群体性事件的法律机制研究——以边疆民族地区和谐社会建设的法治保障为视角"（09XFX031）主持人，主要研究方向：少数民族纠纷解决制度。

一、边疆民族地区财政自治存在的问题

《民族区域自治法》实施以来,国家积极支持民族自治地方财政自治,边疆民族地区充分行使《宪法》和《民族区域自治法》赋予的财政自治权,积极、主动、自主、灵活地管理财政,使财政资金效益最大化,资源得到合理配置和有效利用,在一定程度上实现了财政自治,振兴了边疆民族地区财政,财政收入随着经济的发展显著增加,边疆民族地区政治、经济、文化全面发展。1952 年民族自治地方财政收入为 4.96 亿元,1978 年为 40.79 亿元,1985 年为 63.45 亿元,1990 年为 166.74 亿元,1995 年为 248.13 亿元,2000 年为 475.54 亿元,2005 年为 1026 亿元,2008 年达到 2101 亿元。56 年增长了 422 倍以上。[①] 与此同时,边疆民族地区的财政自治也暴露出了一些问题。

(一) 边疆民族地区财政自治立法滞后

1. 《民族区域自治法》配套法律体系尚未形成

边疆民族地区要想让财政自治发挥实际作用,必须有一系列具体的法律制度作保障。《宪法》赋予民族自治地方自治机关行使管理地方财政的自治权,但是《宪法》的规定比较原则,可操作性差。作为民族区域自治制度的基本法,《民族区域自治法》虽然有法条对《宪法》中民族自治地方的财政自治作了具体规定,但仍然比较原则,严重影响了财政自治的贯彻落实。1984 年—2005 年,在长达 21 年的时间内,国务院及有关部门均未出台与《民族区域自治法》配套的行政法规和具体规章。至今为止,与《民族区域自治法》配套的行政法规只有 2005 年发布的《国务院实施〈中华人民共和国民族区域自治法〉若干规定》,而与《民族区域自治法》配套的行政规章至今仍未出台,《民族区域自治法》尚未形成配套法律体系。由于上位法的缺位,边疆民族地区自治机关在财政自治立法上缺少支撑,财政自治的实现受到影响。

2. 边疆民族地区缺乏财政自治立法

自治条例对民族自治地方各项事业的发展都具有重要意义,但是五大自治区均未出台自治区自治条例。虽然截止到 2008 年 10 月底,各民族自治地方人大已经制定了 600 多件自治条例和单行条例,[②] 但这些条例一般为综合性规范,缺乏

[①] 资料来源:根据民族出版社《中国民族统计年鉴》(2005) 和中国统计出版社《中国统计年鉴》(2009) 数据整理。

[②] 中华人民共和国年鉴编辑部:《中华人民共和国年鉴》(2009),中华人民共和国年鉴社,第 238 页。

为落实边疆民族地区财政自治而专门制定的具有民族特色的财政自治单行条例。即使有边疆民族地区财政自治的条款,也大多是模仿、照搬《民族区域自治法》的相关规定,缺乏结合本民族、本地方特点的能够体现本边疆民族地方特色的具体内容。很多法律授权民族自治地方制定变通或补充规定,但在实践中边疆民族地区主要针对婚姻、继承、义务教育、选举、土地管理等事项制定变通或补充规定,以对《婚姻法》制定变通或补充规定最为常见,至于对财政自治的变通或补充规定,笔者尚未查阅到。

(二)边疆民族地区财政自治权监督机制不健全

边疆民族地区财政自治立法已然滞后,而花费大量人力、物力、财力制定出来的财政自治规范由于缺少监督机制未能得到很好实施,又反过来挫伤了边疆民族地区制定财政自治法规的积极性,形成恶性循环。对边疆民族地区行使财政自治权,一些上级国家机关不但没有提供保障,还会从旁掣肘,干涉自治权的行使。对于此类行为,法律法规没有明确规定监督上级机关行为的方式,没有明确上级机关违法行为应承担的法律责任,边疆民族地区对侵犯财政自治权的行为无法予以救济。如《民族区域自治法》第6章专章规定上级国家机关的职责,但是却缺少违反职责承担法律责任的条款,《国务院〈实施中华人民共和国民族区域自治法〉若干规定》中对于侵犯边疆民族自治地方自治机关财政自治权的行为也没有承担法律责任的规定。

二、财政自治权缺乏保障是边疆民族地区群体性事件的重要原因

边疆民族地区群体性事件的原因具有多样性,最根本的原因还是利益,这也是经济性群体事件在当前边疆民族地区群体性事件占绝大部分的原因。边疆民族地区由于财政困难,难以满足人民群众日益增长的物质文化需求。当群众的经济利益无法得到满足的时候,他们就容易"团结一致",为争取权益而斗争。在相对独立的生存环境中,"制度文化主要是民族群体自身社会发展的产物,其地方性特别强。"① 边疆民族地区,由于制度文化的地方性特征,由于民族和宗教的凝聚力,这种"团结一致"显得更加紧密,更加有战斗力。

---

① 佴澎:《从冲突到和谐——元明清时期西南少数民族纠纷解决机制研究》,人民出版社2008年版,第264页。

（一）财政困难是边疆民族地区群体性事件的重要诱因

民族区域自治制度使边疆民族地区的财政自治取得了一定的成效，财政收入有了一定的增加。但边疆民族地区财政收入来源相对狭窄，财政自给率低，财政支出则不断增加，并有一些内地没有的特殊支出，容易形成收支不平衡，与发达地区形成了贫富差距。2007 年，内蒙古、广西、云南、西藏、青海、宁夏、新疆的财政收入在全国的总排序分别为第 17、22、18、31、30、29、25 位。[①] 从统计数据来看，无论是占国家财政收入还是占全国地方财政收入的比重，边疆民族地区财政收入的规模都处于下降通道。与发达地区相比显而易见的差距，使边疆民族地区生活困难的群众容易产生相对剥夺感，心存不满或怨气，将经济问题演变成社会问题，诱发群体性事件。尤其在生产交换和流通过程中，因土地、山林、草场、水利、边界问题等引发的纠纷经常发生。如果这些纠纷没有得到及时解决，矛盾激化，会导致械斗等恶性事件以及群体性事件。2008 年 7 月 19 日发生在云南边陲的孟连事件就是因胶林的归属问题引发的。

表 1　2007 年民族地区地方财政收入与支出在全国的排序[②]

地区	财政收入		
	数额（亿元）	按总收入排序	按人均排序
内蒙古	492.36	17	8
广西	418.83	22	28
云南	486.71	18	20
西藏	20.14	31	31
青海	56.71	30	23
宁夏	80.03	29	14
新疆	285.86	25	13

（二）财政收支不平衡为群体性事件提供了温床

利益分配不均是边疆民族地区群体性事件的重要诱因，政府处理这一问题的主要手段就是财政。依照《宪法》和《民族区域自治法》的规定，民族自治地方享有自主管理本地方财政事务的权利，这在一定程度上授予了民族自治地方极

---
① 资料来源：根据中国财政杂志社《中国财政年鉴》（2008）第 344 页数据整理。
② 本表财政收支为地方本级收支。资料来源：根据中国财政杂志社《中国财政年鉴》（2008）第 343 页数据整理。

大的财政自主权,边疆民族地区也因而成为实施财政自治权的主要受益者。从1955年起,中国政府就设立"民族地区补助费",1964年设立"民族地区机动金"等专项资金,并采取提高少数民族地区财政预备费的设置比例等优惠政策,帮助民族自治地方发展经济和提高人民生活水平。1980—1988年,中央财政对内蒙古、新疆、广西、宁夏、西藏5个自治区以及云南、贵州、青海3个少数民族比较集中的省实行财政递增10%的定额补助制度。[①] 但是,由于边疆民族地区的财政自治权受到弱化,1994年国家实施以分税制为主的财政管理体制改革,发达的沿海开放地区与落后的边疆民族地区推行同一税制,取消了原来对民族贸易和民族用品生产企业的优惠政策,无论是在共享税的分成比例上,还是税收增长返还系数的确定上,民族自治地方都与其他省市等同对待。同时,在支出和事权分割方面,民族地方除了承担内部事权之外,还要承担大量外溢性事权诸如基础教育、扶贫、沙漠治理等惠及辖区居民,但需要由中央政府按照外溢性程度承担相应份额的支出责任。非税收入是指不通过税收形式而征集的财政收入。[②] 主要是各级行政机关、司法机关等组织在依照税法征税取得收入之外,以行政事业性收费、基金、罚款等形式无偿取得的收入以及地方国企上缴的利润等收入。与一般地区相比,非税收入是边疆民族地区财政收入的重要组成部分,在边疆民族地区财政中具有举足轻重的地位。云南2004年非税收入的占比超过了20%,高于全国平均18.1%的水平。[③] 而且,非税收入比例在边疆民族地区的财政收入构成中呈逐年递增的趋势。因为在现行的分税体制下,边疆民族地区的财政收入主要依靠地方税收和中央的财政转移支付,而地方税收很难增加,又不可能单纯依靠中央的财政转移支付,因此,通过行政事业性收费、基金、罚款等形式来增加收入便成为边疆民族地区的一项应急措施。显而易见,通过非税收入的形式来增加财政收入不是长久之计,一旦非税收入比重过大,会加重群众的负担,久而久之,积怨加深将会引发群体性事件。

　　财政支出就是将集中起来的各种财政资金进行各种形式再分配的过程。财政支出结构是否合理与边疆民族地区的经济发展、生活水平的提高密切相关。边疆民族地区由于民族、宗教等因素,用于民族、宗教事业的特殊支出较多。比如,边疆民族自治地方少数民族需要一些特殊的生活用品,对于这些特殊产品的生产和销售,要给予相应的补贴和补助。又如,许多边疆民族地区的教育、文化、影

[①] 中华人民共和国国务院新闻办公室:《中国的民族区域自治》,《国务院公报》,2005年4月20日,第11号。

[②] 戴小明、汪燕等:《公共财政与宪政——民族地区公共财政法制研究》,中央民族大学出版社,2009年5月第1版,第91页。

[③] 云南财政收支结构研究课题组课题,引自财政部财政科学研究所网站,http://www.crifs.org.cn,2007年9月24日,2010年5月30日访问。

视、广播、报刊的发行以及国家机关的文件都需要采用两种以上的语言文字,需要补贴和补助,这些补贴和补助主要由边疆民族地区财政解决。边疆民族地区地处边陲,条件恶劣,环境复杂,为了维持民族关系、维护边境安全、稳定边疆和国家的长治久安,需要有一些特殊支出。2010年2月,课题组在中越边境文山壮族苗族自治州调查时了解到,边境维护及发展费用是一项很大的支出,地方财政负担很重。[①] 边疆民族地区由于地广人稀、交通不便、自然条件恶劣等原因,提供大致相同的公共物品或公共服务的单位支出成本较高,行政机构和人员编制一般比内地多。在新疆的很多牧区,要想集中办学比较困难,通常是一个老师只能带几个,甚至一两个学生,而这些学校又必须要设立。因此,边疆民族地区的行政管理费用支出比重很高,加重了财政的负担。

表2 少数民族自治地区财政收支表(单位:亿元)[②]

年份	财政收入	财政支出	收支差额
2001年	556.90	1648.67	-1091.77
2002年	604.43	2001.74	-1397.31
2003年	684.81	2157.89	-1473.08
2004年	838.17	2530.73	-1692.56
2005年	1046.31	3114.84	-2068.53
2006年	1277.15	3748.55	-2471.40
2007年	1678.22	4862.64	-3184.42

财政自治权未能得到保障,导致边疆民族地区财政收支不平衡,边疆民族地区陷入经济落后与财政收入偏低的恶性循环,为群体性事件的爆发提供了温床。

财政自治权未得到保障,边疆民族地区财政状况恶化和财政收支不平衡一旦达到临界点,矛盾的性质可能发生改变,经济问题将转化为社会问题。以法制等手段确保边疆民族地区的财政自治权,是改善边疆民族地区贫穷落后的面貌,从根源上解决边疆民族地区的群体性事件的重要方法。

---

① 课题组访谈纪录,存课题负责人俛澎处。因涉及国家安全,具体材料不便公开。
② 本表财政收支为地方本级收支。资料来源:根据中国财政杂志社《中国财政年鉴》(2008)第413页数据整理。

三、构建边疆民族地区财政自治保障的法律机制

边疆民族地区应当正确认识财政自治权,充分行使宪法和法律赋予边疆民族地区的自治权利。如果不能充分行使这些权利,那么民族自治地方和一般的地方行政单位就没有什么不同,自治权就成了摆设,没有存在的必要。

(一) 完善边疆民族地区的财政自治立法

边疆民族地区国家机关应当全面了解、深入研究财政自治权,完整理解和运用《民族区域自治法》,在宪法和法律允许的范围内制定财政自治法律规范,用足、用好财政自治立法权。

1. 建设《民族区域自治法》配套体系

笔者呼吁,国务院应该尽快制定《民族区域自治法》实施细则,国务院有关部门,尤其是国家民族事务委员会应该尽快制定实施《民族区域自治法》的行政规章,进一步细化《民族区域自治法》中关于民族自治地方的财政自治权的规定,使其更具体化,更具有可操作性。国务院各部委尤其是财政部、国家税务总局还应该及时全面审查部门规章,如果发现有关内容与《民族区域自治法》和《国务院〈实施中华人民共和国民族区域自治法〉若干规定》中有关财政自治的规定发生冲突,要及时进行修改,以确保边疆民族地区财政自治的贯彻落实。

2. 完善边疆民族地区财政自治立法

边疆民族地区立法滞后使得财政自治的贯彻落实难以实现,不利于边疆民族地区发展。用足用好财政自治立法权,是边疆民族地区实现财政自治、增加财政收入的重要保障。边疆民族地区自治机关,尤其是五大自治区自治机关,要在深入细致的立法调研和立法规划的基础上,依照《宪法》、《民族区域自治法》等法律,结合地方特点,制定本地方的自治条例,在自治条例中制定财政自治的条款,明确法律责任。还要专门制定调整边疆民族地区财政关系的财政自治单行条例,使实施《宪法》、《民族区域自治法》和有关法律法规中财政自治的规定具体化、措施化,具有可操作性。边疆民族地区自治机关还要根据法律的授权和当地民族的特点,制定国家财税法律法规的变通和补充规定,以保障国家财税法律法规在本地区的贯彻执行。云南省红河哈尼族彝族自治州的实践证明,边疆民族地区的财政自治立法对构建边疆民族地区和谐社会有着重要的作用。1984 年以来,红河哈尼族彝族自治州人大常委会始终重视民族立法工作,积极开展民族立法活动,先后制定了一系列自治条例、单行条例,进一步补充完善了自治州民族

自治地方法规，有力地促进了全州政治、经济、文化、教育、卫生等各项事业的持续、快速发展。2008年，全州实现生产总值514.7亿元，比2007年增长10.0%；财政总收入129.36亿元，比2007年增长14.7%；工业总产值718.6亿元，比2007年增长9.5%；农业总产值149.5亿元，比2007年增长9.3%；实现农民人均纯收入3023元，比2007年增长19.6%；在岗职工年均工资2.23万元，比2007年增长15.1%；居民储蓄存款余额317亿元，比2007年增长20.6%。[①]

（二）建立健全边疆民族自治地方财政自治权的监督机制

应当建立关于边疆民族地区财政自治立法的监督机制。部门规章与《民族区域自治法》中有关民族自治地方自治机关的财政自治权的规定冲突的，以及部门规章与边疆民族自治地方的自治条例或单行条例中有关民族自治地方自治机关的财政自治权的规定冲突的情形，应明确解决冲突的主体、方式、程序。应当建立财政自治权行使的监督机制。对上级国家机关侵犯边疆民族自治地方自治机关行使财政自治权的行为，应当进行监督，明确侵权行为的法律后果、侵权行为机关应当承担的法律责任。在法律活动中，要充分发挥自治条例和单行条例等自治法规的作用，边疆民族地区自治机关怠于行使财政自治权，相关责任主体应当承担法律责任。

（三）加强边疆民族地区财政收支法制建设

开源节流是理财的不二法门，建设保障边疆民族地区财政收支自治权的法律机制是摆在我们面前的一个重要课题。

1. 加强边疆民族自治地方的税收法制建设

税收收入在财政收入中的比重很大，一般在90%以上。根据现行的税收体制，中央没有给予边疆民族自治地方特殊照顾，无论在共享税的分成比例上，还是税收增长返还系数的确定上，都和发达地区同等待遇。依据现行法律，税收与财政等基本制度只能由法律规定，税收立法权集中在中央，中央并没有赋予地方政府，包括边疆民族地区自治机关税收管理权限。中央税、共享税由中央制定，地方税税种的立法，也必须由中央制定。边疆民族地区政府只享有在相关法律法规确定的税率范围内确定本地方的税率，行使有限的减免税权，针对某些税收的征管程序进行地方税收立法等权力。这些权力基本上不涉及基本税收要素，边疆民族地区政府筹集财政收入的能力没有得到加强，不利于边疆民族地区财政自治的实现。只有加强边疆民族地区税收收入，才能增加边疆民族地区财政收入，而

---

① 课题组2010年—2011年多次赴云南省红河哈尼族彝族自治州调研。资料来源：根据《云南年鉴》（2009）第469、470页资料整理。

要想增加税收收入，就必须加强边疆民族自治地方的税收法制建设。要合理划分中央与边疆民族地区的事权与财权。要以二者之间的职能分工为依据，按照权责相统一的原则，结合边疆民族地区的实际情况，合理划分中央与边疆民族自治地方的事权，并以法律的形式明确界定二者之间的事权。在合理确定二者之间事权的前提下，界定二者之间的财权。同时，还要根据事权和财权相结合的原则，确定各自的财政支出范围，并以各自的财政支出的范围为依据，按税种合理划分中央与地方的收入，将一些关系到国家大局和实施宏观调控的税种划归中央，把一些与地方经济和社会发展密切相关以及适宜由地方征管的税种划归地方，给边疆民族自治地方承担事权相应的财权，最终为边疆民族自治地方与其他地区都能够享受到政府提供的基本均等化的公共服务提供财力支撑。笔者建议，在划分好中央与边疆民族地区事权与财权的基础上，中央赋予边疆民族自治地方一定的税收立法权及管理权，由边疆民族地区自治机关对本地区范围内的地方税源行使立法权。赋予边疆民族自治地方税收减免权、停征权以及税率调整权。允许边疆民族自治地方履行备案程序后结合本地方的实际情况开征一些一般的地方性税种。

2. 加强边疆民族地区非税收入法制建设

首先，制定边疆民族地区适合本地方实际情况的单行条例来规范非税收入，明确非税收入的项目、收费价格、收费程序等。其次，建立边疆民族地区非税收入立项审批制度，依据中央法律、法规以及地方法规、规章，还有边疆民族自治地方自治条例或单行条例设置非税收入项目。第三，建立相应的管理机构，加强对非税收入的监管，统一管理，使非税收入依法征收、依法支出，以增加非税收入的使用效益。

3. 加强边疆民族地区的财政支出法制建设

边疆民族自治地方的财政支出总量不足，结构也不够合理，严重影响了边疆民族自治地方经济的发展，加强边疆民族地区财政支出法制建设具有重要意义。笔者建议，边疆民族地区应当结合本地实际，对财政支出的职能、范围、标准以及财政支出的法律程序、法律责任等作出规定，建立规范财政支出的法律制度，确保财政支出有法可依，严格按照法定程序进行，明确有关财政投资、政府采购、财政补贴、财政转移支付、各项事业方面的支出及社会保障资金支出等内容。

（四）加强对口支援法制建设

经济发达或实力较强的地区对经济不发达或实力较弱的边疆民族地区实施的对口支援，对调整和优化边疆民族地区的财政支出结构、促进边疆民族地区经济发展、提高人们生活水平、维护边疆民族地区的稳定起到了重要作用。

自1996年中央做出对口支援新疆的重大战略决策以来，各援疆省市和单位以各种方式给予新疆无私的支持和帮助,先后选派6批3749名援疆干部,累计向新疆无偿援助资金物资折合43亿元,实施合作项目1200多个,到位资金250多亿元。① 这也是2009年新疆财政迅速增长的一个重要原因。同时,仅在2009年,自治区财政用于民生的支出高达948.6亿元,占财政支出的七成。②

从最新出台的对口支援新疆计划来看,中央将复制"5·12"汶川特大地震灾后重建模式对新疆加以扶持,按照"一省帮一重灾县"原则。但是,目前对口支援还是一种政策性行为,存在很大的不确定因素,容易导致对口支援过程中出现一些不规范的行为,使对口支援无法真正落实。因此,有必要加强对口支援的法治建设,将对口支援以法律的形式固定下来,使之规范发展,切实落实到位,发挥应有的作用。

结束语

丰富的物质财富是和谐社会的基础,边疆民族地区由于历史、地理、民族等各种因素,经济发展水平低下,物质基础匮乏,地方财力薄弱。边疆民族地区的财政未能得到依法保障,造成边疆民族地区财政困难,无法满足人民群众日益增长的物质文化需要,是边疆民族地区群体性事件高发的重要原因。因此,我们应当建立良好的法制环境,建立健全财政自治监督机制,确保边疆民族地区自治机关能够充分行使财政自治权,为边疆民族地区各项事业的发展提供坚实的财政保障,使群体性事件得以妥善解决。

---

①② 贺占军:《西部大开发筑起新疆经济腾飞根基》,http://news.xinhuanet.com/2010—07/02/c_12292238.htm,新华网,2010年7月2日22时05分访问。

概念·效力·权限[①]

——自治州自治条例之基本问题

黄元姗[②]

制定自治条例是自治机关的一项法定权力。自治条例是我国法律体系中独具特色的一种法典形式，具有特殊的法律功能，自治条例的名称经历了从"自治法规"、"单行法规"到"自治条例和单行条例"的变迁过程。[③] 但自治州自治条例是一个什么性质的法律文件，至今还没有一个清晰、明确的答案，自治州自治条例的研究已是法学研究的一个"被人遗忘的角落"。

一、自治州自治条例的概念及性质

（一）自治州自治条例的概念

何为自治条例学者众说纷纭，自治条例是"民族自治地方的自治机关制定的管理地方性事务的一种规范性文件；"[④] "自治条例是指民族自治地方的人民代表大会根据宪法和民族区域自治法所规定的基本原则，依照当地民族的政治、经济和文化特点制定并报经法定机关批准备案的，调整民族自治地方内各种关系的一种民族区域自治地方法规；"[⑤] 自治条例是民族自治地方的人民代表大会根据宪法和法律的规定，依照当地民族的政治、经济和文化特点制定的实行民族区域自治，自主地管理本地方本民族内部事务的基本性自治法规。它由法定机关批准后

[①] 国家社会科学基金项目：《民族区域自治制度的发展与完善——自治州自治条例研究》成果之一，批准文号：08BFX011。

[②] 作者简介：黄元姗，女，土家族，湖北省建始县人，湖北民族学院法学院教授，硕士生导师，主要研究方向：宪政理论与实践。

[③] 张文山：《通往自治的桥梁——自治条例与单行条例研究》，中央民族大学出版 2009 年版，第 27 页。

[④] 《新编法学词典》，山东人民出版社 1985 年版，第 353 页。

[⑤] 孙先方、孙忠霖主编：《民族区域自治法学》，内蒙大学出版社 1990 年版，第 112 页。

生效;① 自治条例是指由民族区域自治地方的人民代表大会依照宪法、立法法和民族区域自治法的规定,制定的关于本地方实行民族区域自治的基本制度的规范性文件;② 自治条例是指民族自治区、自治州和自治县人民代表大会依法制定的地方性法规,它与民族自治地方的单行条例、变通和补充规定一起构成民族地区的自治法规;③ 所谓自治条例,"是民族自治地方的人民代表大会,根据宪法和法律规定的原则和精神,依照自治地方的政治、经济和文化的特点制定的,用以调整民族自治地方内基本社会关系的自治法规";④ 自治条例是民族自治地方的人民代表大会根据宪法、民族区域自治法和其他法律规定的自治权限,依照当地民族的政治、经济和文化的特点制定的规范性、法律性文件。⑤ 结合以上学者的研究,笔者认为自治州自治条例是自治州的人民代表大会根据宪法、民族区域自治法和其他法律规定的自治权限,依照本自治州的政治、经济的文化特点制定的用以调整本民族自治州内基本社会关系的具有规范性、自主性和区域性的法律性文件,它由省、自治区、直辖市人大常委会批准后生效,是自治州通往真正自治的桥梁。

(二) 自治州自治条例的性质

自治条例是民族自治地方全面调整、规范民族区域自治事务的总章程,甚至有些学者将自治条例称之为民族自治地方的"小宪法"。然而,民族区域自治法公布实施以来,围绕自治条例性质争议一直没有中断。主要有如下几种观点:

一是认为"认识自治条例的性质,首先要分清是自治区自治条例还是自治州、自治县(旗)自治条例。同样是自治条例,由于立法主体的不同,其性质是有区别的;其次是要从自治条例的批准程序来认识不同自治条例的性质……自治区自治条例要经全国人民代表大会常务委员会批准后方能生效,要呈报国家最高权力机关批准,就使自治区自治条例不但具有法规性同时也具有国家法的性质。这样的立法报批程序在中国法制体系中是独一无二的,极具中国法制特色。同样,自治州、自治县(旗)自治条例是报省、自治区、直辖市的人民代表大会常务委员会批准后生效。这样,自治州、自治县(旗)作为一级地方国家机关而言,没有立法权,作为自治机关而言,有制定自治条例的自治立法权,自治州、自治县(旗)自治条例一经省级人民代表大会常务委员会批准后就具有地

---

① 韩竞:《关于自治条例的法律地位、概念和特征问题》,载《中央民族大学学报》1991年第5期。
② 李丕祺:《论自治条例的性质》,载《西北第二民族学院学报》2004年第3期。
③ 曾宪义:《论自治条例的立法基础》,载《中南民族大学学报》2004年第4期与2008年第5期。
④ 吴宗金:《中国民族区域自治法学》(第二版),法律出版社2004年版。
⑤ 张文山:《通往自治的桥梁——自治条例与单行条例研究》,中央民族大学出版2009年版,第38页。

方法规性。"① 二是认为"自治条例具有法规性和法律性，是法规性和法律性的有机统一。法规性表明：自治条例既属于广义的地方性法规，又是一种有别于一般性地方法规的自治性法规。自治条例的法律性是由其效力等级和制定的权限范围决定的。"② 三是认为"自治体例具有国家法律性质、具有地方性、具有民族性。"③

这些观点并没有准确回答自治州自治条例的性质。自治州自治条例是一个什么性质的法律文件，至今还没有一个清晰、明确的答案。笔者认为，就自治州自治条例而言，在自治州的行政区域内，无疑是自治州立法权限中，具有最高法律效力的法律文件，它主要是规范自治州自治机关行使自治权、实行民族区域自治的行为，是自治州的基本法，在自治州的法规体系中居最高的位阶，具有规范性、自主性、区域性的性质。

1. **自治州自治条例具有规范性**

自治条例是国家法规的组成部分，它不是政策条文，而是法律规范。规范性是指它在自治州辖区内具有优先适用的效力。

2. **自治州自治条例具有自主性**

自主性是说它的性质，立法主体特殊：自治州人民代表大会；立法内容特殊：规范自治机关的组成和自治机关的行为，并享有变通权。

3. **自治州自治条例具有区域性**

区域性是说它的效力空间，只及于本自治州所辖区域。自治条例在适用范围上具有区域性，即适用的对象、空间在民族地区。这个区域性绝不是指它所调整的社会关系只限于民族地区。如上级国家机关与本地区自治机关的关系，由于它是依据国家宪法和民族区域自治法的授权制定的，且需要经过上级国家权力机关审批通过后才能生效，上级国家机关也要尊重民族自治机关的权力，同时也要遵

---

① 张文山：《通往自治的桥梁——自治条例与单行条例研究》，中央民族大学出版2009年版，第39—40页。
② 李丕祺：《论自治条例的性质》，载《西北第二民族学院学报》2004年第3期。
③ 孟凯锋：《自治条例和单行条例的性质》，载《广西社会主义学院学报》2008年第3期。

守自治条例的规范。①

二、自治州自治条例的法律效力

判断一种法律规范形式在一国法律体系中的地位，主要标准是看在法律体系内部，该法律规范形式同其他法律规范形式相比，层级效力如何。一般法的位阶由法的制定机关、制定程序、效力来源来决定。按照宪法和立法法规定的立法体制，法律位阶共分六级，它们从高到低依次是：根本法律、基本法律、普通法律、行政法规、地方性法规（自治条例和单行条例）和规章。无论从立法机关还是从适用范围上看，自治条例、单行条例都无法同宪法、法律、行政法规相比，其排在宪法、法律、行政法规之后是当然之事。自治条例、单行条例与地方性法规的效力等级如何划分？自治州自治条例与地方性法规的效力等级如何划分？立法法对此未作明确规定。对于自治条例、单行条例与地方性法规的效力等级如何划分的问题有学者从"立法主体、自治条例和单行条例同上位法的关系等方面认为自治条例、单行条例的效力等级应高于地方性法规，即我国各种法律规范形式的效力等级次序为：宪法、法律、行政法规、自治条例和单行条例、地方性法规、地方政府规章。"② 但对于自治州自治条例在法律体系中的效力地位没有提及。

（一）自治州自治条例与省级地方性法规

"省、自治区、直辖市的人民代表大会及其常务委员会根据本行政区域的具

---

① 对于自治条例与地方性法规关系问题主要有如下观点：一是，在我国的立法上，自治条例与地方性法规在法律上是两个截然不同的概念。如北京大学教授史筠认为："在我国的法制体系中，'地方性法规'同'自治条例'是两个不同的概念"。史筠：《关于制定自治条例的几个问题》，载《民族研究》1993年第6期。另有学者认为："将自治条例和单行条例作为地方性法规的组成部分的做法是不可取的"，其理由在于"宪法依据不同、立法机关不同、制定法规或条例的职权依据不同、内容不同，宪法在使用这些概念的时候为并列使用"。杨临宏：《关于自治条例和单行条例设定行政处罚的思考》，载《当代法学》1999年第3期。二是，认为自治条例和一般的地方性法规"都属于广义的地方性法规"。王培英：《论自治条例单行条例的法律地位》，载《云南大学人文社会科学学报》2001年第6期。三是，认为"自治条例在我国的法律体系中属于地方立法的组成部分"。《关于自治条例若干问题的探讨》，载《青海民族学院学报》2001年第1期。四是，认为"自治条例与地方性法规本就属于同一性质权力的产物的结论，它们之间不存在法律位阶高低之分，只是权限范围不同，会在某些情况下产生法律适用冲突，但现行立法法已经有了明确规定解决该冲突。因此，在民族区域自治地区的立法主体，只要正确认识自治条例与地方性法规的权限范围以及各自的作用，既可以制订自治条例，也能制定地方性法规，而且二者共存不会引起法律适用的混乱。"

② 张文山：《通往自治的桥梁——自治条例与单行条例研究》，中央民族大学出版2009年版，第75页。

体情况和实际需要,在不同宪法、法律、行政法规相抵触的前提下,可以制定地方性法规。"① 自治州人民代表大会有权依照当地民族的政治、经济和文化的特点,制定自治条例并报省、自治区的人民代表大会常务委员会批准后生效,各省(市) 自治州自治条例可依照当地民族的特点,对法律和行政法规的规定作出变通规定,这样实践中就可能会出现竞合,自治州自治条例相关条款与省级地方性法规相竞合,自治州自治条例优先。

1. "批准"和"备案"是自治州自治条例优先的现实制度基础

"立法权,不论属于一个人或较多的人,不论经常或定期存在,是每一个国家中的最高权力。"② 在国家权力体系中国家的基本职能有两个:法律的创制和法律的适用。国家权力和国家意志作用于社会的过程实际上是从立法过程开始的。③ 各国宪法都对中央与地方之间的立法权限以及各自的立法事项范围作了明确规定。宪法第116条规定:民族自治地方的人民代表大会有权依照当地民族的政治、经济和文化的特点,制定自治条例和单行条例。自治区的自治条例和单行条例,报全国人民代表大会常务委员会批准后生效。自治州、自治县的自治条例和单行条例,报省或者自治区的人民代表大会常务委员会批准后生效,并报全国人民代表大会常务委员会备案。④ 立法法第66条规定:民族自治地方的人民代表大会有权依照当地民族的政治、经济和文化的特点,制定自治条例和单行条例。自治区的自治条例和单行条例,报全国人民代表大会常务委员会批准后生效。自治州、自治县的自治条例和单行条例,报省、自治区、直辖市的人民代表大会常务委员会批准后生效。自治条例和单行条例可以依照当地民族的特点,对法律和行政法规的规定作出变通规定,但不得违背法律或者行政法规的基本原则,不得对宪法和民族区域自治法的规定以及其他有关法律、行政法规专门就民族自治地方所作的规定作出变通规定。⑤ 立法法第81条规定:自治条例和单行条例依法对法律、行政法规、地方性法规作变通规定的,在本自治地方适用自治条例和单行条例的规定。⑥ 民族区域自治法19条规定:民族自治地方的人民代表大会有权依照当地民族的政治、经济和文化的特点,制定自治条例和单行条例。自治区的自治条例和单行条例,报全国人民代表大会常务委员会批准后生效。自治州、自治县的自治条例和单行条例报省、自治区、直辖市的人民代表大会常务委员会批准后生效,并报全国人民代表大会常务委员会和国务院备案。⑦

---

①⑤《中华人民共和国立法法》,法律出版社2000年版,第19页。
② [英] 洛克:《政府论》(中译本),叶启芳等译,商务印书馆1964年版,第83页。
③ 参见封丽霞:《中央与地方立法关系法治化研究》,北京大学出版社2008年版,第2—3页。
④《中华人民共和国宪法》,法律出版社2011年版,第28页。
⑥《中华人民共和国立法法》,法律出版社2000年版,第20页。
⑦《中华人民共和国民族区域自治法》,法律出版社2001年版,第23页。

上述法律条文就授予了自治州的人民代表大会有权依照当地民族的政治、经济和文化的特点，制定自治条例，报全国人民代表大会常务委员会批准后生效，并报全国人民代表大会常务委员会备案。正是这样"批准"与"备案"的制度安排就使得当自治州自治条例的规定与所在省（自治区）的地方性法规相冲突时自治州自治条例应当优先适用。

2. 自治州自治享有的对法律、行政法规作出变通规定的权限是自治州自治条例优先的学理基础

"变通"是指"依据不同的情况，作非原则性的变动。①立法变通权是指特定的立法主体根据法律赋予的立法权限，对上位法进行一定程度上突破之权力。其中"一定程度上的突破"是立法变通权"变通"的关键所在，即变通立法权限问题。《立法法》第66条第二款规定："自治条例和单行条例可以依照当地民族的特点，对法律和行政法规的规定作出变通规定，但不得违背法律或者行政法规的基本原则，不得对宪法和民族区域自治法的规定以及其他有关法律、行政法规专门就民族自治地方所作的规定作出变通规定。"②这一条用概括的方式规定了可以变通的事项，即可以依照当地民族的特点对法律和行政法规的规定作出变通规定。同时用列举的方式规定了不能变通的事项。自治州自治机关有权对法律、行政法规作出变通规定的权限主要有以下两个方面：一是国家法律明确授权可以变通的事项。如婚姻法、继承法、收养法、妇女权益保障法等法律中明确规定民族自治地方可以根据该法的基本原则制定变通或补充规定。二是国家立法虽未明确授权，但是不完全适合本自治地方民族特点的规定。截至2010年4月30日民族自治地方的自治机关共制定了73件对法律、行政法规的变通和补充规定，其中自治州32件③。立法法第81条第1款规定，"自治条例和单行条例依法对法律、行政法规、地方性法规作变通规定的，在本自治地方适用自治条例和单行条例的规定。"从学理上讲这是自治机关行使自治权的范围，优先更符合自治地方的实际。

（二）自治州自治条例与自治州单行条例

单行条例顾名思义，内容比较单一，涉及范围比较狭窄。根据所调整社会关

---

① 《现代汉语词典》（第5版），商务印书馆2005年版，第84页。
② 肖蔚云、王禹、张翔编：《中国宪法学参考资料》，北京大学出版社2003年版，第590页。
③ 全国人民代表大会民族委员会编的《中华人民共和国民族法律法规全书》截止日期是2007年12月，所收变通规定和补充规定71件，截止2010年4月30日先后制定了3件变通规定。它们是阿坝藏族羌族自治州实施《四川省旅游条例》的变通规定、甘孜藏族自治州实施《四川省〈中华人民共和国水法〉实施办法》的变通规定、木里藏族自治县实施《四川省〈中华人民共和国草原法〉实施办法》的变通规定；废止一件：（贵州省镇宁布依族苗族自治县人民代表大会关于废止《镇宁布依族苗族自治县执行〈中华人民共和国婚姻法〉变通规定》的决定2009年10月20日），合计73件。

系的具体内容，可分为自治地方国家机关组织与活动、刑事、民事、婚姻家庭、自然资源保护与管理等单行条例。截至 2010 年 4 月 30 日根据所调整社会关系的具体内容，可分为自治地方国家机关组织与活动、刑事、民事、婚姻家庭、自然资源保护与管理等单行条例。截至 2010 年 4 月 30 日 30 个自治州共制定了 250 件单行条例，[①] 单行条例既可以根据民族自治地方的民族和社会特点对国家的有关法律、法规给予变通或者补充，以单行条例的形式规定；又可以在国家没有立法的领域，对民族自治地方出现的新的社会关系或新的现象以单行条例的形式加以规范。可见，单行条例从另一个方面扩充了自治权的内涵，使自治机关能够充分行使自治权。[②] 而自治州自治条例主要是规范自治州自治机关行使自治权、实行民族区域自治的行为，是自治州的基本法，在自治州的法规体系中居最高的位阶。

（三）自治州自治条例与同级行政行为

与同级行政行为相比，自治州自治条例优先，同级行政行为不能对抗自治州自治条例。

所谓行政行为，是适当的行政主体在行政管理活动过程中所作出的产生法律后果的行为，而行政主体则是指有权以自己的名义实施行政管理活动并对行政效果承担法律责任的组织[③]。行政行为一般分为具体行政行为和抽象行政行为二类：所谓具体行政行为，是指在行政管理过程中，针对特定的人或事所采取具体措施的行为，其行为的内容和结果将直接影响某一个人或组织的权益，具体行政行为最突出的特点，就是行为对象的特定性和具体化，属于某个个人或组织，或者某一具体社会事项。具体行政行为一般包括行政许可、行政确认、行政处罚、行政奖励、行政给付、行政征收、行政强制、行政监督、行政裁决行为等。所谓抽象行政行为，是指行政机关针对不特定对象发布能反复适用的行政规范性文件的行为，其结果是导致行政法规、规章和其他行政规范性文件的制定、变更、废止。[④] 抽象行政行为包括两类：一类是行政立法行为，即有权行政机关制定行政法规和行政规章的行为；另一类是制定不具有法源性的规范文件的行为，即有权行政机关制定或规定除行政法规和规章以外的具有普遍约束力的其他规范性文件

---

① 全国人民代表大会民族委员会编的《中华人民共和国民族法律法规全书》截止日期是 2007 年 12 月，所收自治州单行条例是 219 件，截止 2010 年 4 月 30 日先后颁布自治州单行条例 32 件，废止一件（青海省《海北藏族自治州土地管理条例》2009 年 4 月 2 日废止），合计是 250 件。
② 张文山：《通往自治的桥梁——自治条例与单行条例研究》，中央民族大学出版社 2009 年版，第 451 页。
③ 转引自张千帆等：《比较行政法——体系、制度与过程》，法律出版社 2008 年版，第 303 页。
④ 同上，第 310 页。

的行为。

具体行政行为是可诉讼的行为,由于是针对特定的人或事所采取具体措施的行为,其行为的内容和结果将直接影响某一个人或组织的权益,如果出现侵犯权益的行为,行政相对人可以通过行政复议或行政诉讼的途径来维护合法的权益。显然,具体行政行为不可能与自治州自治条例产生竞合能力。

抽象行政行为是针对普遍对象作出的,适用的效力不止一次,具有反复性,加之层次多、范围广,因而产生的影响要远远大于具体行政行为。我国是一个多民族的国家,幅员辽阔,地域广大。由于历史的原因,区域间的政治、经济、文化发展极不平衡。特别是在一些少数民族聚居的区域,还存在着民族风俗习惯上的不同特点,呈现出各种差异。因此,在自治州制定抽象行政行为时,就不仅要考虑这些因素,结合少数民族当地的实际情况,从具体特点出发,尊重其民族特点和风俗习惯、还要遵循自治州自治条例已确定的原则与内容。这是保护少数民族利益,贯彻各民族间平等团结原则的需要。如果抽象行政行为的有关规定,不能完全适应民族自治地方的政治、经济、文化、风俗、习惯等特殊情况,那么就违背了自治权设立的初衷。

(四)自治州与自治县自治条例

与下辖自治县自治条例相比较,二级民族自治地方自治条例立法关系中,必须充分考虑和把握自治权平等理论。民族平等和民族团结作为解决民族问题的基本原则,在中国的宪法和有关法律中得到明确规定。《宪法》第四条规定:"中华人民共和国各民族一律平等。国家保障各少数民族的合法权利和利益,维护和发展各民族的平等、团结、互助关系。禁止对任何民族的歧视和压迫"。[1] 因此自治州自治条例、自治县自治条例应处于同一位阶。

三、自治州自治条例的立法权限

立法权限是指立法机关行使立法权的范围界限。立法权就其权能、内容以及其动作方式来讲,都是有一定的范围和限度的,对此各国宪法或立法法都对立法主体的立法权限作出了明确规定。我国的《立法法》在第八条、第六十四条和六十六条对各个立法主体的立法权限作出了明确规定。其中第六十六条立法法有关民族自治地方自治机关立法权限的规定是:民族自治地方的人民代表大会有权依照当地民族的政治、经济和文化的特点,制定自治条例和单行条例。自治区的

---

[1]《中华人民共和国宪法》,法律出版社2011年版,第6页。

自治条例和单行条例，报全国人民代表大会常务委员会批准后生效。自治州、自治县的自治条例和单行条例，报省、自治区、直辖市的人民代表大会常务委员会批准后生效。自治条例和单行条例可以依照当地民族的特点，对法律和行政法规的规定作出变通规定，但不得违背法律或者行政法规的基本原则，不得对宪法和民族区域自治法的规定以及其他有关法律、行政法规专门就民族自治地方所作的规定作出变通规定。自治条例的立法权限是什么？学者从不同的角度提出了不同的观点。有学者从自治条例的效力等级和法律性出发认为"自治条例可以规范和约束上级国家机关"；① 还有学者认为"拟制自治法规范时，可以规范上级国家机关及其职能部门的某些特定行为，这是自治法规与地方性法规的重大不同之处。也正是因为如此，自治法规才必须经过上级国家机关批准。也就是说自治法规不像地方性法规那样仅限于适用制定机关本行政区域内的主体的行为，它还可以对拟制机关的上级机关，尤其是上级机关的特别行为进行规范，甚至还可以对拟制机关所在的民族自治地方之外的地方的行为规定特别规范"②。但我国是单一制国家结构，地方的权力源于中央通过立法的授予；中央和地方是领导与被领导的关系，同时下级要服从上级，因此自治州自治条例不能规范上级国家机关的行为。因为"各种社会利益一经法律确认，就成为法定的权力或者权利，即法权。而法律就是按照一定的正义观确认法权归属，解决法权冲突的规范体系。"③那么自治州自治条例能规范也必须规范哪些内容呢？

（一）规范自治机关的组成

民族区域自治法第15条第三款明确规定"民族自治地方的自治机关的组织和工作，根据宪法和法律，由民族自治地方的自治条例或单行条例规定"。④

1. 规范自治州人民代表大会制度建设，保障自治权的充分行使

民族平等权表现在两个层面：一是共治权；二是自治权。前者的法理基础在于民主政治国家普遍奉行的"人民主权"原则，体现在少数民族作为人民的组成部分和立国因素，通过选派自己的政治代表参与国家各级立法机关的共同管理方面；后者的法理基础在于代议制度的结构性缺陷，是对共治有效性不足的一种必然的弥补。更重要的是体现在充分并有效地参与公共生活的管理方面。只有如此，才能从形式平等和实质平等两个方面真正实现少数民族当家做主的政治地

---

① 吴宗金、敖俊德主编：《中国民族立法理论与实践》，中国民主法制出版社1998年版，第390页。刘锦森：《浅议自治条例、单行条例与地方性法规之区别》，载《新疆人大》2000年第5期。
② 刘惊海、施文正：《我国民族区域自治法律制度的完善》，载《内蒙古社会科学》2002年第1期。
③ 童之伟：《法权与宪政》，山东人民出版社2001年版，第41页。
④ 《中华人民共和国民族区域自治法》，法律出版社2001年版，第21页。

位。① 为此，我国确立人民代表大会制度和民族区域自治制度来保障民族平等权的实现。

根据《宪法》和《民族区域自治法》的规定，自治地方的人民代表大会既是自治地方的国家权力机关，也是自治地方的自治机关。自治地方的人民代表大会中，除实行民族区域自治的民族的代表之外，其他居住在本行政区域内的民族也有适当名额的代表。自治地方的人民代表大会常务委员会中，由实行区域自治的民族的公民担任主任或副主任。

加强自治地方人民代表大会建设必须做到以下三方面：根据《宪法》和《民族区域自治法》的规定，自治地方人民代表大会既是自治州的国家权力机关，也是自治地方的自治机关。自治地方的人民代表大会中，除实行民族区域自治的民族的代表之外，其他居住在本行政区域内的民族也有适当名额的代表。自治地方的人民代表大会常务委员会中，由实行区域自治的民族的公民担任主任或副主任。

加强自治地方人民代表大会建设，首先要全面落实宪法和民族区域自治法关于民族自治地方人民代表大会制度的规定，具体而言就是：①自治地方的人大中，除实行区域自治的民族外，其他少数民族代表也应当有适当的名额和比例。"适当"一词是民族区域自治法的规定，但多大的比例为"适当"，这就需要各自治地方的自治机关在结合本自治地方实际的基础上以自治地方自治条例的形式来加以确定。②自治地方的人大常委会中应当由实行区域自治的民族公民担任主任或副主任。③从组织上探索如何使自治地方常委会委员的专职化，从而保障自治地方人民代表大会代表和常务委员会组成人员的年龄结构、知识结构，尤其是既要保障自治州人民代表大会中少数民族代表的名额，又要提高少数民族人民代表的参政能力；完善人民代表大会及其常务委员会的议事制度，提高人民代表大会及其常务委员会会议的效率和水平；加强代表制度建设，保障代表的民主权利。

民族区域自治地方的人大及其常委会在组成方面又有与不同于一般行政区域的地方国家权力机关和人民政府的民族特点和要求：

①民族自治地方的人大中，除实行区域自治的民族外，其他少数民族代表也应当有适当的名额和比例。

②民族自治地方的人大常委会中应当由实行区域自治的民族公民担任主任或副主任。

各级民族自治地方的人民代表大会，均设常务委员会。各级民族自治地方的人大常委会由主任、副主任若干人、委员若干人组成。其中自治区、自治州的人

---

① 戴小明：《中国民族区域自治的宪政分析》，北京大学出版社2008年版，第126页。

大常委会的组成人员中有秘书长。民族自治地方的人民代表大会常务委员会中，应当有实行区域自治的民族的公民担任主任或副主任。这一规定既有原则性，又有灵活性。原则性表现为，人大常委会的主任或副主任必须要有实行区域自治的民族的公民；灵活性则表现为，人大常委会的主任或副主任，可以是实行区域自治民族的公民，也可以是其他民族的公民。

2. 规范自治州人民政府的组成，提高行政自治能力

自治州人民政府，是自治州的最高行政机关，也是自治州的国家权力机关。自治权的具体行使和实施，就是通过民族自治州人民政府的工作程序和政治管理去完成的，是自治权行使的主要方式。为此民族区域自治法第17条规定："自治区主席、自治州州长、自治县县长由实行区域自治的民族的公民担任。自治区、自治州、自治县的人民政府的其他组成人员，应当合理配备实行区域自治的民族和其他少数民族的人员。民族自治地方的人民政府实行自治区主席、自治州州长、自治县县长负责制。自治区主席、自治州州长、自治县县长，分别主持本级人民政府工作。"①

第一，依法确定多民族联合自治的自治州长的选举资格，确保各民族平等。

自治机关的核心问题是自治机关的人员组成。关于自治州的州长人选，25件自治条例的规定和上位法——《民族区域自治法》的规定是一致的，即由实行区域自治的民族的公民担任。但是，在我国的30个自治州中有20个是一个民族实行区域自治的，10个是两个民族共同实行区域自治的。它们是湖北省恩施土家族苗族自治州、湖南省湘西土家族苗族自治州、四川省阿坝藏族羌族自治州、贵州省黔东南苗族侗族自治州、贵州省黔南布依族苗族自治州、贵州省黔西南布依族苗族自治州、云南省德宏傣族景颇族自治州、云南省红河哈尼族彝族自治州、云南省文山壮族苗族自治州，青海省海西蒙古族藏族自治州。

这样，单一民族实行区域自治的，自治条例好规范，它具有单一性和排他性。如"自治州州长由藏族公民担任"（甘南）；"自治州州长由朝鲜族公民担任"（延边）；"自治州州长由彝族公民担任"（凉山）等等。二个民族共同实行区域自治的，在自治条例中的规定是："自治州州长由苗族或者侗族公民担任"（黔东南）；"自治州的州长从藏族、羌族公民中选举产生"（阿坝）；"自治州州长由土家族或者苗族公民担任"（湘西）；"自治州州长由土家族或者苗族的公民担任"（恩施）。从这一规定中就可以发现一个问题，也就是两个实行区域自治的民族的公民都有资格担任州长，可一届任期内只能产生一名州长，两个民族公民的州长资格是一届轮换制呢？还是隔届轮换制？自治条例就这个问题都没有作出规定。自治条例里使用的是"或者"。从词性来理解，这里的"或者"是连

---

① 《中华人民共和国民族区域自治法》，法律出版社2001年版，第22页。

词，用在叙述句里，表示选择关系。也就是说二个实行自治的民族，可以是甲民族公民担任州长，也可以是乙民族公民担任州长，具体是甲还是乙，他们是一种选择关系，由选举来决定。由于种种原因，10个自治州都出现甲长期担任州长，或者甲担任州长的时间大于乙的情况。在此仅以民族区域自治法颁布实施后的三个自治州州长担任情况来说明这一问题（见表1）。

表1 自治州州长任职一览表

省区	自治州	州长	任职时间	民族成分
四川	阿坝藏族羌族自治州	泽巴足	1987~1997	藏族
		王雨顺	1997~2002	藏族
		张东升	2002~2008	藏族
		吴泽刚	20008~今	藏族
湖南	湘西土家族苗族自治州	吴运昌	1981~1988	苗族
		石玉珍	1988—1992	苗族
		向世林	1992~1997	土家族
		武吉海	1997~2003	苗族
		杜崇烟	2003~2007	土家
		徐克勤	2008~2008	苗族
		叶红专	2009~今	土家族
湖北	恩施土家族苗族自治州	李辉轩	1983~1990	土家族
		苏晓云	1990~1993	土家族
		张洪伦	1993~1998	土家族
		郭大孝	1998~2003	土家族
		周先旺	2003~2008.3	土家族
		杨天然	2008~今	土家族

这显然不符合民族平等的原则。从法理来说，自治州州长是自治机关组成的核心要素，是宪法和民族区域自治法明确规定的内容，自治州自治条例和自治县自治条例理应规范这一内容。

第二，规范自治州政府的其他组成人员，合理配备实行区域自治的民族和其他少数民族的人员。

"自治州的人民政府的其他组成人员，应当合理配备实行区域自治的民族和其他少数民族的人员。"这是授权条款，至于怎么样配备才是合理的，这就要自治州自治机关根据本地区的民族构成通过自治州自治条例来加以规范。但自治州自治条例仅仅对这一条文做文字改动,并没有做出具体规范,从而也就导致实践中自治州政府的其他组成人员与自治地方的民族成分关系不大,这就有违民族区域自治制度的初衷。见表2。

表2 恩施、黔西南、阿坝自治州政府组成人员一览表

自治州	职务	姓名	民族	籍贯
恩施土家族苗族自治州	副州长	张忠凯	汉族	辽宁黑山人
		瞿赫之	汉族	湖南桃江人
		杨劲松	汉族	吉林省吉林市人
		曹毅	土家族	湖北来凤县人
		沙玉山	回族	安徽天长人
		吴红娅(女)	土家族	湖北恩施人
		陶继东	汉族	河南遂平人
黔西南布依族苗族自治州	副州长	付贵林	汉族	四川威远人
		贺登祥	布依族	贵州安龙人
		刘建明	汉族	江苏张家港人
		汤向前	汉族	安徽望江人
		王弘宇	汉族	江西婺源人
		曾庆忠	布依族	贵州省贞丰县人
		童其芳(女)	汉族	重庆市人
		陈文发	苗族	贵州凤冈人
阿坝藏族羌族自治州	副州长	田晓丹	汉族	四川成都人
		秦大林	羌族	四川茂县人
		肖友才	藏族	四川金川人
		刘文芝(女)	羌族	四川茂县人
		尼玛木	藏族	四川松潘县人

(二)规范自治州自治机关的行为,促使自治州自治机关充分行使自治权

1. 厘清自治机关两种角色的不同性质,充分行使自治权

根据宪法、民族区域自治法的规定,自治机关承担着双重责任,也就是一个

主体两种角色，它既是统一的中华人民共和国的地方政权机关，行使同级一般地方国家机关职权的机关，同时又是在国家统一领导下，少数民族自主管理、当家做主、行使自治权利的机关。"两种角色"的行为规范是不同的。但是哪些权力属于自治权的范畴，由自治机关来行使；哪些权力属于一般地方行政权，由地方政权机关来行使，法律规定得并不是很清楚。正是由于没有分清自治机关与地方国家政权机关这"两种角色"，所以在自治州自治条例的条款设计上就分不清哪些是自治权的权能？哪些是地方国家机关的权能？不过根据宪法、立法法、地方组织法和民族区域自治法的有关规定。以下内容是地方国家机关的职权，自治州自治条例不应加以规范。

第一，有关国防的内容不能规范。

《中华人民共和国国防法》中第二章"国家机构的国防职权"第十五条第二款："地方各级人民政府依照法律规定的权限，管理本行政区域内的征兵、民兵、预备役、国防教育、国民经济动员、人民防空、国防交通、国防设施保护、退出现役的军人的安置和拥军优属等工作"。显然，自治州的自治条例规范这一内容是不恰当的，这不是自治机关自治权的授权内容，而是地方国家机关的职权。

第二，对所辖县、市的财政转移支付问题不能规范。

财政转移支付也称财政转移支出，本意是财政资金转移或转让。自治州的财力能否保障转移支付制度的实施？因为财政转移支付制度一旦成为法律就是自治州政府财政支出的一个重要部分，也是所辖县、市重要的预算收入，同时对所辖县、市转移财政支付的权限是所辖县、市的上级国家机关，不是自治机关的自治权的内容，所以不应当规定在自治条例中。但有些自治州自治条例规范了这一内容，如恩施土家族苗族自治州自治条例第五十二条自治机关依照国家财政体制的规定，对所辖县市实行转移支付制度；湘西土家族苗族自治州自治条例第五十一条自治州的自治机关依照国家财政体制的规定，对县、市实行转移支付制度。楚雄彝族自治州自治条例第四十四条自治州的自治机关在国家统一的财政体制下，自主安排使用属于自治州的地方财政收入。自治州的自治机关重视地方财源的培植，增加地方财政收入。自治州的自治机关根据国家和省的财政体制，结合实际制定对所辖县、市的财政管理办法。根据本级财力，逐步增加对县级的财政转移支付，对民族乡给予财政照顾。

2. 分清自治权行使的界限，不越权

第一，不能规范下级政权机关的组成。

自治州所辖县、市的人民代表大会和人民政府不是自治机关，它们的组成所适用的法律是《中华人民共和国地方各级人民代表大会和地方各级人民政府组织法》，不是自治州自治条例，在自治条例中作出这样的规范，是一种越权行为。自治州自治条例无权对所辖县、市人民代表大会常务委员会组成人员中，担任主任或者副主任的人选以及县、市人民政府组成人员中作出民族身份的限制。①

第二,不能规范上级国家机关的行为。

自治州自治条例不能规范上级国家机关的行为是由我国单一制国家体制下级服从上级特点决定的。

宪政体制的要求是依法行政。依法行政的基本要求是"权自法出、权依法行、侵权有责、越权无效"。为了构建法治政府,国务院发布的《全面推进依法行政实施纲要》中进一步提出了依法行政的六项基本要求,即"合法行政、合理行政、程序正当、高效便民、诚实守信、权责统一。"② 从宪政实质而言,自治权是国家授予权力主体在一定民族或一定空间范围内的一种自主管理权利,同时也是一项法定义务。"民族自治地方的自治机关必须维护国家的统一,保证宪法和法律在本地方的遵守和执行。"③ "民族自治地方的自治机关要把国家的整体利益放在首位,积极完成上级国家机关交给的各项任务。"④ 上级国家机关和民族自治地方的自治机关维护和发展各民族的平等、团结、互助的社会主义民族关系。禁止对任何民族的歧视和压迫,禁止破坏民族团结和制造民族分裂的行为。"民族自治地方的自治机关保障本地方各民族都有使用和发展自己的语言文字的自由,都有保持或者改革自己的风俗习惯的自由。"⑤ 这一切都是自治机关的法定义务而不是宣言性条款,因此自治条例应把这些作为一项明确的义务加以规定,规范自治机关的行为,增强自治条例的操作性,而不是把这些条款移植到自治条例中作为自治条例的原则性条款。因为,自治机关主动、积极、创造性地行使宪法和民族区域自治法赋予的自治权,是完善我国民族区域自治制度的关键所在,这是自治条例规范的重要事项。如何通过自治条例的立法,去保障自治机关主动、积极、创造性地行使自治权,规范自治机关在行使自治权过程中的作为与不作为行为,这是自治条例必须解决的一个重要问题。

---

① 例如:恩施土家族苗族自治州自治条例第15条第三款:自治州所辖县市人民代表大会常务委员会主任或副主任中,应当有土家族、苗族公民。第19条第三款:自治州所辖县市人民政府县长或者副县长,市长或者副市长中,应当有土家族、苗族公民;《楚雄彝族自治州自治条例》第22条:"自治州所辖县、市的人民代表大会常务委员会组成人员中,应当有彝族公民或者其他少数民族公民担任主任或者副主任。县、市人民政府组成人员中,应当合理配备彝族和其他少数民族公民";《黔南布依族苗族自治州自治条例》第15条:"自治州所属各县、市的人民代表大会常务委员会和人民政府组成人员中,应当根据当地的民族结构合理配备少数民族领导干部";《黔西南布依族苗族自治条例》第12条第二款:"自治州所辖县、市人民代表大会常务委员会的组成人员中,根据民族分布情况,应当相应有布依族、苗族和其他民族的人员。第14条第四款:自治州所辖县、市人民政府组成人员中,根据民族分布情况,应当相应配备布依族、苗族和其他民族的人员。"

② 国务院:《全面推进依法行政实施纲要》,2004年3月22日。
③ 《中华人民共和国民族区域自治法》,法律出版社2001年版,第18页。
④⑤ 同上,第19页。

民族立法研究

民族自治地方变通立法之考量

徐合平[①]

在民族自治地方立法的理论研究中，变通立法是其中的核心和焦点，直接关系到民族自治地方立法权的行使。因此，及时厘清和准确界定变通立法的主体、范围及表现形式，有利于民族自治地方合法有效的行使变通立法权，加快立法速度，提高立法质量，推动民族区域自治法律体系的发展完善。

一、变通立法的主体

立法主体是指有权进行或参与立法的国家机关的总称，通常也称之为立法机关，包括法定的立法机关和授权的立法机关。立法机关立法权的行使必须来自合法的授权，具备法律规定的资格与条件。当今世界，中央与地方立法权的划分较为普遍的有两种模式：一种为分权集权模式：立法权主要由地方行使或由地方与中央共同行使，在有的事项上以中央立法为主，在有的事项上则由中央保留给地方行使，中央的立法权一一列举出来，属中央专有，中央未列举的事项，地方可以自主立法。现行联邦制国家大多采用此制，如美国。第二种为集权分权模式：立法权主要由中央行使，在一定程度上，地方可以根据中央授权行使立法权或在宪法中规定地方享有立法自治权，地方立法权要受制于中央的立法权。我国的立法模式即属于此类，中央与地方的立法权关系表现为：全国人民代表大会及其常委会的立法权是"源权"，地方立法权来源于中央，没有相对的独立性，或报批准、或报备案。中央则通过宪法和法律将自己的一部分立法权赋予地方立法机关，以摆脱立法任务繁重的困境。我国民族自治地方的立法权同样源于中央的立法权，只能通过宪法、民族区域自治法、立法法的规定和相关法律授权而获得。

民族自治地方享有变通立法权的法定立法机关，是指依照宪法、民族区域自

[①] 作者简介：徐合平，湖南省临澧县人，中南民族大学法学院副教授。

治法、立法法的规定而获得变通立法权的国家机关，仅限于自治区、自治州、自治县三级民族自治地方的人民代表大会。宪法第116条、民族区域自治法第19条都规定："民族自治地方的人民代表大会有权依照当地民族的政治、经济和文化特点，制定自治条例和单行条例，报全国人大常委会批准后生效"。立法法第66条第1款规定："民族自治地方的人民代表大会有权依照当地民族的政治、经济和文化的特点，制定自治条例和单行条例"。在此基础上，立法法第66条第2款规定："自治条例和单行条例可以依照当地民族的特点，对法律和行政法规的规定作出变通规定……"

民族自治地方享有变通立法权的授权立法机关，是指依据有关法律的授权而获得变通立法权的国家机关。因法律授权条款内容的不同又可分为几种类型：一类授权民族自治地方的人民代表大会，如民法通则、婚姻法、继承法、老年人权益保障法、民事诉讼法；第二类授权民族自治地方的人民代表大会及其常务委员会，如收养法；第三类授权民族自治地方的人民代表大会常务委员会，如妇女权益保障法、全民所有制工业企业法；第四类授权民族自治地方的自治机关（人民代表大会和人民政府），如森林法、国旗法。对于上述授权条款的内容，学界普遍认为主要的问题是获得授权的立法机关缺乏统一性，在实际操作中容易引起冲突，不利于民族自治地方立法工作的开展。此外，刑法第90条授权"自治区或者省的人民代表大会"有权制定刑事法律的变通或补充规定，而自治州和自治县两级民族自治地方的国家机关则没有获得相关的授权。问题表现在：一是"省的人民代表大会"的立法活动不属于民族自治地方的立法，由其（也包括自治区）代替自治州和自治县两级民族自治地方进行立法，有越俎代庖之嫌，违反了宪法及民族区域自治法关于民族区域自治基本制度的相关规定；二是宪法和立法法都规定"省的人民代表大会"只能在"不相抵触"前提下制定地方性法规，并未规定其享有变通立法权，故该授权条款有违宪之嫌。

民族自治地方的国家机关只有在符合上述法律规定的情形下，才能成为享有变通立法权的立法主体，进行变通立法。特别是民族自治地方的人民代表大会常务委员会和人民政府，只能在国家法律授权的范围内才能成为制定具有变通内容的自治法规的立法主体，否则即构成越位立法。

二、变通立法的权限范围

立法权限是指立法机关制定、修改、废止法律规范的权力及其范围。立法机关在立法过程中应当严格依照宪法、法律关于立法权力和立法事项的划分制度，以避免和防止因越权立法而造成的立法冲突问题。

(一) 变通立法权的种类

立法权力是指立法机关制定、修改、废止法律规范的权力。以立法权的来源为标准，我国民族自治地方的变通立法权可以分为职权性立法权和授权性立法权。(1) 职权性立法权，是指依据宪法、民族区域自治法和立法法的规定而享有的立法权，是民族自治地方享有的法定职权的一部分。根据宪法规定，我国的国家机构实行民主集中制原则，中央和地方国家机构职权的划分，遵循在中央的统一领导下，充分发挥地方主动性、积极性的原则；在此原则的指导下，将国家的立法权分别赋予全国人大和地方人大，民族自治地方的人民代表大会也因此而获得了法定的立法权。这些法律规定主要集中在宪法第 116 条、民族区域自治法第 19 条和立法法第 66 条。(2) 授权性立法权，是指国家立法机关依据民族地区的实际需要，将某些特定事项的立法权授予民族自治地方的有关国家机关行使。目前，我国共有刑法、婚姻法、民法通则、民事诉讼法、妇女权益保障法、老年人权益保障法、继承法、收养法、全民所有制工业企业法、森林法、国旗法等 11 部法律，都有授权民族自治地方的有关国家机关制定变通或补充规定的专门条款（其中刑法只授权给自治区一级的有关国家机关），而民族自治地方的有关国家机关也正是依据这些法律的授权条款而取得了对某些"法律保留"事项的变通立法权。有学者认为"变通立法是基于民族区域自治制度安排的职权立法而非授权立法。"[1] 这种观点似乎最符合立法法的精神，理由主要有两个：其一，立法法对于授权立法的主体、被授权主体都作了明确规定。授权主体为全国人民代表大会及其常务委员会，被授权主体（受权主体）为国务院、经济特区所在地的省、市的人民代表大会及其常务委员会。不包括民族自治地方的立法机关。其二，由原全国人大常委会法工委副主任乔晓阳担任主编的《中华人民共和国立法法讲话》一书中指出，"根据法律的授权制定有关规定，就是执行法律，不作为授权立法看待。"[2] 但笔者对此仍然存有疑惑：其一，如果将民族自治地方为执行某项法律而依据该法律的授权制定的有关规定，不作为授权立法看待，那就只能当做一般的"规定"或政策看待，这与民族自治地方的立法实际不符，无法解释具有变通内容的自治条例和单行条例的法律地位，特别是许多关于婚姻法的变通规定，都是按照自治法规的制定和报批程序进行的，自治区一级的还是得到全国人大常委会批准的，不承认它们是法规而只当做执行法律的某种规定，这显然是说不过去的。且这类立法早在立法法颁布实施以前就已经存在，在乔晓阳的《中华人民共和国立法法讲话》一书还提到："对其他机关的授权问题，没有

---

[1] 张殿军：《民族自治地方法律变通的法理解析》，载《贵州民族研究》2010 年第 1 期。
[2] 乔晓阳：《中华人民共和国立法法讲话（修订版）》，中国民主法制出版社 2008 年版。

作出规定，但也没有撤销过去对其他机关的授权。"显然，民族自治地方的立法机关因法律授权而获得的变通立法权属于授权立法也是符合立法法的精神的。其三，如果把民族自治地方的变通立法权单纯地当做"是国家基于民族区域自治制度赋予民族自治地方人民代表大会的一种附加于地方国家机关职权基础上的特殊权力，是一种职权立法。"那么，民族自治地方的立法机关就无须法律、行政法规的授权，仅仅依据自治权即可享有对法律、行政法规作出变通规定的权利。这明显侵犯了全国人大及其常委会的"专属立法权"，是绝对不允许的。

（二）变通立法的范围

立法范围即立法事项，是指立法可以对哪些领域加以规范和调整。关于立法事项的划分，立法法在宪法确立的立法权限基础上，确立了"法律保留"原则。具体的操作方法是在第8条和第64条用列举的方式分别划分了全国人大和地方人大的立法范围，其中第8条列举了"法律保留"的事项，属全国人大及其常委会的专属立法范围。民族自治地方的立法是一种特殊的地方立法，目的是为了更好地贯彻实施宪法和民族区域自治法赋予民族自治地方的各项自治权利。因此，宪法第117条至第122条、民族区域自治法第21条至第45条对民族自治地方自治机关的自治事项的规定，事实上就应该成为民族自治地方自治立法事项的范围。包括人事管理、经济建设管理、金融管理、财政税收管理、教育、科技、文化、体育和卫生管理、人才培养等诸多事项。当然，民族自治地方的立法终究属于地方立法的范畴，从属于中央立法，在法定的自治事项范围内行使立法权也不可能是绝对的，必须服从国家法制统一的要求。其一，凡属于"法律保留"的事项，如国家主权、国家机构的组织法、民族区域自治制度、犯罪和刑罚、对公民限制人身自由的强制措施和处罚、民事基本制度、司法制度等重要的事项，只能由中央制定法律，民族自治地方的立法机关只有在得到相关法律的明确授权后，才能就相关事项行使变通立法权。有一种意见认为："无论法律、行政法规是否存在着法条授权的情形，只要法律、行政法规的具体规定不符合民族自治地方的政治、经济和文化特点，民族自治地方都可以在不违背法律或者行政法规的基本原则的情况下，对有关法律、行政法规作出变通规定。""法律是否规定变通的制约作用式微，只要不适合当地情况，就可予以积极地进行变通。这就给予民族自治地方更大的活动空间和更多的变通余地，此之谓主动性变通。"① 笔者不赞同这种观点，因为这完全违背了立法法对"专属立法权"所确立的"法律保留"原则，中央立法机关在10多部法律中的授权条款显然不是什么一时的疏忽大意，而是因为"专属立法权所列举的事项，法规不能规定，只有经过授权才

---

① 雍海滨：《论民族自治地方立法变通权及其运用》，载《民族研究》2006年第3期。

能规定,而不属于专属立法权的事项,在没有制定法律之前,原则上法规可以先规定,不需要授权。"如"对公民限制人身自由的强制措施和处罚",任何行政立法和地方立法都不能对公民的人身自由做出惩罚性规定,这已经是一个常识性的问题,绝对不能随意进行学理解释。其二,必须遵守立法法第66条第2款中对立法事项的划分,"自治条例和单行条例……不得对宪法和民族区域自治法的规定以及其他有关法律、行政法规专门就民族自治地方所作的规定作出变通规定"。从我国目前已颁布实施的自治条例和单行条例来看,大多都没有明确自身的立法权限,理论认识上似乎还存在一定的误区,越权立法的现象较为普遍。如要求上级国家机关"在自治县兴办的企业上缴同级财政的所得税和利润,给自治县一定的比例分成","在经济上给予照顾"等等。甚至被人们寄予厚望的五大自治区的自治条例,从其论证和草拟情况来看,这一问题也广泛存在。如《广西壮族自治区自治条例(草案)》(第19稿)"财政与金融"一章中,有多个条款涉及上级国家机关的责任,其第66条规定:"自治区境内的中央直属企业上缴中央财政及其主管部门的收入,由上级财政部门全额返还自治区……"[①] 上级国家机关的职责属于中央立法的事项范围,且已在民族区域自治法中有了明确的规定,在属于地方立法范畴的自治法规中规定上级国家机关的责任,显然超越了自己的立法权限。

三、变通立法的原则

关于什么是"变通"?学术界多根据《现代汉语大辞典》的解释,指"依据不同情况,作出非原则性的变动"。那么,民族自治地方的变通立法应该是指:民族自治地方的立法机关,根据本民族本地方的特殊情况,对不适合本民族自治地方的法律和行政法规中的非原则部分,作出切合实际的变动并制定规范性文件的特殊立法活动。依据宪法、民族区域自治法、立法法及有关法律授权条款的规定,制定变通性规定必须遵循一定的原则,主要体现在三个方面:其一,遵循宪法,即立法应当以宪法为根据。从世界各国的立法实践来看,都非常强调正确处理立法与宪法的关系,强调立法应当以宪法为根据或者不得同宪法相抵触。中国的立法自然也不例外。立法法第78条的规定:"宪法具有最高的法律效力,一切法律、行政法规、地方性法规、自治条例和单行条例、规章都不得同宪法相抵触"。其二,坚持法律的基本原则。基本原则是法律的精神和实质,一旦变异,就可能偏离社会主义法制的方向,影响国家法制的统一。故要求在自治法规的立

---

① 张文山等:《自治权理论与自治条例研究》,法律出版社2005年版。

法过程中，严格遵循法律的基本原则。立法法第66条第2款规定："自治条例和单行条例可以依照当地民族的特点，对法律和行政法规的规定作出变通规定，但不得违背法律或者行政法规的基本原则。"其三，"依照当地民族的政治、经济和文化特点"。制定变通规定的根本目的在于将宪法、民族区域自治法及有关法律的精神，同民族自治地方的民族特点和地区特点结合起来，有针对性地解决民族地区的特殊性问题，使自治条例和单行条例确实成为自治机关充分行使自治权利，促进自治地方政治、经济和文化事业发展的有力保障。所以，民族自治地方少数民族的政治、经济和文化特点以及在此基础上而产生的各种特殊需求，都应该在自治法规中得到充分体现。

在如何看待民族自治地方的变通立法与宪法及法律的关系问题上，目前学术界存在两种截然不同的观点。一种观点强调自治条例和单行条例"不得同宪法或者法律相抵触"，直接的依据除了立法法第78条外，立法法第90条和91条关于立法"审查"与"撤销"的规定中，也把自治条例和单行条例"同宪法或者法律相抵触"作为提起立法"审查"与"撤销"的前提条件。由此可以说明在变通立法中坚持"不相抵触"原则是有法律依据的。另一种观点则相反，认为"制定自治条例和单行条例无'不相抵触'的条件要求或限制"，只需坚持以宪法为根据和不违背法律的基本原则即可。这也可以从法律规定中找到依据，主要有宪法第116条、民族区域自治法第19条、立法法第66条及民法通则等10多部法律的授权条款。众所周知，这是我国专门规定民族自治地方行使立法自治权、制定自治条例和单行条例的基本条款，民族自治地方所有的立法权限都源于这些条款的法律规定。但是，这些法条中并未作出民族自治地方的立法（包括具有变通内容的自治条例和单行条例）必须遵循"不相抵触"原则的规定。而与之相对应的是一般地方立法，《宪法》第100条规定："省、直辖市的人民代表大会和它们的常务委员会，在不同宪法、法律、行政法规相抵触的前提下，可以制定地方性法规，报全国人民代表大会常务委员会备案。"所以，很多学者在比较民族自治地方立法与一般地方立法时，都把"不相抵触"原则作为两者之间的区别，即一般地方立法必须遵守"不相抵触"原则，而民族自治地方则无须遵守"不相抵触"原则。

笔者认为，要想厘清这一问题，首先必须对"抵触"一词作全面深入的分析。关于什么是"抵触"，立法法没有明确规定。从字面意义来理解，"抵触"就是相冲突，就是不一致。有专家针对这一问题特别列举了几种属于"抵触"的情形："（1）上位法有明确的规定，与上位法的规定相反的；（2）虽然不是与上位法的规定相反，但旨在抵消上位法的规定的，即搞"上有政策下有对策"的；（3）上位法没有明确规定，与上位法的立法目的和立法精神相反的；（4）违反了本法关于立法权限的规定，越权立法的；（5）下位法超出上位法规定的处罚的种类和幅度的。符合上述5项中的任何一项，都可以认为是与上位法相抵触。"但是，民族自治地方制定变通规定的前提是法律和行政法规的某些规定，在民族自治地方不能执行或难以执行，必须依照当地民族的政治、经济和文化特点，对法律和行政法规中的某些内容予以改变甚至作出相反的规定，使之符合民族自治地方的实际，保证该种法律或行政法规在民族自治地方的贯彻实施。如2004年修订的《西藏自治区施行〈中华人民共和国婚姻法〉的变通条例》第2条规定："废除一夫多妻，一妻多夫等封建婚姻，对执行本条例之前形成的上述婚姻关系，凡不主动提出解除婚姻关系者，准予维持。"为了尊重少数民族的婚姻习俗，对婚姻法的规定作出了必要的改变。所以，变通后的自治法规在内容上与法律和行政法规中的相关规定应该是不相同或不一致的，这是变通立法的精髓所在，否则，变通立法权就没有存在的必要。由此可见，在变通立法与宪法、法律或行政法规是否"不相抵触"的关系上，不可一概而论。一方面，不能与宪法相抵触，不能与法律、行政法规的基本原则和立法精神相抵触。另一方面，与法律、行政法规的非原则性内容可以相抵触。例如在教育方面，教育法的基本原则不能相抵触，但可以结合本民族的教育发展水平、语言文字使用现状、居民的生活居住（定居还是游居）与交通状况等实际情况，自主决定学校的种类（如寄宿学校或移动学校）、学制、教学内容与教学用语、考核与升学方式等具体教育制度的内容。只有在自治法规中体现少数民族的各种需要，自治立法才具有实际意义。如果自治立法不能有效地解决本地区本民族的具体问题，而是简单地重述宪法和民族区域自治法规定的内容，自治立法就会流于形式，发挥不了应有的作用。而这恰恰是我国民族自治地方立法中普遍存在的问题。

四、变通立法的形式

法的形式也叫法的渊源，或法律渊源，主要是指法的各种外在表现形式。我国目前正式的法律渊源主要包括宪法、法律、行政法规、地方性法规、自治条例和单行条例、部门规章和地方政府规章、国际条约和国际惯例等。关于变通立法的外在表现形式，学界主要有"三种类"说、"二种类"说两种观点。（1）"三种类"说认为，变通立法的形式包括自治条例、单行条例、变通和补充规定三种。它是以自治法规的名称为依据，如××自治条例、××单行条例、××变通规定、××补充规定。这种观点在理论界与实务部门都占据主流地位，出现在许多专著、教材和论文中。例如，国务院新闻办公室于2005年2月28日发布《中国的民族区域自治》白皮书，文中就是以这一理论为基础对自治法规进行的分类。"截至2003年底，我国155个民族自治地方共制定自治条例133个、单行条例384个，对婚姻法、继承法、选举法、土地法、草原法等法律的变通和补充规定有68件。"① （2）"二种类"说认为，变通立法的形式应该专指自治条例和单行条例，不同意将变通和补充规定与自治条例、单行条例并列为民族自治地方的立法形式。主要理由包括：其一，我国目前正式的法律渊源主要包括宪法、法律、行政法规、地方性法规、自治条例和单行条例、部门规章和地方政府规章、国际条约和国际惯例等。如立法法第2条规定："法律、行政法规、地方性法规、自治条例和单行条例的制定、修改和废止，适用本法。国务院部门规章和地方政府规章的制定、修改和废止，依照本法的有关规定执行。"根本就没有提及到变通和补充规定。"如果将变通规定和补充规定定性为除自治条例和单行条例的第三种民族自治地方立法形式，那么它们在我国法律体系中的地位及其适用也成了问题。"其二，《民族区域自治法》第20条规定："上级国家机关的决议、决定、命令和指示，如有不适合民族自治地方实际情况的，自治机关可以报经该上级国家机关批准，变通执行或者停止执行。"该条款被许多学者认为是"变通规定和补充规定"可以作为法文件名称的法律依据。笔者同意反对者的意见，认为"这实际上是对具体的一项决定所作的即时性变通，不是一种立法活动，其成果不具备规范性法律文件的性质和特点，因此不应属于变通规定的范畴。"② 其三，从立法法第66条的表述来看，变通应该是一种立法手段，而非立法成果的表现形式。

---

①② 陈伯礼、徐信贵：《关于民族立法中"变通规定"的若干思考》，载《福建论坛》2008年第8期。

民族区域自治地方立法变通途径探讨[①]

徐晓光　黄逢贵[②]

民族立法中有一大特色，那就是根据民族区域自治法的规定，民族自治地方对"上位法"有变通执行权。《民族区域自治法》第 20 条规定："上级国家机关的决议、决定、命令和指示，如有不适合民族自治地方实际情况的，自治机关可以报经该上级国家机关批准，变通执行或者停止执行；该上级国家机关应当在收到报告之日起六十日内予以答复。"《立法法》第 66 条第 2 款规定："自治条例和单行条例可以根据当地民族的特点，对法律和行政法规的规定作出变通规定，但不得违背法律或者行政法规的基本原则，不得对宪法和民族区域自治法的规定以及其他法律、行政法规专门就民族自治地方所作的规定作出变通规定。"单独将"民族自治地方立法变通途径"独立出来探讨是基于以下考虑：第一，民族立法途径泛指各级的民族立法途径。民族立法变通途径主要是指民族自治地方对国家法律的变通途径；或者说是指民族自治地方的"下位法"变通其"上位法"的途径，而"立法途径"是广义的，"立法变通途径"是狭义的。第二，我国法律没有规定广义的民族立法都可以"变通"，只规定了狭义的即民族自治地方立法才能"变通"，并使"立法变通"成了民族自治地方立法最重要的、有别于其他地方立法的最特殊途径。这种特殊的途径能促使民族立法更加切合实际、更加充实完善。

民族自治地方立法既是自治地方的自治权，又是自治地方行使自治权的重要保障。[③] 这个保障首要的内容，包括民族立法通过有效变通的过程和有效变通的

[①] 本文是 2003 年国家社会科学基金项目"我国法律在少数民族地区实现途径研究"（03BMz020）2009 年结题成果。

[②] 作者简介：徐晓光（1958—），凯里学院教授，法学博士；黄逢贵（1942—），贵州省遵义市道真仡佬族苗族自治县人大原法工委主任。

[③] 保障自治地方行使自治权还有一个重要方面就是自治地方的上级国家机关应当履行支持扶助职责。这两个保障是自治地方行使自治权的内因与外因的统一，或者是自治地方的"自力"与上级国家机关的"他力"的统一。

环节，保障法律变通的实现。变通途径实现就为法律实现开辟了一条十分重要的途径。因此，民族自治地方的法变通途径从广义上说是指民族自治地方对上位法有权制定、批准制定、监督制定变通规范性法律文件的活动的途径，其内容涵盖有权制定、批准制定、监督制定变通的机关、种类、范围、程序、原则等[①]。

应当指出的是：变通规范性法律文件的变通范围包括依法变通执行、补充执行和停止执行，不是单指变通执行一项。研究变通途径是研究变通、补充和停止执行的途径。这个概念才具有广义性。

这个广义概念，将自治地方的自治机关和其上级国家机关的有关机构、地位及作用都包含在内了，说明民族自治地方立法变通途径由这两级国家机关来共同选择和开辟；当然主要是自治地方的自治机关，特别是其人民代表大会来开辟的[②]。这个广义的概念具有综合性，使有权的各级国家机关能够全面掌握变通途径的要领、内涵，有利共同促进地方性自治法规的量多质优，为法律实现夯实基础。

根据《民族区域自治法》、《立法法》的规定，通过制定自治条例和单行条例途径对法律和行政法规变通的权力是自治地方的人民代表大会，对不适合自治地方特点和实施情况的上级国家机关的决议、决定、命令和指示，制定变通规定报经批准后的变通执行权主要是自治地方的人民政府，批准权属于制定变通规定的自治地方的上级国家机关，而制定机关、种类、范围、原则、程序都较单一，并不复杂。因此。从狭义上说立法变通途径是指民族自治地方的自治机关对上级国家机关制定的法律性规范文件制定变通规定的种类、范围、原则、程序的途径。

将这两种界说综合起来看，民族自治地方的立法变通权是行使自治权的前提和基础，而且是最主要的权力。虽然社会上将这种权力俗称为"半个立法权"，但这种观点丝毫不能否定自治地方的自治机关才拥有的变通权。上级国家机关的批准权或监督权是为了保障这种变通之后制定出的规范文件的质量和合法性。

民族立法从内容、范围上划分，只有民族自治地方的自治机关立法，才能依

---

① "民族自治地方有权制定"是指民族自治地方的自治机关，包括有权对政策制定变通执行的人民政府；"有权批准"是指省级人大常委会和全国人大常委会，前者是批准自治州、自治县的变通规定，后者是批准自治区的变通规定；"有权监督制定"是指全国人大常委会和国务院（不包括指监督自治区的变通规定）；"变通种类"一是指法律和行政法规，二是指政策；"变通范围"是指法律允许变通的范围和政策规定；"变通程序"是指自治条例和单行条例以及请示报批；"变通原则"是法律对允许变通的指导原则。

② 在以前，我国将民族自治地方立法责任全部放在民族自治地方的人民代表大会上，这不够全面，容易出现以下问题：一是基本上不提及自治地方的人民政府，二是将对政策的变通执行排斥在地方性自治法规之外，三是将有关上级国家机关的批准权和监督权也排斥在制定职责之外，没有贯穿整个民族地方立法的活动途径中，这就会使民族立法活动打折扣。

法有变通权,其他各级机关的民族立法,法律没有赋予变通权。从内容、范围的涵盖面上划分,民族自治地方立法对两级、多层次创立的民族法律都可以依法变通,说明民族自治地方立法的内容、范围的涵盖面要比其他各层次的民族立法要大,更具有特殊性。

一、民族自治地方立法变通依据和种类

(一) 理论依据

党的十一届三中全会恢复的实事求是的马克思主义思想路线,为改革开放、进入社会主义新时期提供了思想理论基础,也为我国民族自治地方立法提供了思想理论基础。江泽民同志的"三个代表"重要思想和胡锦涛同志的"科学发展观",进一步为以人为本、为民立法、立法为民,提供了重要思想指导,同时为民族自治地方通过行使民族立法的变通权探索法律实现途径开辟了广阔的思维空间,也为充分体现民族自治地方的民族特点和地方特点,凸显民族法律的地位和作用提供了更为现实的理论依据。

(二) 政策依据

早在1981年的《关于建国以来党的若干历史问题的决议》中就指出:"必须坚持实行民族区域自治,加强民族区域自治的法制建设,保障各少数民族地区根据本地实际情况贯彻执行党和国家政策的自主权。"其中,"加强民族区域自治的法制建设"和"保障各少数民族地区根据本地实际情况贯彻执行党和国家政策的自主权"就是法律变通的总的政策依据。2005年的中央民族工作会议确定的现阶段民族工作的主要任务中就有"全面贯彻执行党和国家的民族政策和民族法律法规"。这种"全面贯彻执行"就包括民族自治地方依法对法律的变通。

(三) 客观依据

我国155个民族自治地方,1亿多少数民族人口,占国土面积的64%左右,另有约3000万人口的散杂居少数民族,因而民族性、地域性特点非常明显,国家的有关法律、法规和政策,不可能将各自治地方特点和特殊需要的全部内容都规定进去,即使有规定的也不能规定得很具体,所以只能规定自治地方根据自己的特点和需要作出变通或补充规定。在现代社会,通过法律移植而建立起来的制定法系统,往往忽视了法律的本土资源,即忽略了对本国的民间习俗、规则乃至习惯法重视,导致制定法在执行过程中遭遇"水土不服"的命运。这一点在少

数民族地区尤为明显。青海省玉树藏族自治州藏族地区的虫草市场的管理就遇到了这一问题。参与交易的商贩既不主动配合市场管理,遇到纠纷也并没有求助于司法机关。① 因此,这就需要通过变通立法权来解决问题。但是,民族自治地方也不能因有国家法律的这种授权规定而随心所欲地无限制地变通或补充,只能依据自己的特点和确实需要,根据法律、法规和政策的规定去变通或补充,使之适合自己的客观情况。

(四) 法律依据

1. 宪法依据

(1) 我国《宪法》第 115 条规定,民族自治地方的自治机关"根据本地方实际情况贯彻执行国家的法律、政策。"这是民族自治地方立法机关变通权的总原则和总依据,也说明变通的种类是法律、政策。《宪法》第 116 条规定:"民族自治地方的人民代表大会有权依照当地民族的政治、经济和文化的特点,制定自治条例和单行条例。"这实际上是赋予民族自治地方行使立法变通权的范围、方式或途径的总原则和总依据。

(2)《民族区域自治法》第 6 条第 2 款规定:"民族自治地方的自治机关根据本地方的情况,在不违背宪法和法律的原则下,有权采取特殊政策和灵活措施,加速民族自治地方经济、文化建设事业的发展。"第 19 条规定:"民族自治地方的人民代表大会有权依照当地民族的政治、经济和文化的特点,制定自治条例和单行条例。自治区的自治条例和单行条例,报全国人民代表大会常务委员会批准后生效。自治州、自治县的自治条例和单行条例报省、自治区、直辖市人民代表大会常务委员会批准后生效,并报全国人民代表大会常务委员会和国务院备案。"第 20 条规定:"上级国家机关的决议、决定、命令和指示,如有不适合民族自治地方实际情况的,自治机关可以报经该上级国家机关批准,变通执行或者停止执行,该上级国家机关应当在收到报告之日起 60 日内给予答复。"这是民族区域自治政策对两种变通权(法律)的规定。对前一种变通权(政策)没有明示变通,对后一种变通权已经明确。没有明示变通的规定,不等于没有赋予变通权,而是明示了变通的原则,如通过制定自治条例、单行条例采取特殊政策和灵活措施等。

(3)《立法法》第 66 条第 2 款规定:"自治条例和单行条例可以根据当地民族的特点,对法律和行政法规的规定作出变通规定,但不得违背法律或者行政法规的基本原则,不得对宪法和民族区域自治法的规定以及其他法律、行政法规专

---

① 参见华热·多杰:《从习惯到法律:一个古老定律的现代诠释——以青海藏族的民商事规则为例》,载《甘肃政法学院学报》2007 年第 4 期。

门就民族自治地方所作的规定作出变通规定。"这也是对《宪法》和《民族区域自治法》没有明示自治地方立法可以变通规定的补充规定或释义性规定。

2. 普通法或部门法依据

《婚姻法》第50条规定:"民族自治地方的人民代表大会有权结合当地民族婚姻家庭的具体情况,制定变通规定。"《民法通则》也作出了类似的规定。《森林法》第48条规定:"民族自治地方不能全部适用本法规定的,自治机关可以根据本法的原则,结合民族自治地方的特点,制定变通或者补充规定。"《收养法》、《继承法》、《老年人权益保障法》、《妇女权益保障法》、《民事诉讼法》、《刑法》、《传染病防治法》等法律也有类似的规定。

3. 其他法规依据

国务院的行政法规,也有一部分如《金银管理条例》明确民族自治地方的人民政府可以根据其原则进行变通或补充规定。省、自治区、直辖市的地方性法规也有规定所辖自治州、自治县人大及其常委会可以在其原则范围内据实做出变通或补充规定,如内蒙古、新疆、西藏执行《婚姻法》的变通规定进行了第二次授权。有些省级人民政府的政府规章,对所辖自治州、自治县人民政府也有类似的规定。

需要说明的是:国家制定的法律虽然没有规定民族自治地方可以根据当地的特点对地方性法规、规章作出变通或补充规定,也没有规定把地方性法规、规章作为民族立法和民族自治地方立法的依据,但仍可直接对其进行据实变通、补充。此外,地方性法规、规章也有民族自治地方可以对其进行变通或补充的规定。目前民族自治地方立法中,大多数自治州、自治县忽视了地方性法规、规章也有授权变通、补充的规定和可以直接行使对它的变通、补充权。这种变通、补充更直接、更具体、更切合实际、更管用,即更能直接解决当地现实生活中的有关民族工作问题。因此,我们将其也作为一种有关变通、补充规定一并提出来,以期引起各自治州、自治县的高度重视。

特别需要指出的是:自治地方的自治条例、单行条例只从属于宪法、法律和行政法规,自治地方的其他规范性文件还要从属于其自治条例、单行条例。因而自治条例、单行条例在制定中的变通、补充规定,可以与当地的其他规范性文件衔接,但不是以当地其他规范性文件为依据。当地其他规范性文件有授权变通、补充规定的,也只能是有针对性地根据授权进行变通或补充。本地方的规范性文件,主要是指自治区和省、市(含直辖市和较大市)的地方性法规和地方政府规章,对法律和行政法规而言是联系本省、市实际情况,也包括联系所辖自治州、自治县的实际情况,对法律和行政法规实施的具体办法或具体规定而言,一般不应再规定所辖自治州、自治县做变通或补充规定,但也有对所辖自治州、自治县较多,分布区域较广,民族特性较强的省制定的规范性文件规定其自治州、自治县可以据实对它制定变通或补充规定。这种授权变通或补充规定，由于在法律和行政法规上没有规定，只能属于民族法律的又一配套性文件，或者属于对省、市国家机关出台的具体政策也可以依其规定进行变通或补充规定，不属于对法律、行政法规的变通或补充范围。

二、民族自治地方立法的变通范围

民族自治地方立法变通，一是根据当地民族的特点对法律和行政法规作出变通规定；二是根据当地的民族特点，对不适合民族自治地方实际情况的决议、决定、命令和指示即经由该上级国家机关批准变通执行或者停止执行。但在实际操作中，民族自治地方立法究竟有多大的变通权，即对法律、行政法规和政策是不是都可以变通？可以变通到何种程度？《宪法》、《民族区域自治法》、《立法法》和其他法律规定的变通权都比较原则，在进行自治性地方立法时还有待分析研究，即将不能变通的范围和允许变通的范围分别加以明确，才能有效解决变通的可操作性，才能有效解决法律变通环节中的各种问题，正确选择民族法律实现途径。

（一）不能变通的范围

1.《宪法》不能变通

《宪法》关于民族区域自治问题的规定中，没有规定民族自治地方制定自治条例、单行条例和变通或者补充规定不得同《宪法》相抵触，是不是意味着对宪法的规定也可以变通呢？回答只能是否定的。其理由是：

（1）《立法法》有对《宪法》不能变通的规定。《立法法》第66条第2款在规定"自治条例和单行条例可以依照当地民族的特点，对法律和行政法规的规定作出变通规定"时，特别明确规定：不得对宪法做出变通规定。《宪法》第5条强调："国家维护社会主义法制的统一和尊严。一切法律、行政法规和地方性法规都不得同宪法相抵触"。

（2）《宪法》对民族区域自治制度的规定中，专门对什么是民族自治、民族自治地方自治机关的组成和自治权做了规定，这是民族自治地方开展工作的法律依据。假如能够对《宪法》作出变通或补充规定，民族自治地方就"越权"了。

（3）《宪法》是统一国家的重要标志和法律保证。民族区域自治地方虽然可以行使自治权，但不能离开宪法原则去行使自治权。在民族法制建设上，包括民族自治地方立法，同全国其他所有的立法一样，都必须以宪法为指导，确保全国法制的统一。

2.《民族区域自治法》规定不能变通

《立法法》也规定了对《民族区域自治法》不能变通。"变通"规定与"补充"规定不同。"变通"是指对某一个"上位法"不适合当地民族特点的规定,在不违背其原则下和在明确的范围内,按照法律规定程序进行变通;补充规定是指对某一个"上位法"没有规定的,当地民族特点又需要规定的,在不违背原则的前提下,按照规定程序进行补充。在通常情况下,对"上位法"能否变通,要由"上位法"的实施办法或实施规定是指对某一个"上位法"的原则规定,联系当地民族的特点进行具体化或细则化,以增强实施的可行性和可操作性。

《民族区域自治法》从全国少数民族和少数民族自治地方的实际出发,既是对宪法关于民族区域自治制度的实施办法,又是对全国民族区域自治制度的政治、经济、文化和社会生活方方面面进行的综合性、系统性的规定,总体上对各个自治地方的特点都加以考虑了,各自治地方没有必要对它变通或补充,它也没有授权各自治地方应对它进行变通或补充。但由于毕竟是全国性的规定,很多方面还都比较原则,为了便于具体实现,则授权国务院及其部门、自治区和辖有自治州、自治县的省、直辖市人大及其常委会,分别制定实施的行政法规、规章、具体措施或具体办法。

辖有自治州、自治县的省级国家机关是自治州、自治县自治机关的上级国家机关,同国务院及其部门一样具有支持、帮助自治地方发展的职责,怎样支持、帮助,要在实施自治法的行政法规、规章、地方性法规中做比较具体的规定。这种具体规定也不是对自治法的变通,而是对自治法规定内容相对具体化。作为自治州、自治县,自治条例和单行条例也要实施上级国家机关(含国务院及其部门)的具体规定。这种实施更是对它的实施的细则化要求,不是对自治法变通。

3. 授权变通法律、法规的基本原则不能变通

《立法法》第66条第2款还特别规定,在"对法律和行政法规的规定作出变通规定"时,"不得违背法律或者行政法规的基本原则。"说明变通法律和行政法规,即使是其授权的,也是有范围、有限制的。一般的限制范围是"根据本法的原则",如婚姻法关于婚姻自由、一夫一妻、男女平等,保护妇女、儿童和老年人合法权益,实行计划生育,进行婚姻登记等基本原则不能变通。对民法通则的平等自愿、公平竞争、等价有偿、公民和法人合法权益不受侵犯、诚实信用等基本原则不能变通。对森林法禁止乱砍滥伐林木、禁止对保护动物狩猎、保护森林资源等基本原则不能变通。国务院行政法规中关于照顾民族自治地方的财政、税收、金融、民贸、基础设施建设、教育、科技、文化、体育、卫生等基本原则,不能变通。

4. 其他法律和行政法规专门规定不能变通

《立法法》第66条第2款虽然作出了"自治条例和单行条例可以依照当地民

族的特点，对法律和行政法规的规定作出变通规定，"但又特别明确"不得"对"其他有关法律、行政法规专门就民族自治地方所作的规定作出变通规定。"这里说的"其他法律"是指《宪法》和《民族区域自治法》以外的法律。"其他法律和行政法规"专门就民族自治地方所作的规定不得变通规定问题中有两种情况：第一种是授权民族自治地方制定变通或补充规定，自治地方可以名正言顺地对其授权进行变通或补充。第二种是针对民族自治地方的特点已经做出了特殊规定，例如选举法对各少数民族的选举作了专章规定，这种专章规定已经比较具体地照顾了少数民族选举中的特殊情况和特殊问题，因而不能也没有必要以自己情况更特殊为由，对这一章的条文再作变通规定。国务院对民族区域自治法的实施规定，已经对民族自治地方特别关注的问题，专门做出了比自治法更具体的规定，一般也不能对之进行变通。

5. 凡是适合当地民族特点的规定不能变通

《宪法》、《民族区域自治法》、《立法法》和其他法律、法规授权变通的客观依据是不适合当地民族的政治、经济、文化的特点的规定。相反，凡是适合当地民族政治、经济、文化特点的规定，就不能变通，也没有必要变通。如果硬要"变通"，就因与之相违背而不合法。再说，变通的目的是为了保证有关法律、法规在本自治地方的遵守和执行，实现立法者的意图，法律、法规已经适合当地民族政治经济、文化的特点，说明它在本自治地方的实现是可能的，就没有必要变通。如果硬要"变通"，还会适得其反：既会影响法制的统一，又会因无法代表当地人民的利益而不能实现。

6. 涉及国家基本的制度不能变通

《立法法》第8条对只能由全国人大及其常委会立法的事项作了10个方面的规定：（1）国家主权事项；（2）各级人民代表大会、人民政府、人民法院和人民检察院的产生、组织和职权；（3）民族区域自治制度、特别行政区制度、基层群众自治制度；（4）犯罪与刑罚；（5）对公民政治权利的剥夺、限制人身自由的强制措施和处罚；（6）对非国有财产的征收；（7）民事基本制度；（8）基本经济制度以及财政、税收、海关、金融和外贸的基本制度；（9）诉讼和仲裁制度；（10）必须由全国人民代表大会及其常委会制定法律的其他事项。这10个方面的重大事项，涉及国家的基本政治制度、经济制度和司法制度的重大问题，地方立法不能规定上述事项。民族自治地方立法不能规定或变通或补充以上10个方面的制度。

（二）允许变通的范围

允许变通的范围是相对不能变通的范围而言的。也就是说，不能变通范围以外的就是允许变通的范围。允许变通的范围归纳起来，法律上有两种，政策上有一种。

1. 法律、法规规定或授权可以变通的

目前，包括地方性法规在内，已有几十个法律、行政法规和地方性法规有变通规定或授权变通规定。如前已列举的婚姻法、森林法等的允许民族自治地方变通或补充的规定。

2. 法律、法规虽然"没有明确规定"但可以变通的

根据各地民族政治、经济、文化的特点确实需要对法律变通的，就应当变通。这种允许变通或补充的范围更为广泛，更为灵活，会更符合实际需要。例如《中华人民共和国水法》没有授权或没有明确规定自治地方可以对它变通或补充，但贵州省的道真仡佬族苗族自治县、镇宁布依族苗族自治县，依据当地水资源确实需要保护、开发、利用的情况，分别于1995年、2002年制定了水资源管理条例，对国家水法进行变通和补充性实施，其效果比没有变通和补充要好得多。

3. 上级国家机关的政策都可以变通的

《民族区域自治法》第20条规定："上级国家机关的决议、决定、命令和指示，如有不适合民族自治地方实际情况的，自治机关可以报经该上级国家机关批准，变通执行或者停止执行；该上级国家机关应当在收到报告之日起六十日内给予答复。"这就是对政策变通的范围。从中可以看出，变通政策的前提条件有两点：一是"如有不适合自治地方实际情况的"才能变通；二是要"报经该上级国家机关批准"，变通才能有效。

此外，"报经该上级国家机关批准"的报经机关是"自治机关"。"自治机关"是指自治地方的人民代表大会和人民政府。在实际操作中，应当由哪个自治机关报批，要以制定政策的机关相对应。如果制定政策的是上级人大或其人大常委会，应由自治地方人大或其人大常委会报批；如果制定政策的是上级人民政府，自治地方应由人民政府报批。

（三）允许变通的途径和方式

民族区域自治地方为实现国家已经制定法律、行政法规的规定，应当依据当地的特点和实际需要，以地方自治性民族立法的以下方式或途径进行变通或补充：

（1）将法律、行政法规的原则规定用制定实施办法或实施细则方式具体化，增强可操作性。这一方式一般是指自治区人大及人大常委直接采用。自治州、自治县人民代表大会可采用制定自治条例或单行条例方式来细化。

（2）对法律、行政法规应依法变通或补充的内容，采用制定自治条例、单行条例或按上位法委托专题变通、补充办法。这一方式民族区域自治地方人民代

表大会均可采用，其中自治区的人大常委会更有采用权。

（3）对法律、行政法规没有规定的内容，可以采用制定自治条例、单行条例进行补充。这一方式民族区域自治地方的人民代表大会均可采用，其中自治区的人大常委会也有采用权。

（4）对法律、行政法规不适合民族自治地方特点和实际情况的规定，可以采用制定自治条例或单行条例方式进行变通执行或停止执行。这一方式民族区域自治地方的人民代表大会均可采用，其中自治区的人大常委更有采用权。

（5）对上级国家机关（含人大或人大常委会）的决议、决定、命令或指示，不适合当地民族特点的，人民代表大会或人大常委会以及人民政府，均可采用报经制定出台的该上级国家机关批准后变通执行或停止执行。特别提醒的是：因为政策即决议、决定、命令或指示，较之法律具有不稳定性的特点，所以更要广泛使用这种"及时变通"，并在"及时变通"上下工夫。

（四）允许变通的几个具体问题

1. 应当变通的具体事项

民族自治地方在允许变通范围内，应当变通的具体事项有以下三个方面：

（1）属于民族自治地方性事务；

（2）民族自治地方性事务中，根据当地民族的政治、经济、文化特点，确实需要制定自治条例和单行条例的事项；

（3）除《立法法》第8条规定的10个方面的重大事项外，[①] 根据"其他事项国家尚未制定法律或者行政法规的，省、自治区、直辖市和较大的市根据本地方的具体情况和实际需要，可以先制定地方性法规"的原则，民族自治地方也可以通过制定自治条例和单行条例这两种地方性自治法规来作出补充规定。例如，国家在未曾制定少数民族语言文字法、少数民族文化法、少数民族教育法之前，民族自治地方可以先制定这方面的条例。

2. 变通与执行的具体事项

根据《宪法》，民族自治地方应"根据本地方实际情况贯彻执行国家的法律、政策"的规定，在变通或补充执行时把握好四个方面的问题：

（1）国家法律、政策完全适合民族自治地方实际情况的，民族自治地方应原原本本、不折不扣地贯彻执行，使之得到圆满的实现。

（2）国家法律、政策有部分适合、部分不适合民族自治地方实际情况的，民族自治地方对适合当地的部分应原原本本、不折不扣地贯彻执行，使之得到圆

[①] 付健：《论我国西部生态补偿制度的实现形式——以广西桂林阳朔大榕树风景区群体纠纷为例》，载《法学评论》2008年第2期。

满的实现；对不适合当地的部分应通过变通途径贯彻执行，使制定的意图得到圆满的实现。

（3）国家法律、政策没有规定的，民族自治地方根据当地的特点和需要，确实需要补充才能完全实现基本精神的，应当在法定允许补充的范围内和原则内，通过补充途径达到实现的目的。

（4）国家临时性的某些具体政策完全不适合民族自治地方实际情况的，民族自治地方报经批准后，可停止贯彻执行；部分不适合的，可以报经批准后，部分停止贯彻执行；需要变通才能有效实施的，报经批准后变通实施；完全适合的，要原原本本执行。

3. 两种变通权的关系

从理论与实践的结合上来看，对法律、政策的变通是外在和内在的联系。

（1）两种变通的共同性。一是理论依据相同；二是政策依据相同；三是法律依据相同；四是客观依据相同；五是基本的性质相同，即都是对民族自治地方的立法而言的，都属于地方自治性规范性文件，因而都具有相应的地位和效力。

（2）两种变通的关联性。从外在联系来看，变通政策是变通法律的延伸。其理由是自治条例和单行条例既然可以变通法律和行政法规，有权制定自治条例和单行条例的机关自然可以变通地位低于法律和行政法规的决议、决定、命令和指示等，所以《民族区域自治法》才作了可以变通政策的规定。从内在联系来看，变通政策是变通法律的补充。因为法律和行政法规的内容比具体政策更具有根本性、全局性、长期性、稳定性和强制执行性，所以变通政策只是对变通法律和行政法规内容不适合实际情况的一种补救措施。

（3）两种变通权的区别。

第一，变通的途径不同。这里说的变通途径，是指用什么方法和何种渠道进行变通或补充。对法律和行政法规的变通途径，是通过制定自治条例和单行条例进行变通。《民族区域自治法》第20条的规定，对政策的变通补充或变通执行或停止执行，则是用请示报告的方式进行。

第二，报请变通的机关不同。自治条例和单行条例报请机关是民族自治地方的人民代表大会。对政策变通执行或停止执行的报请机关是民族自治地方的自治机关，因为最主要的大量的政策是上级国家行政机关出台的，所以主要的报请机关是当地的人民政府，也有极少数情况是由当地人大及其常委会报请的。

第三，批准变通的机关不同。自治条例和单行条例，自治区是报请全国人大常委会批准；自治州、自治县是报请省级人大常委会批准。对政策变通执行和停止执行一般是报请当地的该上级人民政府及其部门批准。

第四，变通的对象和范围不同。自治条例和单行条例依法变通的对象是法律和行政法规。政策变通的对象是上级国家机关的决议、决定、命令和指示，由于这种变通范围法律没有限制性规定，则可变通到停止执行。

第五，批准的期限不同。有权批准自治条例和单行条例的上级国家机关在什么时限内批准，《民族区域自治法》和《立法法》都未作规定。对此，有关的地方性法规作出一些规定，如2001年《贵州省地方立法条例》第42条规定："应当在1年内予以批准"。全国人大常委会也应当在条件相对成熟时作出有关规定。对变通、补充或停止执行批准答复时限，新修改的《民族区域自治法》有明确规定，即：上级国家机关在收到自治机关变通执行或停止执行的报告之日起，应当在60日内给予答复。

第六，备案机关不同。自治区的自治条例和单行条例的备案机关是全国人大常委会；自治州、自治县自治条例和单行条例的备案机关是全国人大常委会和国务院。变通政策的备案机关，就是批准机关，法律可不另作规定。

第七，解释机关不同。民族自治地方的立法，由哪个机关解释，国家法律未作统一规定。湖南、内蒙古和贵州等省、区的地方性法规一般规定由制定机关解释，也有的规定由执行机关解释。今后，还是由法律统一规定为宜，以保证其严肃性。对政策的变通规定，因都是比较单一的事项，则用不着规定解释机关。若需要规定解释机关的，应是制定机关。

第八，地位和作用不同。制定自治条例和单行条例是自治地方的自治权，是当地最高国家权力机关对法律和行政法规依法变通执行的结果，为其他各项自治权的行使，包括对变通政策的行使，都起到规范和保障的作用。而对政策的变通执行，是从属于自治条例和单行条例的，是自治条例和单行条例的补充，可视为民族立法的范畴。

第九，制定程序不同。自治条例和单行条例制定的程序都比较繁杂，涉及上下各级有关国家机关和社会、经济、文化、生活的情况较多，消耗时间长，成本也较大。对政策的变通执行或停止执行，制定程序简单，涉及面少，所以有时间短、成本低、见效快的特点。

（五）允许变通的特殊问题

作为前面论述的允许变通的范围及其具体问题，都是对国家法律、行政法规的规定进行依法的具体的或者具有可识性和可操作性的表述，给民族区域自治地方的自治机关进行民族立法操作予以引导。而国家法律、行政法规至今对民族区域自治地方可以联系当地实际依法变通、补充或停止执行，都对民族自治地方有史以来实行自我管理或有序管理的民族习惯法和民族习俗没有涉及，这也是导致国家法律、行政法规或者政策（决议、决定、命令和指示）对民族区域自治地方实行"一刀切"或"切一刀"的一个重要原因。因此，有必要将民族区域自治地方的民族习惯法和民族习俗作为允许变通的特殊问题提出来探讨。

1. 探讨的依据

前面探讨的"民族自治地方立法变通依据和种类"的理论依据、政策依据和客观依据就是提出"允许立法变通的特殊问题"这一命题的依据，在此不再重述。

2. 探讨的范围

（1）允许变通的民族习惯法。民族习惯法是在旧社会的少数民族地区为了维护自己民族生存与发展的利益和权利，以村、寨或族为单位通过本民族大多数人认同的成文或不成文的规定，虽未经当地政府或国家有权立法机关批准，但受到当地政府或国家的默认，起到当地政府或国家对他们地区管理的辅助作用。这是落后生产力社会或我国旧社会无力管理到位但又不可缺少这种管理的产物，仍属于上层建筑的范畴。进入先进生产力社会或我国社会主义社会后，由于聚居民族的地域性、传统的风俗性、独特的语言性等特点，又由于我国的法律法规多半是规定的原则，因而民族习惯法会伴随社会主义初级阶段的长期存在而存在，并仍然在一些地方和领域起到帮助当今社会也不可小视的维护和稳定的作用。因此，作为当地的民族立法，应当按照民族区域自治法"结合当地民族的政治、经济和文化的特点制定自治条例或者单位条例"的规定，剔其糟粕，吸其精华，有针对性地进行直接引用或者变通引用。直接引用是指符合法律文字表述要求的已经规范化的民族习惯规定。变通引用是指对不符合法律文字表述要求但内容很健康、有必要吸纳、而又要对文字表述进行调整（修改变通）才能升华成规范性法律用语的规定。

（2）允许变通的民族习俗。这种习俗是民族习惯法的一个分支，但又位于民族习惯法之下，散布于村寨、院落和家庭，虽没有文字规定，但经过当地先辈们世代的言传口授，形成了千古不变的传统的民族民间规矩。这些不成文的规矩，也是当地民族求生存与发展的思想认同和行为准则，若用制定单行条例办法适当吸纳，既会突出当地单行条例的民族特色，又会产生意想不到的现代民族凝聚力。

贵州省的道真仡佬族苗族自治县的一些高寨山区，由当地村组或有影响力的长辈召集近邻成立养牛协会、护林办法、防灾措施、互相救助方案等，有许多内容融入了传统的良好规定，是当地村规民约的一个重要补充，具有优秀传统文化和现代精神风貌交相辉映的特点。1992年，道真仡佬族苗族自治县人大常委会法制工作委员会同县委政法委员会、县司法局联合制定的道真乡规民约蓝本，就吸纳了不少道真仡佬族、苗族和土家族的习惯法。各乡、镇、村在比照制定乡规民约时，又进一步吸纳相应的习惯法，使乡、村管理办法既集中统一，又丰富多彩，颇受村民青睐。遗憾的是道真仡佬族苗族自治县的自治机关至今未充分利用其转化来增强有关单行条例的可操作性或可用性。

三、民族自治地方立法变通途径的意义

(一) 民族法律实现的重要途径

从全国来看,要确保《宪法》关于实行民族区域自治制度规定的实现,主要的途径就是实现《民族区域自治法》中规定的民族自治权。而有效地实现自治权的重要途径,就是及时按照《民族区域自治法》第三章"自治机关的自治权"的第 19 条规定制定自治条例和单行条例,并按照第 20 条的规定变通执行措施。

民族自治地方的自治条例是根据《宪法》和法律及行政法规规定的基本原则,联系当地民族的政治、经济和文化特点,规定行使自治权的内容、范围、原则、方法、目标,具有对行使自治权综合性、指导性的作用;民族自治地方的单行条例是根据《宪法》和法律及行政法规规定的基本原则,依照本地方的实际情况,为保护和解决当地少数民族某一方面的特殊利益而制定的,具有行使某一个方面自治权的作用;由于自治地方需要保护和解决的单方面的特殊利益很多,在每一个自治地方不是只制定一个或几个,而是要制定若干个。

民族自治地方的这两种条例,都是行使自治权的主要法规形式,是自治地方效力最高的自治性法规,是我国法律体系的组成部分,在宪法、立法法、民族区域自治法、行政诉讼法中有自己的独立地位。如果不制定自治条例,民族自治地方就只能根据国家一般法律、法规行事,只能像非自治地方一样没有适合本地特点的民族法律依据,各项民族工作无所适从,自治工作特点无法体现,从而影响本地的发展。如果不制定单行条例,自治条例规定的本地自治原则就不能逐一落实和体现,很多需要解决的问题就会久拖不决,会使自治权的实现成为一句空话。从这个意义上讲,单行条例虽然同自治条例的法律地位相同,但却是自治条例原则的细化或具体化。这种细化和具体化又不同于自治条例的实施细则。实施细则是当地同级人民政府实施自治条例的行政措施,单行条例是逐一解决问题的单方面法规。因而行政措施既不能与自治条例相抵触,也不能与单行条例相抵触。一般而言,自治条例的效力高于单行条例,如 1985 年制定、2002 年修正的《延边州自治条例》第 11 条规定、自治条例须代表的三分之二以上通过,修正案亦然,而单行条例只需过半数通过。

对政策的变通执行规定是自治条例和单行条例必要的延伸和补充,具有灵活性和经常性,在本地的适用性很强。根据法律、法规的授权,有的变通执行规定还具有单行条例性质,它也应当是民族自治地方依法享有民族立法权的一个重要

方面。

综上所述，一个民族自治地方有自治条例和若干个单行条例，加上经常性地对政策行使变通执行权，这说明这个自治地方的自治机关民族意识、民族法律意识和依法自治意识很强，能够联系本地实际真正承担起依法行使自治权的工作，能够使宪法、自治法和立法法制定的意图通过自治条例和单行条例以变通立法途径切实实现。宁夏回族自治区、吉林省延边朝鲜族自治州和不少自治县，与先进地区的发展差距逐步缩小，究其原因，莫不如此。

（二）充分行使变通权

要全面坚持和完善民族区域自治制度就要加强民族区域自治法制建设。从国家来讲，《宪法》、《民族区域自治法》以及《立法法》和其他法律和行政法规是运用国家强制力加以保障。但国家法律保障只是在共同的方向、目标和重大原则上的保障，不可能将155个自治地方千差万别的事项都规定进去。国家法律规定全国各地的共性怎样才能在每个自治地方实现呢？唯一的途径就是用国家法律授权民族自治地方联系本地实际制定地方自治性法规。

由于国家的民族法律是根据全国少数民族地区共性制定的，所以"宜粗不宜细"，国家虽然不想"一刀切"，也不可避免会带有"切一刀"的规定，往往带有很强的原则性，这种原则性，对有的自治地方可能适合，有的自治地方可能就不适合；有的自治地方可能部分适合，部分不适合。于是，国家法律通过授权民族自治地方联系本地特点制定地方性自治法规这个变通途径，来依法改变国家法律、法规的规定，这才是国家法律、法规授权的真正目的，才是民族自治地方制定自治法规的真实意义[①]。如有的学者指出，一些少数民族地区的生态旅游资源开发，可以搞共同开发，而不是像其他地区一样仅仅对有贡献的少数民族公民进行生态补偿。对生态补偿制度作变通性规定，符合可持续发展要求，可以解决农民的发展权问题，符合国家扶贫政策，也有利于当地和谐社会的建设。

《民族区域自治法》颁布20多年来，个别自治地方都经常对上级国家机关的法律、法规和政策学习不够，甚至有"自治与不自治一个样"的误解。这说明有些自治地方对国家民族区域自治制度理解不透。所以应注意解决两个问题：一是作为上级国家机关来说，所制定的法律、法规和政策要尽可能地适合民族自治地方的实际情况，尽量避免"切一刀"的规定太多；二是作为自治地方的自治

[①] 假如国家立法机关制定了怎样进行有关立法变通的法律和法规后，中央和地方党委也应当通过直接行文方式或通过批准党委请示行文方式，对中央国家机关及其部门的党组织和地方的自治县以上各级党组织，发出怎样依法领导民族自治地方立法变通的通知或者指示，以统一规范各级党组织领导民族自治地方立法变通，这是保障体系的核心问题。它虽然不是法律、法规，但是作为党纪的依据尤为重要。这样，才能确保各级党的组织增强领导自觉性、主动性和积极性。

机关，应在怎样依法改变上级国家机关"切一刀"的规定上下工夫。这个工夫，就是使有关的法律、法规和政策通过变通途径适合民族自治地方的特点和实际情况，成为上下共同努力的良性建设性结构。

四、民族自治地方立法变通实现途径的保障

弄清民族自治地方立法变通的权力机关、种类、范围、原则、方式、程序及其性质、地位和作用，只是民族自治地方立法变通的基础和前提条件，不等于民族自治地方变通立法就已全然畅通无阻了。截止 2004 年底，我国民族自治地方尚有 22 个未制定自治条例，已制定自治条例的约 80% 未予修改。对于单行条例，未制定的仍没有被提到议事日程上来；已制定但应修改的亦未修改。同时，这两类条例制定生效后，制定意图与实际生效情况脱节的状况也十分严重。这就说明：一是民族自治地方的自治机关及其领导机关，未对自治的立法权充分认识和认真行使；二是其上级有权批准、备案监督的国家机关指导帮助不够，有的甚至还为依法变通设置障碍；三是如何对法律、法规变通规定，由于上级国家机关尚未进行具体的条文化、规范化，使具体操作单位无所适从，各地方立法处于无序状态。所以民族自治地方实现立法变通途径必须要有有效的保障体系。

民族自治地方立法变通实现途径的保障是指民族自治地方的自治机关在立法变通途径的每一个环节，都有各级国家机关实在的支持帮助和社会的有效参与，并形成规范化的制度。① 如果没有立法变通实现途径的保障体系，民族自治地方立法变通途径是不会畅通的，法律和行政法规以及政策赋予自治地方自治机关的立法变通权力也就是一句空话，事实上的依法自治是不可能实现的。因此，在明确立法变通途径的同时，还必须注意立法变通实现途径的保障性，确保变通立法的实现。

（一）思想保障

思想保障是指民族自治地方的上下各级部门，都要把立法变通途径必要性、

---

① 这里"立法变通途径的环节"是指立法变通时要根据谁是有权制定机关、谁是有权批准机关、谁是有权监督机关和制度、批准、监督的种类、范围、原则的途径；"各级国家机关"是指包括自治地方领导机关、自治机关、政协等其他机关和其上级国家机关；"相应的"是指各级国家机关对此应有的法定职责或法定权力；"有效的支持帮助"是指在思想、政治、经济上支持帮助的实际行动及实际收益；"社会的有效参与"是指自治地方所属人民团体、企事业组织、专家学者等参与讨论，提出合理建议，也包括社会各界的共识和共同遵守，为民主决策提供客观依据；"形成规范的制度"是指国家各级按各自的职权，自上而下进行统一规定。

重要性的认识统一在党的民族区域自治制度政策和国家的法律、法规上来，凡是与之相悖的思想和行为都应当杜绝；凡是与之相适应的都应当坚持；凡是至今未启动的立法工作应当究其思想根源，促其启动；凡是启动早、效果好的，应当总结、推广，形成民族地区社会各界的共识，普遍增强自觉性、积极性和主动性。因此要克服和纠正三种思想障碍：

第一，自治地方的领导机关和自治机关，要克服一个"怕"字。主要是怕上级有关国家机关不支持变通，甚至批评和指责变通。这方面的例子是不少见的。自治地方自治机关对此有顾虑，认为不变通不行，变通了又通不过，批准不了，干脆就不变通了，正是由于自治地方有这种顾虑才使变通立法处于被动地位。

第二，自治机关的上级国家机关的有关部门，是代表国家具体行使法定职权的部门，也是依法服务、支持自治地方的部门，那些应该给予的政策，有关部门不得"梗阻"、"截留"、"挪用"，只能原原本本地主动地给予自治地方。而自治地方的立法变通，也是争取有关部门将国家政策给予自治地方的一个重要途径和办法。自治地方运用此政策来加快发展，对国家也是个重大贡献。因此，"部门利益"与自治地方立法变通利益，从大局上或从根本上看是一致的。要正确认识两个问题：一是不能认为自治地方的立法变通是在同本部门争利益，而是通过这种途径将国家政策在自治地方具体化，是依法争取或依法兑现落实国家的法定政策。二是不能认为很多自治地方至今仍没有启动立法变通途径，是由于自治地方当地的特殊情况不需要立法变通。实际情况是每一个自治地方都需要变通立法，只是其变通立法的程度不同而已，否则国家就没有赋予民族自治地方立法变通权的必要。在实践中，自治地方立法变通，除了自治地方的自治机关自己重视自治权行使外，上级国家机关有关部门应该主动通过会议、视察和培训等途径帮助他们消除"怕"字，促使他们主动积极运用立法变通途径去加快当地经济、文化、社会发展。

第三，自治地方的上下各级组织和社会力量，特别是自治地方的各级组织和社会力量，要认识到自治机关运用好立法变通途径是为了宪法、法律、行政法规和政策规定在本地方的实现，是借助国家支持帮助的优惠照顾来加快当地的发展，因而要克服和纠正"事不关己"的错误想法，以实际行动支持、鼓励自治机关将法定优惠照顾政策及时在本地区实现。

（二）组织保障

中国共产党是我国的执政党。她代表各族人民共同利益，是中国先进生产力的代表。在民族自治地方是区委、州委、县委领导自治机关贯彻实施国家的法律和政策，自治地方民族立法变通也必然要在中央和当地党委领导下进行。特别是当地党委对当地民族立法变通的种类、范围、具体内容和方式是否同意最为关键。因此当地党委要及时地主动地加强对本地民族立法变通的领导。这种领导一是在需不需要立法变通上作出明确指示；二是在立法变通的方向、目标等重大原则上严格把关；三是对立法变通途径中的难题及时协调和解决；四是最终对立法变通作出决定，及时进入立法程序。自治地方党委的上级党委也要在类似重大问题、重要环节上把关。有关上级党委还负有领导责任，就是对自治地方党委怎样领导民族立法变通，进行督促检查。自治地方党委对此问题要列入议事日程，进行经常性的研究和学习，及时向上级党委汇报请示，请求上级党委的支持帮助。

一个自治地方民族立法变通的数量多少，质量高低，是衡量自治地方党委和其上级党委的民族立法工作水平高低和是否自觉在法律范围内活动的重要标志，也是衡量一个民族地方自治水平的重要标准，不可忽视，更不能认为仅仅是自治机关单方面的问题而不履行或推卸领导职责。

自治地方党委对自治机关重要领导成员在民族立法变通工作上，不主动、不积极、不作为，甚至制造阻力的，该处理的要处理。这是领导保证、组织保证或政治保证的重要方面。[①] 没有这个领导保证，自治地方的民族立法变通的实现则不会顺畅。

（三）立法保障

立法保障是指有权进行民族立法的国家机关在民族立法的种类、内容等方面，就民族自治地方立法变通做保障性的规定。这种保障性的规定，根据我国民族立法变通的实践性标准，应当有以下方面：

第一，规定变通的种类、范围、原则、时限、方式和程序及其违反的处理办法。对此，我国《宪法》作了原则性规定。自治法对宪法的规定作了实施性规定；立法法作了比较具体的规定。不足的是自治法和立法法都在其立法变通的时限上未作规定，所以给有关国家机关对此问题抓而不紧、备而不查、查而不问留下了空间。这是民族立法变通工作滞后的重要原因。建议全国人大尽快在立法中加以补正。

第二，对民族自治地方怎样进行立法变通问题，应由全国人大常委会根据宪法、自治法和立法法的规定，另制定一个单行立法或单方面的法律规定，对许多在实践中提出的问题，包括程序的繁简问题进行统一的规范，改变全国各地做法不一和争论不断的状况。各省、自治区、直辖市人大常委会也应制定实施的具体

[①] 贵州省道真仡佬族苗族自治县为迎接上级检查验收"四五"普法情况准备的问答题共122个，只有1个（"什么是自治地方的自治机关？"）是民族法律问题，其余的121个都是非自治地方都要普遍掌握的内容。

办法。自治州、自治县一般没必要再制定有关细则，但可以通过变通方式作出具体操作规定。这是保障中的关键问题。

第三，认真执行《民族区域自治法》第54条规定："上级国家机关有关民族自治地方的决议、决定、命令和指示，应当适合民族自治地方的实际情况。"这是针对过去上级国家机关长期存在的问题做出的规定。但是这条规定长期没有落实，基本上还是"一刀切"。只要上级国家机关执行好了这一条，自治地方的自治机关才会少走报经批准变通执行或停止执行这一条路。同时，上级国家机关的民族法律内容也应该遵循"应当适合民族自治地区的实际情况"这一原则，从立法途径的源头上减少民族自治地方立法变通的负担。这是保障正确立法变通途径的重要问题。

（四）知识保障

知识保障是指有权变通立法的机关或相关部门及其主要工作人员对民族自治地方立法变通常识、业务知识和技术，应当有一个最基本的了解和掌握。因为目前的问题是这些机关的领导成员和主要工作人员，对民族自治地方立法变通常识，有的闻所未闻，有的一知半解。这种情况比较普遍，可以说这是导致全国民族自治地方立法变通水平不平衡，民族法律难以实现的主要原因之一。要改变这种不学不懂和不重视有关法制知识的状况，我们必须通过如下途径加以解决：

第一，列为普法内容。国家在部署和安排今后的学法普法活动时，要改变"结合部门实际学习普及部门法"的笼统的规定。自治法是宪性法律，它所调整的对象是我国所有的民族关系，它所规定的内容涉及全国各族各地政治、经济、文化问题，具有综合性和仅次于宪法的权威性。因此，全国人大常委会和有关中央国家机关在决定、部署普法活动时，要明确规定各级各地的民族干部都要学习普及宪法中有关民族问题的规定和民族区域自治法内容以及立法法的规定，学懂弄通民族自治地方立法权实际上是对国家法律、行政法规和政策的变通权和补充权，学懂弄通民族自治地方行使这种权力的种类、范围、原则、方式以及目的和意义。前些年的历次普法，按自治地方和检查验收机关的说法，由于国家没有规定检查验收民族区域自治法的普及情况，也就没有将民族法律学习普及情况列入普法检查验收范围。[①] 首先，国家要高度重视对民族法律的学习和普及。普法是学习民族法律的良机，要解决好这个问题，就要纠正和克服民族法律不重要的思想。这样才能使民族自治地方和其上级国家机关知晓民族自治地方立法变通的若

---

① 贵州省道真仡佬族苗族自治县为迎接上级检查验收"四五"普法情况准备的问答题共122个，只有1个（"什么是自治地方的自治机关？"）是民族法律问题，其余的121个都是非自治地方都要普遍掌握的内容。

干问题；民族自治地方的自治机关应该带头学习民族法律。

第二，列为民族干部培训和考核内容。对民族自治地方自治机关的干部，在任前和任中，都应当专门考核他们学习民族法律的情况。未掌握的，说明没有民族意识和依法自治意识，而不予任命；对任命后又不主动积极实施包括民族立法变通规定在内的法律规定，应调离或免去；对学习好使用好的，应奖励或重用。上级国家机关的人员按规定比例配备的民族干部，除视其民族成分外，主要考核他是否有民族意识和民族法律常识。对各级在职的民族干部，要定期、分期、分批地进行离职专门培训和在岗专门考核。通过对民族干部任前培训、任中民族法律知识的考核，促使他们形成学习和掌握包括民族在内的法律知识的自觉性，认真执行民族法律，行使好自治权。

（五）队伍保障

队伍保障是指各级国家机关有权承担和参与民族自治地方立法变通人员的素质和规模相适应素质的一定规模的人员[①]。目前，我国民族自治地方立法变通队伍与实际需求是不相适应的。

第一，规模不适应。各级国家机关有相应素质的参与人员很少。特别是一些自治州、县的自治机关，可以说找不出一个具有相适应素质的人员，只好花钱聘请省以上有关国家机关对当地实际情况并不了解的专家或专业人员代为起草自治条例和单行条例。有些自治地方的自治机关只有个别人员基本具备这一素质。有权批准变通的省级有关机关，有权监督变通的中央有关机关，也同样存在着内行人员不足的问题。如贵州省黔南布依族苗族自治州人大民委、法制委只有主任各1人，工作人员各1人，且均是非专业人员。

第二，素质不适应。素质不适应与规模不适应既有联系又有区别。其联系是：有多少相应素质的人员，就有多大的规模。素质是前提，是质量的保障；规模是数量，也是在一定阶段上质量的反映。而区别是：具有一定规模的，不一定具有相应的质量，就是说人员多不一定都具有相应的素质。如省级国家权力机关中的人大民委或法工委，虽配备有几个、十几个人，但具有相应素质的人员的比例却很小。州、县人员更缺素质。

自治地方的上级国家机关中的有关机构的人员也同样有素质不高的问题。上级国家机关中的有权机关的人员素质也直接影响着所辖自治地方民族立法变通的数量和质量。自治地方的立法变通，由于"变"而不"通"也只好让步，同样

[①] "各级国家机关有权承担"是指自治地方承担立法变通的主体，省级承担立法变通的批准主体，中央级承担立法变通的监督主体；"参与"是指各级国家机关必须涉及民族自治地方立法变通的相应的部门和被国家指定承担有关教学、培训的高等院校及其专家、学者；"素质"是指具有实际的思想政治、法律常识、市场经济知识、文字功底等；"规模"是指具有以上条件的相应数量的人员。

是素质不高的表现。

目前国家有关专家和学者，往往从理论到理论进行研究，与民族地区实际很少联系，"经院"学术的浓厚色彩，对自治地方和有关上级国家机关的有权机关及其人员提供的学术指导作用不大，连给有关人员培训、讲授亦是如此。

改变这种不适应民族自治地方立法需要的人才结构状况，亟须在培养民族自治地方立法人才队伍上下工夫。所以要做好以下工作：

首先，各级民族立法的领导者要在思想上高度重视民族立法工作，主要是民族自治地方立法变通工作；只有抓好此项工作，国家民族法律、法规才能切实实现。在思想到位的基础上，将培养一大批省级的和自治州、县级的民族立法队伍建设工作列上议事日程，按需要制定培养计划和培养方案，拨付培养经费，研究培养目标和措施。领导层组成人员也要参加培训，使自己变成领导民族自治地方立法变通的行家，才能把自己领导的立法变通工作做好。

其次，建立各级研究和管理机构。主要做法是：（1）将已有的人才作为骨干或基础队伍，再行扩大。经过理论与实践的考核，登记造册，建立有关专业人才库。（2）大专院校法学院（系），特别是民族院校，要设民族法学、立法学课程，有条件的专设民族立法学专业课程，并承担自治地方制定自治条例、单行条例的联合起草工作，使师生都能获得民族立法实践知识，作为各级研究和管理机构人员的后备力量。（3）全国人大民族委员会、法制工作委员会应组织全国理论功底深并有丰富实践经验的专家，统一编撰教材和范本，进行规范，改变过去通用的以课代训、以游代学、我讲你听的培训方式，真正起到培训作用。（4）由中央或省、区有权立法机关，解剖几个自治条例、单行条例、变通规定或补充规定，从中吸取经验教训，作为正、反两方面的典型案例加以分析研究，促进有关人员素质的提高。如此，建立起一支包括有关领导在内的、高水平的民族立法变通专业队伍是完全可能的。

（六）素质保障

素质保障是特指自治地方的人民代表大会代表的素质和业务知识保障。自治地方的人民代表大会的代表，是当地各民族、各行业、各界别依法选举出来的，他们行使人大代表的职权。自治地方人大代表在制定自治条例和单行条例时具有表决权，但从实际情况来看，由于职业限制，不可能人人都具备这种表决能力。他们只是在审议一项重大问题时，先听有关"内行"代表阐述理由，再决定自己的态度和表达方式，通常情况下都是如此。表决时，多数是根据其代表团长事前布置的统一口径行事。所以，为保障立法质量，尽快提高人民代表大会代表的素质，尤为重要和紧迫。

为提高当地人民代表大会代表审议、通过质量，必须由常务委员会主持，对每一届任期的代表，包括其常务委员会正副主任、委员和各工作机构负责人，进行民族立法基本常识的专门培训，改变有的地方人大代表在任期内还没有学习过自治法、立法法等法律的不正常状况；同时也要改变有的自治地方每一届任期内，包括人大常委会正、副主任在内的人大代表和人大常委会委员还没有学习过怎样制定自治条例、单行条例常识的不正常状况。人大代表的素质提高了，加上有一批专业人员为骨干，民族自治地方立法变通的数量、质量和效率就会大幅度提高。

自治地方有权审议批准自治条例和单行条例的上级国家机关的民族立法主管民族事务委员会或民族宗教侨务委员会，要有几个有关行家：一是熟悉民族立法操作程序和办法；二是熟悉民族立法的常识；三是熟悉中央国家机关的法律、法规和部门规章以及同级国家机关实施中央相关法律、法规和部门规章的办法或细则；四是勤于对自治地方提出制定条例的客观情况和实际需求进行调研；五是杜绝不收自治地方好处就不理睬、不帮助、不初审或者故意在字里行间挑"毛病"、出难题，形成在工作程序中就有"中梗组"的腐败风气；六是有权批准的人大及其常委会组成人员，亦更要有以上要求。

此外，在工作程序的论证时，主持论证的单位或人员除自身的相关素质要保证外，参加论证的人员应当是有关专家、学者或具有相应水平的专业人员，杜绝参加论证的单位随意"点将"出席，或者指派毫无相关业务和知识的人员自称专家、学者或专业人员。贵州省道真仡佬族苗族自治县在制定自治条例和单行条例的所谓"论证"中，就屡次出现这种"论证"不如不论证的情况。所以，论证关必须严格把好参加论证人员的素质关。

试论编制清真食品国家标准的必要性

李自然[①]

清真食品是符合伊斯兰教法的规约食品统称,而我国又有 10 个全民信仰伊斯兰教的少数民族,因此清真食品管理在我国不仅是一个简单的食品安全问题,也是一项民族团结工程。而作为一种工业化、产业化的商品与服务,生产的技术规范是食品安全生产体系首要的和基本的要求。目前,我国的清真食品管理已经实现了由计划经济向市场经济的转化,清真食品的生产与消费褪去了"福利"性色彩,已变成市场经济体系当中真正的"商品",甚至在部分民族地区清真产业已成为特色民族经济。在市场经济的要求下,清真食品生产的标准化、规范化、集约化、国际化成为一种趋势,因此也对其标准化建设提出了更高的要求。

在我国由于长期受计划经济的影响,市场经济发展相对落后,从而产品的标准化建设相对滞后,尤其清真食品管理一直处于行政管理体系当中,其标准化建设更为落后。目前,国内只有《宁夏回族自治区清真食品认证通则》一个地方推荐标准。但是随着国内清真产业的发展和国际清真产品贸易的不断扩大,其标准化的客观需求已日趋强烈。因此,笔者认为建立清真食品的国家标准变得尤为重要。其必要性主要表现在以下几个方面:

1. 清真饮食文化特点的要求

清真饮食文化是信仰伊斯兰教的族群在遵守《古兰经》和《圣训》等宗教法律的前提下,通过与特定的生态和历史人文环境的互动,围绕着进食这一行为而产生的一系列文化范畴。作为一种宗教文化的"文本旅游",清真饮食文化除了自观研究者所表述的"绝对宗教性"、"饮食唯良"、"多样性"、"共享性"等特点之外,从文化学的角度来看她主要表现出嫁接性、观念性、表达性、扩张性、地域性、变异性、多元性等特点,所以,清真饮食文化作为一种文化现象,在不同场景下便会表现文化的"场景表达"的特点,从而会出现对"清真"的

[①] 作者简介:李自然(1970—),蒙古族,内蒙古呼伦贝尔人,中央民族大学民族学博士,宁夏大学政法学院教授。主要研究民族文化、民族理论与政策以及法文化。

仁者见仁，智者见智的多元表达，例如：四大教法学派的不同解释，刘智、王岱舆对哈乃斐派的中国化解释等等，以及当前国内各地的清真食品不同特点和认知，无一例外地是其自身文化特点的衍生结果。作为一个相对差异性和变化性较为明显的"客体"，一旦纳入法律、制度规范的体系就必须对她进行"固定化"处理，否则在实践中是无法对她进行限定、操作和保护的。正如在法理的层面，风俗习惯不能直接作为法律规范的客体一样。因此，要加强对清真饮食文化权利进行保护，首先就要型固"何为清真"。

2. 清真食品管理的客观要求

清真食品管理是清真食品的"纯真性"的管理，食品生产标准是食品安全生产的基本要求和第一道防线。而作为一般性"商品"或服务的清真食品也不例外。食品安全实际上包括技术安全（即生化指标和理化指标的控制）和文化安全（风俗习惯规约控制）两部分。而当今国际上由于技术安全方面缘出欧美所代表国际先进的科技文化，同时文化安全的指标、操作系统难于把握，所以在我国的食品安全管理体系中一直忽略文化安全的因素。在我国食品安全管理体系中只有技术管理的规范和标准，在国家层面缺少文化安全的规定。当然在传统的计划经济和行政管理模式下，在政策的干预下在一定程度上保障了清真食品文化安全问题的解决。但随着市场经济的发展，特别是在2009年全国行政机构改革后，清真食品变成"完全的商品"，纳入到工商管理的体系，所以，在工商执法当中急需制定相应的清真食品标准。例如，在现今宁夏清真食品管理当中便存在清真食品标准界定的问题，只有编制一个权威的标准，工商部门和消费者才能判定"何为假冒伪劣"、商业欺诈、消费侵权等。但是作为清真食品标准只有地方标准是远远不够的，市场经济的客观要求，即国内市场的自由流通和全球经济一体化，为营造自由流通的环境，全国的清真食品生产必须要有一个能够被普遍接受和使用的标准，否则会因为各地的标准不一，造成影响民族团结的事端。当前我国的清真食品问题主要有三种类型：外来清真食品问题、内生的清真食品问题和混合的清真食品问题。内生的问题通过宣传教育、加强管理即可以较好地解决，而外来的清真食品问题处理起来则相对较难。例如：笔者在北京、河南、甘肃省临夏、宁夏回族自治区调研中了解到这是一个普遍问题，并且这个问题在穆斯林聚居区有上升的趋势。2008年宁夏回族自治区民委清真办统计进入该区的外来清真食品103种，有29种（占28%）为有清真标识但无监制认证的假冒清真食品。2009年清真办检查的结果是外来清真食品370种以上，其中107种（占29%）存在问题，这说明外来假冒清真食品的问题比较严重。而这只是从文件审查中发现的问题。实际情况要严重得多。据宁夏商务厅郭处长讲，外来的牛羊肉有许多是不清真的，例如：内蒙古等地，其屠宰程序上不一定清真。家禽类产品中鸡类（包括分割鸡肉）许多山东、河南的生产商是假冒清真的。而鸭子类几乎无严格意义上的清真。而每年检查之后，只是起一时之效，风声一过，售假现象又会泛滥，甚至部分在2008年检查中作为假冒清真的食品到2009年检查时仍有出售的现象。因此，为了加强民族团结和社会稳定，必须在清真食品管理中加入一个国家标准，从而便于各地清真食品的自由流通。

3. 产业发展的要求

由于清真食品的共享性和穆斯林市场的巨大，国内的许多企业都参与到清真食品产业当中，以此作为拓宽市场的一种手段。而现代商贸活动中标准化水平已经成为一种竞争实力，无论是国际贸易还是国内贸易都是如此，所以企业要建立自己的品牌就必须要做到标准化生产。然而对于我国大部分企业而言，多是由区域性品牌发展来的，它们对清真食品的理解多是带有"地方性"知识的特点，很难突破地域性认知，甚至有的企业对清真食品的认知带有很大的想象性。特别是内地的汉族企业家，他们通常认为"清真食品就是不含猪肉、猪油的食品"，更有甚者认为清真就是请个阿訇念一下即可。所以，内地企业的产品不符合清真标准的问题最严重。例如，在2008年宁夏民委清真办检查不合格29种外来清真食品中：其中辽宁1家3种、四川5家11种、山东8家11种、北京1家1种，四个地区就占到26种。2009年宁夏回族自治区清真办检查的107种不合格的清真食品，其中河南3家16种无监制单位，山东6家无监制，浙江1家1种无监制，上海1家无监制，四川3家8种无监制，内蒙古1家2种无监制，江苏1家2种无监制，新疆4家14种无监制，陕西7家15种无任何证明，2家34种无监制，天津1家6种有标识，重庆1家1种无监制，辽宁1家1种无任何证明、1家2种无监制，除新疆维吾尔自治区外几乎都是内地的企业[①]。正是这种状况，造成穆斯林聚居区对外来清真食品不信任等问题，甚至不得不采取具有地方保护主义嫌疑的备案和准入制度。同时由于没有统一标准某些伊协对清真食品进行监制时多选择中性食品，以规避风险。所以无论从哪个角度讲，都在一定程度上影响了国内清真食品的正常流通和企业的正常发展。

4. 清真食品消费多元的要求

在计划经济时代，我国的清真食品消费是由国家来分配，基本只提供给穆斯林及其家属（族际通婚的配偶及子女）。但市场经济条件下，清真食品市场的扩张，消费者群体也变得多元化了。首先，由于清真食品的共享性、产业化，甚至成为区域特色经济的一部分，从而使广大的非穆斯林群体成为清真食品的消费者，而对于一旦出现的假冒的清真食品，他们是不能通过党的民族政策来维护切身利益，只能通过消费者权益的途径来实现维权，这种维权职能依靠的是清真食品标准（全国统一的或地方的）。其次，随着文化多元性和文化权利的自由选择

[①] 数据来源于宁夏回族自治区清真食品办：《清真食品年度检查资料》（2008年、2009年）。

权加大,在我国非穆斯林民族改信伊斯兰教的群体和族际通婚群体不断增多。例如,在山东、广东曾有不少人改信了伊斯兰教,2009年笔者在广州调研发现调查对象83人中有8人是改信伊斯兰教的汉族和壮族等。再如,宁夏由于族际通婚许多非穆斯林民族改信了伊斯兰教,遵从了穆斯林生活习惯。这些人的权利也是不能依靠民族政策来保障的,也必须通过标准和消费者权益来实现。再次,随着多元文化的发展和民族交往的增多,一些原来的穆斯林民族成员的宗教知识有所淡化,对清真的理解已经不很深刻。例如,笔者2004年在宁夏对430名回族进行调查显示:清真食品是什么就有15种表述,其中只有110人(25.6%)的回答接近清真的本意,而258人(60%)根本无法对清真食品进行说明,甚至有55人根本无法表达什么是清真食品。并且有135人(31.4%)的界定单纯与回族有关(认为是回族特有的),有128人(29.8%)强调业主的民族性,164人(38.1%)强调厨师的民族性,另有204人(47.4%)认为清真餐馆可以卖烟酒。

5. 清真产业国际化发展的要求

目前,我国的穆斯林聚居区和部分企业,都在努力开拓世界穆斯林市场,但是在国际贸易当中,各国都在通过设定一些标准来抬高入境的门槛和保护本国民众的利益。在许多国家的想象当中我国是一个社会主义国家,主张无神论,所以对宗教问题看得不很重。鉴于此,我国也应该制定一个国家统一的清真食品标准,一则展示出我们国家对穆斯林权益的重视,再则也表现出我国的穆斯林信仰是比较纯正的。与此同时,该标准也是我们参与国际贸易谈判的基础。如果我们没有一个标准,对方只会依照其本国或其他国家的标准来要求我国的企业。例如,一些国外的认证机构在我国大肆开展认证业务,便是其利用标准在中国谋取利益,致使山东、河南等地的一些企业接受了他们的标准。这不仅损害了我国的主权,而且也丧失了巨大的经济利益。因此,我国清真产业的国际化发展离不开国家标准的制定。

6. 民众选择清真食品方式和态度的要求

现代清真食品产业已经成为食品工业的一部分,工业化的产品已经突破乡村或村落的传统经济销售范围,并且民众的食品选择已经不再是对直接生产者和产品的选择,而是通过特有的标识来选择产品,这种选择尽管简捷,但是也产生了其他的负效应,因而他们需要建立在诚信基础上的标准化生产。2009年笔者为完成所承担的国家社科基金项目,曾对北京、郑州、临夏、新疆进行了问卷调查。调查结果显示:

地点 问题	北京 90 人	郑州 42 人	临夏 85 人	乌鲁木齐 15 人
希望统一打上"清真"字样	80	38	74	14
难于判断食品是否清真	41	17	60	8
是否买过假冒清真食品	25	10	37	6
有必要制定清真食品统一标准	83	33	79	15

大部分消费者都存在难于认定清真食品纯洁性的问题，其中绝大部分消费者都是依靠"清真"字样来判断是否为清真食品，有20%—40%的消费者曾购买到假冒清真食品，80%以上的人希望制定清真食品的国家标准。在进一步调查中显示，其原因主要是：清真食品的标准化、方便出行和购买、谨防假冒、便于执法和管理等等。

此外，制定统一的国家标准，也是时代的要求。目前在学界，尤其是人类学界由于受到西方认知人类学和文化权利观念的影响，认为每个穆斯林都知道何谓清真食品。此种观点从认知的角度来看，是正确的。但是坚持此观点的学者忽略了清真食品产业化的现实，在传统社会，由于清真食品多是"同城消费"，其销售范围、对象有限，并且消费者与生产者关系较近，各自的体认能达成共识。但现今社会是工业化生产时代，生产者与消费者的关系已经变得松散，其范围已经超越了乡土、地区乃至国界。因此，他们已经不太容易形成对清真食品的共同体认。所以，需要国家、组织为生产者和消费者设计一个能够共同接受的标准。

关于建立清真食品国家标准的可行性问题争议一直较大。国内有一种观点认为各地差异较大，很难形成统一，所以不太可行。笔者认为这是不准确的：

（1）伊斯兰教的基本信仰和基本教法是一致的。中国的清真饮食文化是"文本旅游"的产物，从而产生了一些地域性差异。但是这些基本饮食规约都是源自《古兰经》和《圣训》，万变不离其宗，因此，在国际上四大教法学派的演说，只是对有争议部分表达了各自的观点，而且按照教法原则，有争议的按照合法来处理，从而更加突出了其中的一致性方面。

（2）我国穆斯林中所尊崇的主要是哈乃斐派，相对比较统一，容易达成共识。尽管可能出现一些小的差异，在标准体系建设中还可以通过地方标准的渠道来实现"地方性"的权利。

（3）在国际社会已经出现清真食品标准化的趋势。全球一体化的客观要求，清真食品标准也必须国际化，才能更好地开拓国际市场。在现实当中，其国际化的情况已经出现了，早在1997年国际粮农组织和世界卫生组织所属食品法典委员会便制定《"清真"用词的使用标准》，已经为国际统一标准打下了基础。与此同时，一些国家也在通过一些国际组织和会议在努力形成国际标准。近年，在国际上还成立了世界清真食品标准国际同盟，其主要目的就是要形成世界通用的清真食品标准，实现世界范围内的自由贸易。

（4）在我国曾出现过清真食品生产的全国性标准。早在1955年9月26日商业部为了改进对回民食品的供应工作，贯彻民族政策，巩固民族团结，扭转不合理现象，发出《关于牛羊肉经营中有关回民风俗习惯的几点注意事项的指示》。该指示的具体内容就具有清真食品生产的规范性标准的特点，该指示的精神和内容，是我国当前清真食品管理的法律和规定的渊源。

此外，在国内2009年2月宁夏回族自治区发布了《宁夏清真食品认证通则》。该标准就是按照伊斯兰教的传统基本规约、国际标准、国外标准和地方特色的综合考虑的基础编制。国家认监委曾明确指示：认真总结经验，进行修订争取两年后上升为国家标准。该地方推荐标准，现作为国内唯一官方的清真食品国际认证的标准，得到北京、辽宁、广州、河南、天津、临夏等地伊协或民族宗教部门的关注或认可，并且其认证范围已经超越了宁夏境内。随着宁夏向西的内陆开放区和清真产业保税区的建设，宁夏作为中国官方唯一"清真食品国际认证中心"，该标准也将逐渐具备上升为国家标准的条件。

综上所述，在全国范围内制定清真食品国家标准是十分必要的，也是可行的。编制全国统一的清真食品标准的意义也是十分巨大的：

（1）完善我国的食品安全体系。制定全国统一的清真食品标准，可以填补我国食品安全标准的一个空白点，可以考虑到穆斯林特殊群体的要求，建立起清真食品安全体系。

（2）便于全国范围内的清真食品管理，保障清真食品消费者的权益，维护民族团结。与此同时，也便于清真食品管理的"去行政化"，从而实现法制化。

（3）便于国内清真食品自由流通，避免地方贸易壁垒和地方保护主义的风险。

（4）便于企业的标准化生产，促进产业和产品的升级换代，实现品牌效益和产业的国际竞争力。

论清真食品立法与清真食品规范管理

马玉祥　马志鹏[①]

清真食品管理的规范化、法制化，是实施依法治国方略，完善行政法制建设的重要内容，也是维护和保障少数民族合法权益，促进民族法制建设的根本要求。自2002年4月起，国务院委托国家民族事务委员会负责《清真食品管理条例》的起草工作，并把这一立法项目纳入了国务院立法五年规划之中。然而，10年过去了，这一条例至今还没有出台的迹象。建议全国人大暨国务院继续高度重视这一事关穆斯林清真食品安全及其合法权益、维护民族团结、构建和谐社会和树立我国对外国际形象的行政法规的制定工作，期盼这部行政法规早日出台。

一、清真食品的概念界定

清真食品或清真饮食（以下称清真食品），是指严格按照伊斯兰教义教法宰杀、制作并可供穆斯林食用的合法食品的统称。清真食品或清真饮食，最本质的属性是必须符合伊斯兰教法，必须符合伊斯兰教的经典《古兰经》和《圣训》以及"公议"（权威法学家们一致性的意见或决定）、类比（类推比附）等法律规范，这是清真食品"哈俩里"即"合法性"的依据。《古兰经》是伊斯兰教的根本经典，是指导穆斯林生活的行为准则，是伊斯兰法最重要的法律渊源。伊斯兰教法本身就是一部生活的法典，穆斯林社会生活的伊斯兰化和伊斯兰化社会生活的统一，构成了穆斯林社会生活的基本内容。《古兰经》关于饮食律例的规定是穆斯林社会生活的基本依据。《古兰经》[②]规定："众人啊！你们可以吃大地上所有合法而且佳美的食物，你们不要随从恶魔的步伐，他确实是你们的明敌。"

[①] 作者简介：马玉祥（1947—），回族，西北民族大学法学院教授，硕士生导师，主要研究方向：民族法学。马志鹏（1984—），回族，法学学士，西北民族大学继续教育与职业教育学院教师。主要研究方向：民族法学。
[②] （中文译本）马坚译，中国社会科学出版社出版。

（2∶168）"真主已准许你们享受的佳美食物，你们不要把它当作禁物；""他只禁戒你们吃自死物、血液、猪肉，以及诵非真主之名而宰杀的动物；"（2∶173）"他命令他们行善，禁止他们作恶，准许他们吃佳美的食物，禁戒他们吃污秽的食物。"（7∶133）"信道的人们啊！饮酒、赌博、拜像、求签，只是一种秽行，只是恶魔的行为，故当远离，以便你们成功。"（5∶90）

伊斯兰教经典规定"自死物、血液、猪肉，以及诵非真主之名而宰杀的动物"，还有酒类等精神麻醉物质等都属于伊斯兰教禁戒食用的物品，是不洁之物，食用或经营这些物品是"一种秽行"，是"恶魔的行为"和"犯罪"。穆斯林遵从真主的教诲，"吃大地上所有合法而且佳美的食物"即"哈俩里"（合法）食物，形成了穆斯林特有的清真饮食习俗。遵从清真饮食习俗，远离"哈拉目"（非法），就是对伊斯兰教信仰的恪守，是对物质性食品或饮食的精神理念，是穆斯林自身人格境界的一种表达。这也是穆斯林在日常生活中为何如此讲究食品或饮食"哈俩里"的原因。否则，将是对穆斯林人格尊严一种极大的侮辱，使其受到巨大的精神损害。可以说，清真食品安全，对于穆斯林至关重要，是其宗教信仰与民族习俗的核心组成部分之一，也是穆斯林参与社会交往的基本底线。

唐代诗人李白、宋代诗人陆游等在其诗文中曾使用"清真"一词，来对高洁优雅之精神品格的描述，表达对志存高远的道德情操的向往。"清真"一词在中国伊斯兰教界的适用，可追溯到元世祖忽必烈时期"咸阳王"赛典赤·瞻思丁（1274—1279年）——著名的回回政治家、云南行省首任平章政事。他在向朝廷奏改西安大学习巷"清教寺"为"清真寺"时率先使用。明太祖洪武元年（1368）在题写的《百字赞》中有"教名清真"，称伊斯兰教为"清真"教，并为金陵、西安礼拜寺题写"敕赐清真寺"。明末清初，著名伊斯兰教学者王岱舆说："纯洁无染之谓清，诚一不二之谓真。""夫清真之本，乃遵命而认化生之真主。"他对"清真"的解释就是对伊斯兰教基本教义的诠释。"清真"遂成为中国穆斯林对伊斯兰教的专用名称，一般多用于一些固定的称谓，如"清真寺"、"清真饭店"等。

2009年11月7日，温家宝总理在开罗阿拉伯国家联盟总部所作的《尊重文明的多样性》演讲中指出："伊斯兰文明和中华文明都是人类文明的瑰宝，都对人类社会的进步和发展有着不可磨灭的贡献。"温家宝说：中国有10个民族、2000多万人信仰伊斯兰教，"他们都是中华民族大家庭的重要成员，他们的宗教信仰、文化传统和生活习俗受到了充分尊重。""在中国任何的一个城市，都可以找到清真餐厅。像上海这样国际化的大都市，专门为保障清真食品的供应立了法。在民间生活中，不管工厂、学校和机关，只要有穆斯林，就开清真灶；连朋友聚会，只要其中有一位是穆斯林，大家都自觉用清真餐。"足以见证国家对穆斯林民族的关怀，对清真饮食文化和穆斯林民族清真饮食习俗的尊重。

二、依法规范清真食品管理

依法规范清真食品管理是坚持依法行政,建设法治国家的必然要求,也是落实和保护少数民族文化权利的一项重要内容。清真饮食习惯是世界上信仰伊斯兰教的穆斯林共同的生活习惯。目前世界上共有涉及337个民族的大约13亿人口信仰伊斯兰教,广泛分布于117个国家,其中57个为穆斯林国家。[①] 我国有回、维吾尔、哈萨克、柯尔克孜、塔吉克、乌孜别克、塔塔尔、撒拉、保安、东乡等2000多万穆斯林信仰伊斯兰教并食用清真食品。随着全球化进程与区域经济一体化进程的不断加速,人们在世界范围内的经济、社会交往与人员往来日益频繁,清真食品业已形成一个大约每年1500亿美元的国际贸易额,成为世界上许多国家,尤其是西方发达国家竞相追逐、开拓的市场。由于清真食品的特殊性,世界上许多国家和地区采取了包括宗教律令、民族(家族)约法、行业规章、行政命令乃至国家法律等在内的各式各样的方法来予以规范。[②]

中国穆斯林清真饮食具有悠久的历史,清真菜系博大精深,是中国烹饪的重要组成部分,有其独具的地域特色和民族特色。著名学者季羡林先生指出:"在世界上延续时间长,没有中断过,真正形成独立体系的文化只有四个——中国文化体系、印度文化体系、阿拉伯伊斯兰文化体系和希腊、罗马文化的西欧文化体系。"林松教授指出:"清真饮食文化,在季先生所总结的四大文化体系中,就具有两大属性。从起源上讲,它本来应该属于阿拉伯伊斯兰饮食文化(其中亦包括上述土耳其菜系的成分)范畴;但从长期演变发展的实际状况看,它又分明也是主要是中国文化体系中一个别具风格的品种。可以说,清真饮食就是具有中国特色的伊斯兰饮食。""它也必然在烹饪技术等方面参照并吸取华夏饮食文化的经验,从而形成兼有两种文化体系色泽的奇葩,在五光十色的中华饮食艺林中飘香溢彩,花枝独俏。"[③]

中国拥有巨大的清真食品市场和清真食品产业发展的空间。我国穆斯林在历史上已形成"大分散、小聚居"的格局,穆斯林除大部分聚居在西北、西南地区外,在华北、东北和东南沿海地区、中原腹地以及京、津、沪等国内大都市都有聚居区域,穆斯林人口分布十分广泛。据统计,我国穆斯林几乎遍及全国96%的县区行政区域。另外,独具地域特色和民族风情的清真食品,使得许多非

[①] 金宜久、吴云贵:《伊斯兰与国际热点》,东方出版社2001年版,第48页。
[②] 熊芳亮:《国外如何管理清真食品》,中国民族宗教网。
[③] 白剑波:《清真饮食文化》,陕西旅游出版社2000年6月版,序言。

穆斯林民族无论从饮食文化的角度,还是从饮食卫生习惯的角度都对其情有独钟,非常喜爱,清真餐饮在西部各大城市独领风骚,占据半壁江山。随着改革开放的进一步深化,我国每年有相当多的穆斯林走出国门,到西亚、北非等阿拉伯伊斯兰国家或务工经商,或参加每年一度的麦加朝觐,或常年在国外留学交流;与此同时,大批来自中东、东南亚、南亚以及欧美的各国穆斯林不断涌入中国。随着穆斯林人口的大量流动,对穆斯林清真食品的需求量与日俱增,清真食品市场越来越大。

三、实现清真食品市场监管的规范化、法制化

清真食品及清真食品市场呼唤法制,迫切需要以权威的国家立法予以规制,通过加强对清真食品的监管,保障清真食品安全,实现清真食品及其市场监管的规范化、法制化。在中国历史上,由于历代封建统治者奉行民族压迫和宗教歧视政策,少数民族的风俗习惯和宗教信仰非但得不到保护,而且还受到粗暴地践踏和剥夺;封建统治者和一些地方官吏认为少数民族"非我族类,其心必异",他们利用饮食习俗等问题制造事端,趁机残酷镇压的事件不乏其例,给穆斯林人民心灵上留下了十分惨痛的记忆。中华人民共和国的成立,使得各民族人民翻身得解放,彻底摆脱了反动势力的剥削和压迫。中国共产党实施了各民族一律平等的民族政策,颁布了一系列对少数民族的优惠政策,各民族人民宗教信仰、文化传统与生活习俗得到保障和尊重,受到了广大人民的衷心拥戴,各民族之间平等、团结、互助、和谐的社会主义民族关系得到进一步发展。

近年来,在我国经济社会快速发展、综合国力得以提升的情况下,食品、药品市场出现了无序化竞争的局面,表现在食品、药品安全领域事故频繁、犯罪案件接连爆出,给人民的生命和健康造成了巨大的危害。为遏制严重影响人民群众生活安全、危及社会稳定的食品违法犯罪行为,国务院办公厅于2011年4月20日发布《关于严厉打击食品非法添加行为,切实加强食品添加剂监管的通知》(国办发〔2011〕20号)。《通知》提出"严厉打击食品非法添加行为",严禁在食品中添加非食用物质;加强非法添加行为监督查验;依法从重惩处非法添加行为;完善非法添加行为案件查办机制;加强非法添加行为源头治理。并对食品添加剂生产使用做出了切实的规定,规范食品添加剂生产使用:严格监管食品添加剂生产销售;加强食品添加剂使用监管;完善食品添加剂标准。"严厉打击食品非法添加行为,切实加强食品添加剂监管"必须"加强长效机制建设":强化监测预警;强化协调联动;强化诚信自律;强化社会监督;强化科普宣教。

随着社会主义市场经济体制的建立与完善,特别是实施西部大开发以来,我

国民族地区的经济社会得到了长足的发展，清真食品产业逐步形成了规模。但是，由于清真食品市场监管乏力，市场秩序混乱，违法犯罪猖獗，严重侵害了广大穆斯林群众的合法权益，影响了社会的和谐稳定，损害了政府行政执法形象及其公信力。清真食品安全问题令人担忧，在食品中添加非食用物质的非法添加行为以及以猪肉、鸭肉假冒牛羊肉、以种种不法手段制售清真食品的问题屡禁不止，呈恶性发展之势，并引发了一系列重大事件，揭露出一些恶性刑事案件，直接影响到民族团结和社会稳定。在一些地方出现的打着"穆斯林"、"回民"、"清真"等招牌，从事以穆斯林禁食的猪肉等冒充牛羊肉的制作、销售活动，从而谋取暴利的犯罪案件多有发生，屡禁不止，严重侵犯了广大穆斯林的合法权益及其民族宗教感情，破坏了民族团结，造成了严重的危害后果和恶劣的社会影响。

著名回族学者林松教授提出"为维护清真饮食的规范与纯洁，为保持清真饮食的本色与特征，为制止假冒伪劣食品鱼目混珠，坑人害己，也为了有关政策能够不折不扣地认真贯彻，很有必要大声疾呼：清真饮食业应该来一个'打假'活动！"[①] 触目惊心的事实，促使我们进一步认识到弘扬法治精神，加强清真食品立法，规范清真食品市场，依法惩罚危害食品、药品安全、危害人民群众生命健康安全的违法犯罪行为的重要性。

随着我国社会主义市场经济体制的不断完善，我国社会主义民主法制建设取得了丰硕的成果，具有中国特色的社会主义法律体系及其监督机制已初步形成，民族法制建设成就斐然。为维护穆斯林特有的清真饮食习俗，维护清真食品的纯正，保障清真餐饮业的健康发展，自20世纪90年代以来，清真食品的法制化管理已成为中国社会主义法治建设的一项重要内容。截止2010年12月，我国已有20多个省、自治区和直辖市先后制定了专门的清真食品管理地方性法规或政府规章。如《甘肃省清真食品管理条例》、《青海省清真食品生产经营管理条例》、《宁夏回族自治区清真食品管理条例》、《河南省清真食品管理办法》以及《银川市清真食品管理规定》、《乌鲁木齐市清真食品管理办法》、《兰州市清真食品管理办法》、《南京市清真食品管理条例》等。

我国清真食品法制建设在取得明显成绩的同时，我们应当看到在一些立法部门和行政管理部门至今对清真食品法制化认识不足，甚至对"清真食品"立法概念、立法价值取向等问题缺乏理性的认识。由于我国清真食品立法在国家法层面上的缺位，致使清真食品从生产制作到零售批发，从运输存储到市场营销，从清真食品业主、管理者到从业人员中穆斯林所占比例，从市场准入到食品卫生安全监管再到清真食品监管，尚缺乏一部国家法层面上的权威性、强行性规范，缺

---

① 白剑波：《清真饮食文化》，陕西旅游出版社2000年6月版，序言。

乏统一的国家标准与国际标准。时至今日，还没有一部统一的关于清真食品管理的行政法规，还没有制定出适用于全国范围内的清真食品标准和规范。

由于一些立法部门及其一些工作人员对"清真食品"概念、立法价值取向等问题在定位和理解上存在着模糊认识或者误区，导致一些省市区对于同一清真食品管理在立法上见仁见智，各不相同。这些地方性法规内容不统一，保护程度不一致，有些规定的相关条款甚至严重滞后。清真食品管理混乱，还表现在管理与执法主体错位。一些省区市清真食品管理条例及其监管机制、法律责任形同虚设，清真食品安全监管机制基本没有建立形成，地方性法规缺乏权威性、刚性，更缺乏可操作性。地方性法规自身存在的缺陷和政府执法部门对清真食品监管乏力，有法不依、执法不严和违法不究，导致市场管理混乱，为违法犯罪分子谋取暴利，不惜做出伤天害理的犯罪行为提供了缺口与土壤。

四、加快立法步伐，推动清真食品管理法制化

我们呼吁国务院加快《清真食品管理条例》的制定，以一部权威性的国家立法予以规制，通过加强对清真食品的监管，保障清真食品安全，实现清真食品及其市场监管的规范化、法制化。《清真食品管理条例》对尊重和保护广大穆斯林群众的饮食习惯，规范清真食品市场，加强清真食品监理，不断巩固和发展社会主义新型民族关系，实现各民族共同团结进步，共同繁荣发展，促进我国的清真食品与国际市场接轨和贸易往来，都具有重大的现实意义和深远影响。《清真食品管理条例》将是第一部关于清真食品管理的行政法规，为制定我国清真食品基本法提供立法准备。它的制定将是在我国立法史上堪称具有"里程碑"意义的立法工程。

清真食品立法应当适应清真食品国际认证及国际标准化管理的趋势。在国际上，具有字面意义的"清真食品"通常是指宗教食品。近年来，亚洲、非洲等地区的伊斯兰国家率先制定出各自国家"符合伊斯兰法要求"的"动物屠宰要求"和食品制作规范。沙特阿拉伯先后制定了《沙特阿拉伯王国进口肉类产品所应遵循的规章即要求》、《符合伊斯兰法的动物屠宰要求》等规范性文件，加强对来自境外的食品监管。马来西亚伊斯兰共和国分别制定了《清真食品生产、配制、加工和储存的一般准则》和《动物屠宰与清真食品配制和加工的一般准则》等文件，颁布了清真食品"Halal"认证标准，其权威性得到了世界的公认，其认识标志通行全球，工作方式为多国效仿。2006年，马来西亚政府在吉隆坡发起成立了非政府国际组织"世界清真论坛（WHF）"。为清真产业界人士、专家学者提供交流切磋的平台，团结各国及各方力量共同推进世界范围内清真食品

产业健康有序发展。"世界清真论坛"将为清真产业制定出全球通行的"清真食品标准",为进一步弘扬伊斯兰文化,提升清真饮食品质与食品安全,打造和树立全球知名清真食品品牌,维护广大穆斯林合法权益做出了努力[①]。

在2008年召开的"世界清真论坛(WHF)"第三次年会上,世界各地的1200多名代表共同倡导成立了"国际清真统一联盟"(IHIAJLIANCE)并承诺免费制定"国际清真标准"。这将使全球"清真食品"适用国际统一的"清真标准",从而避免因各国执行不同的标准或因生产流程差别而造成产品质量参差不齐。各国适用统一的标准,通过对清真食品"Halal"认证,即符合伊斯兰教教义要求的"行为"或"食物""合法性"的确认,以保障其食品的宗教属性,维护伊斯兰教及清真饮食文化的权威与尊严,保障穆斯林饮食安全。同时还能使得清真食品在国际贸易中通过相互认证占有市场,必将为清真食品产业的发展开辟更加广阔的前景。

中国伊斯兰教协会是接受国家宗教事务局和民政部的业务指导与监督管理的全国性爱国宗教团体,清真食品认证服务作为公益事业由中国伊斯兰教协会教务部负责,这就明确了中国伊斯兰教协会及其各级伊斯兰教协会是由政府主管部门授权委托负责清真食品认证与清真食品监制的社团法人组织,也负有清真食品安全监督职责,拥有委任执法或准执法权力。

中国伊斯兰教协会教务部负责清真食品主要认证流程为"接到企业申请后向其派出清真食品的认证人员,重点检查食品原材料来源、生产、加工和储运流程是否均符合伊斯兰教法,并达到国家相关食品安全法规标准的要求,如符合条件就颁发认证书和授权使用清真食品认证标志。目前全国2400多个市县中97.3%的市县有清真食品和用品产业。饮食、副食、食品经营户12万多户,其中专门生产、经营清真食品的企业有6000多家。据食品专家统计:我国现有传统清真菜肴5000多种,小吃近千种。已形成了粮、油、肉类、乳品、糕点、制糖、罐头、糖果、调味品、豆制品、淀粉、制盐、蛋制品、添加剂、酵母、制茶、儿童食品、保健食品、果蔬加工、速冻食品、冻干食品等清真食品门类。"[②]

在欧美国家,随着穆斯林人口的增加,开始关注穆斯林民众的食品安全问题。在美国的许多邦、州已相继对穆斯林食品进行了立法。例如,华盛顿州参议院6771号法案第二款规定:"Halal"指严格按照穆斯林宗教法律规定和风俗准备、加工、制造、保存及销售的食物。在美国密歇根州第91届立法委员会2002年会议第5480号法案、伊利诺斯州SB750号法案、新泽西州参议院第460号法案等规定:"Halal"指"严格按照伊斯兰宗教法律和习俗准备和保存的"食品。

---

① 熊芳亮:《国外清真食品的管理概况》,资料来源:中国清真网。
② 高占福:《清真饮食文化的核心价值及其发展趋势》,资料来源:中穆网站。

印度尼西亚的"Halal"清真食品认证,即由印尼穆斯林组织认定该食品加工过程符合穆斯林习俗适于食用。①

五、清真食品立法的法律资源与立法建议

中国清真食品立法应当包括三个方面的资源:以现行的中华人民共和国法律为主体并包括港、澳、台地区有关清真食品法律作为立法主要资源;以现今世界主要的伊斯兰国家及各国有关清真食品标准及其法律作为立法参照资源;结合我国具体国情,挖掘、整理中国伊斯兰法文化资源并把回族等穆斯林民族清真饮食习俗作为立法参照的主要资源。

随着我国社会主义市场经济体制的不断完善,我国社会主义民主法制建设取得了丰硕的成果,具有中国特色的社会主义法律体系及其监督机制已初步形成,民族法制建设成就斐然。现行宪法有保障公民"宗教信仰自由"的规定。《中华人民共和国宪法》第三十六条规定:"中华人民共和国公民有宗教信仰自由。"

1997年10月16日,国务院新闻办公室在发表的《中国的宗教信仰自由状况》白皮书中第五部分"对少数民族宗教信仰自由权利的保护"中提到:"中国政府尊重和保护穆斯林群众的宗教信仰自由和风俗习惯……中国政府也十分尊重信奉伊斯兰教的少数民族的饮食习惯和丧葬仪式,制定生产清真食品的法规……"等等。国务院发布并于2005年3月1日起施行《宗教事务条例》(国务院令第426号)重申了国家"保障公民宗教信仰自由,维护宗教和睦与社会和谐"的原则。可见穆斯林群众的饮食习惯属于宗教信仰自由权利范畴,犯罪嫌疑人的犯罪行为明显侵犯了宪法赋予保障的穆斯林群众的宗教信仰自由权利。

《中华人民共和国食品卫生法》关于"食品应当无毒、无害,符合应当有的营养要求"的规定、明确列举了禁止生产经营的12种食品、食品卫生标准和管理办法的制定、食品卫生管理、食品卫生监督以及法律责任等内容,《中华人民共和国刑法》在第140条关于生产、销售伪劣产品罪、第143条生产、销售不符合卫生标准的食品罪、第144条生产、销售有毒、有害食品罪以及第225条非法经营罪等条款以及《中华人民共和国产品质量法》第50条规定中对违反食品安全的各类犯罪做出了比较相应的刑罚处罚规定。

最高人民法院、最高人民检察院《关于办理生产、销售伪劣商品刑事案件具体应用法律若干问题的解释》(2001.4.5 法释〔2001〕10号)对刑法第140条规定的"在产品中掺杂、掺假"及其质量要求、刑法第140条规定的"以假充

---

① 李自然:《浅谈清真食品的界定》,载《回族研究》2004年第4期。

真"等做出了司法解释;对于生产、销售的有毒、有害食品被食用后,造成轻伤、重伤或者其他严重后果的,应认定为"对人体健康造成严重危害"。对生产、销售的有毒、有害食品被食用后,致人严重残疾等其他特别严重后果的,应认定为"对人体健康造成特别严重危害"并依此定罪量刑。

国务院《关于严厉打击食品非法添加行为,切实加强食品添加剂监管的通知》要求"严格落实各方责任":在强化企业承担食品安全主体责任的同时,要强化地方政府责任、严格落实部门责任。加大对食品非法添加行为责任追究力度。监察部门要加大责任追究力度,对失职、渎职行为要依法依纪追究责任。涉嫌徇私舞弊、渎职犯罪的,移交司法机关追究刑事责任。

清真食品管理的立法是一个复杂的问题,要权衡宗教、民俗、历史、地域、社会及人民群众的接受程度等诸方面因素,既要保证信仰伊斯兰教的少数民族群众吃上"放心食品",使其合法利益得到保障,也要有利于民族团结和社会和谐稳定;既要有法可依、规范管理,又要有利于清真食品企业的生存和该产业的发展;既要适应我国改革开放的发展需求,又要适应国际交流发展的需要。据此,我们就清真食品立法,提出以下建议:

(1)继续按照立法程序,抓紧国务院《清真食品管理条例》的调研论证起草工作,争取在十一届全国人大会议任期内出台这部利民生、保权利、维稳定、构和谐的行政法规。近年来,连续发生的一系列违法犯罪案件暴露出在清真食品安全与市场监管等方面一些深层次的问题。

我国清真食品立法应与国际接轨,并充分考虑我国国情,制定清真食品认定认证标准,并将其生产经营活动纳入相关法律体系。针对清真食品市场管理混乱,监管乏力,有法不依、执法不严和违法不究的情况,依法治理在一些城市至今还存在着清真食品摊店与出售大肉食品的摊店紧紧相连,没有必须的间隔,超市无清真食品专柜、专用交款通道和一些摊店长期存在"清真食品不清真"的现象。依法严惩乱发"清真食品牌照"、出租"清真食品牌照"等不法行为。建议全国人大、国务院尽快制定有关清真食品监管、保障清真食品安全的法律、行政法规。其中应严格规定清真食品屠宰、生产、制作、销售的准入标准;确立清真食品监管的行政首长问责制。建议有关省区市立即修改完善各自的《清真食品管理条例》,增强其可操作性及处罚力度。建议省区级人大、政府立即部署对本省区市《清真食品管理条例》的执法检查工作。

(2)进一步解放思想,更新观念,把弘扬和发展中国伊斯兰传统文化作为提升中国文化软实力的一项重要内容,把规范清真食品行业,加强市场监管,开发清真食品产业,实现清真食品的市场化、国际化作为进一步提升我国国际地位的一项国家战略来加以认识。根据我国现行《宪法》的规定,制定《清真食品管理条例》必须坚持"法治"精神,确定立法的基本原则,立足于"清真食品的合法性原则",即"哈俩里"(合法)原则,其合法性就是符合伊斯兰教最基本的经典《古兰经》的规定。"清真食品是符合伊斯兰教法的可供信仰伊斯兰教的穆斯林食用的食品"。

(3)关于清真食品企业的市场准入,应由各级民委负责并吸收各级伊斯兰教协会参与作为前置程序审查,企业主要负责人应由穆斯林担任,穆斯林员工在企业中应占40%以上的比例。建议在国务院《清真食品管理办法》中加入"清真食品企业生产、经营部门的负责人,采购、保管和烹饪人员以及40%以上的生产或者服务岗位的职工,必须是回族或者是有清真饮食习惯的其他少数民族,个体工商户其业主和烹饪人员必须是回族或者是有清真饮食习惯的其他少数民族。取得《清真食品准营证》的企业和个体工商户,在其生产加工的清真食品包装物或经营场所使用清真标识的,要使用由省区一级伊斯兰教协会统一监制的清真标识。商场、超市、宾馆、酒店等开展多种经营的企业经营清真食品的,应设立专区或专柜。"还应当参考新加坡清真食品管理的相关经验,建议授权省区一级伊斯兰教协会统一对本省区清真食品进行管理。

(4)实现清真食品管理的市场化和全球化。国际国内日益增长的清真食品需求,为清真食品行业的发展提供了市场契机。实际上,清真食品管理之所以成为一个现实需求,与清真食品生产、供应的市场化密切相关。清真食品认证机构为清真食品生产商获得市场质量信誉提供了良好的平台;而认证机构为获得消费者、进口商的认可,也必须严格依照伊斯兰律法和穆斯林群体的饮食习俗来制定清真食品标准。

建议我国尽快加入"国际清真统一联盟"(IHIAJLIANCE),建议由国务院或国家宗教事务局、民政部等部门授权中国伊斯兰教协会作为负责清真食品认证与清真食品监制的社团法人组织,负有清真食品安全监督职责,拥有委任执法或准执法权力。建议制定我国统一的《检验羊、鸭、猪肉类别的检测标准》,尽快建立我国清真食品认证体系,与国际接轨。在规范清真食品的同时,推动我国清真食品的国际化、市场化进程。

目前我国国内并没有检验羊、鸭、猪肉类别的检测标准,因此无法进行鉴别。将羊肉、猪肉和鸭肉掺杂在一起后,用肉眼很难直观地辨别出羊肉卷是否掺假。这也是一些以猪肉冒充羊肉,以鸭肉冒充羊肉掺假犯罪分子得逞的原因。鉴别羊肉卷的真假一般需要借用基因扩增技术,建议我国立即建立检验羊、鸭、猪肉类别的检测标准,以规范清真食品企业和产品,提高清真食品知名度和信誉度。

令人鼓舞的是2010年3月,宁夏回族自治区出台了《宁夏回族自治区清真食品认证通则》,这部地方标准对于进一步加强清真食品监管、规范市场秩序、维护广大穆斯林群众合法权益、促进宁夏清真食品进入国际市场、扩大市场占有份额将发挥十分重要的保障作用。

（5）设置法律责任。加大市场监管力度，严厉处罚违反《清真食品管理条例》的行为，并对于违反《广告法》、《商标法》、《食品卫生法》和《动物检疫法》以及在大型超市、商场、冷库、仓库和宾馆、餐厅等场所实施的相关违反行为，视其情节予以相应的行政处罚，并处以经济制裁；侵犯民事权利的应承担相应的民事责任；触犯刑律，构成犯罪的，应依法追究其刑事责任。

建议建立清真食品社会监督机制。一是设立清真食品监管举报专线电话、网站、邮箱，在清真食品生产、加工、制售的集中地设立监督举报箱；二是建立由民族事务行政部门主管，由伊斯兰教协会指导的清真食品社会监督员（志愿者）队伍，发动社会力量，做好清真食品的监管工作。

（6）建议在修改现行的《食品卫生法》的同时，在现行《刑法》中增加"以谋取非法利益为目的，以穆斯林禁忌食品冒充穆斯林食品，侵犯少数民族权益，破坏民族团结，或者以此手段煽动民族仇恨的犯罪行为，视其情节分别处罚。情节恶劣、后果严重的处以十年以下有期徒刑；对于情节特别恶劣、后果特别严重的可处十年以上有期徒刑、无期徒刑，直至死刑。"

建议全国人大、国务院及其各部门尽快制定有关清真食品监管、保障清真食品安全的法律、行政法规。其中应严格规定清真食品屠宰、生产、制作、销售的准入标准；严厉打击食品非法添加行为，切实加强食品添加剂监管，加强长效机制建设；确立清真食品监管的行政首长问责制。

民族自治地方保护非物质文化遗产的立法成就与展望

王鹤云[①]

众所周知，我国是一个历史悠久、民族众多的文明古国。千百年来，各个民族不仅创造了大量的物质文化遗产，也创造了丰富的非物质文化遗产[②]。这些流传至今的各种神话、歌谣、谚语、音乐、舞蹈、戏曲、曲艺、皮影、剪纸、绘画、雕刻、刺绣、印染等艺术和技艺以及各种礼仪、节日、民族体育活动，蕴含着各个民族特有的精神价值、思维方式、想象力和文化意识，体现着中华民族的生命力和创造力，是联结民族情感的纽带，是国家和民族生存发展的根基和动力。加强对各民族非物质文化遗产的保护和传承，对于保存各个民族的文化基因，增强中华民族的自信心和凝聚力，保护各个民族的精神权益和物质权益，促进国家统一和民族团结，维护世界文化多样性和创造性，推动人类社会文明进步和可持续发展，具有重要而深远的意义。而通过立法手段为非物质文化遗产保护提供强有力的支撑，就显得十分必要。《中华人民共和国非物质文化遗产法》于2011年2月25日经十一届全国人大常委会第十九次会议高票审议通过并于2011年6月1日起开始实施，我国非物质文化遗产保护从此走向了法制轨道。在推进国家立法的过程中，许多民族自治地方为保护本地区丰富的非物质文化遗产，在单行条例方面进行了有益的探索。具体来讲，主要包括以下几类：

一、民族自治区人大制定的单行条例

目前，我国有五个民族自治区，其中，有三个都正式颁布了保护非物质文化

[①] 作者简介：王鹤云，女，文化部政策法规司政策调研处处长。
[②] 非物质文化遗产一词取自于2003年10月17日联合国教科文组织通过的《保护非物质文化遗产国际公约》。该公约的英文版用词"intangibleculturalheritage"在中文文本中被译为"非物质文化遗产"。与此相关联的概念有"民族民间传统文化"、"民族民间文化"、"民族文化遗产"、"无形文化遗产"或者"口述与非物质遗产"、"民间文学表现（表达）形式"、"民间传统文化"等。

遗产的单行法规。

1.《广西壮族自治区民族民间传统文化保护条例》

该条例于2005年4月1日经广西壮族自治区第十届人民代表大会常务委员会第十三次会议通过，共分总则、抢救与保护、传承、管理与利用、法律责任、附则等六章40条，于2006年1月1日起开始实施。条例的调整范围是在广西壮族自治区行政区域内，下列具有历史、文学、艺术、科学、社会价值的民族民间传统文化：濒危的民族古文字和语言；记录民族民间传统文化的文献资料；具有代表性的文学、戏剧、曲艺、音乐、舞蹈等民族民间口头和非物质文化；具有特色的传统民俗文化活动和体育活动；民族民间传统生产、制作工艺和其他技艺；集中反映民族民间传统文化的代表性建筑、设施、标识、服饰、器物、工艺制品；集中反映民族民间传统文化并保存比较完整的自然场所；其他需要保护的民族民间传统文化形式。

2.《宁夏回族自治区非物质文化遗产保护条例》

该条例于2006年7月21日经宁夏回族自治区第九届人民代表大会常务委员会第二十三次会议通过，同日公布，自2006年9月1日起施行。条例共分总则、保护与管理、让定与传承、保障措施、法律责任、附则等六章，45条。本条例所称非物质文化遗产，是指各民族人民世代相承、与群众生活密切相关、具有历史、文化、艺术和科学价值的各种传统文化表现形式和文化空间。其范围包括：口传文学以及作为载体的语言、文字、符号；民间传统表演艺术；民族体育、游艺活动；民间风俗、礼仪、节庆；民间有关宇宙、自然界的知识和实践；传统工艺美术和制作技艺；回族医术及其他传统民间医术；与上述表现形式相关的实物资料和场所；其他需要保护的非物质文化遗产。

3.《新疆维吾尔自治区非物质文化遗产保护条例》

该条例于2008年1月5日经新疆维吾尔自治区第十届人民代表大会常务委员会第三十六次会议通过，共分总则、保护、传承、利用和管理、保障措施、法律责任、附则等七章49条，自2008年4月1日起施行。该条例的保护范围包括：口头传统，包括作为文化载体的语言；传统表演艺术和民间美术；传统礼仪、节庆、庆典以及竞技、游戏等民俗活动；传统手工艺技能；有关自然界和宇宙的民间传统知识和实践；与前五项相关的资料、实物和场所；其他需要保护的非物质文化遗产。

另据了解，内蒙古自治区文化厅从2005年起，会同自治区人大教科文卫委员会、自治区政府法制办先后3次历时近3个月开展了非物质文化遗产保护立法调研，并多次征求专家意见。在此基础上，起草了《内蒙古自治区非物质文化遗产保护条例》（草案），现已由自治区法制办提交人大法工委审议。

需要补充说明的是，一些少数民族聚居的省份也在出台保护非物质文化遗产的地方性法规方面做出了不懈努力。2000年6月，云南省率先出台《云南省民族民间传统文化保护条例》，开启了地方立法专门保护非物质文化遗产的先河。2002年7月30日，贵州省出台《贵州省民族民间文化保护条例》。2005年12月云南省人大通过《云南省纳西族东巴文化保护条例》，专项保护纳西族东巴文化。这些条例的颁布，都为保护当地少数民族的文化遗产发挥了积极作用。《中华人民共和国非物质文化遗产法》正式颁布实施后，青海省文化新闻出版厅非物质文化遗产处将于近期启动青海非物质文化遗产调研，为制定符合青海实际情况的实施条例做准备。

二、自治州制定的单行条例

我国目前有30个自治州。据了解，自治州颁布实施的与非物质文化遗产有关的单行条例有：

1.《延边朝鲜族自治州朝鲜族文化工作条例》

该条例于1989年3月1日经延边朝鲜族自治州第九届人民代表大会第二次会议通过。1989年7月23日吉林省第七届人民代表大会常务委员会第十次会议批准。其中，第十四条规定"自治州自治机关进行朝鲜族文化遗产的搜集、挖掘、整理、出版工作，积极开展朝鲜族民间传统文化普查工作，建立朝鲜族民间传统文化档案和保护名录，对具有代表性或者做出重要贡献的朝鲜族民间文化传承人、传承单位授予相应的称号。自治州自治机关鼓励和支持朝鲜族民间传统文化传承人和传承单位传授其掌握的朝鲜族民间传统文化知识和技艺，培养后继人才，为其提供必要的物质条件。"第十五条规定"自治州自治机关积极发展朝鲜族新闻出版事业，扶持朝鲜文报刊、图书、音像制品、电子出版物和网络出版物工作，支持和鼓励出版单位翻译出版国内外各民族的优秀作品，定期开展朝鲜文优秀作品、优秀图书评奖活动。"第十六条规定"自治州自治机关保障朝鲜语广播电台、电视台办好自办节目和译制节目，提高朝鲜语广播电视覆盖率"。较早地对文化遗产保护做出了规定，特别是对于传承人的命名具有开拓性。第二十一条规定"自治州各县（市）、朝鲜族聚居的乡（镇）逐步建立不同规模的民俗娱乐中心，开展朝鲜族群众喜闻乐见的传统民俗娱乐活动。"这些规定都推动了非物质文化遗产的保护。

2.《湖北恩施土家族苗族自治州民族文化遗产保护条例》

该条例于2005年3月1日经恩施土家族苗族自治州第五届人民代表大会第三次会议通过，2005年3月31日湖北省第十届人民代表大会常务委员会第十四次会议批准，自2005年8月1日起施行。该条例分总则、保护与管理、收藏与交流、开发与利用、奖励与处罚、附则等六章 28 条，其保护对象是具有民族特色并且具有历史、文化艺术和科学价值的有形或者无形文化的表现形式，包括历史文化遗产、民族民间文化遗产、自然文化遗产、宗教文化遗产；具有代表性的少数民族建筑物、设施、标示；传统服饰、生产生活器具、工艺流程的可视部分；传统文化体育活动场地、器具、道具；家谱、碑碣、古墓；口述文学和语言文字；传统戏剧、曲艺、音乐、舞蹈、美术、杂技等；传统的工艺美术和制作技术；特色饮食制作工艺；传统风俗、礼仪、祭祀、节庆、文化体育活动；有珍贵价值的绘画、音像、照片资料；依法登记的宗教文化活动场所的建筑物、设施、神像、经书和合法的宗教场所；其他需要保护的民族文化遗产和自然文化遗产。

3. **《湘西土家族苗族自治州民族民间文化遗产保护条例》**

该条例于 2006 年 3 月 29 日经湘西土家族苗族自治州第十一届人民代表大会第四次会议通过，2006 年 5 月 31 日湖南省第十届人民代表大会常务委员会第二十一次会议批准，自公布之日起实施。条例分总则、抢救与保护、认定与传承、管理与利用、奖励与处罚、附则等六章，36 条。本条例所保护的民族民间文化遗产是指：土家族、苗族等少数民族的语言、文字；民族民间神话、传说、故事、歌谣、谚语、礼词、长篇叙事诗等；民族民间音乐、舞蹈、戏剧、曲艺等；民族民间工艺美术和特色饮食及其制作技艺、工具和代表作；民族民间祭祀图腾、岁时节庆、人生礼仪等民俗活动和游艺竞技；民族民间传统医药医学和保健知识、技能；反映土家族、苗族等少数民族生产、生活习俗的用具、器皿和民居、服饰等；有民族民间传统文化特色的代表性建筑、设施、标识和特定的自然场所；有历史、艺术、科学价值的手稿、经卷、典籍、文献、谱牒、碑碣、楹联等；民族民间原生性文化生态区；民族民间文化遗产的其他表现形式。

4. **《湘西土家族苗族自治州土家医药苗医药保护条例》**

该条例于 2009 年 3 月 27 日由湘西土家族苗族自治州十二届人民代表大会第二次会议通过；2009 年 5 月 22 日湖南省第十一届人民代表大会常务委员会第八次会议批准。条例共有 23 条，规定了保护的范围（包括土家医药苗医药的医学理论；独有的诊疗和保健养生技能、技法；单方、验方、秘方、偏方、常用方；独有的原材、原药以及饮片、制剂等的制作技术）、方针、保护的措施（包括保护野生药材资源、确定保护名录、实行相关人员执业资格制度、鼓励申报知识产权等等）。

5. **《黔东南苗族侗族自治州民族文化村寨保护条例》**

该条例于 2008 年 5 月 30 日贵州省第十一届人民代表大会常务委员会第二次会议批准，共有 40 条，2008 年 9 月 1 日实施。条例主要规定了民族村寨的保护、管理和利用，包括村寨内传统工艺的传承、民俗节日的保护、民族服饰的保护、生态环境的保护等等，可以说是民族村寨内文化生态的保护。其中，规定被命名的民族文化村寨必须符合的条件包括：历史悠久，布局协调，建筑典型，具有显著民族特色或者地方特点的；传统习俗保存完整、民族风情浓郁、具有民族特色或者地方特点的；与历史名人或者重大历史事件相关联的；具有历史文化传统和生态自然景观的；民间传统艺术或者工艺独具特色的。

6.《凉山彝族自治州非物质文化遗产保护条例》

该条例于 2010 年 2 月 8 日凉山彝族自治州第九届人民代表大会第五次会议通过；2010 年 5 月 28 日四川省第十一届人民代表大会常务委员会第十六次会议批准，分总则、规划与保护、传承、管理与利用、保障措施、法律责任和附则等七章，2010 年 7 月 1 日起施行。

7.《阿坝藏族羌族自治州非物质文化遗产保护条例》

该条例于 1 月 9 日经阿坝藏族羌族自治州第十届人民代表大会第六次会议通过，2010 年 5 月 27 日四川省第十一届人民代表大会常务委员会第二十三次会议批准，6 月 1 日四川省人大常委会公布，自 2011 年 7 月 1 日起实施。条例分总则、保护、传承、利用、管理、法律责任、附则等七章，48 条，该条例保护范围包括：口头传统，包括作为文化载体的语言；传统表演艺术；民俗活动、礼仪、节庆；有关自然界和宇宙的民间传统知识和实践；传统手工艺技能；与上述表现形式相关的文化空间。条例分别就非物质文化遗产保护范围、非物质文化遗产认定标准、代表性传承人、非物质文化遗产保护管理体制以及《条例》与文物保护法相衔接等做出了规定。

三、自治县的单行条例

我国目前有 117 个自治县和 3 个自治旗。在此层级上制定保护非物质文化遗产单行条例的还是少数，主要包括以下几个地方：

1.《长阳土家族自治县民族民间传统文化保护条例》

该条例于 2006 年 3 月 31 日，经湖北省第十届人民代表大会第二十次会议审议批准，于 2006 年 6 月 10 日起实施。这是全国县级第一部民族民间传统文化保护条例。

2.《北川羌族自治县非物质文化遗产保护条例》

该条例于 2008 年 1 月 11 日由北川羌族自治县第二届人民代表大会第二次会议通过，2008 年 5 月 21 日四川省第十一届人民代表大会常务委员会第三次会议批准。分总则、保护与管理、传承与发展、保障措施、法律责任、附则等六章 45 条。

3.《玉屏侗族自治县非物质文化遗产保护条例》

玉屏位于贵州省。该条例于 2010 年 1 月 31 日由玉屏侗族自治县第七届人民代表大会第五次会议通过，2010 年 5 月 28 日贵州省第十一届人民代表大会常务委员会第十五次会议批准，共 24 条。条例自 2010 年 8 月 1 日起施行。

4.《景宁畲族自治县民族民间文化保护条例》

景宁是浙江省唯一的少数民族自治县,景宁县具有丰富的民间文化和独特的风俗习惯。2010年3月23日经景宁县人大审议通过,7月30日,浙江省第十一届人民代表大会常务委员会第十九次会议批准。条例共六章三十四条,分别从民族民间文化保护范围、管理与保护、认定与传承、研究与利用、奖励与处罚等方面,对自治县民族民间文化保护进行了全面系统的规定。保护范围包括:畲族语言,具有代表性的民族民间传说、谚语、山歌、诗歌、戏剧、曲艺、音乐、舞蹈、绘画、雕塑等,具有民族民间特色的节日和庆典活动、民俗活动、宗教文化,民族体育和民间游艺活动,畲医畲药和其他民间传统医药等民族民间文化均纳入保护范围,既包括物质文化遗产,也包括非物质文化遗产。

5.《白沙黎族自治县非物质文化遗产保护条例》

白沙县位于海南省。该条例于2010年2月4日白沙黎族自治县第十三届人民代表大会第六次会议通过,2011年5月31日海南省第四届人大常委会第二十二次会议批准。条例分总则、抢救与管理、传承与命名、开发与利用、奖励与处罚、附则等七章36条。本条例保护范围包括:民间故事、民谣、谚语、民族语言等口头文学;老古舞、婚礼舞、大鼓舞、花灯舞等民间传统舞蹈;民歌、喜庆乐、打击乐等民间传统音乐;渔猎、农耕、饮食、婚嫁、丧葬等生产、生活中的传统习俗和礼仪;纺、染、织、绣、杂编、制陶、发簪制作、民居建筑等传统工艺和制作技艺;黎族、苗族民间医术;具有代表性的传统体育活动;与上述表现形式相关的文化空间;其他需要保护的非物质文化遗产及与其表现形式相关的文化空间。

综观这些单行条例,可以看出,第一,它们虽然名称不完全一致,但是多数以本地区所有的非物质文化遗产为保护对象,有的涉及物质文化遗产,有的以单项的非物质文化遗产为保护对象。在主要制度设计上,吸纳了国家立法有关草案中的主要内容,都规定了保护名录制度、传承人认定制度、生态保护制度、考察限制制度、专家咨询制度、开发利用制度等等。当然每个条例也都有自身的特点,都结合了本区域实际情况进行了创新,更加具有针对性和操作性。第二,自治地方保护非物质文化遗产的立法,伴随着人们对非物质文化遗产重要性及其内涵、外延、传承发展规律、保护方式等问题的不断深入,伴随着国际社会的新进展和国家立法进程,也经历了一个从探索逐步走向成熟的过程。这点可以从条例的名称的演变、保护范围的逐渐清晰、保护方式的多样化等方面窥见一斑。应该说,这些条例的颁布,对于加深人们对于本地区、本民族文化遗产重要性的认识,增强民族自豪感,推动当地非物质文化遗产保护,起到积极的促进作用。同时,它们的成熟的规定也为国家法律草案的修改完善奠定了坚实的基础,提供了有益的借鉴。可以说,地方立法与国家立法形成了良性互动。

自治地方立法是我国法律体系的重要组成部分。当前,我国《非物质文化遗产法》刚刚颁布实施，非物质文化遗产保护工作正在积极推进，自治地方保护非物质文化遗产的立法还需要进一步完善。笔者认为，应从以下几方面着手：

第一，加大自治地方相关单行条例的制定力度。从目前已经出台的有关单行条例看，颁布单行条例的民族自治地方所占比例较小。有关地区的领导应该高度重视相关立法，结合《非物质文化遗产法》的贯彻实施，制定符合本地区实际的单行条例，为保护本地区各个民族的文化遗产，推动社会可持续发展提供有力支撑。

第二，进一步完善已有的条例。现行的单行条例除少数几个外，都已经颁布了几年，一些表述与《非物质文化遗产法》不符，因此应该及时予以修订，与《非物质文化遗产法》进行对接，同时结合非物质文化遗产的实践，进一步予以修订完善。

第三，探索保护少数民族文化权益的有效途径。目前，自治地方的单行条例主要涉及行政保护制度，民事的内容较少。但是，非物质文化遗产保护过程中除了要解决传承乏人、濒临消亡、重要资料外流等问题外，还有一个比较复杂的问题就是与知识产权相关的精神权益和物质权益问题。近几年，已经发生了一些案例，比如黑龙江省饶河县四排赫哲族乡政府诉郭颂《乌苏里船歌》侵权案、贵州省三都水族自治县"水书"被抢注商标案、贵州省安顺市文化局诉《千里走单骑》影片发行方北京新画面影业有限公司、制片人张伟平以及导演张艺谋侵犯安顺地戏的署名权案①。这些案里都涉及少数民族的权益。民族自治地方可以在少数民族的民事主体地位、相关权益内容等方面做出探索，从而为国家制定相关法律奠定基础。

---

① 2005年12月，贵州省人民政府将"安顺地戏"列为首批省级非物质文化遗产代表作；2006年6月，国务院将"安顺地戏"列为国家级非物质文化遗产。因此，此案有"非物质文化遗产保护第一案"之称，引起了社会的广泛关注。2010年，安顺市文化局将张艺谋等告上法庭，历经一年多的审理，5月24日上午，此案在北京市西城区人民法院一审宣判，法院认定《千里走单骑》在主观上并无侵害非物质文化遗产的故意和过失，从整体情况看，也未对"安顺地戏"产生法律所禁止的歪曲、贬损或者误导混淆的负面效果，据此驳回了安顺市文化局的诉讼请求。但法院同时也对电影事业从业者发出提示，"今后更应当增强对我国著作权法和新颁布的《中华人民共和国非物质文化遗产法》的学习运用，谨慎从业，尽可能预防和避免民事纠纷的发生。（摘自《法制日报》报道"非物质文化遗产保护第一案"一审宣判，李松　黄洁）

民族自治地方地理标志战略的制定与实施

杨 信[①]

知识产权战略是以知识产权制度为基础，健全和完善知识产权管理体系，激励知识产权创造、保护、转化和利用，提高知识产权创新能力和国际竞争力，推动经济社会可持续发展的行动方案和政策措施。[②] 知识产权战略包括创造、管理、运用和保护四大战略。[③]

从20世纪80年代开始，发达国家纷纷采取行动，把知识产权提升到战略层面，不断扩大知识产权的保护范围，激励创新，谋求国际竞争优势，从而实现国家利益的最大化。在以美国等发达国家主导的知识产权框架内，发展中国家往往因为科技发展的落后而在竞争中处于劣势，但是这也使得一些发展中国家更加正视知识产权保护的新形势，采取应对措施，力求在激烈的国际竞争中争得一席之地。面对外国扑面而来的知识产权战略，我国在2005年由国务院成立了知识产权战略制定工作领导小组，启动了知识产权战略的制定工作。2006年，胡锦涛同志在主持中共中央政治局集体学习时强调，要加强我国知识产权制度建设，大力提高知识产权创造、管理、保护、运用能力，充分发挥知识产权在增强国家经济科技实力和国际竞争力、维护国家利益和经济安全方面的重要作用，为我国进入创新型国家行列提供强有力的支撑。2008年，国务院发布了《国家知识产权战略纲要》，标志着中国知识产权战略的正式启动实施，并且为贯彻落实《国家知识产权战略纲要》，国家知识产权战略实施工作部际联席办公室组织成员单位于2009年、2010年、2011年分别制定了每年度的《国家知识产权战略实施推进计划》。伴随着国家知识产权战略的启动，一些地方省市也开始根据本地的经济社会发展实际制定相应的地方知识产权战略。如湖南省积极开展版权保护工作，而浙江省则针对本省的工艺技术、重要地名和专有标志以及民间文艺作品积极进

[①] 作者简介：杨信（1980—），女，湖北云梦人，法学硕士，湖北民族学院法学院讲师。主要研究方向为民商法、知识产权法。

[②] 徐明华：《关于知识产权与国际竞争力的理论探讨》，载《中国软科学》2003年第8期。

[③] 吴汉东：《国家软实力建设中的知识产权问题研究》，载《知识产权》2011年第2期。

行保护。

一、民族自治地方实施地理标志战略的意义

知识产权战略是国家经济社会发展的动力，也是民族自治地方实现经济社会跨越式发展的制高点。由于经济社会发展相对落后，民族自治地方想要在知识产权战略中有所作为，必须有的放矢利用自身优势，挖掘自身潜力，针对民族自治地方农产品以及传统手工艺品等极富民族特色的产品资源比较丰富的情况，以地理标志作为区域知识产权战略的突破口，是其应有的选择。根据我国《商标法》的规定，地理标志，是指标示某商品来源于某地区，该商品的特定质量、信誉或者其他特征，主要由该地区的自然因素或者人文因素所决定的标志。民族自治地方制定并实施地理标志战略对于保证国家知识产权战略的实施，提高区域经济综合实力，维护民族自治地方稳定以及促进知识产权制度的完善具有重要意义。

（一）保证国家知识产权战略的实施

根据知识产权战略的实施主体不同，知识产权战略可以分为国家知识产权战略、地方知识产权战略、行业知识产权战略以及企业知识产权战略四个层面。[1]国家知识产权战略是站在宏观的角度，对一国之内的经济社会发展进行谋篇布局，它是纲领性的文件，为我国知识产权的将来发展规划总体目标；它是方向性的文件，为我国知识产权战略的制定和实施科学导航。国家知识产权战略的启动必然会带来地方知识产权战略、行业知识产权战略以及企业知识产权战略的制定与实施，而这些中观层面、微观层面的知识产权战略的实施也是国家知识产权战略得以运行的保证。当然地方知识产权战略、行业知识产权战略以及企业知识产权战略并非对国家知识产权战略的思想与目标的简易照搬，而是应该在国家知识产权战略的指导下，结合本地域、本行业、本企业的实际制定和实施具有地域特色、行业特色、企业特色的知识产权战略，这样的知识产权战略才是行之有效的。

作为经济社会发展比较落后的区域，民族自治地方应该把握好国家实施知识产权战略的契机，结合地方经济文化发展相对落后但民族色彩浓郁、民族资源丰富这一特点，制定并实施适合自己的知识产权战略，谋求经济文化的跨越式发展，同时也配合国家知识产权战略的顺利实施，保证国家知识产权战略目标的

---

[1] 赵丽莉、徐疆：《民族自治地区知识产权战略构建与实施》，载《内蒙古社会科学》2009年第6期。

实现。

(二) 提高区域经济文化综合实力

表1 民族自治地方与其他地区经济文化发展指标比较

项目 区域	地方一般财政收入（2009年1—8月）万元	农林牧渔业总产值（2010年1—2季度）万元	城镇居民人均消费性支出（2009年1季度）元	GDP（2010年1季度）万元
广西	3727100	8069000	2709	18458100
贵州	2558600	3140000	2417	7009200
云南	4370000	6106000	2659	14900600
宁夏	781000	624000	2869	2819700
新疆	2333800	3332000	2302	7444600
内蒙古	5855100	2792000	3223	19817200
青海	570600	318000	2311	2397600
西藏	172400	388000	2470	867300
浙江	15128500	8099000	4291	53633100

从表1的数据比较分析（数据来自中国经济社会发展统计数据库）不难看出，民族自治地方相对于其他地区来说，经济文化发展相对落后，要想扭转这一不利局面，必须结合本地实际，挖掘自身潜力，发挥地域优势。处在知识经济时代，民族自治地方应该大力开发和利用知识资源，转变经济发展方式，实现经济社会的长足发展。以地理标志带动民族自治地方土特产品、传统手工业品以及旅游产品贸易，积极建设和实施品牌战略，以品牌促发展，带动民族自治地方经济文化的发展。

(三) 维护民族自治地方社会政治稳定

社会不稳定的影响因素可以说是包罗万象，政治、经济、社会、文化等领域的变迁或变化都会直接或间接对其产生影响。但有一点是肯定的，即经济水平发展越高的地区，越容易实现社会政治稳定，而社会政治稳定情况得到显著改善的地区，大多经历了经济的增长过程。[①] 民族自治地方制定并实施地理标志战略，以品牌促发展，直接受益的将是老百姓。老百姓生活富裕了，满足自身生存发展

---

① 王磊、胡鞍钢：《经济发展与社会政治不稳定之间关系的实证研究》，http://wenku.baidu.com/view/c2a3647f27284b73f2425089.html，2010年6月29日访问。

的资源就自然会增加，而且在经济发展过程中财富增加，老百姓对社会将会有良好的预期。一个期待着将来进一步改善自身状况的人，一定会是社会政治稳定的促进者。另外一方面，经济发展了，社会总体财富有望增加，政府掌握的资源也会增加，那么政府处理经济社会事务，应对经济社会问题的能力就必然会增强。从这一点来看，民族自治地方地理标志的制定实施不仅仅事关经济文化发展，更关系到区域政治社会稳定。民族自治地方地理标志战略的制定实施将有助于实现民族大团结，促进各民族共同繁荣与发展。

（四）促进知识产权法律制度的完善

完善知识产权法律制度是《国家知识产权战略纲要》明确提出的战略重点，也是《2011年国家知识产权战略实施推进计划》的工作任务。目前，我国在地理标志保护上同时存在着工商和质检两个部门，证明商标、集体商标和地理标志产品、原产地标记两种模式的保护。另外，在我国，《反不正当竞争法》、《产品质量法》以及《消费者权益保护法》等其他法律对地理标志提供一般性的保护。且不论商标法保护与原产地标记保护之间的矛盾与协调问题，就民族自治地方而言，目前缺乏体现地方特色的地方立法、自治立法以及一些全国性法律的配套立法。而直接服务于民族自治地方知识产权战略的恰恰是这些具体的地方立法、自治立法以及全国性法律的配套立法。因此，在民族自治地方制定实施地理标志战略之际，完善的法律体系对于保证民族自治地方地理标志战略的制定实施具有重要意义。理顺保护地理标志的法律体系既是国家知识产权战略的应有内容，也是国家知识产权战略得以运行的重要保障。制定并实施民族自治地方知识产权战略将会推动地理标志法律制度的完善，促进地方法制建设，营造良好的地方法制环境。

二、我国民族自治地方地理标志的保护现状

（一）地理标志资源丰富与地理标志保护的落后

表2　与浙江省比较民族自治地方地理标志的注册情况

	已注册地理标志数量	涉及主要商品种类	占已注册地理标志的比例（%）
内蒙古	13	农产品	1.44
贵州	14	农产品、手工产品	1.55
西藏	3	农产品	0.3
新疆	35	农牧产品	3.88

续表

	已注册地理标志数量	涉及主要商品种类	占已注册地理标志的比例（%）
宁夏	11	农产品	1.21
青海	15	农产品	1.66
广西	22	农产品	2.44
云南	19	农产品	2.10
浙江	119	农产品、传统工艺品	13.18

数据来自中国工商总局发布的中国已注册地理标志名录，截止2010年12月31日。

我国是拥有56个民族的典型的多民族国家，民族自治地方比较多，全国有内蒙古自治区、广西壮族自治区、西藏自治区、宁夏回族自治区、新疆维吾尔自治区5个自治区，延边朝鲜族自治州、恩施土家族苗族自治州等30个自治州，河北孟村回族自治县等120个自治县，即我国总共有155个民族自治地方。这些民族自治地方大多分布在祖国的西部，这些地区经济社会发展相对落后，但同时必须肯定的是这些地区地域面积广袤，资源丰富，而且富有民族特色的产品较多。在东部沿海城市实施以工业发展促进城市发展战略之时，民族自治地方必须走培育地域特色产品发展之路，以地理标志树民族特色。从目前民族自治地方地理标志的注册情况来看，地理标志产品的培育并不乐观，主要表现在以下几个方面。

第一，受保护的已注册地理标志数量较少。从表2显示的数据可以看出，浙江一个省注册的地理标志的数量与内蒙古、贵州等地已注册的地理标志总和差不多，这与民族自治地方丰富的地理标志资源是不相匹配的。

第二，已注册的地理标志主要集中在农产品上，并且还主要是初级农产品，最多也只是进行一下粗加工，没有经过农产品的深加工，没有能够追求更高的产品附加值。

第三，目前地理标志的主要注册人是相关行业协会。作为一种具有集体性、开放性的权利，地理标志容易出现"市场失灵"的问题，这一问题是无法依靠市场个体的力量解决的，地理标志的保护和推广必须借助公共机构的力量，公共机构可以是政府，也可以是行业协会。[1] 尽管有学者认为民族自治地方实施知识产权战略应以优先发展知识产权中介组织为突破口，但是目前行业协会在我国尚不成熟，政府应该是保护和推广地理标志的主力，"章丘大葱"的有效推广和"烟台葡萄酒"的推广困境即是这一主张的最好例证。[2]

---

[1] 王笑冰：《地理标志的经济分析》，载《知识产权》2005年第5期。
[2] 王笑冰：《我国参加WTO地理标志谈判的立场和对策》，载《知识产权》2010年第1期。

第四，已注册的地理标志没有走进一步的深化品牌发展之路，在我国目前主要以商标法保护地理标志的背景之下，应该从地理标志注册出发，把地理标志做大做强，最终以驰名地理标志带动产品贸易发展。如地理标志数量相对较多的新疆维吾尔自治区，其驰名商标仅有 13 件，涉及地理标志的只有 1 件就是库尔勒香梨；内蒙古驰名商标数量有 24 件，但没有一个驰名商标涉及的是地理标志（数据来自中国驰名商标网）。这种现象可能引发的后果便是注册了地理标志，推出了饱含自然因素和人文因素的产品，但由于受众知晓度不高，也难以在市场上进行大力推广，这可能也在一定程度上解释了地理标志注册数量少的原因。老百姓没有从地理标志保护中获取多少实实在在的利益，自然无心关注地理标志的注册问题了。

（二）我国民族自治地方地理标志保护不足的原因分析

拥有丰富的地理标志资源，但民族自治地方却没有能够通过地理标志战略实现经济社会的相应发展，造成这种局面的原因是多方面的，但主要还是在于地理标志没有受到足够重视，以及政府没能在地理标志的培育推广中起到应有的作用。

第一，地理标志没有受到足够重视。民族自治地方经济社会发展比较落后，人们文化知识水平不高，一方面有些人根本就没有听说过地理标志，就算听说过这个词，也不能理解地理标志背后的价值所在，更无法预见地理标志战略对于经济社会发展的巨大推动作用，普通老百姓甚至是地方领导干部这种对地理标志认知的欠缺直接导致的后果就是地理标志不受重视，所以也就不会有很多的希望以地理标志带动产品的销售，更别说通过地理标志走特色名优品牌之路，进而推动经济社会的发展，丰富的地理标志资源没有能够得到很好的挖掘也就在情理之中了。

第二，政府没有能在地理标志的培育和推广中起到应有的作用。说到知识产权战略，不管是发达国家还是发展中国家，政府都是战略的制定者以及推动者，具体到民族自治地方的地理标志战略更是如此。一方面，老百姓对地理标志认知欠缺，另一方面民族自治地方中介组织的发展还不成熟，更何况，老百姓对政府始终有一种坚定的信任，在这种情形下，政府必须积极主导地理标志战略。只是政府行使的是公共权力，如果其行政干预力度过大，就会导致对私权利的无意侵害，损害地理标志权的私权属性，从这一点来看，要切实有效地制定实施地理标志战略，务必将政府角色进行明确定位。

三、民族自治地方制定实施地理标志战略的建议

在全国推广实施知识产权战略的社会大环境下,针对民族自治地方经济社会发展实际以及地理标志保护现状,特从以下几方面提出对策措施。

(一) 健全地理标志立法

制定实施知识产权战略当法先行。针对目前我国地理标志立法不完备的现状,学者们从不同的角度提出了不同的建议,有的人主张应该选择专门立法保护地理标志,即在我国质检总局的专门立法的基础上形成《地理标志立法》;也有人提出商标法与专门法并行的保护模式,地理标志保护应该走"证明商标+龙头企业+农户"经营模式;还有人主张地理标志法律保护宜采取商标法为主,反不正当竞争法、产品质量法及消费者权益保护法为辅的模式;更有人为地理标志正名,即在民法典中的人格权编中增加地理标志名称权,这样就可以跳出商标法保护还是专门法保护的无谓争论。尽管地理标志与商标之间存在着诸如是否标识商品的来源地区,以及商品特性是否与来源地自然因素和人文因素相关等差异,但以证明商标或集体商标的方式保护地理标志并不存在着根本的缺陷,然而地理标志本身确实非常特殊,地理标志产品独特的质量应该有严格的质检加以保障,从这个层面来看,目前我国地理标志保护存在着工商与质检两个部门,证明商标、集体商标与地理标志产品、原产地标记这两种模式看似矛盾,却又显露出一定的合理性,所以完善的地理标志立法并非完全否认现存立法,而应该从双重保护模式的协调中找出更合适的立法模式。笔者以为应该在质检局的《地理标志产品保护规定》基础上制定专门的《地理标志保护法》,但同时要吸纳《商标法》关于驰名商标的规定,并由国家质检总局和各地质检机构主管地理标志产品的保护工作。

(二) 建立地理标志的管理机制

地理标志产品由于具有产权模糊及利益共享等特点,这就使得其产品具有很强的寄生性和株连性,既可能出现其他生产经营者的"搭便车"现象,也容易产生经济学上的"公地悲剧"现象,所以要开发保护地理标志产品,必须构建一套行之有效的管理机制。首先,要充分发挥政府在地理标志战略管理中的主导作用,政府应该从制度环境、政府扶持、市场培育、人才培养等方面打造民族自治地方的地理标志战略管理。其次,培育发展地理标志中介组织,地理标志战略中政府发挥主导作用是肯定的,但从地理标志的长远发展来看,由地理标志生产

企业和营销企业代表组成的行业协会以及相关代理机构管理地理标志才是地理标志战略发展的选择。民族自治地方可以通过制度安排加快地理标志中介组织的发展，使这些中介组织成为连接政府和生产经营者之间的桥梁，协调和平衡好政府决策与生产经营者发展之间的关系。最后，重视对生产经营者的指导。生产经营者是地理标志产品的提供者也是地理标志产品的受益者，对生产经营者的指导既是对地理标志产品质量的保证，也是对生产经营者通过经营获益的保证。对生产经营者的指导包括生产经营观念的指导，生产经营技术的指导，法律政策的指导等等。

（三）营造良好的社会环境

知识产权是一种文化，文化建设是知识产权战略的重要战略举措，要为地理标志战略的制定实施营造良好的社会环境，应该从知识产权文化建设入手。知识产权文化的内在结构分为两个层面，一个是观念形态的知识产权文化，此时的知识产权文化可以理解为，在一定条件的作用下，人们关于知识产权现象的态度、价值、信念、心理、感情、习惯及学说理论共同构成的复合有机体；一个是制度层面的知识产权文化，包括知识产权法律制度及规范、管理制度及组织机构、设施等内容。[①] 关于制度层面的知识产权文化前文已有所述及，在此知识产权文化专指观念形态的知识产权文化。世界知识产权组织认为，建立充满活力的知识产权文化是各国的共同需要，它可以让所有的利益相关者在一个相互联系的战略整体中发挥各自的作用，并能使知识产权成为促进经济、社会和文化发展的有力手段。具体来说，要为地理标志战略的制定实施营造良好的社会环境，就是要在社会上树立一种"尊重知识、崇尚创新、诚信守法"的基本理念。要树立这一基本理念，可以实施以下具体方案。第一，加大地理标志的宣传，可以每年的世界知识产权日为基础，确定地理标志宣传周，大力推广宣传知识产权文化的基本理念，为地理标志战略的实施营造良好的舆论氛围。第二，积极举办并参与重大知识产权活动，既可以增强人们的知识产权意识，也可以在活动中推广当地的特色知识产权产品，提升知识产权产品的社会影响力。第三，加强知识产权教育培训工作，形成政府、企业、行业多层次、多渠道、多角度合力传播知识产权知识与意识的局面，使知识产权文化的基本理念深入人心。

[①] 杨信：《桥梁与纽带：知识产权文化的意义探析》，载《前沿》2005 年第 5 期。

四、结　语

知识经济时代，知识产权战略的制定实施势在必行，民族自治地方应该抓住国内外推行知识产权战略的契机，找准自身优势，在健全的地理标志立法的引导下，在完善的地理标志战略管理机制的辅佐下，在良好的社会环境的推动下，以地理标志战略带动整个区域知识产权战略的制定实施，从而实现民族自治地方经济社会的大发展。

民族地区法律实施
状况研究

对民族区域自治政策法规贯彻的思考

曲木车和　荣跃泽仁[①]

《中华人民共和国民族区域自治法》是中国特色社会主义民族法律体系的主干，对施行民族区域自治这一国家的基本政治制度提供了坚实的法律保证。坚持《民族区域自治法》基本原则和规定，制定配套法规、规章和变通规定，在政策措施上对《民族区域自治法》的部分条文规定进一步加以细化，是贯彻落实好《民族区域自治法》，实现各民族共同团结奋斗、共同繁荣发展十分重要的关键环节。

一、存在的主要问题和表现

近年来，各级各地制定了一系列扶助加强民族自治地方发展的优惠政策，不断加大投入，帮助民族自治地方加快发展，民族区域自治法总体上得到了较好的贯彻执行。但是，在制定配套立法和落实帮扶政策措施上仍然存在不完善的方面，突出表现在存在"一刀切"现象。

1. 财政转移支付仍需加强。近年来，上级财政对民族自治地方转移支付虽有较大增长，但仍不能满足民族自治地方支出需求，部分专项转移支付资金存在内容交叉、分配过程不够透明、资金下达不够及时等问题。

2. 基础设施建设项目配套资金减免规定落实不到位。有关部门安排项目投资计划时，大多实行"一刀切"的政策，要求地方财政进行资金配套。由于民族自治地方财政自给率低，无力配套，使一些建设项目得不到及时安排。目前除农村中小学校舍维修改造和高速公路建设等不需民族自治地方资金配套外，绝大多数建设项目仍有平均30%至40%的资金需要民族自治地方配套。

3. 资源开发中对民族自治地方进行照顾的规定落实不理想。民族区域自治

[①] 作者简介：曲木车和，四川省民族宗教事务委员会巡视员。荣跃泽仁，四川省民族宗教事务委员会。

法关于上级国家机关在民族自治地方征收的矿产资源补偿费、项目耕地开垦费、新增建设用地有偿使用费、水资源补偿费等优先安排用于民族自治地方的规定，由于缺乏具体的实施办法，也落实得不够理想。在民族自治地方开发利用资源和能源的一些企业，由于未在民族自治地方注册，因此相关税费未缴纳在民族自治地方。

4. 生态建设补偿机制不健全、政策不完善。多年来，民族自治地方以牺牲自身的短期、局部利益为代价，对国家生态建设、环境保护和天然林保护工程等作出了重要贡献，根据《民族区域自治法》的规定，理应享受合理的生态补偿，但由于相关的补偿机制不健全、政策不完善，对民族自治地方进行生态补偿的规定落实还不到位。

5. 民族自治地方学校教师和各类专业技术人才，受编制的限制和生活条件艰苦、待遇低，无法引进或留住。一些县反映，国家师资配置主要以学生数确定教师编制，不切合民族教育实际，民族地区大部分中小学缺编现象严重。

6. 对民族干部选拔培养的优惠和照顾政策配套的力度不到位。如，尽管目前实行的"凡进必考"的标准化公务员录用制度对提高民族自治地方公务员整体水平很有必要，但由于没有从实际需求出发对民族地区考生采取优待和变通办法，通晓地方语言、熟悉情况的民族地区考生由于考试成绩总体水平往往不如内地考生而落选，对民族自治地方改变人才短缺的状况不利。

二、以上现象的法制成因分析

一是对民族政策法律法规的宣传教育尚待进一步强化。调查中了解到，由于对《民族区域自治法》和民族法律政策的学习宣传深度和广度不够，仍有个别上级国家机关看不到或忽视民族区域自治制度作为国家基本制度的重要地位和作用，不知法、不懂法、不熟悉法的现象仍然存在，存在贯彻落实民族区域自治法"是民族地区的事"，"是少数民族和民族工作部门的事"的片面认识，对民族自治地方的特点和利益缺乏必要的、足够的照顾，忽视其特殊困难和权益，出台政策时，出现脱离民族地区实际的作法，标准上采取"一刀切"和"一般化"，用共性的政策解决特殊性的问题。

二是立法配套不足，倾斜优惠帮扶的落实缺乏保障。民族区域自治法律、规定要求国务院有关部门制定实施办法、细则，据了解，目前只有国家发改委等极少数部门出台了意见，大多数国家职能部门尚未出台关于实施民族政策法规的具体办法和措施，导致在实践中难以操作，贯彻落实的效果大打折扣。这不但直接影响了《民族区域自治法》的深入贯彻实施，也影响了地方整个配套法规建设进程，民族自治地方往往出于立法稳定性、统一性和立法成本的考虑，放缓对单行条例、变通规定及地方政府部门规章的出台。这不利于将民族政策及时转化为法律规定，影响民族区域自治法贯彻落实的长期性、稳定性和法制化。

三、进一步贯彻实施《民族区域自治法》的建议

一是加大学习宣传和贯彻民族法律法规的工作力度。要进一步提高对民族工作极端重要性的认识，切实加强和改善党对民族工作的领导，促进各级各部门把民族工作摆上重要议事日程，经常研究民族工作的重大问题，结合行政法制工作，推动民族团结进步事业不断前进，维护民族团结和社会稳定。在全社会广泛深入宣传《民族区域自治法》的同时，将其作为国家、省级机关干部特别是领导干部学习的重点，并纳入县处级以上干部任职理论考核，确保学习到位、掌握到位。各级人大常委会经常性地检查《民族区域自治法》的贯彻实施情况，对监督检查中发现的问题，督促有关部门及时整改，严肃查处违反《民族区域自治法》的行为，坚决维护法制统一原则和法律的严肃性、权威性。

二是加强加快立法工作，完善配套措施。国务院各部委、地方政府应根据《民族区域自治法》的规定，制定相应的措施办法，以保证严格执行法律，切实履行职责，把民族区域自治法的规定落到实处。在地方立法工作中，要进一步制定科学合理的立法计划；建立完善多方位和多层次的调研机制；建立完善立法决策评估机制，确保制度创新的科学性；建立完善拟制规范的技术体系，确保制度建设的实际效果。要紧密结合"十二五"规划和新一轮西部大开发战略，切合民族自治地方经济社会发展的重点和难点，抓紧制定实施《民族区域自治法》的地方性法规和规章，并对已有的规章进行修改和完善；要紧密结合各级政府职能部门的职责，抓紧制定实施《民族区域自治法》的具体措施和办法，使法律法规的原则规定具体化，确保民族地区能切实享受到法律规定的优惠政策，逐步建立和完善上级国家机关帮助民族自治地方发展的长效机制；要紧密结合民族自治地方的特点和需要，切实做好自治条例的修改和单行条例的立、改、废工作，为民族地区改革、发展、稳定工作提供法制保障。

三是加大帮扶力度，促进民族地区跨越发展。要按照中央西部大开发工作会议和第五次西藏工作座谈会的决策部署，集中力量解决好民族自治地方改革、发展、稳定中的全局性、战略性、关键性问题，坚持"多予、不取、放活"的方针，制定优惠政策，把帮助民族自治地方加快发展的各项政策和规定落到实处：

1. 抓紧做好"十二五"民族地区发展规划以及教育、交通、文化、科学技术等方面发展的专项规划的编制工作，科学谋划民族自治地方跨越发展路径，引

导和支持民族地区紧紧把握住新一轮推动西部大开发的重大战略机遇，帮助和支持民族自治地方加快产业结构调整，加快发展方式转变，提升自我发展能力，助推民族地区经济社会事业跨越式发展。

2. 进一步规范和完善对民族自治地方的一般性财政转移支付、专项转移支付管理办法和措施，提高一般性转移支付比重，加大转移支付力度，更好地帮助民族自治地方解决财力上的困难。各级用于教育、科学技术、文化、医疗卫生、社保等方面的专项转移支付应重点向民族自治地方倾斜，帮助民族自治地方加快各项社会事业发展步伐。

3. 加大对民族自治地方基础设施建设的投入和支持力度。一要认真落实优先在民族自治地方安排基础设施建设项目的规定。积极争取中央各类投资项目对民族自治地方的支持，省级投资项目重点投向民族自治地方民生工程、基础设施等领域，逐步解决交通、水利、电力、通讯等关系民族地区群众切身利益的实际问题，为民族地区跨越发展创造良好环境和条件。二要认真落实减免基础设施建设项目配套资金的规定。各级各部门安排在民族自治地方的交通、能源、水利、教育、卫生、文化、体育、广播电视等基础设施项目，要切实按照有关规定，适当降低民族自治地方承担配套资金的比例；民族自治地方的国家扶贫重点县和财政困难县确实无力负担的，应免除配套资金。要制定和完善具体减免政策，确保减免规定落到实处，保障民族自治地方各项基础设施建设项目顺利实施，快速提升民族自治地方的发展保障能力。

4. 加大对民族自治地方生态环境保护的支持力度，构建生态环境保护补偿机制。根据开发者付费、受益者补偿、破坏者赔偿的原则，明确补偿范围、标准和程序，完善补偿政策，实行合理补偿，切实维护对国家生态环境保护、天然林保护工程作出贡献的民族自治地方的利益。

5. 推动民族自治地方从资源优势向经济优势的转变。在民族自治地方征收的矿产资源补偿费、项目耕地开垦费、新增建设用地有偿使用费、水资源补偿费等，要切实按照有关规定优先安排用于民族自治地方；发挥民族自治地方的资源优势，将资源开采与生产作为支柱产业来加以培育，形成产业优势，带动民族自治地方产业优化升级；在确定资源税等各项收益的地方分成比例时，要切实照顾民族自治地方的利益。

6. 继续实施好各项扶贫开发和民生工程，进一步保障和改善民生，切实解决好各族群众生产生活中的具体困难和问题，促进民族地区加快建设小康社会的历史性跨越。

7. 加大少数民族干部培养力度，制定适合民族地区的人才培养计划，落实优惠政策，在涉及考试录用民族地区公务员等各类人员时，对少数民族考生实行加分照顾或划定比例录取，以扩大和确保少数民族干部来源。

贵州少数民族地区乡村治理相关法律问题及其分析

——基于国家法与民族习惯法的关系分析

文新宇[①]

在依法治国、构建和谐社会的背景下,如何构建法治贵州、和谐贵州,以及如何创新贵州社会管理机制,是摆在贵州各级党委、政府和贵州各族人民面前的现实问题。贵州是欠发达、欠开发的地区,省情决定了构建法治贵州、和谐贵州的难度。而在贵州,少数民族常住人口达1254.79万人,占全省总人口的36.11%,少数民族分布具有成片或交错杂居的特点,少数民族人口主要居住在少数民族地区农村,少数民族地区地域广,少数民族自治地方面积占全省总面积的55.5%,这又成了贵州经济、社会发展以及构建法治贵州、和谐贵州、创新社会管理机制避不开的现实问题。然而,在当前构建法治贵州、和谐贵州、创新社会管理机制中,恰恰对贵州少数民族地区乡村治理的问题尤其是其法律问题又是较为忽视的。

一般而言,单纯从法律问题类型的角度看,目前包括贵州在内的我国乡村治理中的法律问题,主要涉及村民自治权利的法律保障、土地承包经营权、农民专业合作社、村委会换届选举、农村土地征用补偿安置、乡镇依法行政、农村纠纷解决机制、农民权益保障、农民权利救济等方面的法律问题。就这些法律问题进行研究,可以说每一个问题都值得作为专题进行研究。就本文研究意旨而言,主要基于具有特殊性的贵州少数民族地区乡村治理中国家法与习惯法的关系展开,主要是从乡村治理法治化缺失的问题、对传统法文化认识不足和吸收利用不够、乡村治理中不时出现相关民族习惯法与国家法冲突的情况三方面进行论述。

[①] 作者简介:文新宇,苗族,贵州省社会科学院法律研究所副研究员,主要研究方向:民族法学、法人类学。

一、乡村治理法治化缺失的问题

关于乡村治理法治化缺失的问题，是一个全国性的或全国普遍性的法律问题，全国性主要体现在国家层面上没有就乡村治理等涉农问题进行相应的立法，还存在法治化缺失的问题；全国普遍性主要体现在全国各地在乡村治理等涉农地方立法、执法、司法方面，还存在法治化缺失的问题。就贵州少数民族地区而言，除了存在国家层面上缺乏对乡村治理等涉农立法问题之外，由于少数民族人口多、经济文化落后等方面的原因，在乡村治理等涉农地方立法、执法、司法方面存在的法治化缺失问题，与其他省、市、区甚至贵州少数民族地区之外的地区相比，往往显得更加突出。

改革开放以来，中国制定了许多法律，但是有关"三农"的立法不多。即使是在各种涉农法律的制定过程当中，农民的民意也没有很好地得以表达。这一方面是农民文化水平较低的原因，另一方面是中国还缺乏完善的利益表达机制，即使是涉及广大农民切身利益的立法，农民的声音也显得很微弱。有些立法由于缺乏对农村社会状况的实际调研，忽视了农村实际生产生活的需要，以及农村传统法文化还部分起作用的现实，造成国家一些法律规定不仅仅是农民在规避，连一些地方政府也认为在其管辖范围内"不合适"。许多地方政府还制定了自己的"土政策"来对农村进行管理。国家的政策很多时候比法律在农村发挥了更加直接的作用。

要真正解决乡村治理问题，法律改革是一个不能忽视的问题。全面修改现有法律制度中不利于"三农"的法律规则，把"三农"植入一个新的法治环境之中，农村、农业、农民才能获得更多的发展空间。[①] 王允武等通过课题《社会主义新农村建设若干法律问题研究》的调研后认为，承载着人类公正与正义追求的法律原来对农民权利与义务的配置并不公平，在"三农"问题产生的诸多原因中，制度上的"城乡分治"、权义失衡也许才是最根本的原因。如果不修改这些不公平的法律，将会严重阻碍新农村建设战略的顺利实施，制度改革应当成为当前新农村建设的首要任务。[②] 当前，新农村建设的法律保障问题已引起了广泛关注。

过去提出的乡村治理，更多的是停留在号召层面，而今天的乡村治理，完全

[①] 王允武、田钒平、廖娟等：《社会主义新农村建设若干法律问题研究》，四川出版集团、四川人民出版社2007年8月版，第1页、第4—5页。

[②] 笃行侠：《新农村建设离不开法治作保障》，来源：南方网。

不同于以往，它是一种需要实践的行动纲领。在这种背景下，乡村治理与法治建设就存在着必然的联系，即乡村治理推动着法治的发展，而法治的发展又支撑着乡村治理。体现和落实乡村治理目标的农村生产力的发展、农民生活质量的提高、新型农民的培养、人居环境的改善、乡村治理新机制的建立、农民权益的保护、农村纠纷解决机制的形成等，都必须要以明确的、权威的、稳定的法律制度为支撑。①

然而，当前我国农村地区，乡村治理缺乏法律保障是一个不争的事实，在涉农立法、农业执法、执法监督、涉农法律救济方面，均出现缺乏法律保障的问题。这在远远落后于全国、全省的贵州少数民族地区，表现得更为突出。

（一）从立法方面看

到目前为止，我国已颁布实施了十多部农业法律和四十多部行政法规，一大批行政规章和地方性农业法规也制定出来，农业无法可依的状况已基本得到改变。但是，相对于农业、农村经济发展、农民权利保护的要求而言，我国的农业法律体系还不够健全，涉农立法相对滞后，而且质量不高，有关农业的立法，更多的是行政性法规，而体现平等、自愿、等价、有偿和诚实信用等市场经济原则的有关农业的民事立法还比较薄弱。主要表现在以下方面：

第一，当前，与国家立法资源严重地向工商业部门和城市倾斜形成鲜明对比的是，我国农业部门、农村领域和农民阶层大量的法律需求得不到满足，许多应当通过法律来规范与调整的利益关系，长期得不到应有的制度化的安排，许多对农村建设和发展急需的法律，如《土地征收法》、《农民权益保障法》、《农村发展促进法》、《农村合作组织法》、《城乡协调发展法》、《财政支农法》等迟迟没有出台，出现了立法上大量的空白地带。正是由于法律供给的严重不足，才导致涉及"三农"问题的许多法律关系长期得不到及时有效的调整，农村发展要求与农民权益保护长期缺乏强有力的表达方式和有效的运行机制，农村的各种社会问题特别是利益争端长期找不到合理的有效的解决途径，农民的权益长期得不到合法的保护，致使农村问题越来越多，情况越来越严重，付出的改革成本和代价也越来越大。② 比如，农村土地使用权流转问题，虽然在"十六大"之后党的文献中时有体现，但毕竟缺乏相应的法律规范，致使无法实现集体土地使用权的规范化、市场化、法制化，客观上造成了集体土地自发交易，既侵犯了集体土地所有权和农民土地权益，又不利于农村经济发展和农业用地保护。

---

① 笃行侠：《新农村建设离不开法治作保障》，来源：南方网。
② 宋才发、潘善斌：《改革与创新社会主义新农村建设的法律制度》，载刘永佶主编：《民族经济》（第一辑），中央民族大学出版社2006年6月版，第19页。

第二，在维持社会城乡二元结构及其利益格局依然成为立法的一种理念和价值取向的当下，由于相关的法律制度在立法理念和立法价值取向上还存在偏差，已明显不利于农业、农村的整体发展和农民权益的合法保护，阻碍着乡村治理的顺利推进。现行的许多法律法规，比如农村土地流转制度、农村土地征收（征用）法律制度、户籍管理制度、矿产资源开发管理制度、生态补偿制度等，在某种程度上说，是以牺牲农村的整体发展和农民的切身利益来成全城市的发展和市民利益的。以现行的农村土地征收（征用）法律制度为例来说，由于国家垄断着农村集体土地的开发权和转让权，在农村土地征收过程中，国家与开发商一道拿走了土地增殖70%以上的收益，大量的资金从农村流入了城市，集体和农民所获得的土地收益很少，严重地侵害了农民的合法权益，制约着农村的发展。而与此同时，国家却局限于城市优先发展的政策，对于农村的基础设施建设、农村金融服务、农村中小学教育、农村社会保障、农村医疗卫生服务、农村文化建设等方面公共物品的投入大大低于对城市的投入。近年来公共财政支农领域投入的绝对数量虽然在逐步增加，但是在整个国民收入中所占的比例还是比较低的。

第三，相关的保护农民权益的法律法规没有切合农村的实际状况需要。由于立法时没有全面考虑到农民弱势群体的特殊性和农村具体的社会环境，我国现行保护农民权益的法律法规中，有些因原则性太强，缺乏详细的、可具体操作的规定，并不适用于农村的实际状况，导致了法律在执行过程中的任意性和保护农民权益的软弱无力。这种近乎无差别的法律规定，加上复杂化的司法程序和高昂的维权成本，使得广大农村、农民缺乏实质上行使权利的法律保障，法律所追求的"公正"、"正义"并没有在农村社会和农民群体上得到体现。这对于农民弱势群体来说，"白纸黑字"所记载的权利，实质上无异于没有权利。因此，在当前建设社会主义新农村的大环境下，农民作为当今社会相对弱势的群体，理应在法律制度上为他们架构一个更为公平的生存与发展的平台，消除事实上的不平等因素应当成为农民权益保护立法根本的价值追求。

（二）从农业执法、执法监督方面看

当前，包括贵州少数民族地区在内的我国农村普遍存在农业执法和执法监督薄弱，缺乏规范，农业法律实现困难的情况。

目前，在贵州少数民族地区农村存在着很多不规范的和错误的甚至是严重违法的执法行为，极大地损害了法律的尊严。我国已初步建立了包括土地管理、森林保护、植物检疫、渔政管理、畜禽防疫检疫、种子管理、农机监理和农业环境保护等在内的农业行政执法体系，对促进农业的发展起到了重要作用。但相对于农业立法而言，我国农业执法和执法监督较为薄弱，农业行政执法主体和执法行为都不太规范，不仅农业法律实现困难，而且实现成本也特别高昂。个别执法主体集执法权和经营权于一身,既当裁判员,又当运动员,形成农村执法权往往被故意滥用或过失滥用的不良现象。农村行政执法活动在整个农村工作中是一个重点,也是一个难点。对于行政权力,如果不用法律进行有效的监督制约,极易被滥用而演变成一种破坏力量。既有的有关农村和农业的法律法规得不到执行,法律思维、法治观念还远没有树立起来,这是基层政权组织丧失农民信任、动员能力不足的主要原因。以目前贵州少数民族地区农村征地引起大量纠纷为例,可以看出涉农执法程序流于形式和不规范。《土地管理法实施细则》第25条和《征收土地公告办法》都对土地征收规定了"两公告一登记"等制度,但执行力度远远不够,征地过程中暗箱操作严重,村民的知情权侵害几乎殆尽,不能充分考虑被征收农村集体经济组织特别是被征收地农民的意见,农民无实际参与权,征地只是少数人说了算,甚至有些地方政府以征地之名行"圈地"之实。笔者调查发现,近年来,贵州省境内"两高"建设涉及农民土地征收反映的土地征收执法程序不规范的问题是不少的。

(三) 从涉农法律救济方面看

当前的我国农村地区,危害农业生产和农民群众的合法权益的行为经常发生。有的农产品和农业生产资料的生产经营者见利忘义,前几年在发达地区推销伪劣种子、假农药、假化肥等行为,最近几年在贵州少数民族地区也经常发生。经营者进行不正当竞争,用非法手段牟取暴利,严重地危害了农业生产和农民群众的合法权益。收购农产品"打白条"等挤农、坑农的恶劣做法屡禁不止。有的农业承包合同时常被发包方无故单方中止,损害承包经营户的合法权益。有的单位、部门或者地方,利用自己的优势地位和行政权力,限制某些紧俏农产品的流通,人为地分割市场,大搞行政性垄断和地方保护。有的农产品生产经营者随意抬高物价,甚至囤积居奇,欺行霸市,扰乱市场秩序。这些情况严重地妨碍了农村社会主义市场经济的健康发展,严重地影响了贫困地区农民的积极性。

与此同时,目前我国农村地区涉农法律救济状况还很不理想。地方国家机关没有建立有效的农民维权、纠纷解决机制,法院等司法机关由于各种原因没能很好地通过司法过程疏通法律救济渠道。一些地方法院迫于其他国家机关的压力,擅自剥夺农民的诉权,使农民告状无门,迫使农民抛弃法律,采取私力救济,产生了许多的社会不稳定因素。农民对法律失去信仰,这是当前建构农村法治秩序面对的最大难题和主要障碍。

总之,由于涉农立法、农业执法、执法监督、涉农法律救济各方面存在许多问题,致使当前出现了乡村治理缺乏法律保障的状况,这在我国少数民族地区表现得尤为突出。我们只有立足于当前社会主义乡村治理的现实需要,做好涉农法律问题调研,分析乡村治理缺乏法律保障的原因所在,才能在下一步的法治建设中为社会主义乡村治理提供更多更好的法律保障。

二、对传统法文化认识不足和吸收利用不够

在贵州少数民族地区乡村治理中，对传统法文化认识不足和吸收利用不够是一个不能忽视的问题。由于认识上的不足，存在一些观念上的错误，认为所有习惯法都是过时的或与国家法格格不入的，导致在村民自治和乡村治理中看不到习惯法发挥的作用，而没有加以有效的吸收、利用。

在贵州少数民族地区农村，少数民族在长期的发展中，形成了自己独特的传统法文化，并且在相对封闭的少数民族村落里得以代代相传，深深地渗透到他们的生产、生活的方方面面，直到今天，还在不少村寨里起着一定的作用，成为现代的乡村治理制度可借助的本土资源，成为国家法律在农村的有益补充。笔者通过调查发现，在贵州少数民族地区乡村治理中，首先碰到并解决的不仅是经济发展上的尽快改观，而乡村治理、文化事业、精神文明建设、法治建设等同样是必须面对并急需解决的问题。因而，主要涉及乡村治理、文化事业、精神文明建设、法制建设等方面的少数民族传统法文化，在贵州少数民族地区乡村治理中必然具有重要地位。然而，在当前贵州少数民族地区乡村治理中，却忽略了少数民族传统法文化的作用。

我国自古就是统一的多民族国家，少数民族法制和汉民族法制一道走过几千年发展的历程，这与各民族长期融合及各民族在历史上的地位是分不开的。少数民族的法律文化曾在中华法律文化产生和发展过程中起过重大作用。可以说，中华法律文化是中华各民族共同创造的，中华法系是以汉民族为主体的各民族法律意识、法律原则和法律制度长期融合的产物。但长期以来，中国法律史学界重视中原地区"正统"法律的研究，对不同时期、不同范围、不同形式的少数民族法律研究不够，甚至认为少数民族法律简单、零散、落后，不能作为中国法制史研究的内容，致使历史上民族政权和地域组织的法律制度被遮盖，没有及时地挖掘、整理和体现出来。[①] 这里以苗族习惯法为例。苗族习惯法也曾遭受过这样的命运。历史上的"千里苗疆"曾被封建时代的统治者和某些文人看做是"无伦纪"和"不相统率"[②]的无秩序社会。苗族习惯法从而被埋没在历史的尘埃中，也被已为人们广泛接触和熟悉的国家法所遮盖。近几年来，经过多位学者在苗族地区做广泛、详细的调查，并在此基础上整理写就了《苗族习惯法研究》，该书

---

① 徐晓光：《中国少数民族法制史》，贵州民族出版社2002年版，第1页。
② 参见清·康熙：《古今书集成·边裔典》。

第一次全面、详细地展现了苗族传统法律文化,即苗族习惯法。许多的调查资料表明,在长期的历史发展过程中,苗族逐渐形成了具有民族特色的大量的、丰富的、规范社会生活秩序的习惯法。从表现形式上看,既有清末以后以汉字记载的法规、碑刻、族规、案例,也有无文字状态下形成的"埋岩"(无字碑)、榔规榔法、法律传说等,口承流传下来的理词、唱词、古歌、谚语等资源。① 值得一提的是,虽然历史上有的封建统治者和某些文人认为"千里苗疆"是"无伦纪"和"不相统率"的无秩序社会,没有看到已深深融入苗族生产、生活之中"活"的习惯法,但是,在清代,在国家的重要法典特别是国家基本法律《大清律》中直接规定认可苗族习惯法"苗例"在苗族地区的法律效力,这是清代少数民族立法中绝无仅有的。历史和许多事实告诉我们,大量的、内容丰富的苗族习惯法在苗族社会中发挥着维持社会秩序、规范人们行为的重要作用。直到现在,苗族习惯法还对人们产生影响和规范作用,在那些较为封闭的苗族村寨,一些苗族习惯法传统因素仍是调整村寨公共事务、确定村民权利义务等方面的规范,并且还十分管用。比如,2010年3月26日月亮山区从江县的加鸠乡、东朗乡、光辉乡、加勉乡、宰便镇、停洞镇、下江镇、榕江县计划乡的88个行政村,在乡镇政府的指导下,利用当地苗族历史上通过"埋岩"订立习惯法的传统形式,在一个叫"能秋"的地方举行了盛大的苗族习俗改革大会,宣布了"埋岩"通过的改革条款,涉及婚姻家庭、丧葬、节日习俗、文化教育等方面的改革,内容之多,范围之广,参与村寨之多,应是苗族地区有史以来之最。②

在一些少数民族村寨,我们还发现,在纠纷处理方面基本还沿用习惯法的处理方法,注重发挥村寨组织比如房族、村委会、寨老等的调解功能和作用。在一些苗族村寨的村规民约中,就明确地规定了传统习惯法在纠纷解决中的沿用(比如罚"请酒服理",罚"供全村吃一餐"等),村规民约从而也就成了村民依习俗、惯例治理农村的他们心目中的"成文法"。由于部分村规民约的制订做到了村民广泛民主讨论且一致通过,代表了广大村民的意愿,村规民约的宣传也做到了深入每家每户、妇孺皆知,最后也得到了村民的普遍遵守和执行。在调查中,笔者得知有的少数民族村寨已有几年没有发生一起刑事案件,民事纠纷也很少,一般在村寨内部就得到较好的解决,这不得不归功于依习俗、惯例而制订的村规民约。由此我们可知,在目前国家法在少数民族地区运行面临困境、得不到顺利有效实施的情况下,我们应该顺应村民乐于接受、遵守对少数民族习惯法有所继承的村规民约的趋势,引导好村民制订逐渐与国家法有所接轨的村规民约,从而

---

① 徐晓光、吴大华、韦宗林、李廷贵:《苗族习惯法研究》,华夏文化艺术出版社2000年版,第2页。

② 龙泽江、张和平:《石头法的现代传承——月亮山苗族习惯法"榔规"改革纪实》,载《原生态民族文化学刊》2010年第2期。

实现农村社会的稳定和规范有序。这里，村规民约的乡土知识性及其作用就应引起我们的足够重视并加以利用。针对森林资源保护方面的法律、法规得不到有效执行的情况，为挽救和保护乡土知识，贵州省林业厅2002—2003年在"苗族第一县"台江县台拱镇实施了《村规民约在森林资源管理方面的保护与应用》项目，发现"村规民约针对一些政府顾不上管、法律法规涵盖不了的事项，制订一些针对性很强的条款，有效地维护了当地社区的社会秩序，保护了森林资源和广大村民的利益，深受广大村民的拥护和支持。"这是当前苗族村寨中村民利用对苗族习惯法有较多继承的村规民约进行农村治理的明显例子。

因此，我们应重视少数民族传统"自治"本土资源的吸收、利用、引导，积极探索少数民族习惯法积极因素在乡村治理中发挥作用的方式和渠道，改变对习惯法吸收、利用不够的状况，进一步推动少数民族地区乡村治理工作。

三、乡村治理中不时出现相关民族习惯法与国家法冲突的情况

贵州少数民族多居住在偏僻山区，生产力发展水平较低，文化教育落后，其固有的习惯法文化并没有因为国家法律不断完善和在少数民族地区实施程度的增强而完全中断，而是依然存在着，发挥着惯性的效力。民族习惯法规范良莠并存，许多落后、有害的旧习惯与国家法律格格不入，形成明显的冲突。这样，由于传统法文化在少数民族地区农村的惯性作用，加上国家法在少数民族地区的资源匮乏，宣传、教育不够，少数民族地区农村人们规避法律、违法犯罪现象时有发生，影响和破坏了人们正常的生产、生活秩序。当前，贵州少数民族地区乡村治理中不时出现相关民族习惯法与国家法冲突的情况。主要表现在以下几个方面：

（一）习惯法的某些处罚明显超越了自己的施行范围，造成了新的违法犯罪

调查发现，目前贵州不少的少数民族村寨，由于习惯法上有"代民除恶"的观念，有的村民在面对乡村范围内的"惯偷"、品行败坏的村民时起于泄愤而将其打死，名为"代民除恶"，实质上已经触犯了刑法，造成了犯罪。这与少数民族历史上习惯法规定的对多次盗窃、违犯常伦者处以沉塘、活埋、乱棍打死等死刑的遗留有关。少数民族民众出于"代民除恶"的杀人行为，有时又夹杂

"法不责众"的理解，却不知道是在触犯了国家法律，是在犯罪。有的苗族村寨由于众人对诸如偷鱼、盗伐他人林木、盗牛、鸡、鸭等偷盗行为深恶痛绝，往往形成对久偷不改者打死不管的观念，认为此种久偷成性、屡教不改的惯偷被打死是其应有的下场，因而包括偷盗者家人在内的村里民众往往不再追究负有责任者。这种致偷盗者死亡的案件往往是偷盗者在多次行窃时被被偷者用火枪于隐蔽处射中致死，或者被被偷群众一起动手将其打死。司法机关在介入这类案件时由于案件特殊、不易侦查、群众阻挠等原因往往不了了之。

（二）受习惯法影响的村规民约过于倚重重罚和声誉罚，违背了法律的原则

过于倚重重罚、声誉罚的少数民族村寨治理方式，是历史上民族习惯法的主要特点，对习惯法有所吸收的村规民约也表现出了重罚、声誉罚倾向。比如，近年来，有的苗族村寨在村规民约中仍对偷盗行为采取重罚。为了让偷盗者不再犯，同时也为了教育、警戒众人，有的苗族村寨还采取让偷盗者"巡回喊寨"的声誉罚，让全村人知晓偷盗者偷盗恶劣行为并监督其行为。比如雷山县郎德镇也利村1997年制订的村规民约对偷盗处罚有这样的规定：触犯第二次以上的，由其家长或监护人拿出100斤肉、100斤米、100斤酒（当地苗族习惯称为"3个100"）请村干和全村寨老集中共同进行教育，并由寨老带其巡回全村喊寨一次。可以看出，对偷盗者适当处罚是有利于保障公私财产安全的，但无原则地加重处罚，甚至采取"喊寨"手段随意侮辱人格，也是有违国家法律的，往往侵害了他人合法的财产权和人身权。

（三）村规民约中习惯性的一些处罚方式实际上变成了超越法律的乱加处罚和代法行罚

比如有的苗族村对强奸、通奸行为的处罚。由于苗族社会重伦理，强奸、通奸行为往往影响到夫妻关系和家庭稳定，从而影响到整个苗族社会秩序系统，因而对强奸、通奸行为给予特别的处罚规定。改革开放以来，为杜绝强奸、通奸行为发生，稳定家庭婚姻关系，维护社会正常生产、生活秩序，有的苗族村寨仍在村规民约中对强奸、通奸行为进行处罚规定。如黔东南雷山县郎德镇报德村规定：对强奸和通奸行为，一经发觉，除供全村人口吃一餐作消邪外，对强奸者扭送司法部门依法惩处。这个处罚规定对传统习惯法是有所继承的。现代观点认为通奸就是婚外情，通奸行为的发生，只涉及通奸男女道德方面的问题。但在苗族村寨这样的熟人社区里，大家认为通奸是极大的伤风败俗行为，是对家庭关系和地方社会秩序的严重破坏行为，因而一旦发觉便给予披露、公开，使通奸者受到

羞辱，并要其赔偿相应财产。从上面报德村罚通奸者"供全村吃一餐"的做法可看出，这是一种侵犯他人人身权利、财产权利的做法。而报德村村规民约规定对强奸者罚"供全村吃一餐"，这明显是法外对触犯国家法律者乱加处罚的做法，也是与国家法律相冲突的，因为对强奸这种要负刑事责任的犯罪行为，只能由国家法律来制裁。

另外，刑事领域内的已经法院判决后仍按习惯法解决的"二次司法"，"血亲复仇"、报复式处罚而诱发打砸抢、抄家、拆房、伤害、杀人，因"私了"案件而导致非法拘禁、刑讯逼供，因重男轻女而重婚等犯罪现象仍然十分严重，民事领域婚姻家庭方面的结婚不登记、早婚、包办婚姻、买卖婚姻、嫁出去的女儿不能继承父母遗产等歧视妇女的不平等规定、做法，都是贵州少数民族地区乡村治理中民族习惯法与国家法冲突的情况，这里不再一一列举。与国家法冲突的民族习惯法内容，是在我国法治建设过程中没有进行自身改良和扬弃的那部分习惯法，当前一般以习俗、惯例等形式存在于广大农村，在当前的乡村治理中起着消极的作用，要构建农村法治秩序，主要就是消除习惯法中与国家法冲突的消极因素，朝依法治理的方向努力。

四、结　语

我们应该清楚地认识到，尽管乡村治理的困境出现在社会最基层，但造成这种困境的原因则是多层次的、全方位的。我们只有对其原因进行全方位的考量，才能找到从根本上解决问题的对策。首先，国家应给予一定的法律保障、政策倾斜与支持；其次，地方政府应给予一定的引导与相应的支持；再次，基层政府则应积极地推进职能转变，构建服务型乡镇政府建设；最后村庄社会则应继续推进和深化村民自治，提高农民组织化水平，提高农民的素质。只有这样，乡村社会才可能走出诸多困境，走向真正的和谐。

本文认为，贵州少数民族地区乡村治理除了与全国乡村治理的相同情况之外，还存在自身的一些特殊情况，需要进行具体问题具体分析并寻求对应策略。

从我国法治建设中主要是移植西方法律的现实背景，到贵州少数民族地区法治生成的社会环境较弱的客观现实，我们看到贵州少数民族地区乡村治理中存在的法律问题，一方面是乡村治理中法治化的缺失，一方面是对传统法文化认识不足和吸收利用不够，再一方面是乡村治理中不时出现相关民族习惯法与国家法冲突的情况。解决这些法律问题，要立足于贵州少数民族地区农村实际，从客观实际出发，既看到依法治国的大趋势、大背景，又看到贵州少数民族地区农村中习惯法仍然在发挥国家法律没有顾及的补充作用，这也是贵州少数民族地区法治建设的基本认识和关键所在。因而，解决贵州少数民族地区乡村治理中存在的法律问题，就要避免某些政法部门在处理农村问题时唯法律条文是从、把所有习惯法当成与国家法对立的封建迷信、陋习一律加以消灭的做法，从法律多元、公序良俗等理念出发，促进少数民族习惯法与国家法的良性互动与调适，这应是解决问题的上策。目前，建设法治贵州，构建和谐贵州，创新社会管理机制，很重要的一块工作就在于贵州少数民族地区的乡村治理，如果忽视了贵州少数民族地区的乡村治理，将会影响到建设法治贵州、构建和谐贵州、创新社会管理机制工作的大局，最后拖了贵州的后腿。贵州立足少数民族地区特点进行乡村治理，切合贵州实际，取得相应成效，将是我们期待的贵州经验、贵州模式。本文从容易被人忽视的贵州广大少数民族地区乡村场域中国家法与习惯法的互动关系入手，研究作为构建法治贵州、和谐贵州重要组成部分的贵州少数民族地区乡村治理中的法律问题，以期在总体推动构建法治贵州、和谐贵州中起到该起的一点实践指导、参考作用，就是本文的意旨所在。

《信访条例》在民族地区实施情况调查报告

——以某自治州为例[①]

汪 燕[②]

中华人民共和国成立以来，一直重视信访制度的建设和发展。1957年中共中央文件——《关于加强处理人民来信和接待人民来访工作的指示》将"处理人民来信和接待人民来访"，定性为"是各级国家机关一项经常性的重要政治任务。"1982年第三次全国信访工作会议指出，信访即"人民群众向各级党委和政府写信、上访是宪法规定的一项民主权利，也是人民群众参与管理和监督国家各项工作，监督国家工作人员的一种方式。"信访被赋予民主监督功能。1995年，国务院出台《信访条例》，信访工作法制化。2005年，国务院颁布新的《信访条例》，规定"所谓信访，是指公民、法人或其他组织采用书信、电子邮件、传真、电话、走访等形式，向有关国家机关、有关单位或领导人反映情况，提出建议、意见或投诉请求，依法由有关国家机关或单位处理的活动。"至此，信访既是公共参与的渠道也是解决纠纷的途径。

社会无处不矛盾，人类无处不纠纷。当矛盾无法避免，当纠纷在所难免。人类需要寻求的不仅是遏制纠纷发生的妙方，还有有效化解纠纷的良策。针对行政纠纷，我国建立了包括行政复议、行政信访、行政诉讼在内的多元纠纷解决机制。但当前全国各地信访数量庞大，以致有学者提出"信访中国"。人们为什么信访？为什么人们偏好信访？本文拟通过调查民族地区行政信访的情况，了解行政信访在民族地区行政纠纷解决机制中的地位，以探索信访制度的发展和完善方向。为此，我们采取座谈、走访和网络查询的方式，客观了解了某自治州的信访现状。试图从信访的现状出发，为改革信访制度提供有益的建议。

---

① 作者在调研的过程中，得到了某州信访部门的支持，在此表示感谢。同时，遵守调研时的约定，以某地区代替具体地名，请读者理解。

② 作者简介：汪燕，女，土家族，法学博士，湖北民族学院法学院副教授。

一、民族地区信访制度的实施①情况

信访制度的实施状况,包括两个方面的内容。一是信访人的实施情况,二是信访受理机关和信访处理机关的实施情况。

(一) 信访人的实施情况

1. 信访方式选择情况

信访条例规定信访人员可以选择书信、电子邮件、传真、电话、走访等途径反映情况、提出建议、意见或者投诉请求。

从调查的情况来看,民族地区信访人员的信访途径仍然以走访为主。2008年,该地区县市党政信访部门受理群众来信来访20211件人次。其中,来信3605件,来访6376批16606人次。2009年,该地区县市党政信访部门共受理群众来信来访23803件人次。其中来信2850件,来访7515批20953人次,网上信访2001件。从来访的情况看,集体走访的数量较大。2008年,该地区县市党政信访部门受理群众集体来访599批7742人次,同比批次上升6.58%,人次下降35.19%。2009年,集体来访743批10602人次,同比上升24.04%和36.94%。这些数据表明,绝大多数信访人选择走访反映信访意愿。但随着网络信访制度的建立,网络信访数量在逐年增加。

一般来说,信访人员选择信访途径会考虑以下因素:一是经济成本,二是有效表达诉求、建议或者意见。在可以选择的信访途径中,走访不是成本最低的。但为什么信访人员要选择走访呢?这种情况的发生,表明信访人认为走访更能有效表达诉求、建议或者意见。

2. 信访机关选择情况

根据《信访条例》,人大常委会、政府及其工作部门、人民法院和人民检察院都是信访受理机关。但《信访条例》并没有对各个机关的受理事项作出相对明确的分工,自治州所在省信访条例对各个信访受理机关的受理事项作了具体分配。

但在现实的信访活动中,多头信访、越级上访的情况依然严重。2008年,该地区赴京上访157批273人331人次,同比68人99人次,上升301.47%、234.34%;其中非正常上访56批77人83人次,同比11人15人次,分别上升6

---

① 本文所称法律实施是指广义的法律实施,是指法在社会生活中被人们实际施行,包括执法、司法、守法和法律监督。

倍、4.5 倍；赴省上访 252 批 348 人次，同比 196 批 368 人次，批次上升 28.57%、人次下降 5.43%，其中集体上访 1 批 5 人次，同比 4 批 87 人次，分别下降 75%、94.3%。2009 年，群众赴省上访 284 批 550 人次，同比上升 11.4%、53.6%。到省集体上访 17 批 182 人次（非正常上访 24 批 118 人次）。2009 年，群众赴省上访 284 批 550 人次（集体上访 17 批 182 人次），同比上升 11.4%、53.6%。其中非正常上访 24 批 118 人次（集体上访 7 批 98 人次）。赴京上访 144 批 272 人次（集体上访 11 批 131 人次，同期 7 批 134 人次），同比下降 13.3%、29.9%；其中非正常上访 25 批 38 人次，同比下降 59.7%、54.8%（集体上访 2 批 12 人次，同期下降 33.3%、52%、52%）。

信访是信访人员向各级人民政府、县级以上人民政府工作部门反映情况，提出建议、意见或者投诉请求，依法由有关行政机关处理的活动。信访人员向哪一级政府及其工作部门表达诉求、意见或者建议，往往有以下考虑：一是信访机关是否有权限或者有职责，二是信访机关是否依法公正处理信访事项，三是低成本信访，四是最有利于解决信访事项。如果这种分析信访人员选择信访机关的原因是成立的，信访人员越级上访或者非正常上访的原因就显而易见。信访人员要么因为本级没有解决信访事项或者对解决的结果不满意，要么不信任本级根本不向本级政府信访直接越级上访。

3. 信访原因事由

《信访条例》规定：行政机关受理与行政机关及其工作人员，法律、法规授权的具有管理公共事务职能的组织及其工作人员，提供公共服务的企业、事业单位及其工作人员，社会团体或者其他企业、事业单位中由国家行政机关任命、派出的人员，村民委员会、居民委员会及其成员的职务行为相关的信访事项；各级人民代表大会及其常务委员会、各级人民法院、各级人民检察院受理职权范围内的信访事项。

2009 年该地区某市政府群众来访接待中心共接待群众来访 1250 批次 2993 人。按照信访目的分类，全年意见建议类占来访总量的 0.09%，申诉类占来访总量的 1.04%，求决类占来访总量的 97.6%。按照信访内容分类，反映比较集中的分别是：城乡建设类 278 批次 697 人次，占来访总量的 22.2%，总人次的 23.3%；国土资源类 229 批次 606 人次，占来访总批次的 18.3%，总人次的 20.2%；政法类 213 批次 511 人次，占来访总批次的 17.0%，总人次的 17.1%；劳动社保类 161 批次 514 人次，占来访总批次的 12.9%，总人次的 17.1%；民政类 146 批次 194 人次，占来访总批次的 11.7%，总人次的 6.5%。以上五大类信访问题占全年信访总量的 82% 以上。当前，因征地补偿引起的社会矛盾越来越突出。

我们通过随机抽样的方式，统计了该地区某市政府信访局 2010 年 6 月实际处理或者接待的信访事项。该信访局全月共接待来访案件124件。信访人的信访事由主要集中在以下方面：解决外部行政纠纷、申请行政许可、申诉工资报酬。其中建议类5件，申诉类32件，咨询类1件，求决类案件87件。在申诉类案件中，以行政行为的性质为依据可以再分为：认为行政行为违法或者行政机关不作为的23件，认为行政行为失当不合理的7件。在求决类案件中，请求解决民事纠纷14件，提出行政申请72件。

4. 违法信访及其处理情况

该地区2008年共处理信访人员违法信访行为84人，其中训诫45人，警告3人，办法制教育学习班8人，治安处罚10人，劳动教养1人，行政拘留9人，依法追究刑事责任8人；2009年共依法训诫355人次、警告171人次、拘留43人次，劳动教养6人次，追究刑事责任13人次。

5. 信访代理情况

我们调查的该地区某市政府制定了信访代理制度，下发了关于推行信访代理制度的实施意见。信访代理实行双向承诺：信访代理员承诺在代理期限内办结诉求事项，答复信访人；信访人承诺在代理期间不上访。信访人可向信访代理员提供信访材料，也可要求随访，随访不超过4人。信访代理实行村、乡逐级代理。群众诉求事项一般在乡内妥善解决，乡内无权解决的，由乡信访代理调处中心报乡主要领导指定信访代理员到上级有关部门反映解决。信访代理事项经过受理、告知、处理、答复、复查、复核后终结，由信访代理员向信访人出具信访代理终结报告书。

（二）信访受理机关的实施情况

《信访条例》第五条规定，各级人民政府、县级以上人民政府各工作部门的负责人应当阅批重要来信、接待重要来访、听取信访工作汇报，研究解决信访工作中的突出问题；《信访条例》第六条规定，县级以上人民政府信访工作机构是本级人民政府负责信访工作的行政机构，其负责受理、交办、转送信访人提出的信访事项，负责承办上级和本级人民政府交由处理的信访事项，负责协调处理重要信访事项以及督促检查信访事项的处理。信访受理机关是否依法受理信访案件，对信访秩序的建构起着至关重要的作用。

1. 信访受理人的情况

依据《信访条例》，各级人民政府、县级以上人民政府各工作部门的负责人以及县级以上信访部门是信访事项的受理机关。在实际的信访受理活动中，信访受理人不只以上机关和人员，还包括律师。随着"大接访"活动的开展，领导亲自接访成为信访受理的常态机制。据统计，2009年，该地区县市党政主要领导及班子成员113人参与"四访促和谐"活动接访336次，接待群众来访1759

批 4023 人次，化解信访问题 1618 件（立案交办 1137 件，落实责任单位 669 个，案结事了 1049 件）；126 名领导约访 272 批 682 人次，化解问题 221 件；118 名领导下访接待群众 242 批 453 人次，化解问题 210 件；258 名领导回访群众 106 批 310 人次，化解问题 104 件。其中，县市委书记、县市长公开接访 111 次，接待群众来访 829 批 1821 人次，化解问题 756 件（立案交办 538 件，落实责任单位 421 个，案结事了 437 件）；16 次约访 72 批 177 人次，化解问题 59 件；34 次下访接待群众 54 批 93 人次，化解问题 46 件；34 次回访群众 34 批 89 人次，化解问题 28 件。

2. 信访案件受理情况

《信访条例》规定，信访人可以向信访机关"提出建议、意见或者投诉请求"。作为民主表达机制的信访而言，信访受理机关并没有受理范围的限制。因为信访人依法有权表达自己的建议。但作为纠纷解决机制的信访则有受理范围的问题。"纠纷解决机制的特点是个案处理，其运行遵循着的是投诉、受理、处理以及告知处理结果等程序，运用听证、开庭、调解等手段，以及由处于中立地位的裁决者进行处理、拿出处理方案的做法。"① 作为纠纷解决机制的信访，信访受理机关赋有审查是否属于受理范围的法定职责。

但目前民族地区信访机关普遍采取的是全面受理原则。即，不论是否属于《信访条例》规定的受理范围，只要信访人信访，信访机关基本上一律受理。从我们抽样调查的该地区市政府信访局 2010 年 6 月受理的 124 件来访案件来看，其中 87 件不属于信访范围。其分别属于行政咨询（1 件）、民事纠纷（14 件）、行政申请（72 件）。

这种全面受理的原则带来以下问题：一是纵容公民信访不信复议、诉讼；二是使信访机关不堪重负，承担过多不属于本机关的行政职责。某种程度上，也可以说就是这种全面受理的原则，膨胀了信访的规模。

3. 信访案件转送、转办、交办以及协办情况

信访受理机关接受信访事项主要有四种渠道：一是上级转送、同级交办；二是群众直接来访；三是群众来信；四是领导交办。针对这四种不同来源的信访事项，信访受理机关采取的处理程序是不同的。归纳起来主要包括两种程序：一是来信处理程序；二是来访处理程序。该地区各级信访局分别实施了来信和来访程序。但不论是来信程序还是来访程序，信访机关承担的都是类似医院"挂号室"的职责，只是为来访或者来信的信访人员指派解决机构或者解决人员。信访人员自身没有明确挂号意愿的，信访机关一般将疑难、复杂或者涉及人员众多的民生

---

① 林莉红：《论信访的制度定位——从纠纷解决机制系统化角度的思考》，载《学习与探索》2006 年第 1 期。

问题指派给专家门诊,由领导亲自督促解决;一般信访事项,则指派普通医生即有权的行政机关就诊解决。信访人员直接挂号专家门诊的,有两种途径:一是直接给领导去信,一是由信访机关告知相关领导信访接待时间,信访人员在规定的时间直接来访向领导反映问题。

信访事项最终是专家门诊还是一般就诊,并不是以信访人员向谁表达决定的。虽然信访人员直接向领导表达诉求,但领导接待来信来访后,还是交办信访机关,让信访机关统一受理,再决定交办、转送或者呈办。

(三) 信访处理机关的实施情况

1. 领导批示、督办、包案情况

从该地区信访流程分析,信访机关选择信访处理程序是以"重大"、"重要"为标准。信访机关认为重大的,呈报领导解决;信访机关认为重要的,交办有权处理的行政机关。信访局实际上行使了自由选择来信来访处理程序的裁量权。领导批示或者领导亲自督办或者包案处理的信访案件呈上升趋势。以该自治州下属的某县为例,2010年上半年,县领导共包案处理信访事项44件,已化解稳控23件,21件正在化解处理;党政领导定期接访日共接待来访群众74批次217人次,占来访总量的28.6%;批示交办93件(其中,领导批示交办74件、信访部门转办19件)。按规定期限办结的59件,按期办结率76%,超期后未办结的15件。

由于不同程序下主管信访事项的行政机关处理信访问题的力度不同。而信访处理程序的启动又不是信访人员自己能够决定的,信访人员往往力图通过自己的行为达到启动某种程序的要件。随着领导接访制度和下访制度的建立,领导参与或者主导信访处理程序的情形越来越多。但领导批示或者领导包案或者领导下访本身成为信访处理程序中必不可少的一环并不是信访法治化的进步反而是一种退步。这种信访处理程序表明,最终解决信访事项的力量,不是科学的信访制度,而是办信人对领导人的服从。

2. 信访听证程序

信访条例为信访人设置了听证权。但同时授权省、自治区和直辖市人民政府规定听证范围、主持人、参加人、程序。自治州所在省专门制定了《信访听证程序办法》。该地区信访机关在处理部分信访案件的过程中,启动了听证程序。但信访听证主要集中在处理重大疑难信访问题和上访老户方面的问题,听证的范围相对较窄。

3. 信访案件结案情况

信访机关决定受理的信访案件,无论是被转送、上送、交办、呈报,最终都是由具体的有权的行政机关处理信访事项。从我们调查中能够获取的资料显示:信访案件的结案率与信访案件的来源和是否有领导参与有一定的关联。上级交办的案件、有领导批示或者领导督办或者承办的案件，结案率比较高，其他类型的案件结案率低。2009年，该地区接受省交办案件216件，到期应结209件，已结209件，结案率100%；该地区领导接待日交办79件，到期应结61件，已结60件，延期1件，结案率98.3%；受理复核案件185件，到期应结157件，超期办结80件，办结率51%。

  但是信访案件的结案并不表明信访人反映的问题真正得到解决。各地重信重访数据居高不下。这些数据在一定程度上表明，案结事未了。当然，重信重访的案件可以分为两种情形：一是诉求合理，行政机关没有依法解决或者解决不当；二是诉求不合理，根本不属于行政机关受理信访事项的范围。但当前的重信重访案件中，第一种情形仍然大量存在。2008年，该地区及县市共清理排查重信重访案件318件次，认定其中诉求合理和基本合理的有102件。据统计，102件重信重访已息访罢诉的72件，占总数的71%；处理未息访罢诉的18件，占总数的17%；正在办理之中的12件，占总数的12%。排查重点疑难信访145件，化解及稳控120件，占82.7%，待稳控25件，占总数的17.3%。2009年，该地区对本地域范围内重复进京上访、重复赴省集体上访、重要重复来信，跨地区、跨部门、跨行业的"三跨"案件，人事分离、人户分离、人事户分离的"三分离"案件进行全面排查，共排查出143件信访积案（其中属于涉法涉诉类案件35件，企业改制类案件11件，土地征用类案件10件，房屋拆迁类案件6件，教育问题类案件7件，移民问题类案件11件，劳动保障类案件21件，环保问题类案件3件，其他案件30件），涉及人数6050人。

  为了疏导息访信访户，维护社会稳定，负责处理信访事项的地方政府设立专门的信访基金，解决信访问题或者抚慰信访人。据统计，该地区共计投入经费10210万元，妥善处理信访突出问题和积案2792件，积案化解139件，化解率97.2%。

二、调查中发现的问题

（一）信访理念

  信访人和信访机关的信访行为与其信访理念息息相关。当前，无论是信访人还是信访机关，其信访理念都存在或多或少的问题。

  就信访机关而言，存在以下问题：一是不分情形全面堵截越级信访。根据国务院信访条例，选择走访的信访人应当向依法有权处理的本级或者上一级机关提出。信访人须遵循逐级信访的义务。但条例并没有规定绝对不能越级上访，信访人是可以向上一级初访的。如果对初访不服，可以请求再上一级复查，如果对复查不服的，可以向复查机关的上一级行政机关请求复核。如果乡政府是初访机关，地区市政府是复核机关；如果县政府是初访机关，省政府是复核机关；如果地市政府是初访机关，中央政府是复核机关。民族地区为了规范信访秩序，"对重点县市实行派员实地督察制度、对重点乡镇实行笼子管理"。这种派员实地监督和笼子管理的堵访做法不仅不利于解决信访问题，反而会激化信访人的不满情绪。不仅不利于维护信访秩序，反而会在更深层次上破坏社会秩序。二是以不形成非正常上访为处理信访的出发点和目的。由于信访考评机制将"规范信访秩序和处置进京上省非正常上访"作为重要的评价内容，信访受理机关和信访处理机关于是千方百计解决信访事项，以息访罢诉。千方百计解决信访事项看似无可厚非，但在这种指导思想下处理信访事项的结果往往形成恶性循环。信访人提出合法合理诉求，信访处理机关依法或依政策解决。信访人提出无理诉求，信访处理机关也当有理办理，制定政策解决。这样就助长信访人无理缠访，如果政府不满足请求，则非正常上访；为了制止再次非正常上访，地方政府非正常息访。三是把无理的事当有理的事办。这种观念看似是在全面保障公民合法权益，但也容易造成这种情况：信访人的信访事宜确实无理，而信访机关仍然当做有理的办理，可能浪费行政资源增加信访机关成本。或者信访人本无理，信访机关为了息访，当做有理的解决而满足信访人的无理要求。

就信访人而言，在观念上存在以下误区。一是大闹大解决、小闹小解决、不闹不解决。这种观念的形成，是诸多因素综合作用的结果。信访机关对个人来访的解决不力或者非正常息访的存在以及信访人自身对信访机关的错误认识，都可能促使信访人形成追求信访规模效应的不良认知。二是信奉更高级别的权力。

（二）信访处理程序

依据属地管理、分级负责，谁主管、谁负责原则，无论是信访人依法选择有权受理的信访机关还是越级上访、非正常信访，其结果都是由属地对信访事项赋有主管职责的行政机关具体处理。信访人去信去访的信访机关只是起到挂号的作用。如果信访人越级上访、非正常上访，下级信访机关处理完毕信访事项后须回复交办或者下转的上级信访机关。从这种运行处理程序来看，由属地主管该信访事项的行政机关负责处理来信来访，是符合行政效率原则的。但在实际的行政信访处理中，上级信访机关交办或者下转的不仅是信访案件，还包括越级上访或者非正常信访的信访人。不分情形由下级信访机关负责接回非正常信访或者越级上访的信访人，增加了下级信访机关的行政成本，减少了信访人违法信访的信访成本。这有可能是部分信访人选择越级信访或者非正常信访的原因。再者，上级信访机关不分情形一律转送或者交办也不利于引导公民合法信访。如果信访人的信访事项明显不合理，或者根本不属于信访机关受理的信访事项，则不需要交办下级或者转送下级，上级信访部门可以直接做出不予受理的决定。这样，既免于下级信访机关处理不该其处理或者永远无法处理的信访案件分散其有限的行政资源，也不利于抑制非正常上访或者无理缠访。

行政信访实行三访终访制。经过初访、复查和复核的信访案件，信访机关不再受理。如果信访案件已经经过以上三级程序，信访人无论是去信去访哪一级信访机关，信访机关可不再受理，但应承担解释宣传信访制度的职责。在实际的信访处理程序中，上级信访部门仍然不分情形对包括已经三访终结的信访案件转送或者交办下级信访部门，不仅破坏已经完成所有程序的行政信访的效力，也让信访人产生上级信访部门支持其信访主张的错觉。或许这种有理推定的做法，助长了无理缠访的产生。

（三）领导人接访包案

由于信访人对权力制约权力的膜拜，往往选择向本级政府的领导人或者上级政府信访。顺应信访人的需求，或者增加信访的权威，或者最高效解决信访，各地纷纷建立领导人接访制度、领导包案制度。我们认为，无论是领导接访还是领导包案，是不利于行政信访制度良性运行发展的。虽然领导接访和领导包案在短时间内能够在化解或者排查矛盾纠纷方面取得明显的成效，但这与法治政府的要求是不相符的。领导接访，再包案处理某些信访案件，往往是领导运用自己的权力资源解决个案，不是解决信访问题的常态。领导接访包案明显有人治的痕迹。这些信访制度的建立，潜在地陈述了领导人依靠个人权威解决信访事项的事实。

信访制度既是公民行使民主权利的渠道也是解决公民社会纠纷的途径。作为民主权利的行使渠道，公民可以向行政机关提出自己的意见和建议，受理的机关负有说明是否接受的职责。作为社会纠纷的解决渠道，公民可以向行政机关提出自己的申诉主张，受理的机关负有处理矛盾纠纷的义务。我们对作为纠纷解决机制的行政信访进行分析可以发现，作为纠纷解决机制的行政信访，需要行政机关遵循行政信访的程序，依据行政系统的内部分工分别对外作出行政决定。领导直接交办接访或者包案的信访案件与信访受理机关交办转交信访案件的法理是不相同的。前者是行政命令，后者是行政协作。作为行政协作机关的信访处理机关不需服从，只需直接依法作出行政决定。接受行政命令的信访处理机关有服从的义务，领导人的意图可能左右行政机关的决定。这样，有可能偏离法治的轨道。

（四）信访受理范围

从抽样调查的情形来看，信访机关受理的信访事项远远超出《信访条例》规定的受理范围。现行信访受理范围实际涵盖了以下几个方面的事项：一是行政复议的事项。二是行政许可的事项。从我们抽样调查的情况来看，该地区政府信访部门受理的信访案件中，有70%属于应向有权限的行政机关提出许可申请的事项。三是不属于信访范围的其他事项，比如民事纠纷等等。虽然条例的兜底条款规定"其他需要反映的情况、问题和要求"可以受理，但从前文可以推论，那些需要反映的情况、问题和要求应当与行政机关的行为相关，而不是其他任何没有限制的事项。民事纠纷、行政申请都不属于信访受理范围。民事纠纷应通过民事纠纷解决机制化解，行政申请应向有权限的行政机关提出。

信访不信复议、信访不信具体的行政机关可能是信访人基于多种因素精心选择或者盲目决定的结果。无论是信访人有意违法还是无意不守法，信访机关都不应违背信访条例，超出信访受理范围违法受理。但信访机关为了息访，或者基于秩序和稳定等多种政治因素的考虑，往往超出受理范围处理本不属于信访范围的事项。在维护稳定的政治重压下，信访机关来者不拒，极大地破坏了权力分工制约的基本原则。

（五）信访考评机制

随着政府对信访的日益重视，信访考评机制也日益量化和细化。全国各地市州、县市、乡镇及部门层层签订信访工作责任状，明确责任，把信访工作纳入政府综合目标和社会治安综合治理工作考评检查，基层政府更是执行信访一票否决制。信访工作犹如一把利剑随时悬在行政机关及其工作人员的颈边。

明确信访职责，追究行政机关及其工作人员的信访责任是推动信访法治化的必然道路。但如果将考评的重点放在堵截非正常上访，而不是依法解决信访事项方面，不仅不会促进信访机关的法治建设，反而迫使其违法处置信访问题。有学者曾指出："面对中央的压力，地方政府往往不是去解决问题，而是对上访群众采取截访、销号、拘留、罚款、劳教、判刑、连坐等控制手段压制上访人员。"[①]考评机制的扭曲，必然催生扭曲的解决手段和措施。正如有学者说的那样，"我们不是说地方政府根本不想解决问题，因为有很多问题确实不是地方政府能够解决的，也有很多问题是任何政府都不能解决的。"那么，信访考评机制就应该因地制宜，具体情况具体分析，而不是采取一刀切的做法企图杜绝一切上访。

随着信访工作考核结果被纳入业绩评定、奖励惩处、提拔使用干部的重要依据，各级政府及其工作部门必然千方百计做好信访工作。而这种考评机制有可能成为孕育非正常息访的温床，迫使各级政府及其工作部门要么迎合信访人的需求，要么侵犯信访人权益为自己牟利。

[①] 于建嵘：《信访悖论的政治分析》，资料来源，南方报网，网络链接，http://opinion.nfdaily.cn/content/2009—04/09/content_5051872.htm。2010年11月10日访问。

（六）违法信访处理

信访法律关系的主体，既包括信访人员，也包括信访受理机关和信访处理机关。只有信访人员、信访受理机关和信访处理机关共同依法信访，才能够维护正常的信访秩序。无论是信访人员还是信访受理机关、信访处理机关没有依法信访，都应当追究相应的法律责任。而在现实的信访活动中，只注重追究信访人违法信访的责任，而疏于追究国家机关及其工作人员的违法信访责任。

作为民主表达机制的信访，信访人享有表达的权利；作为纠纷解决机制的信访，信访人有申诉信访的权利。公安机关不能对行使权利的行为进行打击。违法信访处理本身应当依法处理。一是要有法律依据，二是处理方式须合法。当前对违法信访人举办法制教育学习班这一处理方式，并没有明确的法律依据。

三、完善建议

从民族地区信访的实施情况来看，信访部门实际发挥着受理行政许可、受理行政复议、受理行政信访、接受行政咨询以及公民建议的作用，其承载了诸多不属于现行信访条例所设定的职责。从这个角度来看，难道公民需要的信访制度与立法机关制定的信访法规之间出现了矛盾，以致出现信访人信访不信法、信访不信复议等情况。如果是这样，我们应当如何定位信访呢？

（一）行政信访的功能和定位

有学者从国家政权建设和执政安全的高度来认识对信访制度进行改革的重要性，并从政治体制现代化的视野来重新确定信访功能目标和信访体制。认为通过减弱信访的权利救济功能，降低群众对信访的预期，会迅速使一些信访案件平息，减少群众进京走访；而给地方政府减压，才能给中央减压，维护地方的政治权威，才能加强和巩固中央的政治权威。[1] 我们认为，如果减弱信访的权利救济功能，现行那些只能通过信访制度解决的纠纷、救济的权利又能通过什么制度去解决呢？信访制度在我国具有悠久的历史，普遍被公民接受。既然国家权力与公民权利之间必然出现矛盾，作为利益平衡器的法律就不应该回避矛盾，而是应该面对矛盾，提出有效的解决机制。本文认为，要确定信访在中国的功能，必须考虑以下因素：一是我国设立信访制度的初衷；二是我国的权力架构以及各国家机

---

[1] 于建嵘：《信访悖论的政治分析》，资料来源，南方报网，网络链接，http://opinion.nfdaily.cn/content/2009—04/09/content_ 5051872.htm。2010 年 11 月 10 日访问。

关的权力分工；三是尽可能保障公民的宪法权利。

我国信访制度的建设初衷是为公民提供行使民主权利的途径，以加强国家机关与公民的联系。信访制度是否继续承载这一功能，要从我国的权力架构以及各国家机关的权力分工以及我国的民主制度来考察。哈贝马斯曾从交往权的视角探讨过民主的方式，认为为公民提供多元的表达途径是民主的必然要求。在人民代表大会制下，公民可以向人大代表或者人大常委会表达自己的意见和建议。同时，根据宪法规定，公民享有向其他国家机关提出意见和建议的权利。因此，我国的一切国家机关都有听取公民建议和意见的宪法义务。既然宪法赋予了公民表达权，我国的法律法规就应当设立具体的制度保障这一权利。信访制度的民主功能是不能祛除的。而且随着民主政治的深化，公民参与意识、公民民主需求的增强，信访在这方面的功能会日益强化。作为民主表达机制的信访制度应当是开放的，信访人可以在法律框架内自由表达自己的意愿、申诉或者控告。表达意见、建议或者申诉、控告是公民参与行使民主权利的方式。这个意义上的信访，其实是没有受理范围的，公民享有表达权。只是在行使表达权时，应遵循相应的法定义务。比如在规定的地点以规定的方式表达以及按照规定的程序向有权的国家机关表达等等。作为民主表达机制的信访是公民参与国家管理监督国家活动的途径。公权力机关都有接待公民信访的义务。

但行政信访是否只承载这一功能，只是民主表达的途径呢？有学者从纠纷解决机制系统化角度分析，新时期信访工作需要从目的、对象、性质和处理方式等角度加以定位。借鉴国外的申诉专员制度，我国行政信访工作有可能成为一项维护公民权利、救济不当行政的制度。[①] 信访的权利救济功能是法律回应社会纠纷多元化的制度表现。其原因在于，"在当下行政法愈益由传统的干预行政、高权行政向服务行政、给付行政转化的过程中，侵犯相对人合法权益的行政行为的种类和形式日益复杂，行政纠纷的表现形式与情形更加多样化。与此相适应，必然要求并导致多途径、多渠道地实施行政救济。在此情况下，设置和实施行政救济制度应当遵循一个基本原则，那就是救济途径、救济方式和方法与被救济的行政行为相适应。"作为纠纷解决机制的行政信访制度是填补其他行政救济制度的空白，这种填补功能表现在拓宽行政行为救济的范围。现行的《信访条例》作为一部行政法规，其立法的着眼点在于规范行政机关信访工作机构的活动，而非从信访人的角度提供一种法律救济手段。因此，信访在权利救济与监督行政上的功能发挥都非常有限。

---

① 林莉红：《论信访的制度定位——从纠纷解决机制系统化角度的思考》，载《学习与探索》2006年第1期。

（二）行政信访的理念

作为民主表达机制和纠纷解决机制的行政信访实际具有三重功能：听取意见建议、核实检举控告和解决行政纠纷。相应地，信访机关在接待和处理信访事宜时，应当树立依法化解行政机关与行政相对人行政纠纷、依法保障民主表达的行政信访理念。作为纠纷解决机制的行政信访，要求信访机关在信访活动中立足于法律事实，依法裁决行政相对人与行政机关的纠纷。解决行政纠纷的目的是救济信访人确实受损的合法权益，并不是仅仅为了息访。在这种情形下，信访机关既不能持无理推定也不能持有理推定的理念，而是与行政复议和行政诉讼一样，信访机关依据受理条件决定是否受理，如果受理，则依据事实和法律作出裁决。信访机关保持中立立场，信访人提供相关证据证明纠纷存在，且属于信访机关的受案范围。作为民主表达机制的行政信访，要求信访受理机关在信访活动中充当录音机的角色，记录下公民的意见、建议、检举和控告等所有的声音。再由信访处理机关持有理推定的信访理念，分析说明是否接受采纳或者查证是否属实。针对不同的信访事项，信访机关的信访理念应当是不一样的。

（三）作为纠纷解决机制的行政信访与行政复议、行政诉讼的关系

作为纠纷解决机制的行政信访与行政复议、行政诉讼一样都是化解行政纠纷的法定途径。从救济途径、救济方式和方法与被救济的行政行为相适应的原则出发，同为内部救济途径的行政复议和行政信访之间应当解决因不同行政行为引起的行政纠纷。按照行政行为的法律属性不同，可以分为合法行政行为、失当行政行为和违法行政行为。从行政行为这个角度来看，我们主张行政信访受理以下行为引起的行政纠纷：一是失当行政行为，二是丧失行政复议权或者行政诉讼权的属于行政复议或者行政诉讼的合法行政行为或者违法行政行为。其中失当行政行为只能通过信访途径救济，而因合法的和违法的行政行为引起的行政纠纷则应当遵循行政复议或者行政诉讼优先原则。只有在不能通过行政复议或者行政诉讼救济的情形下才适用行政信访制度。在解决因违法行为或者合法行为引起的行政纠纷方面，作为行政纠纷解决机制的行政信访是行政复议和行政诉讼制度的补充制度。行政相对人如果超过期限不能行使复议权或者诉讼权，意味着丧失通过这些制度救济自己合法权益的机会，这有可能致使公民的重大利益得不到法律的保护，鉴于此，赋予行政相对人信访权。

（四）行政信访的受理范围

根据前述的行政信访功能，我们认为行政信访的受理范围要分两个角度探讨：

一是作为行政纠纷解决机制的行政信访，二是作为民主表达机制的行政信访。

作为行政纠纷解决机制的行政信访的受理范围包括：一是失当行政行为。二是不能通过其他途径救济的违法行政行为和合法行政行为。纠纷解决机制的特点是个案处理，其运行遵循着的是投诉、受理、处理以及告知处理结果等程序，运用听证、开庭、调解等手段，以及由处于中立地位的裁决者进行处理、拿出处理方案的做法。因此，信访机关受理行政纠纷应设置合理的信访要件。作为民主表达机制的行政信访制度的受理范围，从实体法方面是没有限制的，信访人只是应遵循程序义务。

（五）行政信访的途径方式

为了缓解信访秩序，也为了便于信访人低成本信访切实为公民提供信访服务，我们认为应当改善行政信访的途径方式。当前的行政信访实行的是自己访，即信访人自己亲自走访或者"信"访。我们认为可以设置委托信访制度。委托信访是指由信访人委托代理人行使信访权的制度。委托方是信访人，委托事项是向信访机关提起信访，受托方是公益律师或者专门的信访代理人或者机关。

（六）行政机关的信访职责

根据《信访条例》第四条的规定，信访工作应当在各级人民政府领导下，坚持属地管理、分级负责，谁主管、谁负责，依法、及时、就地解决问题与疏导教育相结合的原则。信访受理不受级别限制，但信访处理则遵循属人管辖的原则，由信访人户籍所在地的行政机关负责处理信访事项。这种职责划分的好处在于就地解决行政纠纷或者核实申诉控告，利于调查取证，便于低成本解决信访问题。但也存在弊端：一是信访受理不受级别限制，实际形成了上级机关履行受理越级信访上访职责与信访人违法越级信访上访的矛盾。只要上级机关会受理越级信访上访，信访人就会违法越级信访上访。二是信访处理遵循属地属人原则。在信访事项的处理上，完全实行级别管辖。上级机关督查下级机关处理信访事项，下级机关负责解决本区域信访人提出的信访问题。这种职责安排会造成下级行政机关为了对上级行政机关负责而积极处理信访事项的局面。作为纠纷解决机制的行政信访具有个案处理的特征，解决的是纠纷双方的矛盾，应当立足于法律事实，中立地对纠纷作出裁决。现行的上级信访机关督查本级行政机关或者下级行政机关以及下级信访机关对上级信访机关负责的报告制度会影响信访处理机关的依法裁决或者判断。

我们建议应当完善或者适当调配各级信访受理机关、信访处理机关的职责。一是在信访受理方面。各级信访受理机关的职责可以因信访人信访事由的不同而不同。针对因行政纠纷而信访的情形，信访受理机关负有审查是否应当受理的义务。以下情形信访受理机关可以不再受理：（1）已经三访终访的行政纠纷案件。（2）没有任何证据证明法律事实存在的行政纠纷案件。这样，一定程度上可以避免重复访、缠访的问题，也可以节约行政成本，也符合作为纠纷解决机制的行政信访的本质。只是这种安排要求信访处理机关严格遵照信访处理的一般程序以及复查复核程序。如果复查复核程序发现前程序处理违法或者错误的，前信访处理机关及其负责人应承担相应的行政责任，以保证三访终访能够尽可能保护信访人利益。针对因民主表达而信访的情形，信访受理机关则实行全部受理的原则。二是在信访处理方面。各级信访处理机关不应当一律转送、转交下级行政机关处理。按照《信访条例》本身的规定，信访人是可以向上一级信访机关信访的，这也有利于公正信访。所以，如果信访人直接向上一级信访机关信访的，不应当转交或者转送，而应当由本级处理。

（七）行政信访的考评机制

科学的考评机制能够促进行政机关及其工作人员依法处理信访事件，如果考评机制有偏差，反而会迫使行政机关及其工作人员违法处理信访。我们认为，制定行政信访的考评机制应考虑以下因素：考评内容与行政职责一致，考评内容与法定义务一致。行政信访考评机制的重点应当是是否依法处理行政纠纷，是否依法处理信访人的意见、建议和控告等，而不是非正常信访的数量、规模以及息访的情况。只有行政机关及其工作人员依法处理信访，才能够减少非正常信访。

中国法学会民族法学研究会
2011年年会暨学术研讨会闭幕式总结

吴大华[①]

(2011年7月19日)

各位代表、同志们：

中国法学会民族法学研究会2011年年会到此进行了一天半时间，本次会议已经按照预定议程顺利地完成了任务。本次会议共收到论文33篇，来自全国民族法制实务界和民族法学理论研究界的代表99人参加了会议。本次会议得到了中国法学会的大力支持，周成奎副会长和研究部李存捧副巡视员、学术处彭伶处长、中国法律年鉴诸葛平平总编亲临会议进行指导。在一天半的会议中，与会的各位领导和专家学者按照既定的选题，进行了热烈的讨论，达到了会议的预期目的，取得了圆满的成功。

下面，我对本次会议的基本情况作一个简单的总结。

一、会议对毛公宁会长的工作报告进行了讨论，并对民族法学研究会的下一步工作提出了各种建议

在本次年会上，中国法学会民族法学研究会毛公宁会长代表本届民族法学研究会理事会，作了民族法学研究会2010年度工作报告。毛公宁会长的工作报告对研究会的民族法学教材建设、民族法制建设"十二五"规划、法学研究优秀成果推选、民族法立法实践和理论研究以及理事和常务理事的增选等六个方面的工作做了详尽的报告，提出要在中国法学会的指导下，做好民族法学研究会的登记注册工作，在原有的基础上继续办好每年的年会，办好我们的会刊和网站，增强研究会学术研究的氛围，提升研究会的研究水平，进一步提高研究会的知名度和影响力。同时也指出了今后民族法学研究的重点方向，要求紧紧围绕促进民族

---

① 作者简介：吴大华，贵州省社会科学院院长、中国法学会民族法学研究会常务副会长。

地区经济社会又好又快发展的大局开展民族法学研究，紧紧围绕维护民族团结的大局开展民族法学研究，积极推动少数民族合法权益法律保障研究，积极推动民族法律法规体系的完善研究。

在昨天下午进行的分组讨论中，气氛热烈，发言踊跃，各位代表认真审议并一致通过了毛公宁会长的工作报告。大家一致认为，本届研究会领导班子坚强有力，务实高效，取得了可喜的工作成效，毛会长的工作报告实事求是地总结回顾了研究会2010年所做的主要工作、取得的成绩和基本经验，明确提出了研究会下一步工作的指导思想、指导目标、主要任务和工作重心，为今后的民族法学研究指明了方向。

在一致通过毛公宁会长工作报告的同时，与会的各位代表知无不言，言无不尽，纷纷就进一步加强研究会建设，充分发挥研究会作用以及确保研究会活动正常化、制度化等问题，提出了具体的设想和意见。例如，有的代表提出，民族法学研究会要充分利用学会凝聚人才的作用，组织相关学者，多方面协调攻关，实现国家社会科学基金重大项目的突破。有的代表提出研究会的活动较少，影响的面不够，目前有影响力的成果较少，建议研究会今后要多举办一些研讨会之类的活动，同时要多参加一些多民族省份和民族自治地方制定政策、行政规章、地方性法规的论证工作。青海省人民检察院马天山教授提出，目前研究会的代表主要来自各省区民族事务委员会及高等院校，今后应当多吸收一些民族地区司法实务部门的同志参与进来。同时，民族法学的研究应当更多地关注现实问题的解决，满足实务部门的一些需求，提升为民族地区法制建设服务的功能，等等。此类的意见还有很多，这里就不再一一汇报。总之，各位代表热情高涨，给了本届理事会极大的鼓励和信心。会议结束之后，理事会将认真研究代表们的各项建议，大家齐心协力，共同推动研究会的工作。

据不完全统计，2011年国家社科基金立项的民族法学课题有16项，其中少数民族习惯法课题5项（其中2项课题关注习惯法与国家法的冲突调适问题，2项课题关注习惯法的法治化问题）、少数民族法制史课题3项、民族区域自治制度研究课题3项、民族地区的法制建设课题5项。从国家社科基金的立项情况可以看出今后民族法学研究工作的趋势，重点是关注解决我国民族法制发展和民族地区法制建设的现实问题，关注完善民族区域自治制度问题、生态补偿与环境权问题以及民族地区的纠纷解决机制、知识产权战略等问题。今后，我们应当紧紧围绕促进民族地区经济社会又好又快发展的大局开展民族法学研究，关注民族法制建设的重点、热点问题，重在推动民族法制发展和民族地区法制建设工作的研究，提高研究工作服务民族地区法制建设实践的功能。

二、会议就民族法理论问题进行了深入研究

针对我国民族法学的基本理论问题,与会的各位专家学者进行了深入探讨,主要涉及以下四个问题:

(一)关于民族法学的基本理论

敖俊德副会长对我国民族法律体系的特点及其构成进行了概括,指出中国特色社会主义民族法体系已经基本形成(当然,我个人认为是初步形成)。中南民族大学雷振扬教授等人认为我国民族法的基本原则应当包括:各民族一律平等;保障各民族合法权益;促进各民族共同发展、共同繁荣;构建和谐的民族关系;维护民族团结、国家统一、社会稳定等五个方面。

西南民族大学田钒平副教授对民族平等的实质内涵进行了分析,并认为在制度设计与实施中尤其需要重视政策措施的合理限度问题,防止群体性的特别措施异化为个体特权。

(二)关于民族区域自治及自治权问题

广西大学张文山教授认为民族区域自治权是一种自然权利,不是被赋予的权利,提出从五个层面来构建中央与民族自治地方关系的法律体系:一是制定《民族自治地方自治权保障法》,明确权限划分;二是修改民族区域自治法,添补其法律责任的缺失,使违法行为和侵权行为得到司法救济;三是建立违宪审查机制;四是为了使民族地方充分行使自治权,必须明确国家责任;五是制定和完善自治条例。湖北民族学院黄元姗教授重点研究了自治州自治条例的概念、法律效力、立法权限等问题。戴小明教授对自治州的未来进行了探讨,认为伴随着民族地区社会经济的不断发展,自治州也必然走上城镇化、城市化发展道路,逐步有条件地撤州建自治市将成为必然的路径选择。他们认为,与此相应,如何保障民族区域自治制度的完整性和民族自治地方权益,成为民族法制建设的时代要求。

有部分学者对民族自治地方的变通立法权进行了考察,例如凯里学院徐晓光教授等人分析了民族自治地方立法变通依据和种类、变通范围及变通途径的意义,并提出了在明确立法变通途径的同时,必须注意立法变通实现途径的保障性,确保变通立法的实现。中南民族大学徐合平副教授分析了变通立法的范围及事项,探讨了变通立法的原则,特别是对"不相抵触"原则进行了重点讨论。

(三) 关于中国共产党的民族法制思想、理论及民族法制发展历程

今年是中国共产党成立90周年，与会的部分学者对中国共产党90年来的民族法制思想及民族法制发展历程进行了梳理。例如贵州省社会科学院吴大华教授、中国政法大学李鸣教授、贵州民族学院潘志成副教授等人分别探讨了邓小平、董必武、周恩来等领导人的民族法制思想及其对中国民族法制建设的贡献。

西南政法大学曾代伟教授等人对我国民族区域自治制度的形成历史进行了考察。中国社会科学院刘玲同志回顾了抗战时期陕甘宁边区的民族法制建设。福建省民族与宗教事务厅刘培芝调研员、黑龙江省民族事务委员会缪文辉同志分别就中国共产党民族法制理论在福建的实践、改革开放30多年来黑龙江省民族法制建设的成绩进行了总结。

西南民族大学王允武教授、李剑博士等人对当前中国民族政策及法制的研究状况进行了检视，同时基于法律政策学的视角，对中国民族政策及法制研究的总体框架、重要任务、研究方法等问题进行了富有创新性的思考。

(四) 人口较少民族的法律问题

西藏民族学院朱玉福副教授以我国人口较少民族的法律保护为研究对象，认为"十二五"时期是加快人口较少民族发展的关键时期，应当从四个方面加强人口较少民族发展的法制建设：一是高度重视人口较少民族繁荣发展的法律保障工作；二是要加大政策扶持力度，适时将政策上升为法律；三是切实贯彻实施好人口较少民族权益保障法规，切实保障人口较少民族权益；四是加强执法检查，把各项政策落实到位。

三、会议就民族地区法制建设问题进行了热烈的探讨

(一) 关于民族法律的实施问题

四川省民族事务委员会曲木车和等人分析了民族区域自治政策法规的贯彻问题，并提出了具体的对策建议：一是加大学习宣传和贯彻民族法律法规的工作力度；二是加强加快立法工作，完善配套措施；三是加大帮扶力度，促进民族地区跨越发展。

湖南省民族事务委员会田代武对民族法制建设有关问题进行了探讨，提出新时期民族法制建设要有针对性地解决四个问题：一是要加快民族法律法规立法步伐，二是增强民族法律法规的针对性和可操作性，三是建立健全民族法律法规执

法监督体系,四是加强民族法制的学习宣传和教育。

(二) 关于自治权及少数民族权益保障问题

青海省人民检察院马天山教授对民族地区司法规律及司法权配置的若干特殊问题进行了研究,认为民族地区司法权配置要遵循因地因时制宜原则,要充分利用司法解释权,突出并重视立法作用。

云南财经大学佴澎教授以群体性事件的解决为视角,研究了边疆民族地区的财政自治法律机制问题,提出要构建边疆民族地区财政自治保障的法律机制,一是要完善财政自治立法,二是要健全财政自治权的监督机制,三是要加强边疆民族地区财政收支法制建设。

与会的部分学者对少数民族权益保障问题进行了探讨,例如中南民族大学潘红祥副教授从少数民族权利内容体系、民族法制体系、监督机制和司法救济以及违宪审查五个方面提出完善我国少数民族权利保障的制度体系。辽宁省民族宗教问题研究中心金海燕重点探讨了辽宁省城市少数民族流动人口权益保障问题,并提出了加强少数民族流动人口合法权益保护的建议。中央民族大学的朱智毅以少数民族权益保障为视角,具体分析了村民自治这一基层民主形式在少数民族地区的运行状况及村委会在保护少数民族群众权益方面所能发挥的作用。

(三) 关于民族地区的法制建设问题

文化部王鹤云处长对近十年民族自治地方关于非物质文化遗产保护的立法进行了梳理,并提出要从三个方面完善相关立法工作:一是加大自治地方相关单行条例的制定力度;二是进一步完善已有的条例;三是探索保护少数民族文化权益的有效途径。湖北民族学院杨信研究了民族自治地方地理标志战略的制定和实施问题,提出必须健全地理标志立法,发展地理标志的管理机制。

贵州省社会科学院文新宇副研究员基于国家法与民族习惯法的关系分析,对贵州少数民族地区乡村治理相关法律问题进行了探讨。湖北民族学院法学院汪燕博士调查了某民族自治州的《信访条例》实施情况,对改革信访制度提出了若干建议。

(四) 关于清真食品立法问题

西北民族大学马玉祥教授研究了清真食品问题,认为清真食品及清真食品市场迫切需要国家立法予以规制,我国应当抓紧《清真食品管理条例》的制定工作,并建议由国务院或国家宗教事务局、民政部等部门授权中国伊斯兰教协会作为负责清真食品认证与清真食品监制的社团法人组织,负有清真食品安全监督职责,拥有委任执法或准执法权力,建议建立清真食品社会监督机制。

宁夏大学李自然教授提出我国目前尚没有一个清真食品的国家标准，他通过对理论和现实形势进行的分析，论证了编制清真食品国家标准的必要性和可行性。

最后，在大会即将结束的时候，请允许我代表中国法学会民族法学研究会和全体与会同志，对关心和支持本次会议的国家民族事务委员会、中国法学会以及恩施土家族苗族自治州和湖北民族学院的有关领导表示衷心的感谢，同时感谢国家民族事务委员会政法司毛公宁巡视员、王平副司长、陆健副司长、董武处长以及湖北民族学院院长戴小明教授、法学院院长邓辉煌教授、司马俊莲教授、黄元姗教授以及汪燕、杨信、盛义龙等诸位老师和部分同学为召开本次大会做出的众多的富有成效的工作，使大会得以顺利进行并获得圆满的成功，感谢所有为大会提供帮助的领导和同志。

2008年本届理事会换届以来，2008年年会贵州的"三个一"、"三洗"令大家记忆犹新。2009年内蒙古的草原风光、成吉思汗的霸气、洁白的羊群令大家流连忘返。2010年青海的湖光山色、青藏高原的壮美、青稞酒的甜美，令大家回味无穷。本次2011年年会，东道主湖北民族学院也为大家精心准备了参观、考察，今天下午参观湖北民族学院和土司城，明天将去参观堪与美国科罗拉多大峡谷媲美的恩施大峡谷。峡谷空间宏伟开阔、景观层次丰富、山体变化多端、清江河谷深切，到处都是百里绝壁、千丈瀑布、傲啸独峰、青山倒影，气势雄阔，美不胜收，定会让大家流连忘返。祝大家身心愉快、心畅神怡、旅途平安！